스프링 6 레거시 프로젝트

스프링 6 레거시 프로젝트

초 판 | 1쇄 2025년 08월 07일

지은이 | 구멍가게 코딩단
발행인 | 이민호

발   행 | 남가람북스
등   록 | 2014년 12월 31일 제 2014-000040호
주   소 | 인천광역시 연수구 송도미래로 30, E동 1910호
전   화 | 032-506-3536
팩   스 | 0303-3446-3536
홈페이지 | www.namgarambooks.co.kr
이 메 일 | namgarambooks@naver.com

편   집 | 남가람북스 편집팀
디자인 | 타쿠덕

ISBN | 979-11-89184-16-2

이 책은 저작권법에 따라 보호받는 저작물이므로 무단 전재와 무단 복제를
금지하며, 이 책 내용의 전부 또는 일부를 이용하려면 반드시 저작권자와
남가람북스의 서면 동의를 받아야 합니다. 책값은 표지 뒷면에 있습니다.
잘못된 책은 구입하신 곳에서 바꾸어 드립니다.

스프링 6 레거시 프로젝트

기본 코스와 프로젝트 코스로
학습할 수 있는 실습서

남가람북스

이 책을 내며

모든 것이 빠르게 변해가는 세상에서 『코드로 배우는 스프링 웹 프로젝트』라는 도서는 어느덧 출간 10주년을 맞이했습니다. 독자 여러분에게 많은 사랑을 받아왔습니다. 이번에 출간되는 『스프링 6 레거시 프로젝트』는 제목은 다르지만, 제3판의 의미를 지니고 있습니다. 변화의 속도가 가장 빠른 IT 세계에서 10년간 하나의 주제로 책을 세 번째로 정리하는 일은 한편으로는 영광스럽고, 또 한편으로는 같은 작업을 반복하는 게으른 타성처럼 느껴져 부담스러운 작업이기도 했습니다.

'스프링 프레임워크'는 이제 웹 개발자들에게는 하나의 고전(classic)이 되었다고 생각합니다. 이미 많은 새로운 기술들과 편리한 방법들이 출현하고 있지만, 이 글을 쓰고 있는 현재까지도 '스프링 프레임워크'라는 말은 여전히 강력한 영향력이 있습니다.

이 책은 '스프링 레거시(Spring Legacy)'를 다루는 책입니다. 최신 기술이 아니라 XML 기반으로 설정을 하고 모든 연동을 수동으로 해 나가면서 완성본을 만들어 갑니다. 최신 버전의 화려함을 추구하는 것이 아니라 이미 실행되고 있는 시스템들을 사용해야만 하는 개발자들에게 적합합니다. 또한, 과거의 기술이 어떻게 발전해 왔는지를 체험해 볼 수 있도록 구성되었습니다.

스프링을 '레거시' 방식으로 학습하는 것이 자동으로 완성되는 최근 방식에 비해서 조금 돌아가는 것처럼 느껴질 수도 있지만, 언제나 그만한 가치가 있는 일입니다. 레거시 시스템은 마치 자동차의 수동 기어를 조작하는 것처럼 코드 한줄 한줄에 반응하는 재미를 느낄 수 있고, 반대로 단계에 대한 이해 없이 조작하다가는 에러의 구렁텅이에 빠지기도 합니다. 하지만, 이 모든 경험은 나중에 새로운 버전이 등장했을 때 그것을 바라볼 수 있는 통찰력을 길러 줍니다.

필자는 이 책을 보는 독자분들이 이 책에서 '변하는 것과 변하지 않는 것'을 잘 찾아보셨으면 합니다. 예를 들어 버전은 변하지만, 철학은 변하지 않고 라이브러리는 변하지만, 설계는 변하지 않는 것처럼 모든 개발에는 핵심적으로 변하지 않는 부분이 존재합니다. 부디, 이 책을 읽으면서 독자 여러분이 자신만의 기준을 발견하시길 바랍니다.

2025년 불볕더위 여름에
구멍가게 코딩단 드림

들어가며

이 책은 전통적으로 사용되고 지금까지도 유지보수 프로젝트에서 많이 사용하는 '스프링 레거시'에 대해서 다루고 있습니다. 국내에서는 전자정부 표준 프레임워크 영향으로 스프링 레거시 프로젝트는 여전히 많은 곳에서 사용되고 있음에도 불구하고 버전별 차이나 체계적인 설정 방법에 대해서는 자료가 부족합니다. 이러한 부족함을 채우려고 만들었으며, 과거 『코드로 배우는 스프링 웹 프로젝트』 후속작으로 등장한 책입니다.

이 책은 크게 이론을 기반으로 한 실습과 프로젝트를 수행하는 실습으로 나뉩니다. 이론적인 부분은 스프링 프레임워크를 위한 설정과 목표를 학습하고 간단한 예제를 실습합니다. 기본적인 이론 학습을 마친 후에는 설계와 구현에 집중하는 실습 프로젝트를 진행하게 됩니다.

[책의 구성]

PART 1: 스프링 프레임워크 기초

PART 1에서는 스프링 프레임워크의 주요한 기능들을 살펴봅니다. 의존성 주입이나 웹 MVC와 같은 기술입니다. 스프링 프레임워크를 사용하는 데 있어서 필요한 환경설정이나 데이터베이스 설정 등이 주된 내용입니다.

- 이클립스 혹은 인텔리제이(ultimate) 개발 환경설정
- 스프링 레거시 프로젝트의 생성
- MariaDB의 설치와 설정
- MyBatis 연동 처리
- 스프링 AOP 적용

PART 2: 웹 애플리케이션 개발

PART 2에서는 비교적 단순한 단일 테이블을 다룹니다. 게시물과 댓글 예제를 주제로 삼아 웹 개발 설계에 필요한 과정을 살펴봅니다. 또한, 서버 사이드에서 처리하는 방법과 Ajax를 통해 다루는 방법에 대해서도 학습합니다.

- 게시물 분석과 문서 정리
- 게시물 프로젝트 구현
- Ajax를 이용한 비동기 처리와 JavaScript 처리

PART 3: 인증 처리와 파일 업로드

PART 3에서는 하나의 기능을 구현하기 위해 더 복잡하고 다양한 고민이 필요한 주제들을 다룹니다. 데이터베이스 테이블도 2개 이상을 함께 다루어야 하는 예제들로 구성되어 있습니다. 더불어, 스프링 시큐리티와 파일 업로드 기능도 다룹니다. 스프링 시큐리티의 경우 스프링 6 버전부터는 Java 기반 설정을 권장하므로 이에 따른 설정 방식도 학습합니다.

- 파일 업로드와 브라우저 내 접근
- 썸네일 처리
- MyBatis의 <resultMap> 처리
- 스프링 시큐리티 적용

[대상 독자]

- 기존 스프링 레거시 프로젝트를 운영하거나 유지보수해야 하는 개발자
- 스프링 부트를 학습하기 전에 좀 더 체계적으로 단계를 밟아 학습하고 싶은 초급 개발자
- RDBMS를 이용해 Java 애플리케이션을 개발하고자 하는 개발자
- 데이터베이스에서부터 화면까지 모든 과정을 학습하고 싶은 초급 개발자

[소스코드 확인 및 질문과 답변]

소스코드 확인과 더불어 이해하기 어려운 부분이나 궁금한 사항이 생기면, '구멍가게 코딩단' 카페에 질문하여 해결하시기 바랍니다.

URL ▶ http://cafe.naver.com/gugucoding

목차

이 책을 내며   4
들어가며   5

PART 1. 스프링 프레임워크 기초   11

Chapter 01
개발 환경설정   12

1.1 Spring Framework 6와 JDK   12
1.2 Eclipse IDE 설정   15
1.3 Spring 6 Legacy Project   26
1.4 Spring MVC 설정   36
1.5 Log4j2 설정   38
1.6 MariaDB 설치와 설정   43
1.7 Intellij를 사용하는 경우 프로젝트 설정   47

Chapter 02
의존성 주입   60

2.1 의존성의 의미   60
2.2 XML을 이용하는 의존성 주입   72
2.3 @Autowired   75

Chapter 03
Spring Web MVC   79

3.1 스프링과 웹   79
3.2 컨트롤러의 특징   89

Chapter 04
MyBatis와 스프링 101
4.1 MyBatis와 스프링 연동 설정 101

Chapter 05
스프링 AOP와 트랜잭션 117
5.1 Spring AOP 117
5.2 트랜잭션 설정 131

PART 2. 웹 애플리케이션 개발 145

Chapter 06
게시물 관리 분석과 설계 146
6.1 개발 목표 설정 146
6.2 화면 설계와 분석 149
6.3 데이터베이스 설계 154
6.4 화면 디자인 156
6.5 includes 설정 164

Chapter 07
게시물 관리 구현 172
7.1 VO와 DTO 172
7.2 MyBatis 준비 175
7.3 MyBatis를 이용하는 CRUD 178
7.4 컨트롤러와 화면 작성 190
7.5 서비스 계층의 구현과 완성 204
7.6 페이징 처리 230
7.7 동적 쿼리와 검색 251

Chapter 08

댓글과 RESTful　　　　　　　　　　　　　　　　　267

8.1 Ajax와 비동기 통신　　　　　　　　　　　　　267
8.2 댓글을 위한 데이터베이스 설계　　　　　　　　274
8.3 댓글의 MyBatis 구현　　　　　　　　　　　　275
8.4 ReplyService 개발　　　　　　　　　　　　　288
8.5 RestController 어노테이션　　　　　　　　　 294
8.6 게시글 목록에 댓글 개수 표시　　　　　　　　330

PART 3. 인증 처리와 파일 업로드　　　　　　　　　335

Chapter 09

상품과 파일 업로드　　　　　　　　　　　　　　336

9.1 상품과 상품 이미지 테이블　　　　　　　　　　336
9.2 DTO와 Mapper 작성　　　　　　　　　　　　338
9.3 컨트롤러의 파일 업로드　　　　　　　　　　　 359
9.4 ProductService와 화면 구현　　　　　　　　 372

Chapter 10

스프링 시큐리티　　　　　　　　　　　　　　　　402

10.1 스프링 시큐리티 역할　　　　　　　　　　　　402
10.2 스프링 시큐리티 설정　　　　　　　　　　　　404
10.3 인증과 인가　　　　　　　　　　　　　　　　408
10.4 사용자 권한 체크　　　　　　　　　　　　　　421
10.5 사용자 계정 처리　　　　　　　　　　　　　　433
10.6 커스텀 로그인/로그아웃　　　　　　　　　　　449
10.7 Remember-me 자동 로그인　　　　　　　　463
10.8 인증 정보의 활용　　　　　　　　　　　　　　473

찾아보기　　　　　　　　　　　　　　　　　　　484

PART 1.
스프링 프레임워크 기초

스프링 프레임워크는 지난 10여 년간 Java 언어 기반의 웹 프로젝트에서 확고한 위치를 차지하고 있습니다. 이것은 스프링 프레임워크가 가지는 다양한 특징이 있었기에 가능했습니다. 이러한 특징은 스프링 프레임워크의 등장 이후 꾸준히 발전해 오면서 기존의 스프링 프레임워크를 사용하던 개발자들에게는 새로운 버전의 기대감을 높일 수 있었지만, 반대로 새로운 사용자들에게는 선수 지식과 학습이 필요한 상황이 되었습니다.

PART 1에서는 스프링 프레임워크를 처음 접하는 사용자들에게 필요한 지식과 간단한 실습을 위주로 구성되었습니다. 각 장에서는 개발에 필요한 환경설정이나 라이브러리들을 추가하는 방법부터 스프링 프레임워크의 기능을 직접 개발하고 사용할 수 있도록 구성되었습니다.

PART 1에서 학습/실습하는 내용입니다.

- 개발 환경의 설정과 의존성 주입
- 웹 개발을 위한 스프링 MVC
- MyBatis 프레임워크와 스프링의 연동
- 스프링 AOP의 개념과 실습

Chapter 01

개발 환경설정

스프링 프레임워크를 이용해서 개발할 때 관련된 프로그램과 설정이 필요합니다. 개발에 앞서 실습에 필요한 공통된 환경을 준비하는 것으로 이 책을 시작합니다.

- JDK의 설치(17 이상)
- Eclipse 설치와 Lombok 설정
- Tomcat 10과 웹 프로젝트의 생성
- 스프링 프레임워크 실행
- Log4j2 설정
- Maria DB 설치와 설정
- Intellij 설정 및 적용

1.1 Spring Framework 6와 JDK

스프링 프레임워크는 2025년 5월 현재 6.2.7 버전까지 배포된 상황입니다(최근에 스프링이라는 용어는 스프링 부트(Spring Boot)를 의미하는 경우가 많으므로 정확히는 스프링 6 레거시라고 표현하지만, 이 책은 스프링 레거시만을 다루기 때문에 스프링이라는 용어를 사용하겠습니다.). 스프링 프레임워크는 사용하려는 버전에 따라서 JDK나 WAS(Web Application Server)의 버전을 주의해야 합니다.

스프링 프레임워크 버전	JDK	Jakarta EE (과거 JavaEE)
6.x	17 이상	Tomcat 10.x 이상
5.x	8, 11, 17(5.3.13부터 JDK 17지원)	Tomcat 9.0 이상
4.x	6, 7, 8	Tomcat 6, 7
3.x	5, 6, 7	Tomcat 6, 7

스프링 6 버전의 프로젝트를 생성하려면 반드시 JDK 17 이상을 사용해야 하므로 실습에 필요한 환경 역시 JDK 17을 기준으로 모든 환경을 구성합니다.

1.1.1 JDK 17 다운로드와 설치

JDK의 설치는 검색 엔진을 활용해서 Open JDK나 Oracle이 제공하는 JDK를 이용하면 됩니다. 다만, 버전이 17 이상인 점에 주의하셔야 합니다(Open JDK로 검색하는 경우 다운로드 링크가 직관적이지 않기 때문에 'OpenLogic JDK 17'과 같은 키워드로 검색하는 것이 좋습니다.).

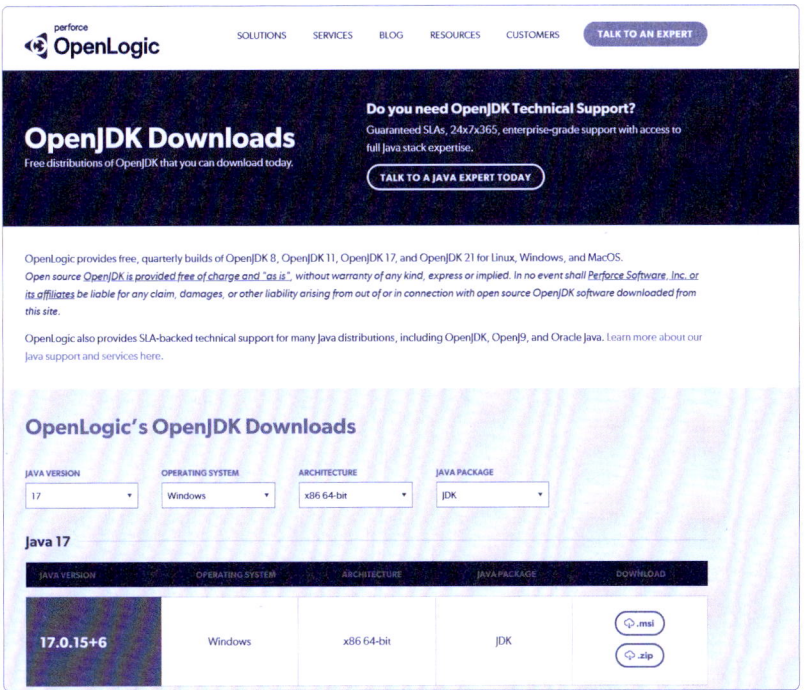

JDK는 클릭만으로 설치할 수 있는 Installer 표시가 있는 항목을 이용하는 것이 편리합니다.

JDK 설치 시에는 설치 경로를 반드시 기억해야 합니다. 설치 경로는 나중에 Eclipse 설정에 영향을 주기 때문에 메모장 등에 경로를 보관하는 것이 좋습니다.

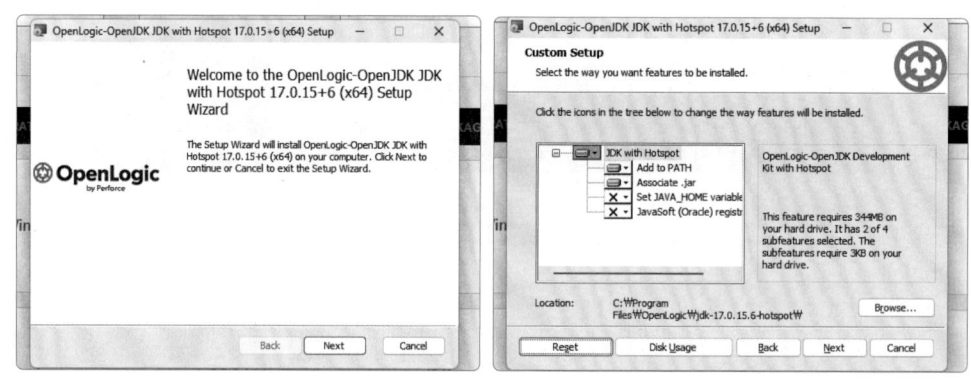

JDK의 설치 후에는 반드시 명령 프롬프트를 활용해서 'java -version' 명령어를 실행해 보는 것을 추천합니다. 이렇게 하는 이유는 간혹 본인도 모르게 오래된 버전의 JDK가 설치되는 경우가 종종 있기 때문입니다. 예를 들어, JDK 11 버전이나 7 버전이 설치된 환경에서 새로운 JDK를 추가하면 환경 변수를 조정해야만 정상적으로 JDK 17 버전을 이용할 수 있습니다.

```
C:\Users\zerock>java -version
openjdk version "17.0.15" 2025-04-15
OpenJDK Runtime Environment OpenLogic-OpenJDK (build 17.0.15+6-adhoc..jdk17u)
OpenJDK 64-Bit Server VM OpenLogic-OpenJDK (build 17.0.15+6-adhoc..jdk17u, mixed
```

만일 JDK 버전이 낮은 경우에는 환경 변수를 설정해서 새로 설치된 JDK를 사용하도록 해야 합니다(환경 변수 설정 후에는 반드시 명령 프롬프트는 종료 후 새로 시작해야만 변경된 설정이 적용됩니다.).

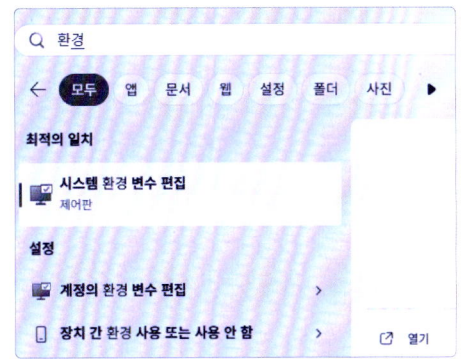

1.2 Eclipse IDE 설정

스프링 레거시 프로젝트는 대부분의 개발 도구에서 지원되지 않는 경우가 늘고 있습니다. 이것은 스프링 프레임워크가 공식적으로는 스프링 부트와 통합되었기 때문에 개발 도구들 역시 스프링 레거시 방식의 지원을 중단했기 때문입니다(간혹 인터넷에 있는 스프링 레거시 프로젝트 생성 방법으로 검색해서 나오는 방식들도 있긴 하지만, 더 이상 지원하지 않는 기능을 억지로 사용하는 것보다는 새로운 상황에 적응하는 것이 더 나은 판단이라고 생각합니다.).

스프링 6 레거시의 개발에 권장되는 개발 도구는 Eclipse와 Intellij Ultimate 버전입니다. Eclipse는 무료라는 장점이 있어 처음 시작하는 분들에게 적합합니다. Eclipse는 매년 6월 말을 기준으로 새로운 버전이 배포되므로, 최신 버전을 다운로드하는 경우 약간의 설정을 변경해 줄 필요가 있습니다. eclipse.org 사이트에서 자신의 운영체제에 맞는 프로그램을 다운로드할 수 있습니다.

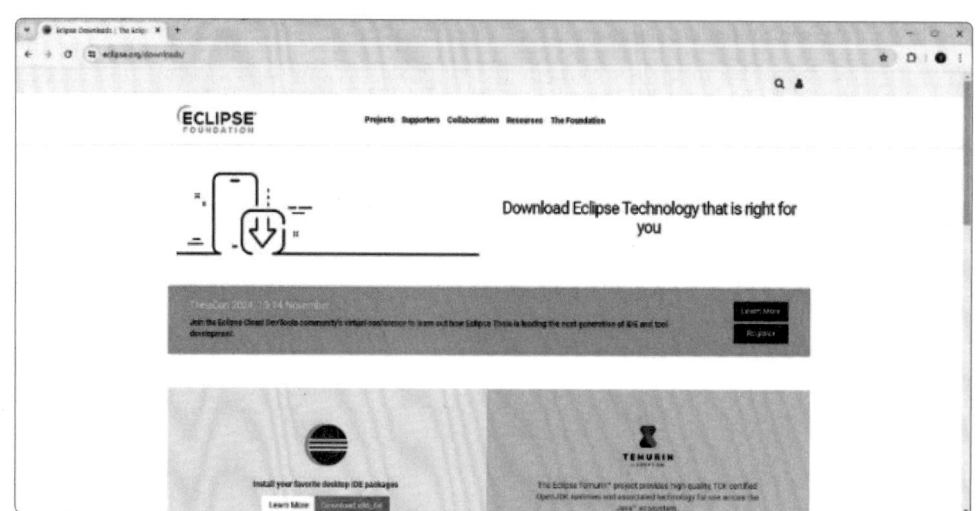

다운로드는 압축 파일의 형태여서 클릭만으로 설치할 수 있습니다. 설치 과정에서는 반드시 'Enterprise Java and Web Developers' 항목을 선택해야만 웹 프로젝트를 생성할 수 있다는 점을 주의해 주세요.

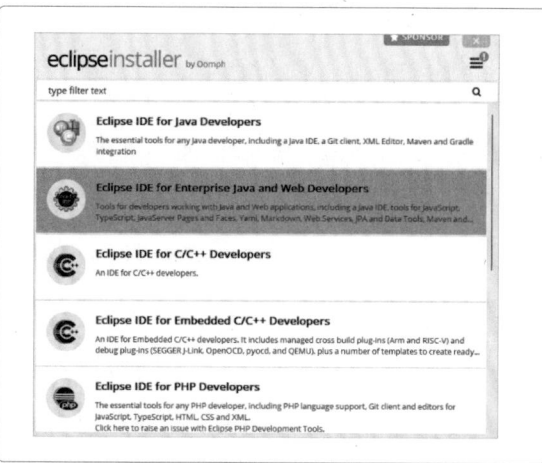

최신 버전의 Eclipse는 JDK 21 버전을 기준으로 설정되어 있기 때문에 아래의 화면과 같이 설치 시에 자동으로 Java 21 이상의 실행환경(JRE)을 다운로드하게 됩니다(처음 설치하거나 실행 시에는 설정을 변경하지 않는 것이 좋습니다. JDK의 버전에 따라 특정한 메뉴가 안 보이는 등의 문제가 발생할 수 있습니다.).

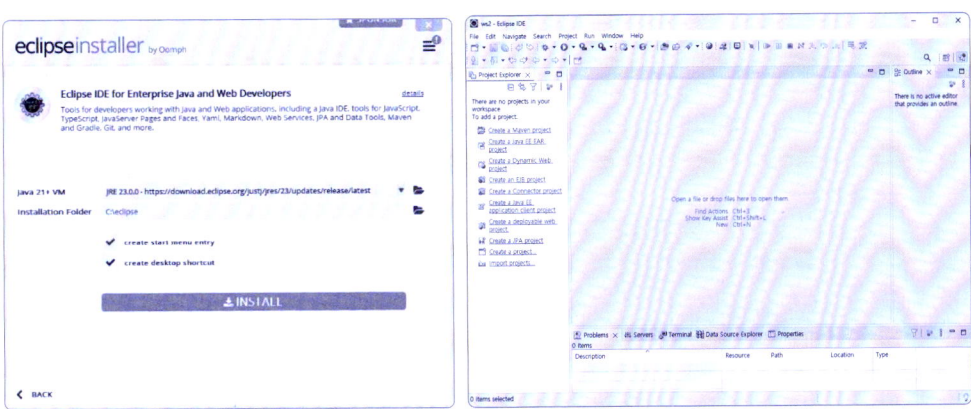

Eclipse 설치가 완료되면 Tomcat을 설치한 후에 'Dynamic Web Project'를 생성해서 스프링 프로젝트를 작성합니다.

1.2.1 Tomcat 10 설치

스프링 6 레거시의 경우 반드시 Tomcat은 10.0 이상 버전을 사용해야만 합니다. 실습 예제에서는 10.1.x를 사용합니다. Tomcat의 다운로드는 https://tomcat.apache.org/에서 받을 수 있고, 다운로드할 때는 반드시 zip 파일 형태로 받아서 찾기 쉬운 경로에 압축을 풀어줍니다.

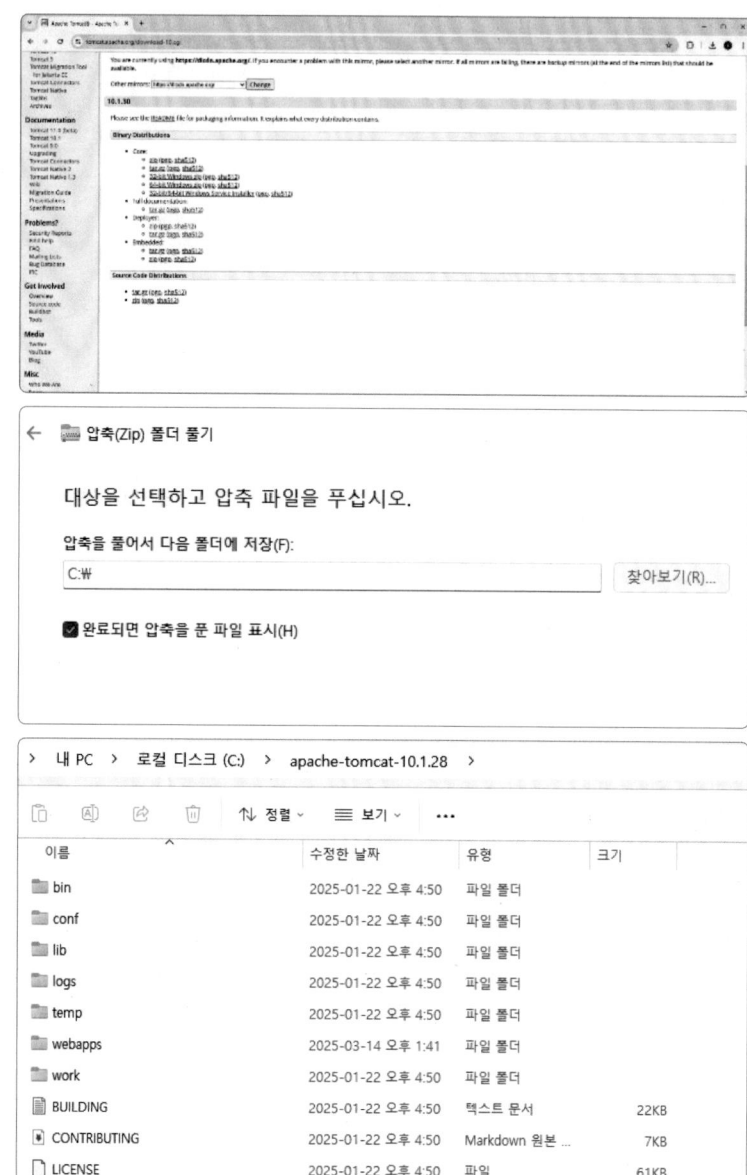

Eclipse는 Tomcat을 그대로 활용하는 것이 아니라 필요한 설정을 복사해서 사용하므로 별도의 설정이 필요합니다. Eclipse 메뉴에서 'Window -> Preference -> Server' 항목 내에 있는 'Runtime Environments' 항목을 선택합니다.

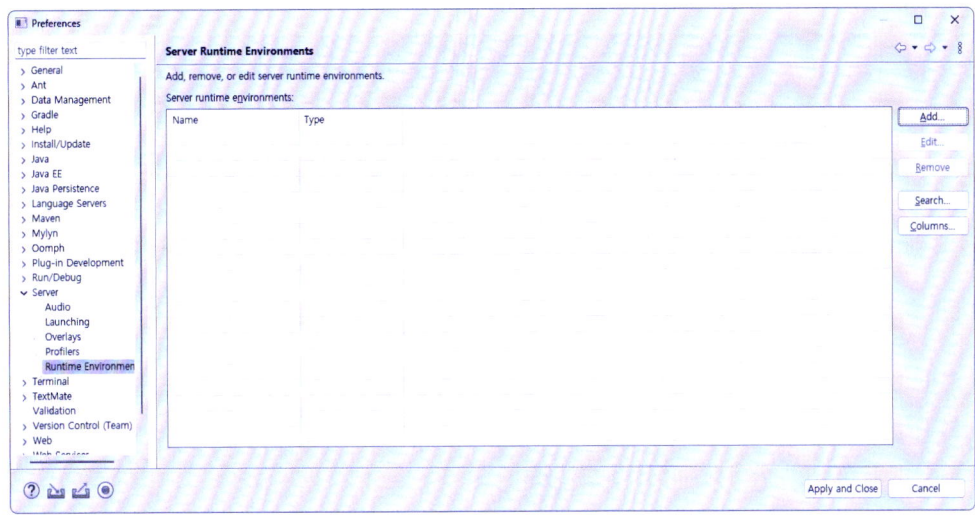

'Add' 항목에서 Tomcat의 버전과 설치 경로를 지정합니다.

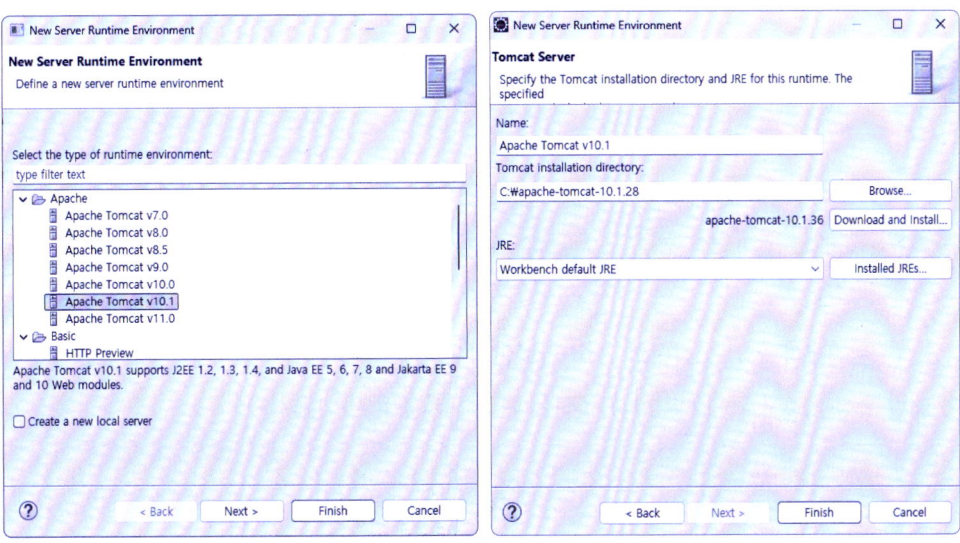

Tomcat 실행에 필요한 JRE는 처음에는 Eclipse가 사용하는 JRE로 설정되어 있으므로 이를 앞에서 설치한 JDK 17의 경로로 변경해 줍니다. JRE를 선택한 화면에서 'Add'를 이용해서 JDK 17의 경로를 설정합니다.

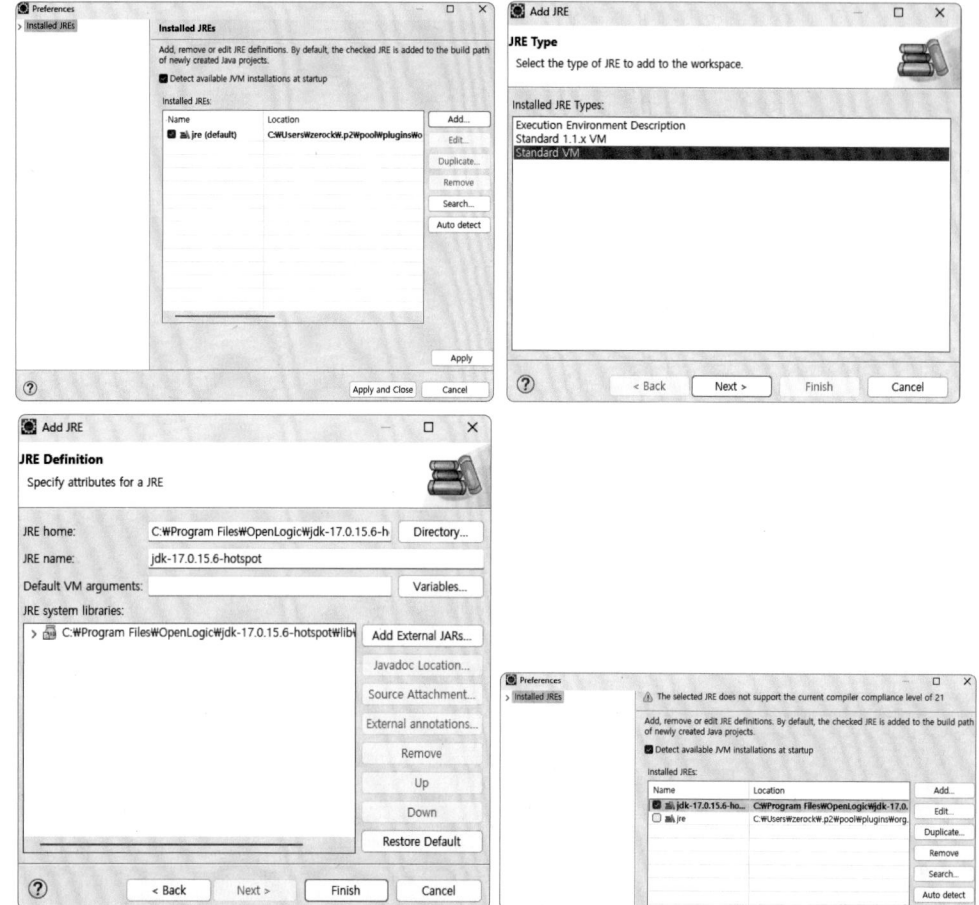

JDK 17을 설정하면 위의 화면과 같이 컴파일러의 버전이 낮아지면서 경고가 발생합니다. 이에 대한 수정은 조금 뒤에 처리하고 우선은 현재 상태를 유지합니다.

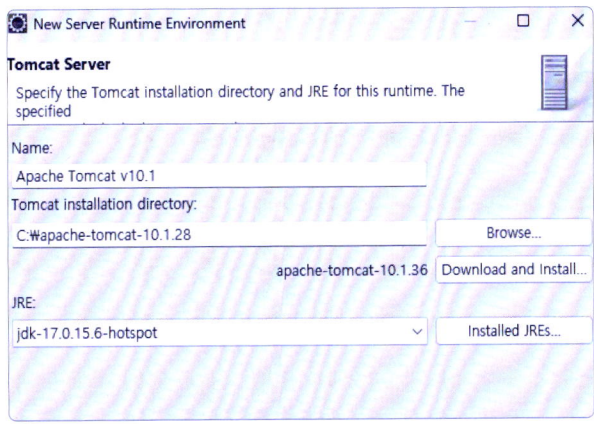

1.2.2 컴파일러 수준 변경

Eclipse는 Java 21 이상의 환경을 사용하려고 하고 Tomcat이나 작성하는 프로젝트는 JDK 17을 이용할 것이므로 컴파일러의 수준을 조정해 줍니다.

'Window -> Preferences'에 있는 Java 관련된 항목 중에서 'Compiler' 메뉴를 선택해서 21 버전으로 되어 있는 수준을 17로 변경합니다. 변경 후에 서버 항목을 다시 살펴보면 경고가 사라진 것을 확인할 수 있습니다.

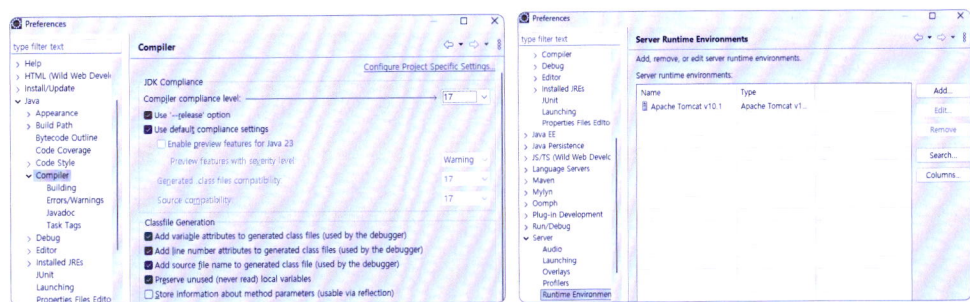

1.2.3 Dynamic Web Project 생성하기

Eclipse와 Tomcat 설치가 완료되었다면 'Dynamic Web Project' 메뉴에서 프로젝트를 작성합니다. 생성하는 프로젝트의 이름은 'w1'으로 지정하고 'Target runtime'을 앞에서 설정한

Tomcat으로 지정합니다. 현재 프로젝트의 목적은 Tomcat의 실행을 확인하는 용도이기 때문에 별도의 다른 설정은 추가하지 않아도 됩니다.

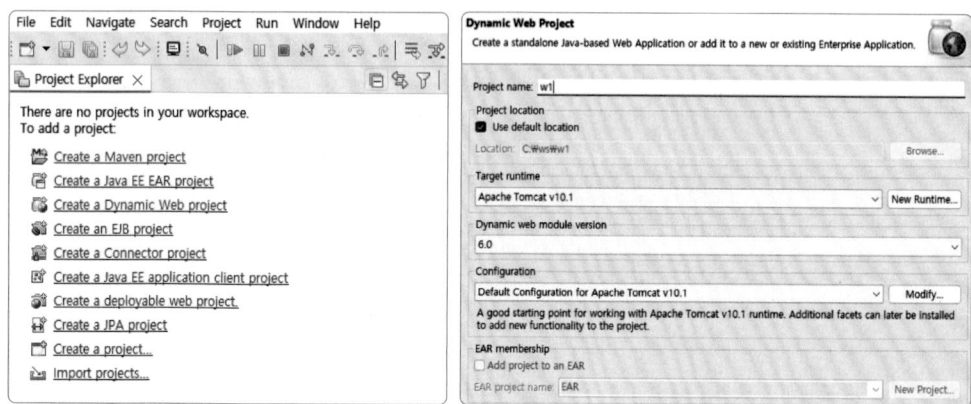

작성된 프로젝트는 아래와 같이 보이게 됩니다.

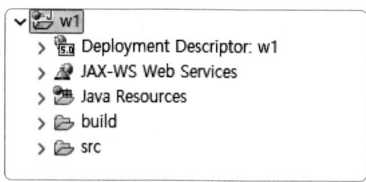

w1 프로젝트를 선택한 상태에서 마우스 오른쪽 버튼을 클릭하면 'Run As -> Run on Server' 항목을 확인할 수 있고 이를 통해서 실행합니다.

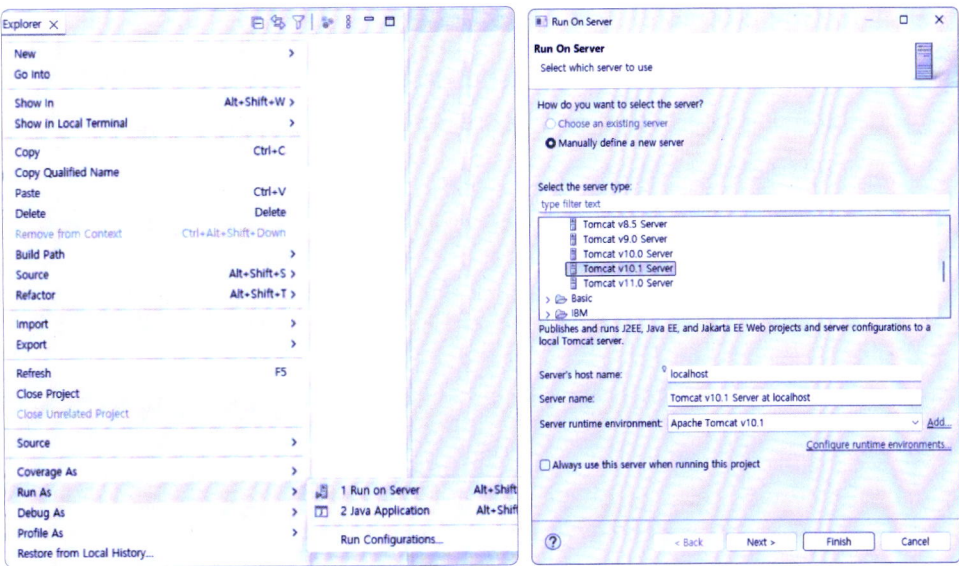

서버의 실행 후에는 자동으로 브라우저가 실행되면서 'localhost:8080/w1'이라는 경로로 이동합니다. 아직은 아무것도 작성된 코드가 없으므로 404 에러 메시지가 나오는 것이 정상입니다.

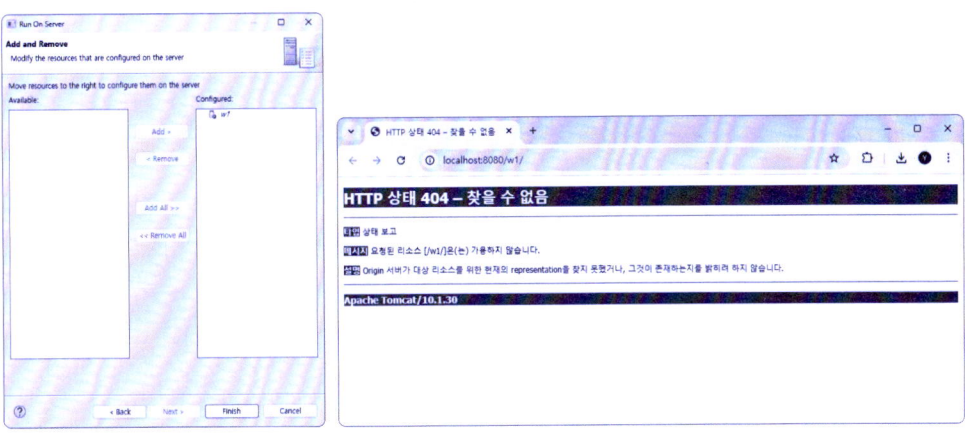

1.2.4 Lombok 라이브러리 설정

Lombok은 Java 개발 시에 자주 사용하는 getter/setter, 생성자, toString( )과 같은 번거로운 코드들을 컴파일할 때 생성해 주는 편리한 라이브러리입니다. Lombok을 이용하면 간결한 코드와 약간의 어노테이션들로 필요한 코드를 생성할 수 있습니다. 따라서, Eclipse에 관련 설정을 추가해 줍니다.

Lombok은 project.lombok.org 사이트에서 다운로드하고 lombok.jar 파일을 실행해서 Eclipse가 설치된 경로에 추가하면 됩니다(만일 기존에 다른 jar 파일을 실행할 수 있는 다른 압축 프로그램을 통해서 실행된다면 명령 프롬프트를 이용해서 JDK가 설치된 경로로 \bin\java -jar lombok.jar와 같이 JDK의 bin에 있는 java 명령어를 이용해서 실행해야 합니다.).

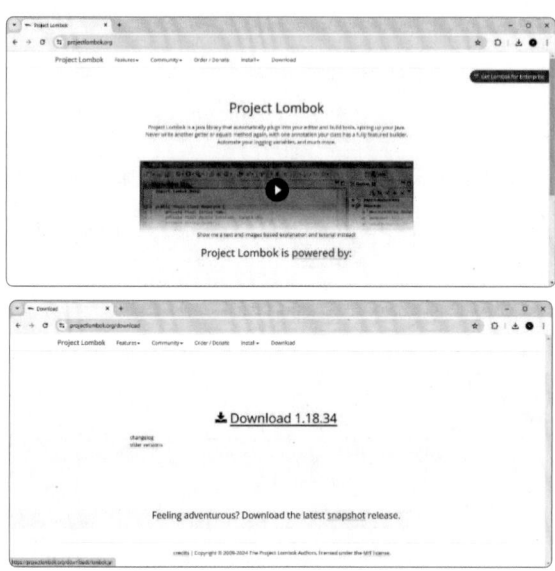

만일 Eclipse의 경로를 찾지 못한다면 직접 Eclipse가 설치된 경로를 지정해서 추가합니다.

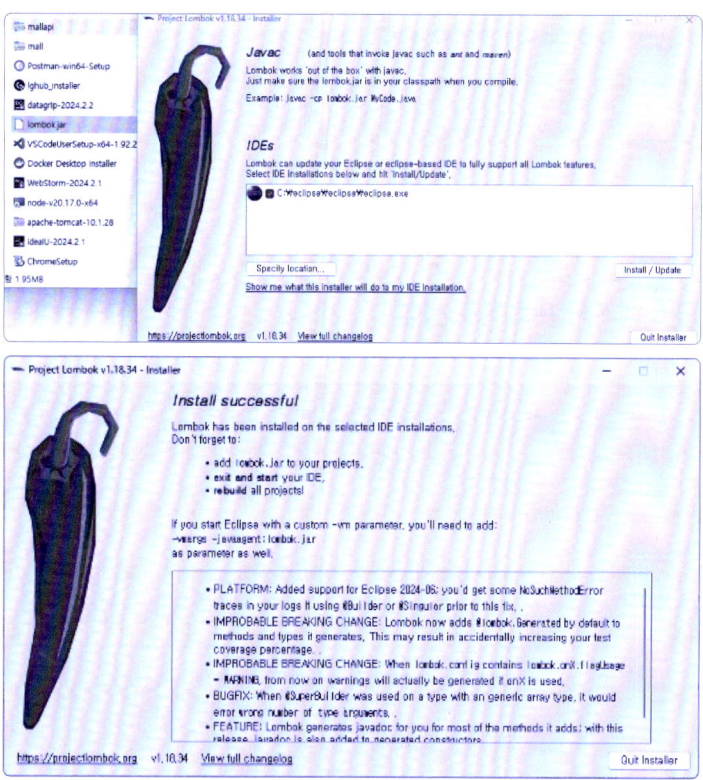

lombok.jar 파일이 설치되면 Eclipse의 설치 경로에 아래 그림과 같이 lombok.jar 파일이 추가되고 eclipse.ini 파일의 마지막 부분에 lombok.jar 파일이 추가된 것을 확인할 수 있습니다(eclipse.ini 파일은 메모장에서 확인이 가능합니다.).

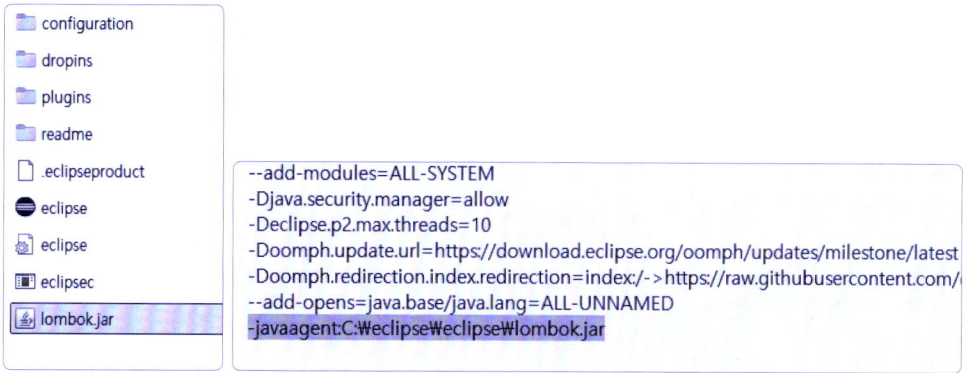

1.3 Spring 6 Legacy Project

개발환경에 대한 최종 점검은 스프링 6 버전의 레거시 프로젝트를 생성해서 실행해 보는 것입니다. 흔히 레거시 프로젝트라고 부르는 경우 주로 XML 설정을 이용해서 스프링을 사용하기 때문에 실습 예제 역시 XML 기반을 이용합니다.

1.3.1 스프링 6 레거시 프로젝트 생성

프로젝트 생성은 Eclipse의 Dynamic Web project 메뉴에서 새로운 프로젝트를 생성합니다. 생성하는 프로젝트는 'sp1'이라는 이름으로 생성합니다.

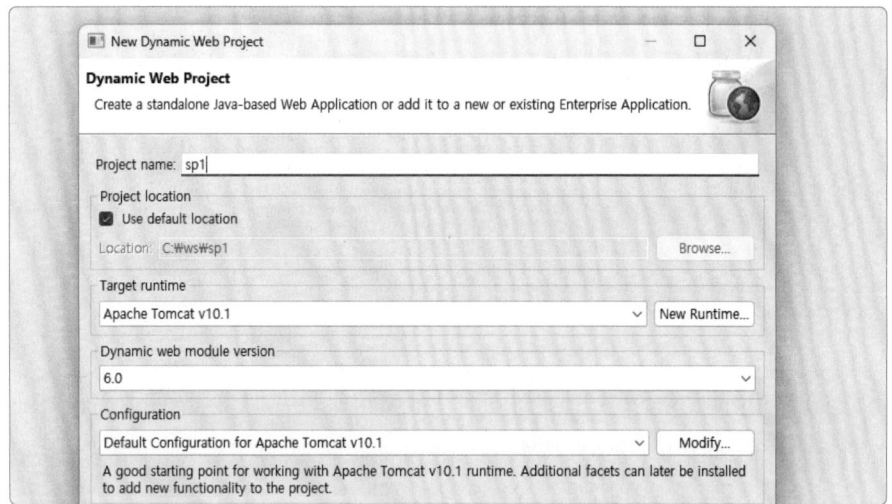

프로젝트 생성 과정에서는 XML 기반의 설정에 필요한 web.xml을 생성하도록 지정합니다(나중에 추가할 수도 있지만, 처음 프로젝트의 생성 단계에서 추가하는 것이 편리합니다.).

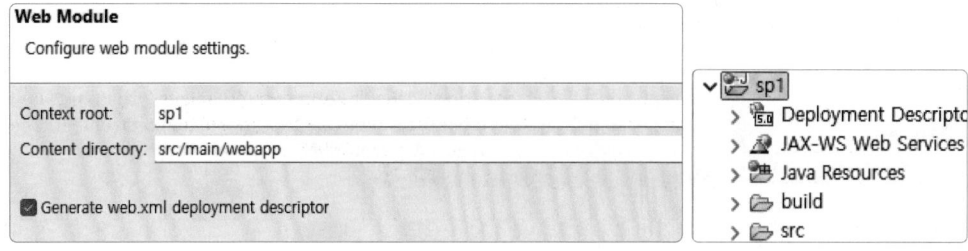

생성한 sp1 프로젝트가 스프링 프로젝트가 되기 위해서는 여러 종류의 라이브러리가 필요합니다. 이러한 라이브러리 관리는 Maven이나 Gradle과 같은 빌드 도구를 사용하는 것이 편리합니다. 다행히 Eclipse는 Maven을 포함하고 있기 때문에 별도의 설정 없이 Maven 빌드 도구를 사용할 수 있습니다.

생성된 프로젝트를 선택하고 추가로 'Configure -> Convert to Maven Project'를 선택해서 sp1 프로젝트를 Maven을 이용하도록 지정합니다(Eclipse는 Maven에 대해서는 추가적인 설정이 필요하지 않습니다.).

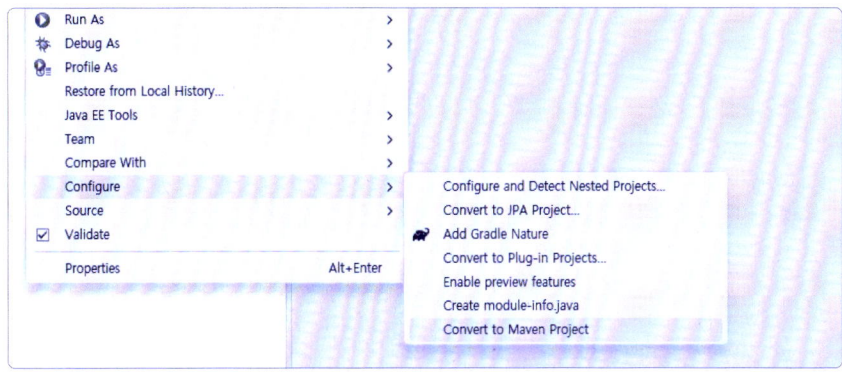

Maven 빌드 도구를 이용하도록 지정되면 pom.xml 파일이 프로젝트에 추가됩니다.

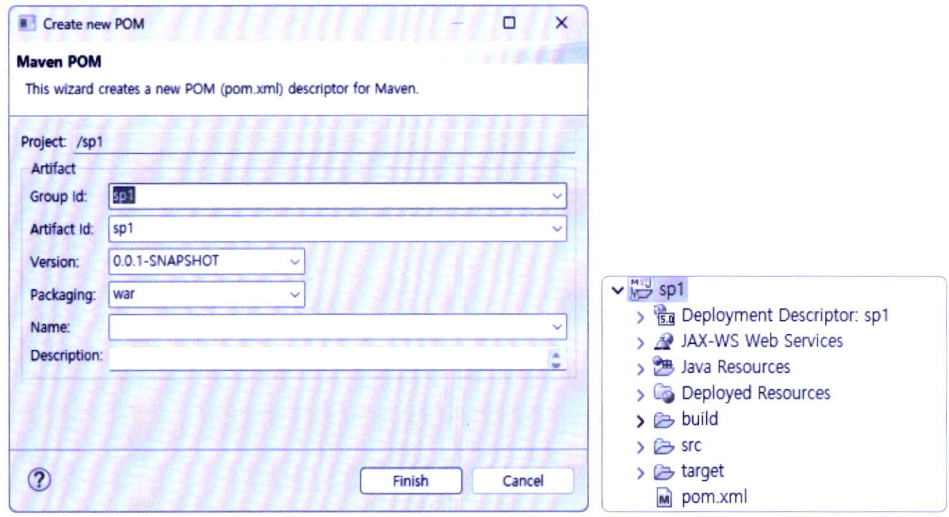

Maven을 이용한 라이브러리 추가

Maven 프로젝트 전환의 결과로 생성된 pom.xml 파일의 내부에는 프로젝트에 필요한 라이브러리를 설정하는 〈dependencies〉 태그를 〈build〉 전에 추가해 두는데, 〈dependencies〉 태그 내부에는 앞으로 필요한 라이브러리를 지정하게 됩니다(저장 메뉴 혹은 'Ctrl + S'를 눌러서 변경된 내용을 저장합니다.).

```
<project xmlns="http://maven.apache.org/POM/4.0.0" xmlns
    <modelVersion>4.0.0</modelVersion>
    <groupId>sp1</groupId>
    <artifactId>sp1</artifactId>
    <version>0.0.1-SNAPSHOT</version>
    <packaging>war</packaging>

    <dependencies>

    </dependencies>

    <build>
      <plugins>
        <plugin>
          <artifactId>maven-compiler-plugin</artifactId>
          <version>3.8.1</version>
```

1.3.2 XML 관련 다운로드 설정 변경

개발 과정에서 pom.xml처럼 생성되는 XML의 상단에서 에러가 발생할 수 있습니다. 이는 주로 XML 상단에 정의된 외부 리소스를 다운로드하는 과정에서 발생하는 에러인데 이를 강제적으로 지정해 두면 이후 개발에서 편리하게 사용할 수 있습니다.

'Window -> Preferences' 메뉴에서 아래쪽에 'XML(Wild Web Developer)' 항목을 선택하면 아래와 같은 화면이 나오는데 'Download external resources…' 항목을 체크해 두면 관련된 에러를 많이 줄일 수 있습니다.

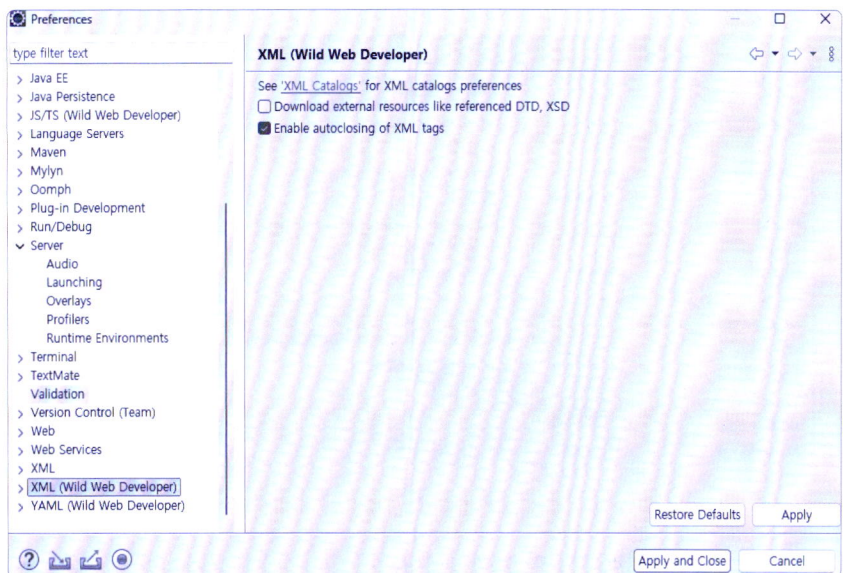

Lombok과 스프링 6 라이브러리 추가

가장 먼저 추가할 라이브러리는 프로젝트 내에서 사용되는 Lombok 라이브러리와 스프링 6 관련 라이브러리(spring-core, spring-context, spring-webmvc)입니다. 앞에서 진행한 Lombok의 설정은 Eclipse에서 Lombok을 사용할 수 있도록 하기 위한 설정이고 지금부터 진행하는 설정이 프로젝트 내에서 Lombok으로 코드를 작성하는 설정입니다.

검색 엔진에서 'Lombok maven'이라고 검색하면 대부분 'Maven Repository'라는 저장소를 알려주는데 여기서 Maven 항목을 지정해서 복사한 후에 pom.xml에 추가합니다.

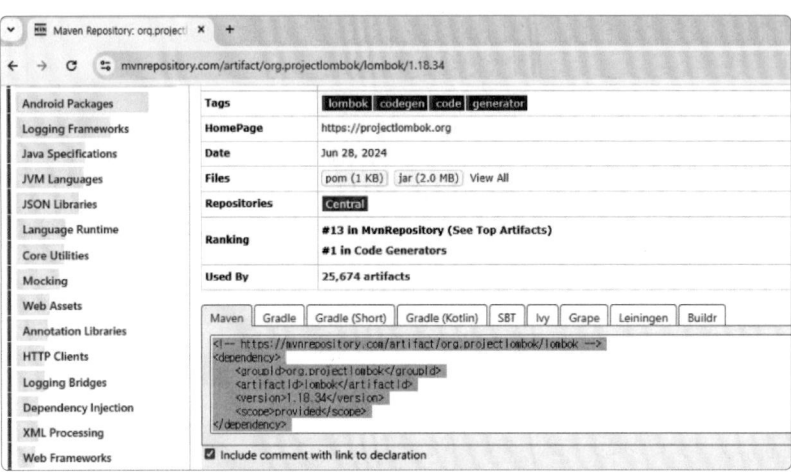

프로젝트 내 pom.xml은 아래와 같이 설정합니다.

```
<project xmlns="http://maven.apache.org/POM/4.0.0" xmlns:xsi="http://
www.w3.org/2001/XMLSchema-instance" xsi:schemaLocation="http://maven.
apache.org/POM/4.0.0 https://maven.apache.org/xsd/maven-4.0.0.xsd">
  <modelVersion>4.0.0</modelVersion>
  <groupId>sp1</groupId>
  <artifactId>sp1</artifactId>
  <version>0.0.1-SNAPSHOT</version>
  <packaging>war</packaging>

  <!--반드시 dependencies 내에 추가-->
  <dependencies>

  <dependency>
      <groupId>org.projectlombok</groupId>
      <artifactId>lombok</artifactId>
      <version>1.18.34</version>
      <scope>provided</scope>
  </dependency>

  </dependencies>

  <build>
    <plugins>
      <plugin>
        <artifactId>maven-compiler-plugin</artifactId>
```

```
                <version>3.13.0</version>
                <configuration>
                  <release>17</release>
                </configuration>
              </plugin>
              <plugin>
                <artifactId>maven-war-plugin</artifactId>
                <version>3.2.3</version>
              </plugin>
            </plugins>
          </build>
        </project>
```

pom.xml을 저장하면 자동으로 Lombok 라이브러리를 다운로드하게 되고, 이를 프로젝트 구조에서 확인할 수 있습니다.

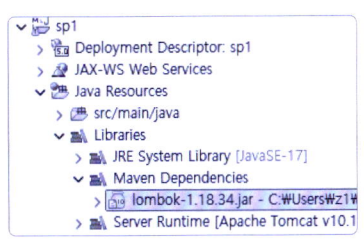

스프링과 관련해서는 'spring-core, spring-context, spring-webmvc'를 Maven 저장소를 검색해서 추가합니다(라이브러리를 추가할 때는 동일한 버전을 사용해야 하는 점을 주의하세요.).

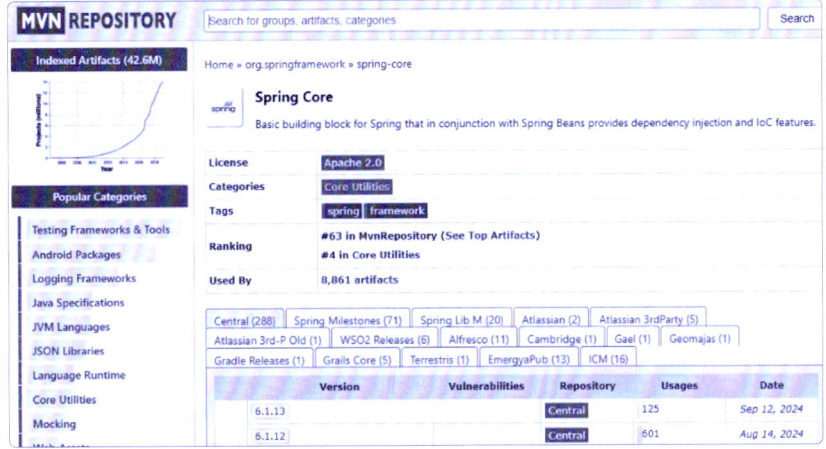

저장 후에는 자동으로 아래의 오른쪽과 같이 jar 파일들이 다운로드된 것을 확인할 수 있습니다. (여러 버전을 혼용하지 않도록 주의합니다.)

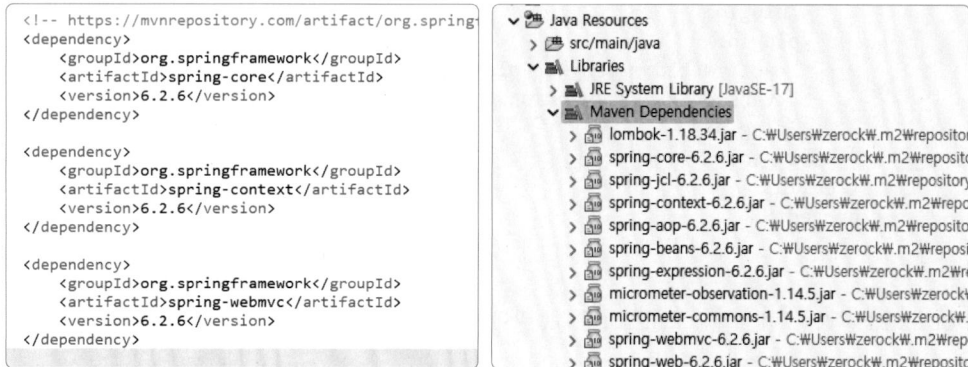

1.3.3 스프링 XML 설정 파일

스프링 레거시 프로젝트는 XML로 필요한 설정을 추가하는 것이 일반적입니다. 흔히 XML 설정이 어렵다고 하지만, 단계별로 하나씩 진행해 보면 그다지 어려운 일이 아닙니다.

프로젝트의 WEB-INF 밑에 spring이라는 폴더를 하나 생성해서 필요한 XML 파일을 저장하는 폴더로 사용합니다. spring 폴더에는 root-context.xml 파일을 추가합니다(WEB-INF 경로는 브라우저에서 접근할 수 없는 경로이므로 반드시 Eclipse 내에서만 확인해서 사용합니다.).

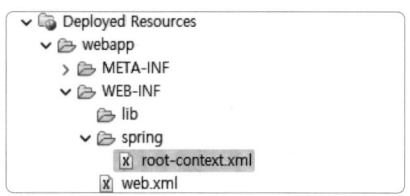

스프링의 XML과 관련된 정보는 'https://docs.spring.io/spring-framework/reference/index.html'에서 얻을 수 있습니다. 사용하는 라이브러리에 맞게 문서의 버전을 지정하면 해당 버전의 설정 문서를 찾을 수 있습니다. Core Technologies의 Appendix 항목을 선택하면 XML 문서의 기본 틀을 구할 수 있습니다.

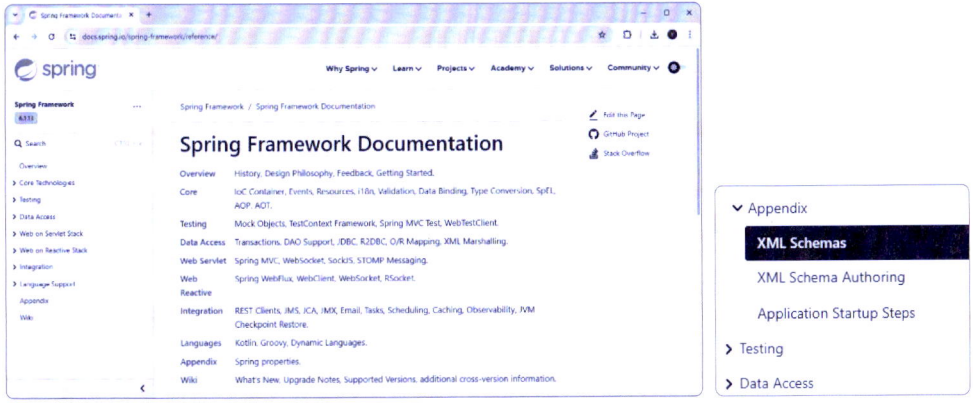

작성한 root-context.xml의 내용은 'XML Schemas'라는 항목을 찾아보면 어떤 설정이 필요한지 파악할 수 있습니다.

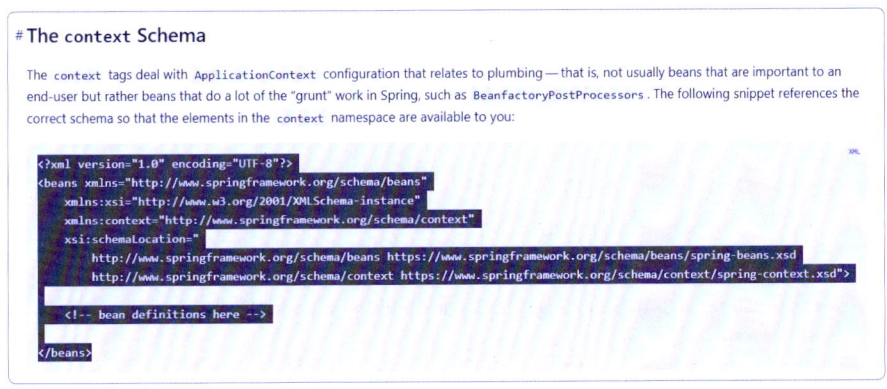

root-context.xml의 내용

```xml
<?xml version="1.0" encoding="UTF-8"?>
<beans xmlns="http://www.springframework.org/schema/beans"
    xmlns:xsi="http://www.w3.org/2001/XMLSchema-instance"
    xmlns:context="http://www.springframework.org/schema/context"
    xsi:schemaLocation="
        http://www.springframework.org/schema/beans
        https://www.springframework.org/schema/beans/spring-beans.xsd
        http://www.springframework.org/schema/context
        https://www.springframework.org/schema/context/spring-context.xsd">
```

```
</beans>
```

web.xml 설정

웹 프로젝트에서 스프링의 설정을 확인하기 위해서는 Tomcat에서 실행될 때 root-context. xml을 읽어서 실행하도록 하는 리스너(listener) 설정이 필요합니다. WEB-INF 폴더 밑에 web. xml에서 이를 지정합니다(만일 프로젝트 생성 시에 만들지 않았다면 XML 파일을 추가해서 작성합니다.).

WEB-INF/web.xml

```xml
<?xml version="1.0" encoding="UTF-8"?>
<web-app xmlns:xsi="http://www.w3.org/2001/XMLSchema-instance" xmlns="https://jakarta.ee/xml/ns/jakartaee" xsi:schemaLocation="https://jakarta.ee/xml/ns/jakartaee https://jakarta.ee/xml/ns/jakartaee/web-app_6_0.xsd" id="WebApp_ID" version="6.0">
  <display-name>sp1</display-name>

<listener>
    <listener-class>org.springframework.web.context.ContextLoaderListener</listener-class>
</listener>

<context-param>
    <param-name>contextConfigLocation</param-name>
    <param-value>/WEB-INF/spring/root-context.xml</param-value>
</context-param>
</web-app>
```

Tomcat 실행을 통한 설정 확인

스프링과 관련된 설정이 정상적으로 처리되었는지 확인하는 방법은 Tomcat을 통해서 현재까지 작성된 프로젝트를 실행해 보는 것입니다. sp1 프로젝트를 선택하고 'Run As -> Run on Server'를 통해서 Tomcat에서 프로젝트를 실행해 봅니다(프로젝트의 실행 시 반드시 프로젝트 자체를 선택한 후에 'Run As..'로 실행해야 합니다. 일반 Java 프로젝트처럼 특정 파일을 선택하지 않도록 주의해 주세요.).

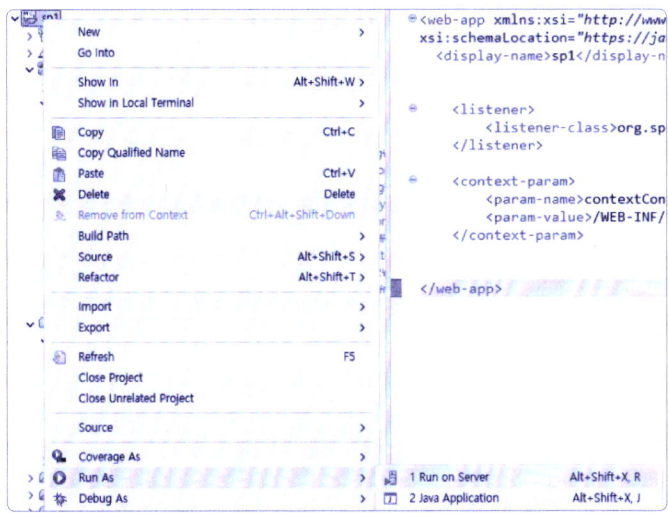

Eclipse에서 프로젝트를 실행할 때는 가능하면 하나의 프로젝트만을 실행하는 것이 안전합니다. 이전에 실행된 'w1' 대신에 'sp1'을 지정해서 실행합니다.

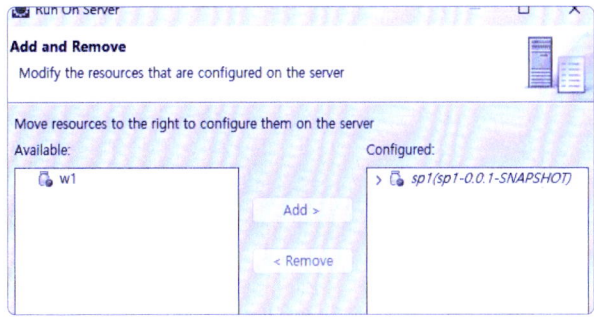

프로젝트가 실행되었을 때 아래의 그림과 같이 'springframework'라는 단어가 나왔다면 설정에 문제가 없는 것입니다.

```
org.apache.catalina.core.ApplicationContext log
root WebApplicationContext
org.springframework.web.context.ContextLoader initWebApplicationContext
Context: initialization started
org.springframework.web.context.ContextLoader initWebApplicationContext
Context initialized in 219 ms
org.apache.coyote.AbstractProtocol start
io-8080"]을(를) 시작합니다.
org.apache.catalina.startup.Catalina start
```

브라우저에서는 아직 웹과 관련된 설정이 완료된 것이 아니기 때문에 아래와 같이 404 화면만 보이게 됩니다.

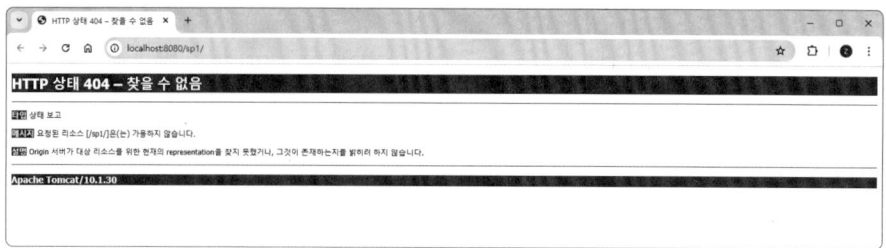

1.4 Spring MVC 설정

스프링 프레임워크의 경우 web 관련된 설정은 별도의 설정 파일로 분리해서 운영합니다. WEB-INF\spring 폴더에 servlet-context.xml 파일을 생성합니다.

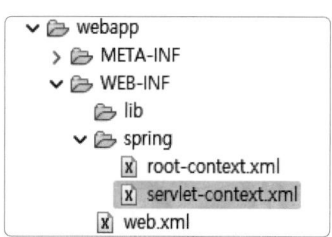

servlet-context.xml 파일의 내용은 스프링 문서에서 'Web on Servlet Stack'에서 찾을 수 있습니다.

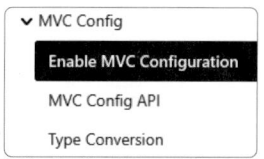

servlet-context.xml 파일의 내용은 아래와 같이 작성됩니다.

```xml
<?xml version="1.0" encoding="UTF-8"?>
<beans xmlns="http://www.springframework.org/schema/beans"
    xmlns:mvc="http://www.springframework.org/schema/mvc"
    xmlns:xsi="http://www.w3.org/2001/XMLSchema-instance"
    xsi:schemaLocation="
        http://www.springframework.org/schema/beans
        https://www.springframework.org/schema/beans/spring-beans.xsd
        http://www.springframework.org/schema/mvc
        https://www.springframework.org/schema/mvc/spring-mvc.xsd">

    <mvc:annotation-driven/>

</beans>
```

1.4.1 web.xml의 수정

마지막으로 Tomcat에서 스프링 프레임워크가 같이 실행되도록 web.xml에서 서블릿 설정을 아래와 같이 추가합니다.

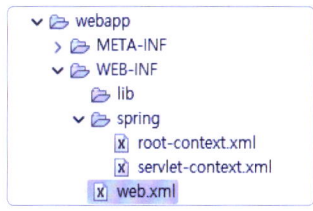

```xml
<?xml version="1.0" encoding="UTF-8"?>
<web-app xmlns:xsi="http://www.w3.org/2001/XMLSchema-instance" xmlns="https://jakarta.ee/xml/ns/jakartaee" xsi:schemaLocation="https://jakarta.ee/xml/ns/jakartaee https://jakarta.ee/xml/ns/jakartaee/web-app_6_0.xsd" id="WebApp_ID" version="6.0">
  <display-name>sp1</display-name>

    <listener>
        <listener-class>org.springframework.web.context.ContextLoaderListener</listener-class>
    </listener>

    <context-param>
        <param-name>contextConfigLocation</param-name>
        <param-value>/WEB-INF/spring/root-context.xml</param-value>
    </context-param>
```

```xml
<servlet>
    <servlet-name>appServlet</servlet-name>
    <servlet-class>org.springframework.web.servlet.DispatcherServlet</servlet-class>
    <init-param>
        <param-name>contextConfigLocation</param-name>
        <param-value>/WEB-INF/spring/servlet-context.xml</param-value>
    </init-param>
    <load-on-startup>1</load-on-startup>
</servlet>

<servlet-mapping>
    <servlet-name>appServlet</servlet-name>
    <url-pattern>/</url-pattern>
</servlet-mapping>

</web-app>
```

servlet-context.xml과 web.xml을 수정한 후에는 다시 Tomcat을 실행해서 실행에 문제가 없는지를 확인합니다. 실행 과정에서 기존과 조금 다른 메시지의 내용이 출력되는 것을 확인할 수 있습니다.

```
org.apache.catalina.core.ApplicationContext log
tionInitializer types detected on classpath
org.apache.catalina.core.ApplicationContext log
root WebApplicationContext
org.springframework.web.context.ContextLoader initWebApplicationContext
ontext: initialization started
org.springframework.web.context.ContextLoader initWebApplicationContext
ontext initialized in 231 ms
org.apache.catalina.core.ApplicationContext log
DispatcherServlet 'appServlet'
org.springframework.web.servlet.FrameworkServlet initServletBean
 'appServlet'
org.springframework.web.servlet.FrameworkServlet initServletBean
tion in 271 ms
org.apache.coyote.AbstractProtocol start
```

1.5 Log4j2 설정

프로그램이 정상적으로 실행되고 있는지 확인하기 위해서는 System.out.println( ) 대신에 Log4j2를 이용해서 로그를 기록하는 방식을 사용합니다. 이를 위해서 프로젝트의 시작 단계에서 라이브러리와 설정을 미리 추가해 두는 것이 좋습니다.

Log4j2 라이브러리는 Maven 저장소를 이용해서 pom.xml의 〈dependencies〉 내에 아래의 항목을 추가합니다.

pom.xml에 추가하는 라이브러리

```xml
<dependency>
    <groupId>org.apache.logging.log4j</groupId>
    <artifactId>log4j-slf4j-impl</artifactId>
    <version>2.24.1</version>
</dependency>

<!-- Log4j2 Core -->
<dependency>
    <groupId>org.apache.logging.log4j</groupId>
    <artifactId>log4j-core</artifactId>
    <version>2.24.1</version>
</dependency>

<dependency>
    <groupId>org.apache.logging.log4j</groupId>
    <artifactId>log4j-api</artifactId>
    <version>2.24.1</version>
</dependency>
```

1.5.1 프로젝트에 필요한 폴더 추가하기

스프링 프로젝트는 개발자가 작성하는 코드 외에도 여러 종류의 파일이나 폴더가 필요합니다. 예를 들어, 지금의 경우 Log4j2를 이용하기 위한 설정 관련된 폴더와 파일들을 작성해 주어야 합니다. 이를 위해서 자동으로 필요한 폴더를 생성하는 과정이 필요합니다.

sp1 프로젝트의 'properties'(마우스 오른쪽 버튼 클릭 시 마지막 항목)에는 'Java Build Path'라는 항목을 확인합니다. 프로젝트의 생성 후 Maven 프로젝트로 전환되면서 추가로 폴더들이 필요하게 되는데 현재는 존재하지 않기 때문에 아래와 같이 'x' 표시된 폴더들이 보이게 됩니다.

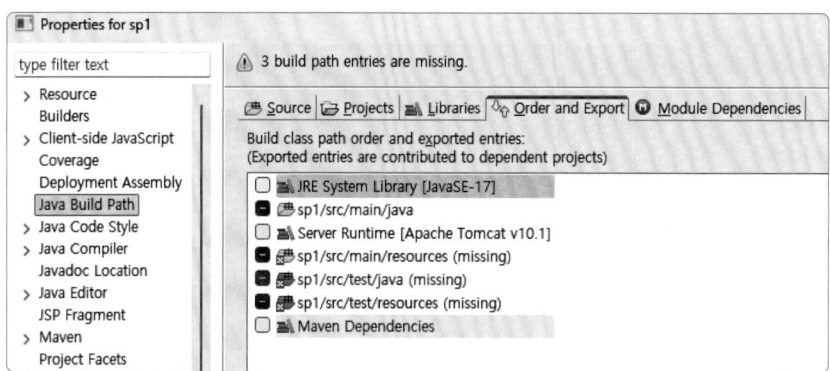

화면 상단의 탭 중에서 'Source' 탭을 선택하고 'Add Folder'를 선택합니다. 이때 실제로 폴더를 추가할 필요는 없습니다.

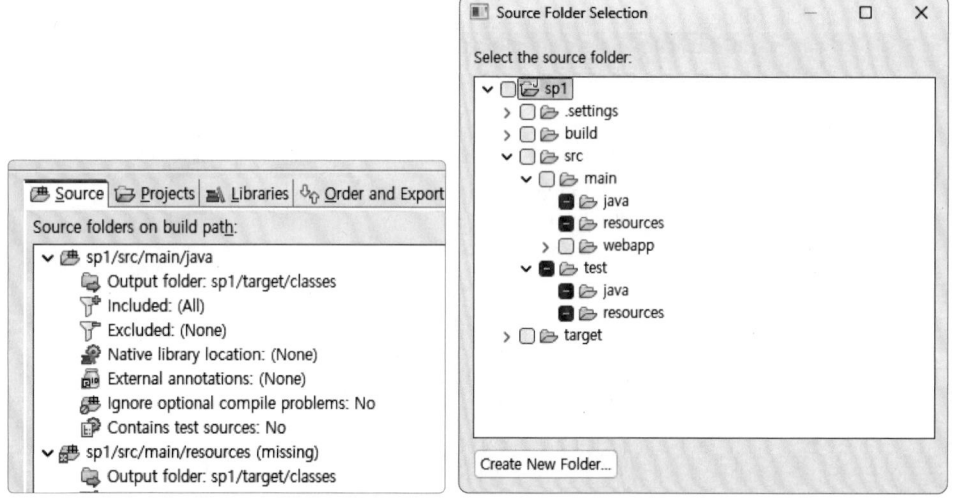

위와 같은 화면을 확인한 후에는 별도의 처리 없이 메뉴를 종료합니다. 이후 프로젝트를 살펴보면 해당 폴더들이 생성되어 있는 것을 확인할 수 있습니다.

log4j2.xml 파일의 추가

생성된 src/main/resource 폴더에는 log4j2.xml 파일을 추가합니다(파일의 이름에 주의하세요.).

log4j2.xml 파일

```xml
<?xml version="1.0" encoding="UTF-8"?>
<Configuration>

    <!-- Appender, Layout 설정 -->
    <Appenders>
        <Console name="console" target="SYSTEM_OUT">
            <PatternLayout  pattern="%c %L %5p %m%n"/>
        </Console>
    </Appenders>

    <!-- Logger 설정 -->
    <Loggers>
        <Logger name="org.springframework" level="DEBUG" additivity="false">
            <AppenderRef ref="console"/>
        </Logger>

        <Root level="INFO">
```

```xml
            <AppenderRef ref="console"/>
        </Root>
    </Loggers>
</Configuration>
```

log4j2.xml 파일을 설정하고 Tomcat을 다시 실행하면 기존과 달리 많은 양의 로그가 기록되는 것을 확인할 수 있을 것입니다. 이렇게 많은 양의 로그가 기록되는 이유는 위의 XML 설정에서 'org.springframework'로 시작하는 경우에 'DEBUG' 레벨로 지정해서 상세하게 로그를 찍도록 했기 때문입니다. 일반적으로는 INFO 레벨을 이용하지만, 개발 시작 단계에서는 설정을 확인하기 위해서 DEBUG 레벨을 사용하는 것도 괜찮은 선택입니다.

```
org.springframework.web.context.support.XmlWebApplicationContext org.springframework.context.su
org.springframework.beans.factory.xml.XmlBeanDefinitionReader org.springframework.beans.factory
org.springframework.ui.context.support.UiApplicationContextUtils org.springframework.ui.context
org.springframework.beans.factory.support.DefaultListableBeanFactory org.springframework.beans.
org.springframework.beans.factory.support.DefaultListableBeanFactory org.springframework.beans.
org.springframework.beans.factory.support.DefaultListableBeanFactory org.springframework.beans.
org.springframework.beans.factory.support.DefaultListableBeanFactory org.springframework.beans.
org.springframework.beans.factory.support.DefaultListableBeanFactory org.springframework.beans.
org.springframework.web.servlet.mvc.method.annotation.RequestMappingHandlerAdapter org.springfr
org.springframework.beans.factory.support.DefaultListableBeanFactory org.springframework.beans.
org.springframework.web.servlet.mvc.method.annotation.RequestMappingHandlerAdapter org.springfr
org.springframework.beans.factory.support.DefaultListableBeanFactory org.springframework.beans.
org.springframework.web.servlet.mvc.method.annotation.ExceptionHandlerExceptionResolver org.spr
org.springframework.beans.factory.support.DefaultListableBeanFactory org.springframework.beans.
org.springframework.beans.factory.support.DefaultListableBeanFactory org.springframework.beans.
org.springframework.beans.factory.support.DefaultListableBeanFactory org.springframework.beans.
org.springframework.beans.factory.support.DefaultListableBeanFactory org.springframework.beans.
org.springframework.beans.factory.support.DefaultListableBeanFactory org.springframework.beans.
org.springframework.beans.factory.support.DefaultListableBeanFactory org.springframework.beans.
org.springframework.web.servlet.DispatcherServlet org.springframework.web.servlet.DispatcherSer
org.springframework.web.servlet.DispatcherServlet org.springframework.web.servlet.DispatcherSer
org.springframework.web.servlet.DispatcherServlet org.springframework.web.servlet.DispatcherSer
org.springframework.web.servlet.DispatcherServlet org.springframework.web.servlet.FrameworkServ
org.springframework.web.servlet.DispatcherServlet org.springframework.web.servlet.FrameworkServ
10월 07, 2024 9:11:23 오후 org.apache.coyote.AbstractProtocol start
INFO: 프로토콜 핸들러 ["http-nio-8080"]을(를) 시작합니다.
10월 07, 2024 9:11:23 오후 org.apache.catalina.startup.Catalina start
INFO: 서버가 [2054] 밀리초 내에 시작되었습니다.
```

1.6 MariaDB 설치와 설정

Eclipse와 스프링 레거시 프로젝트의 설정이 끝났다면 프로젝트에서 사용하려는 데이터베이스를 설정합니다. 예제에서 사용하는 데이터베이스는 관계형 데이터베이스 중에서 무료로 사용이 가능한 MariaDB를 이용합니다(MySQL을 이용하는 것도 가능하지만, MySQL은 상업적인 용도로 사용하는 경우 상용 라이센스가 필요합니다.).

MariaDB는 mariadb.org(com도 존재하므로 주의)에서 다운로드할 수 있습니다.

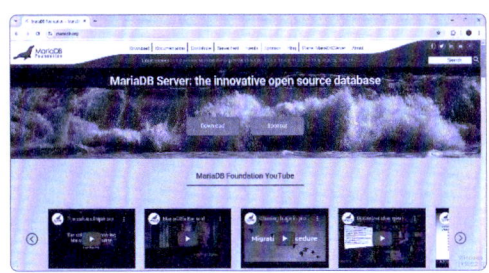

설치 과정은 별도의 추가적인 설정 없이 진행할 수 있으나, 중간에 root 계정의 패스워드를 지정하는 부분은 주의해야 합니다.

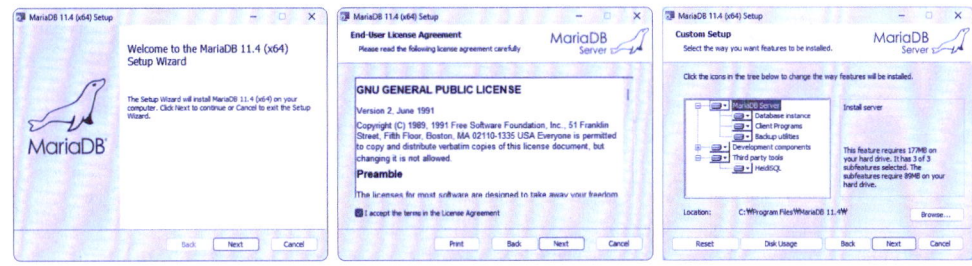

root 계정의 패스워드는 나중에 복구가 힘들기 때문에 처음 값을 반드시 기억해 두어야 합니다. MariaDB는 기본적으로는 3306번 포트를 이용하는데 만일 기존에 MySQL로 3306번 등이 지정되어 있다면 3307, 3308 등으로 지정됩니다.

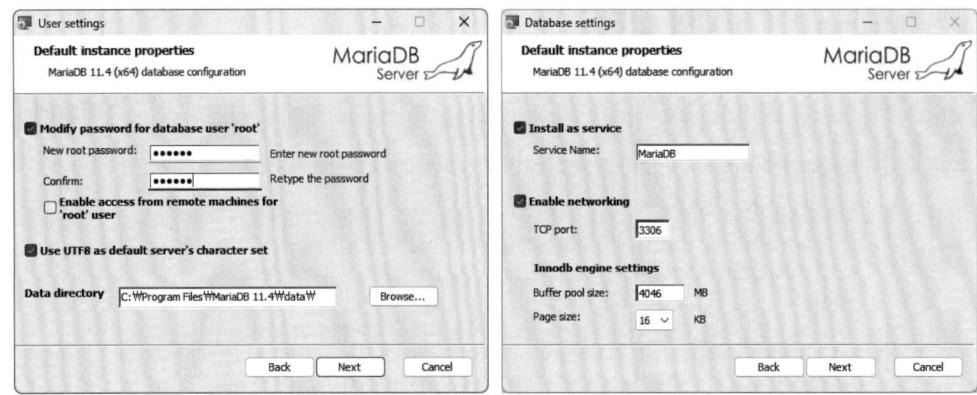

MariaDB가 설치되면 Windows의 경우 추가로 HeidiSQL이라는 프로그램이 설치됩니다. HeidiSQL은 데이터베이스에 접속하고 실행할 수 있는 편집툴로 다른 데이터베이스 개발 도구를 사용해도 무방합니다.

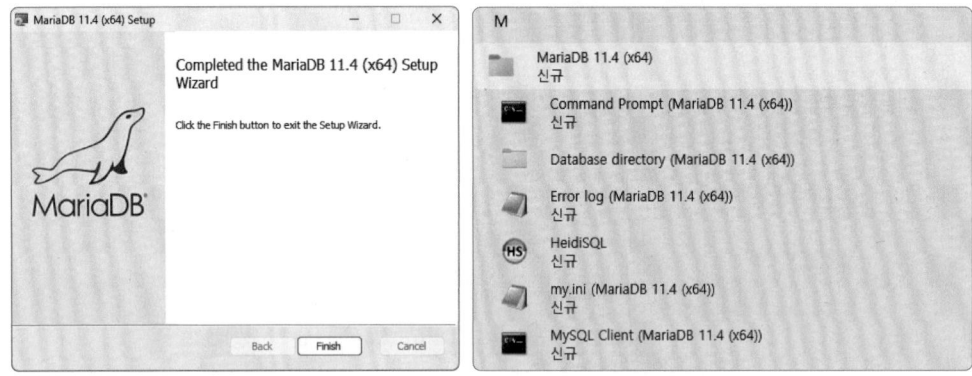

프로젝트에 사용할 예제로 root를 사용하는 것은 위험하기 때문에 root 계정을 통해 프로젝트 내에서 사용할 새로운 스키마와 계정을 생성해 줍니다.

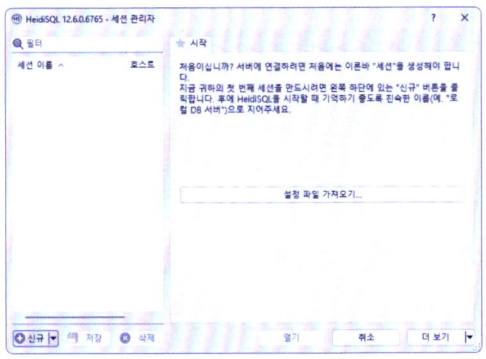 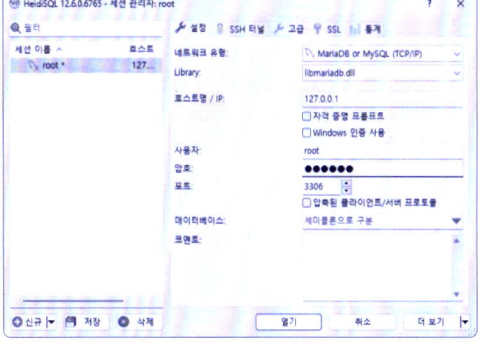

root 계정으로 접속되면 기본적으로 설치된 스키마들을 확인할 수 있습니다.

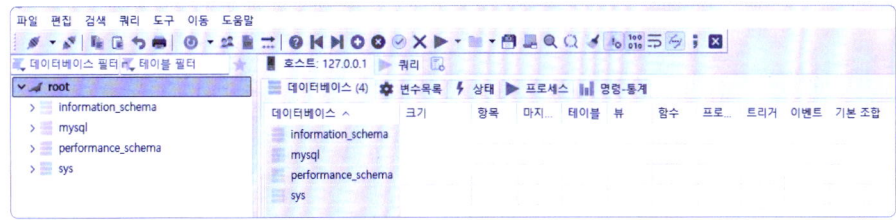

예제 프로젝트에서 사용하려는 스키마를 생성합니다.

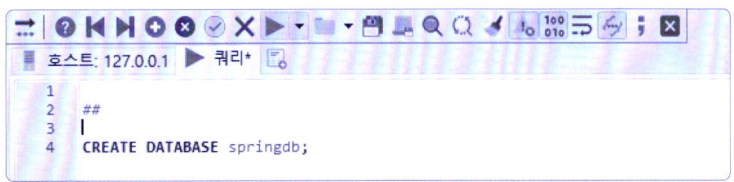

HeidiSQL의 메뉴에서 사용자를 추가하게 되면 암호화되기 때문에 명시적으로 아래와 같이 SQL을 직접 작성해서 실행하도록 합니다(아래의 SQL문을 작성하고 한 라인씩 실행(Ctrl+F9)해 주세요.).

```
CREATE DATABASE springdb;

CREATE USER 'springdbuser'@'localhost' IDENTIFIED BY 'springdbuser';

CREATE USER 'springdbuser'@'%' IDENTIFIED BY 'springdbuser';
```

```
GRANT ALL PRIVILEGES ON springdb.* TO 'springdbuser'@'localhost';

GRANT ALL PRIVILEGES ON springdb.* TO 'springdbuser'@'%';
```

예제를 위한 스키마와 계정이 생성되었다면 다시 HeidiSQL을 실행해서 생성한 계정으로 연결이 가능한지 확인해야 합니다. 연결에 대한 설정에는 조금 전 생성한 사용자의 계정과 스키마를 지정해 주어야 합니다.

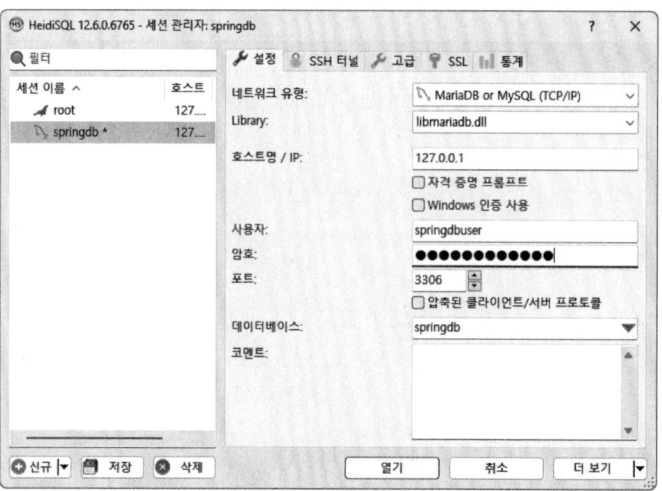

생성한 사용자는 springdb에만 권한이 있으므로 아래 화면과 같이 springdb 항목만 출력되는 것을 확인합니다.

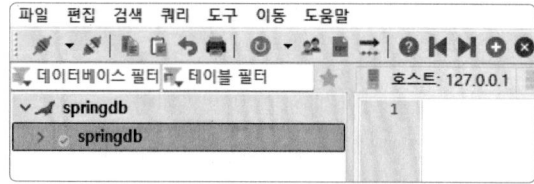

1.7 Intellij를 사용하는 경우 프로젝트 설정

이번 절에서는 추가로 Intellij Ultimate 환경에서는 어떻게 설정하는지 살펴봅니다. Intellij는 무료로 사용하는 Community 버전과 유료로 사용하는 Ultimate 버전으로 구분됩니다.

Intellij의 경우 웹 개발에 필요한 모든 기능을 사용하려면 Intellij Ultimate 버전을 이용해야 하는데 30일 무료 사용이 가능하지만, 기본적으로 유료로 사용해야만 합니다(특별 카테고리를 살펴보면 대학생이나 교직원과 같이 1년간 무료로 사용할 수 있는 기준이 있습니다.).

1.7.1 Jakarta EE 프로젝트의 생성

Intellij Ultimate에서는 스프링 부트의 경우 직접 프로젝트로 생성 메뉴를 제공하지만, 이 책에서 다루는 스프링 레거시 프로젝트는 지원되지 않습니다. 이 때문에 스프링 레거시 프로젝트를 생성한다고 하기보다는 Jakarta EE 프로젝트로 웹 프로젝트를 생성하고 이를 이용해서 스프링 프로젝트로 생성하는 방식이라고 보면 됩니다.

프로젝트의 생성 메뉴에서는 'Jakarta EE'를 지정합니다. 프로젝트 생성에서 주의가 필요한 'Template' 항목은 'Web application'으로 지정하고 'Application Server' 항목은 이미 다운로드한 Tomcat 서버(10 이상), JDK 버전을 주의해야 합니다(Intellij의 경우 JDK는 필요할 때 직접 다운로드할 수 있어서 편리합니다.).

프로젝트 생성에서 사용하는 개발 도구는 'Maven'이 기본 항목으로 선택되어 있지만, 별도의 설정 없이도 'Gradle' 도구를 이용할 수도 있습니다.

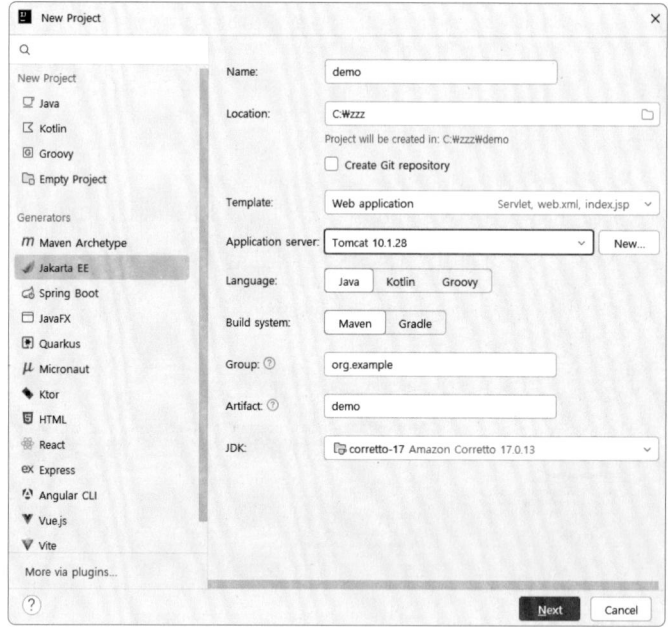

'Next'를 누른 후 다음 화면에서는 'Servlet' 항목이 선택되어 있는지를 확인합니다.

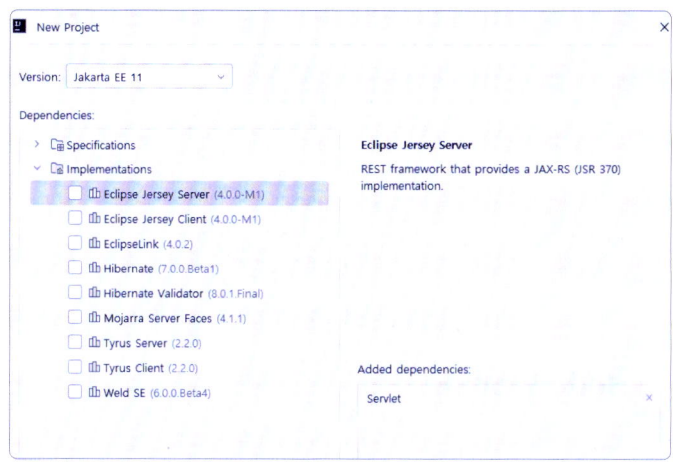

생성된 프로젝트를 살펴보면 프로젝트 생성 시에 만들어진 HelloServlet과 webapp 폴더에 index.jsp 파일이 만들어져 있는 것을 볼 수 있습니다. 오른쪽 상단에는 'Tomcat 10..'과 같이 바로 프로젝트를 실행할 수 있는 버튼이 보이는 것을 확인할 수 있습니다.

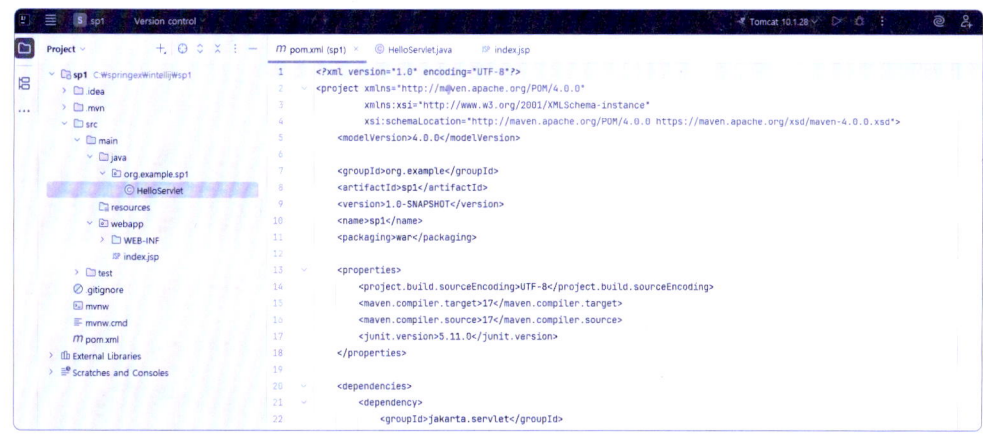

프로젝트를 실행하면 브라우저가 자동으로 실행되면서 '/프로젝트명_war_exploded'와 같이 조금 복잡한 경로로 실행되는 index.jsp와 HelloServlet이 실행되는 것을 확인할 수 있습니다.

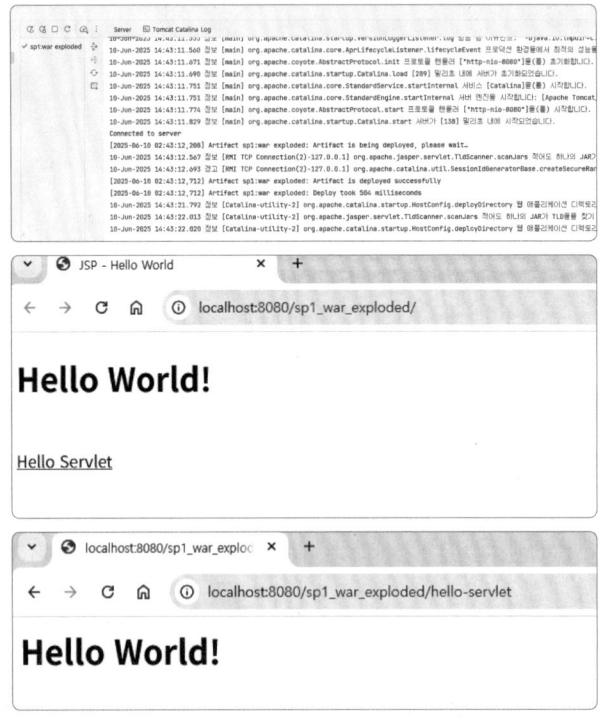

Web 프로젝트의 실행 경로 수정

프로젝트의 실행 자체에는 아무런 문제가 없지만, 프로젝트의 실행 경로가 복잡하기 때문에 이를 '/'로 실행되도록 조정합니다. 프로젝트 실행에 'Edit Configurations...'를 선택하면 아래 오른쪽 화면과 같이 여러 탭 메뉴가 존재하는 화면을 확인할 수 있습니다.

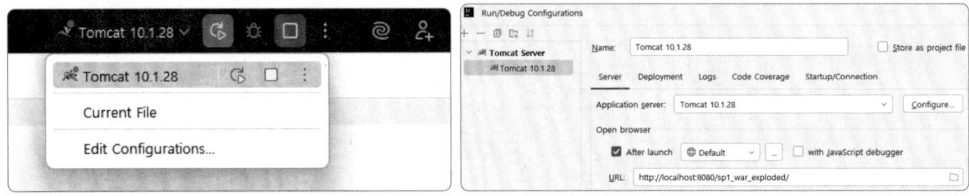

탭 메뉴 중에 'Deployment' 탭을 선택하면 아래와 같이 '/프로젝트명_war_exploded'로 설정된 것을 확인할 수 있습니다.

화면 중앙의 '-' 버튼을 이용해서 현재 war 파일로 실행되는 구조 대신에 'exploded' 항목으로 선택합니다. 기존의 'war'는 매번 재실행될 때마다 다시 패키징(압축) 처리가 필요하기 때문에 개발 시에는 패키징 처리가 없는 'exploded' 방식을 사용합니다.

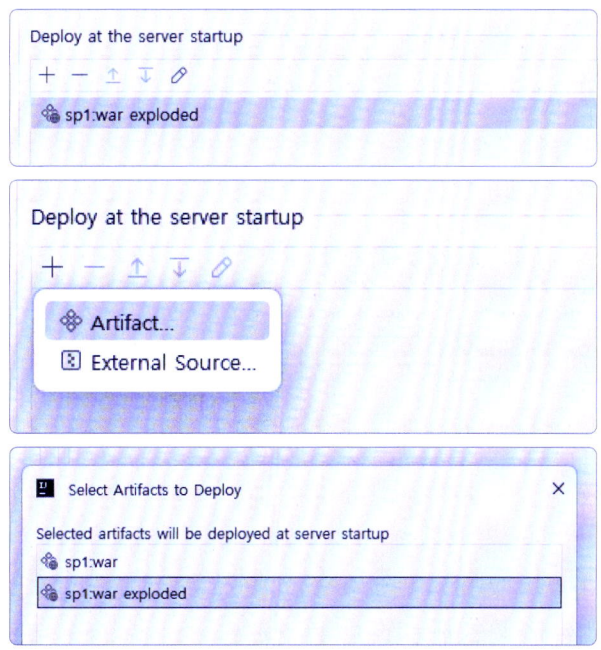

화면 아래쪽의 'Application context'는 '/'로 경로로 수정합니다.

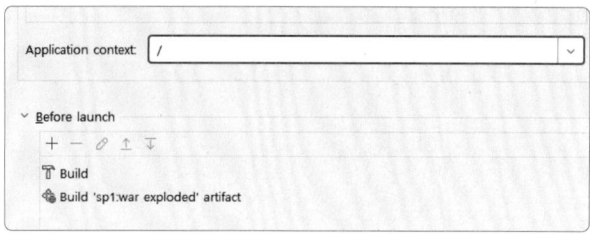

해당 설정이 조정된 후에 프로젝트를 재실행하면 '/' 경로를 통해서 프로젝트에 접근할 수 있습니다.

추가로 'Edit Configurations'에서는 프로젝트의 코드 수정 시 서버의 재시작 여부를 지정해 주는 것이 편리합니다(Eclipse와 달리 Intellij는 코드를 변경한 후에 자동으로 서버가 재실행되지 않습니다. 이 설정을 추가한다고 해서 스프링 레거시 프로젝트 내 Java 코드를 변경하는 것만으로 서버가 자동으로 재실행되지는 않지만, JSP 등의 변경은 바로 반영됩니다.).

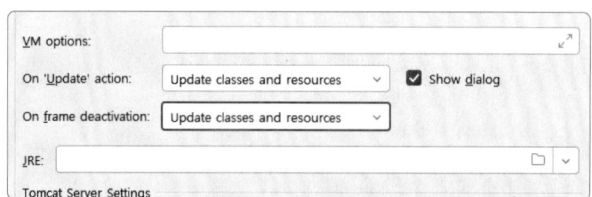

Lombok 설정 확인

Intellij Ultimate는 Lombok 플러그인이 기본으로 설치되어 있습니다. 해당 항목은 'Settings' 메뉴의 'Plugins' 메뉴에서 확인 가능합니다(커뮤니티 버전의 경우는 플러그인을 추가해야만 합니다.).

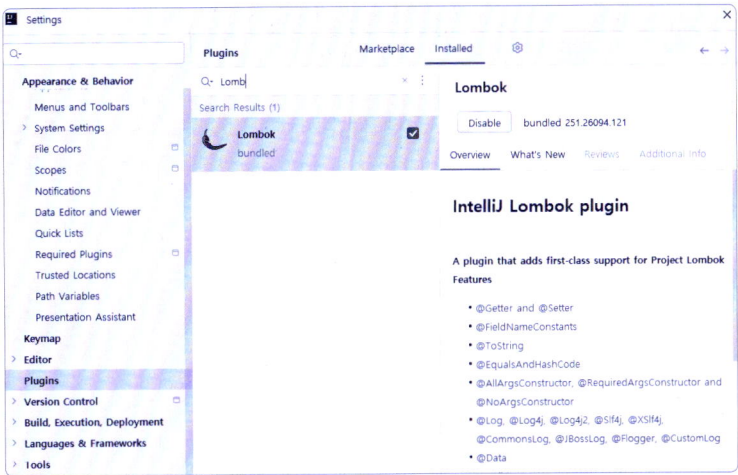

1.7.2 Spring Legacy 프로젝트 설정

Intellij를 통해 생성된 프로젝트에는 이미 pom.xml 파일이 존재하므로 이를 수정해서 스프링 레거시 프로젝트 개발에 필요한 라이브러리들을 추가합니다.

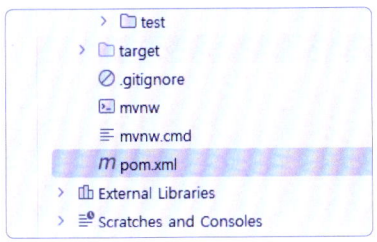

pom.xml의 〈dependencies〉 항목에 아래의 라이브러리들을 추가합니다.

```xml
<dependency>
    <groupId>org.projectlombok</groupId>
    <artifactId>lombok</artifactId>
    <version>1.18.34</version>
</dependency>

<!-- https://mvnrepository.com/artifact/org.springframework/spring-core -->
<dependency>
```

```xml
        <groupId>org.springframework</groupId>
        <artifactId>spring-core</artifactId>
        <version>6.2.6</version>
    </dependency>

    <dependency>
        <groupId>org.springframework</groupId>
        <artifactId>spring-context</artifactId>
        <version>6.2.6</version>
    </dependency>

    <dependency>
        <groupId>org.springframework</groupId>
        <artifactId>spring-webmvc</artifactId>
        <version>6.2.6</version>
    </dependency>
```

라이브러리를 추가한 후에는 반드시 화면 오른쪽의 메이븐(Maven) 아이콘을 클릭해서 동기화시켜줍니다.

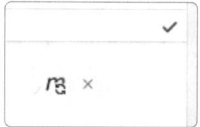

스프링 XML 파일 설정

스프링 설정을 위한 XML 파일을 작성하기 위해서 WEB-INF 폴더 내에 spring 폴더를 추가합니다.

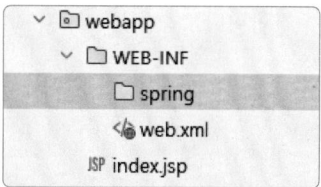

Intellij의 'New' 메뉴에서 'XML Configuration File'을 찾아보면 'Spring Config' 메뉴가 있습니다.

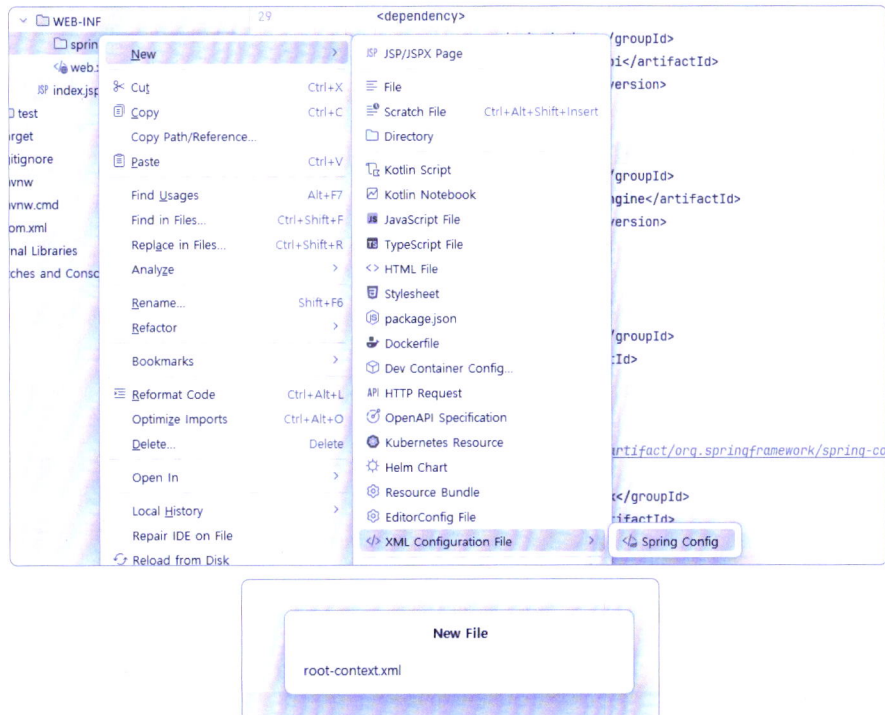

root-context.xml 파일을 생성하면 자동으로 XML의 네임스페이스 등이 지정된 것을 확인할 수 있습니다.

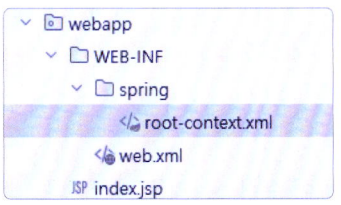

```xml
<?xml version="1.0" encoding="UTF-8"?>
<beans xmlns="http://www.springframework.org/schema/beans"
       xmlns:xsi="http://www.w3.org/2001/XMLSchema-instance"
       xsi:schemaLocation="http://www.springframework.org/schema/beans http://www.springframework.org/schema/beans/spring-beans.xsd">

</beans>
```

web.xml의 수정

WEB-INF 폴더 내에 있는 web.xml에는 스프링 관련 <listener>와 <context-param>을 지정합니다.

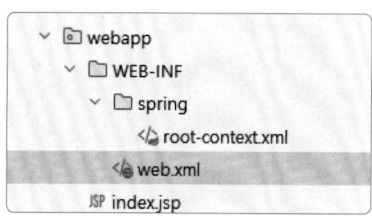

```xml
<?xml version="1.0" encoding="UTF-8"?>
<web-app xmlns="https://jakarta.ee/xml/ns/jakartaee"
         xmlns:xsi="http://www.w3.org/2001/XMLSchema-instance"
         xsi:schemaLocation="https://jakarta.ee/xml/ns/jakartaee https://jakarta.ee/xml/ns/jakartaee/web-app_6_0.xsd"
         version="6.0">

    <listener>
        <listener-class>org.springframework.web.context.ContextLoaderListener</listener-class>
    </listener>

    <context-param>
        <param-name>contextConfigLocation</param-name>
        <param-value>/WEB-INF/spring/root-context.xml</param-value>
    </context-param>

</web-app>
```

설정이 완료된 후에는 프로젝트를 실행시켜 스프링 관련 로그들이 출력되는지 확인합니다.

```
[RMI TCP Connection(2)-127.0.0.1] org.apache.jasper.servlet.TldScanner.scanJars 적어도 하나의 JAR가 TLD들을 찾기 위해 스캔되었으나 아무 것도 찾지 못했습니다. 스캔했으
[RMI TCP Connection(2)-127.0.0.1] org.springframework.web.context.ContextLoader.initWebApplicationContext Root WebApplicationContext: initialization started
[RMI TCP Connection(2)-127.0.0.1] org.springframework.web.context.ContextLoader.initWebApplicationContext Root WebApplicationContext initialized in 159 ms
ifact sp1:war exploded: Artifact is deployed successfully
```

1.7.3 Spring MVC 설정

WEB-INF/spring 폴더 내 servlet-context.xml 파일을 추가합니다.

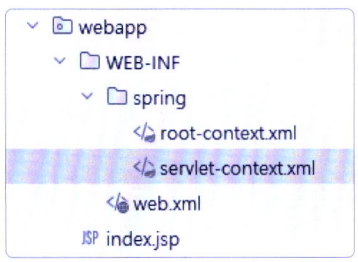

Intellij에서는 'annotation..'과 같이 단어를 입력하면 자동으로 관련 네임스페이스를 찾아서 추가할 수 있습니다.(이 기능이 정상적으로 동작하기 위해서는 pom.xml에 해당 라이브러리들이 추가되어야 합니다.).

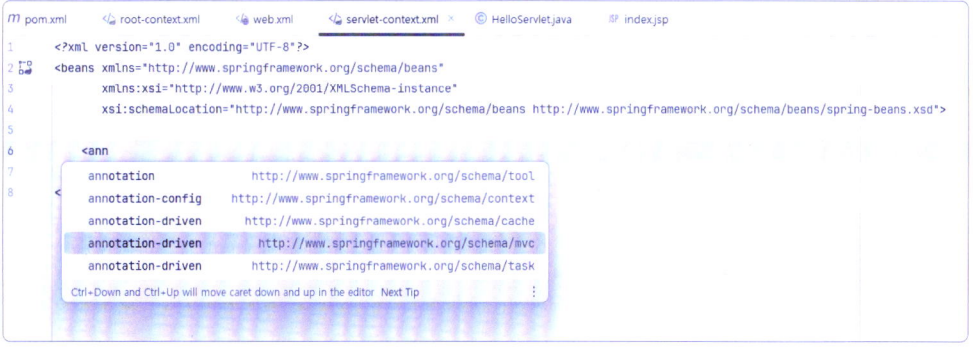

```xml
<?xml version="1.0" encoding="UTF-8"?>
<beans xmlns="http://www.springframework.org/schema/beans"
    xmlns:xsi="http://www.w3.org/2001/XMLSchema-instance" xmlns:mvc="http://www.springframework.org/schema/mvc"
    xsi:schemaLocation="http://www.springframework.org/schema/beans http://www.springframework.org/schema/beans/spring-beans.xsd http://www.springframework.org/schema/mvc https://www.springframework.org/schema/mvc/spring-mvc.xsd">

    <mvc:annotation-driven/>

</beans>
```

web.xml의 수정

web.xml에 〈servlet〉, 〈servlet-mapping〉 설정을 추가합니다.

```
webapp
  WEB-INF
    spring
      root-context.xml
      servlet-context.xml
    web.xml
  index.jsp
```

```xml
<?xml version="1.0" encoding="UTF-8"?>
<web-app xmlns="https://jakarta.ee/xml/ns/jakartaee"
         xmlns:xsi="http://www.w3.org/2001/XMLSchema-instance"
         xsi:schemaLocation="https://jakarta.ee/xml/ns/jakartaee https://jakarta.ee/xml/ns/jakartaee/web-app_6_0.xsd"
         version="6.0">

    <listener>
        <listener-class>org.springframework.web.context.ContextLoaderListener</listener-class>
    </listener>

    <context-param>
        <param-name>contextConfigLocation</param-name>
        <param-value>/WEB-INF/spring/root-context.xml</param-value>
    </context-param>

    <servlet>
        <servlet-name>appServlet</servlet-name>
        <servlet-class>org.springframework.web.servlet.DispatcherServlet</servlet-class>
        <init-param>
            <param-name>contextConfigLocation</param-name>
            <param-value>/WEB-INF/spring/servlet-context.xml</param-value>
        </init-param>
        <load-on-startup>1</load-on-startup>
    </servlet>

    <servlet-mapping>
        <servlet-name>appServlet</servlet-name>
        <url-pattern>/</url-pattern>
    </servlet-mapping>
```

```
</web-app>
```

프로젝트 실행 시에 'org.springframework.web...'으로 시작되는 로그가 기록되는지 확인합니다.

이제, 다음 장에서는 스프링 레거시 프로젝트에 앞에서 추가한 MariaDB를 연동해서 실행하는 부분을 학습합니다.

Chapter 02 의존성 주입

의존성 주입(Dependency Injection, DI)은 스프링 프레임워크를 인기 있게 만든 가장 중요한 특징입니다. 이번 2장에서는 의존성 주입이 무엇인지 알아보고 스프링 레거시에서는 이를 어떻게 설정하는지 살펴봅니다.

의존성 주입에 대한 최종적인 목표는 구성한 데이터베이스를 이용해서 커넥션 풀을 구성하고 이를 스프링 내에 객체에서 접근하고 사용하는 것입니다. 이번 장에서 이와 관련 테스트하는 방법을 알아봅니다.

이 장에서 학습하는 내용입니다.

- 의존성 주입 용어의 해석
- 스프링을 이용해서 의존성 주입 확인하기
- 커넥션 풀을 설정하고 스프링에서 주입하기
- 테스트 환경 실습하기

2.1 의존성의 의미

'의존성(dependencies)'의 사전적인 의미는 '~에 의지하거나 기댄다'는 뜻입니다. '어떤 업무에 있어서 A와 B가 의존적인 관계'라는 것은 A는 B의 도움이 절대적으로 필요하다'라는 의미입니다다. 객체지향은 여러 객체들이 자신만의 고유한 책임과 역할을 가지고 있기 때문에 현실 세계에서 말하는 '의존적인' 관계가 많이 만들어지는데 가장 흔한 방식은 A의 코드에서 'B obj = new B( )'와 같이 직접 자신이 필요한(의존하는) 객체를 생성하는 방식입니다.

'의존성 주입(injection)'은 '주입'이라는 단어의 뜻 그대로 특정한 객체를 다른 객체가 필요한 경우 이를 외부에서 해당 객체에게 넣어준다는 의미입니다. 예를 들어, 길에서 흔히 볼 수 있는 자판기를 객체지향으로 생각해 보면 누군가가 자판기 내부에 필요한 음료수들을 채워줍니다. 스프링 프레임워크가 하는 일이 바로 외부에서 '누군가'의 역할입니다. 객체 생성을 위한 클래스를 작성할 때 나중에 연결이 필요한 객체들을 지정하면 스프링 프레임워크는 이를 감지하고 필요한 객체들을 생성해서 연결해 주는 역할을 하게 됩니다.

2.1.1 스프링 프레임워크와 빈(Bean)

스프링 프레임워크는 실행되면서 메모리상에 자신이 관리하는 공간(영역)을 생성하게 됩니다. 이 공간을 다른 말로는 '컨텍스트(Context)'라고 하는데 지금은 컨텍스트라고 하면 무조건 메모리상에 존재하는 공간이라고 생각하면 됩니다(스프링에서는 공식 용어로 'ApplicationContext'라고 합니다.). 모든 프로그램은 메모리상에서 동작하기 때문에 이를 좀 넓게 보면 다음과 같은 구조가 됩니다.

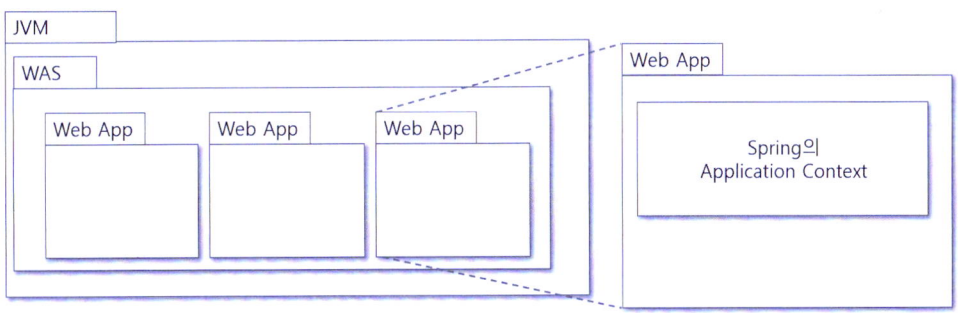

스프링 프레임워크가 만들어낸 컨텍스트에 존재하는 객체들을 빈(Bean)이라고 부릅니다. 모든 클래스의 객체가 빈(Bean)이 될 수 있는 것은 아니고 XML이나 어노테이션 등을 통해서 특정한 클래스의 객체들만 빈(Bean)이 될 수 있도록 설정해서 사용합니다.

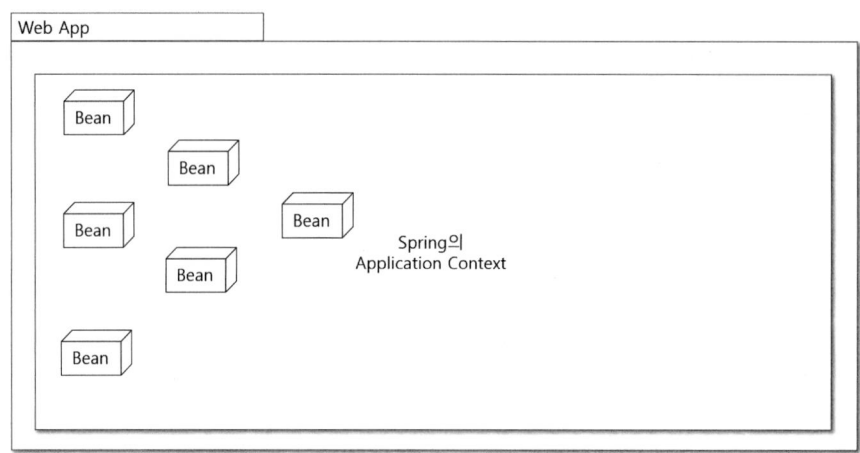

스프링 프레임워크는 컨텍스트에 존재하는 빈(Bean)의 생성에서부터 소멸까지 모든 상태를 관리합니다(빈의 라이프 사이클을 관리한다고 표현합니다.). 마치 JVM이 메모리상에서 객체를 관리하듯이 스프링 프레임워크 역시 빈(Bean)이라는 대상 객체들을 관리하는 것입니다. 스프링에서 관리하는 빈(Bean)은 다음과 같은 라이프 사이클을 가지고 각 단계는 XML이나 어노테이션을 이용해서 지정됩니다.

객체 생성 → 의존성 주입 → Aware 인터페이스 → 초기화 → 빈 사용 → 소멸

스프링 프레임워크는 빈(Bean)의 생성 및 소멸과 같은 라이프 사이클을 관리하는 작업과 더불어 빈(Bean) 사이의 관계를 연결해 주는 '의존성 주입'도 같이 수행합니다. 스프링은 빈(Bean)을 생성할 때 필요한 의존적인 관계를 조사해서 현재 컨텍스트에 해당 빈(Bean)이 존재하면 이를 주입해 주는 역할을 하게 됩니다. 이러한 의미에서 스프링 프레임워크를 의존성 주입 프레임워크라고 하는 것입니다.

간혹 스프링 프레임워크를 이용하면 모든 클래스의 객체들이 빈으로 관리된다고 생각하는 분들이 있는데 그렇지 않습니다. 스프링에서 빈(Bean)으로 관리하는 객체들은 비교적 오랫동안 메모리상에서 유지되면서 중요한 역할을 하는 객체들입니다. 과거에는 이러한 처리를 위해서 '디자인 패턴'을 이용했는데, '싱글턴 패턴, 팩토리 패턴' 등으로 활용해 왔습니다. 하지만, 스프링은 이러한 패턴의 설계나 구현 없이도 원하는 작업을 할 수 있기 때문에 개발할 때 많이 채택되었던 것입니다.

2.1.2 스프링에 빈(Bean)을 설정하는 방법

스프링 프레임워크에서 관리가 필요한 객체들(Bean)을 스프링에 설정하기 위해서는 크게 1) XML을 이용하는 설정 방식, 2) Java를 이용하는 설정 방식, 3) 어노테이션을 이용하는 방식으로 구분할 수 있습니다(물론 이런 방식들을 혼용해서 사용할 수도 있습니다.).

1. **XML을 이용하는 경우**

XML을 이용해서 빈을 지정하는 경우는 주로 어노테이션을 지정할 수 없을(코드를 수정할 수 없는) 때입니다. 예를 들어, jar 파일이나 .class 파일만 존재하는 경우에는 소스코드가 없기 때문에 해당 클래스에 대한 설정은 XML을 통해서 설정합니다. 스프링의 최신 버전으로 갈수록 XML 설정은 점차 사라지고 있는 중입니다.

2. **Java를 이용하는 경우**

Java를 이용하는 경우는 일반적인 Java 코드와 같이 new 등을 이용해서 빈(Bean)을 반환하는 메서드를 작성하는 방식입니다. 이런 경우 메서드의 선언부에 @Bean이라는 어노테이션을 붙여서 해당 메서드의 실행 결과로 반환된 객체를 빈(Bean)으로 관리하게 합니다.

3. **어노테이션을 이용하는 경우**

어노테이션을 이용하는 경우는 주로 개발자가 직접 소스코드를 작성할 때 사용합니다. 스프링 프레임워크는 @Component, @Controller, @Service 등과 같이 다양한 종류의 어노테이션을 제공하므로 이를 이용해서 해당 클래스를 스프링에서 인식해서 객체를 생성하고 이를 빈(Bean)으로 관리하도록 설정할 수 있습니다.

2.1.3 스프링이 빈(Bean) 설정을 찾는 방법

스프링 프레임워크는 기본적으로 프로젝트에서 만드는 여러 개의 클래스 중에서 어떤 클래스의 객체를 생성하는지 알아야하고 또한, 스프링 내부에서 빈(Bean)이 관리하는 대상을 알아내야 합니다. 이는 XML이나 특정한 어노테이션을 통해서 설정합니다.

XML이나 어노테이션을 이용해서 빈(Bean)을 지정하더라도 스프링 프레임워크가 이를 찾아내지 못한다면 무용지물입니다. 이를 위해서 작성된 파일이 바로 root-context.xml이나 servlet-context.xml과 같은 스프링의 설정 관련 파일들입니다.

현재 sp1 프로젝트에 구성된 web.xml에는 listener라는 설정이 추가되어 있습니다.

```xml
<listener>
    <listener-class>org.springframework.web.context.ContextLoaderListener</listener-class>
</listener>
<context-param>
    <param-name>contextConfigLocation</param-name>
    <param-value>/WEB-INF/spring/root-context.xml</param-value>
</context-param>
```

이 설정은 웹 프로젝트가 시작되면 스프링 프레임워크를 실행하면서 root-context.xml 파일을 읽어서 처리하게 됩니다. root-context.xml 파일에서는 직접 XML을 이용해서 특정 클래스를 지정하거나 어노테이션을 이용한 빈(Bean) 관련 패키지를 지정하게 설정할 수 있습니다.

실습으로 org.zerock.service라는 패키지를 생성하고 HelloService라는 클래스를 작성합니다.

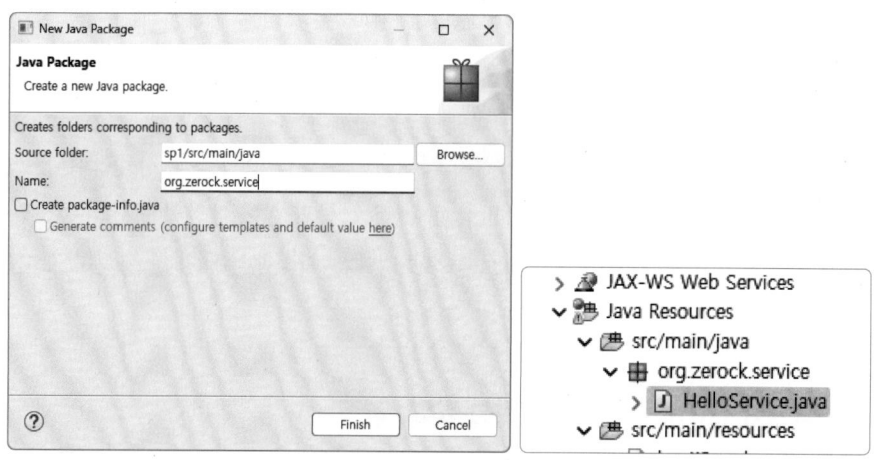

HelloService 클래스에는 해당 클래스의 객체를 빈(Bean)으로 지정하도록 @Service라는 어노테이션을 추가해서 작성합니다. @Service 어노테이션은 스프링 프레임워크에게 해당 클래스

에서 객체를 만들어서 스프링의 빈(Bean)으로 관리해 줄 것을 알려주는 표시입니다(@Service 외에도 여러 종류의 어노테이션이 있지만, 이에 대한 설명은 예제를 작성하면서 다루겠습니다.).

HelloService 클래스

```java
package org.zerock.service;

import org.springframework.stereotype.Service;

@Service
public class HelloService {

}
```

스프링 프레임워크는 HelloService 클래스에 @Service라는 어노테이션이 있는지 알 수 없기 때문에 org.zerock.service 패키지를 살펴보면서 빈(Bean)으로 만들어야 하는 클래스들을 찾아보도록 지정해야 합니다.

component-scan

스프링에서 패키지를 조사하는 방법은 spring-context와 component-scan을 이용해서 패키지를 지정하는 것입니다. root-context.xml을 이용해서 org.zerock.service 패키지를 조사해서 빈으로 만들어야 하는 대상을 결정할 수 있습니다. 이전 장에서 힘들게 XML을 지정한 것도 이러한 설정을 좀 더 편하게 하기 위함입니다.

root-context.xml에 xmlns와 xsi에 대한 설정이 지정되면 Eclipse에서는 아래 그림과 같이 자동완성 기능을 사용해서 XML 설정을 쉽게 사용할 수 있습니다(이전 장에서는 이미 추가된 상태로 작성되었습니다.).

```xml
<?xml version="1.0" encoding="UTF-8"?>
<beans xmlns="http://www.springframework.org/schema/beans"
    xmlns:xsi="http://www.w3.org/2001/XMLSchema-instance"
    xmlns:context="http://www.springframework.org/schema/context"
    xsi:schemaLocation="
        http://www.springframework.org/schema/beans
        https://www.springframework.org/schema/beans/spring-beans.xsd
        http://www.springframework.org/schema/context
        https://www.springframework.org/schema/context/spring-context.xsd">

    <con
</beans>
```

◇ context:annotation-config	**Element** : component-scan
◇ context:component-scan	Scans the classpath for annotated components that will be auto-registered as Spring beans. By default, the Spring-provided @Component, @Repository, @Service, @Controller, @RestController, @ControllerAdvice, and @Configuration stereotypes will be detected. Note: This tag implies the effects of the 'annotation-config' tag, activating @Required, @Autowired, @PostConstruct, @PreDestroy, @Resource, @PersistenceContext and @PersistenceUnit annotations in the component classes, which is usually desired for autodetected components (without external configuration). Turn off the 'annotation-config' attribute to deactivate this default behavior, for example in order to use custom BeanPostProcessor definitions for handling those annotations. Note: You may use placeholders in package paths, but only resolved against system properties (analogous to resource paths). A component scan results in new bean definitions being registered; Spring's PropertySourcesPlaceholderConfigurer will apply to those bean definitions
◇ context:load-time-weaver	
◇ context:mbean-export	
◇ context:mbean-server	
◇ context:property-override	
◇ context:property-placeholder	
◇ context:spring-configured	

Press 'Ctrl+Space' to show XML Template Proposals

root-context.xml

```xml
<?xml version="1.0" encoding="UTF-8"?>
<beans xmlns="http://www.springframework.org/schema/beans"
    xmlns:xsi="http://www.w3.org/2001/XMLSchema-instance"
    xmlns:context="http://www.springframework.org/schema/context"
    xsi:schemaLocation="
        http://www.springframework.org/schema/beans
        https://www.springframework.org/schema/beans/spring-beans.xsd
        http://www.springframework.org/schema/context
        https://www.springframework.org/schema/context/spring-context.xsd">


    <context:component-scan base-package="org.zerock.service"/>


</beans>
```

root-context.xml에는 〈context:component-scan〉을 이용해서 'org.zerock.service'라는 패키지를 스캔(scan)할 것으로 지정했습니다. 이 설정이 되면 스프링이 시작할 때 해당 패키지에 있는 클래스들을 스캔(scan)하면서 @Service 어노테이션이 존재하는 클래스를 찾아서 객체를 생성하고 이를 빈(Bean)으로 등록하게 됩니다.

변경된 설정을 저장하고 Tomcat을 실행하면 HelloService에 관련된 로그가 출력되는 것을 확인할 수 있습니다.

```
: WebApplicationContext: initialization started
ApplicationContext.java:672) DEBUG Refreshing Root WebApplicationContext
.scanCandidateComponents(ClassPathScanningCandidateComponentProvider.java:476) DEBUG Identified candidat
nDefinitionReader.java:402) DEBUG Loaded 6 bean definitions from ServletContext resource [/WEB-INF/sprin
(DefaultSingletonBeanRegistry.java:225) DEBUG Creating shared instance of singleton bean 'org.springfram
(DefaultSingletonBeanRegistry.java:225) DEBUG Creating shared instance of singleton bean 'org.springfram
(DefaultSingletonBeanRegistry.java:225) DEBUG Creating shared instance of singleton bean 'org.springfram
(DefaultSingletonBeanRegistry.java:225) DEBUG Creating shared instance of singleton bean 'org.springfram
(DefaultSingletonBeanRegistry.java:225) DEBUG Creating shared instance of singleton bean 'org.springfram
icationContextUtils.java:86) DEBUG Unable to locate ThemeSource with name 'themeSource': using default [
(DefaultSingletonBeanRegistry.java:225) DEBUG Creating shared instance of singleton bean 'helloService'
: WebApplicationContext initialized in 392 ms
```

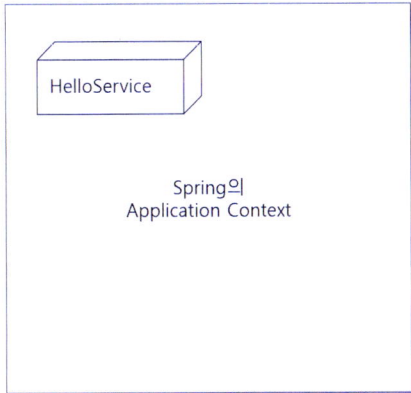

로그를 보면 singleton(싱글턴-객체를 하나만 만드는 방식)으로 HelloService의 객체를 생성하였다는 것을 알 수 있습니다(특별한 설정을 추가하지 않는다면 스프링은 하나의 클래스에서 하나의 객체만을 생성해서 빈(Bean)으로 관리하고 이름은 앞글자가 소문자로 시작합니다.).

주입이 필요한 객체 생성

HelloService 클래스의 객체를 스프링에서 빈(Bean)으로 처리하듯이 다른 클래스들 역시 @Service와 component-scan으로 설정할 수 있습니다.

예제에서는 org.zerock.controller 패키지를 생성하고 HelloController 클래스를 추가합니다.

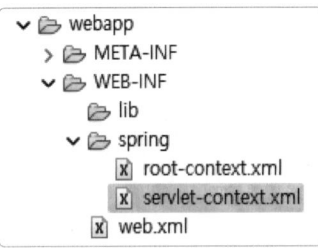

HelloController 클래스

```
package org.zerock.controller;

import org.springframework.stereotype.Controller;

@Controller
public class HelloController {

}
```

HelloController에는 @Controller라는 어노테이션이 사용되었는데 이는 @Service와 동일하게 해당 클래스의 객체가 스프링에서 빈(Bean)으로 관리되는 대상임을 지정하기 위한 용도로 사용합니다(@Controller는 웹과 관련된 설정을 할 때 사용하고 @Service는 비즈니스 로직을 담당하는 객체에 사용한다는 차이가 있습니다.).

HelloController는 웹과 관련된 설정이므로 WEB-INF\servlet-context.xml 파일을 이용해서 component-scan을 하도록 지정합니다. servlet-context.xml에는 spring-context와 관련된 설정이 없으므로 XML 파일에 추가적인 설정을 아래와 같이 합니다.

```xml
servlet-context.xml

<?xml version="1.0" encoding="UTF-8"?>
<beans xmlns="http://www.springframework.org/schema/beans"
    xmlns:mvc="http://www.springframework.org/schema/mvc"
    xmlns:xsi="http://www.w3.org/2001/XMLSchema-instance"
    xmlns:context=http://www.springframework.org/schema/context

    xsi:schemaLocation="
        http://www.springframework.org/schema/beans
        https://www.springframework.org/schema/beans/spring-beans.xsd

        http://www.springframework.org/schema/mvc
        https://www.springframework.org/schema/mvc/spring-mvc.xsd

        http://www.springframework.org/schema/context
        https://www.springframework.org/schema/context/spring-context.xsd">

    <mvc:annotation-driven/>

    <context:component-scan base-package="org.zerock.controller"/>

</beans>
```

위의 설정을 추가한 후에 Tomcat을 실행하면 아래와 같이 'helloController'라는 이름으로 객체가 생성되는 것을 확인할 수 있습니다.

```
(DefaultSingletonBeanRegistry.java:225) DEBUG Creating shared instance of singleton bean 'org.springframework
(DefaultSingletonBeanRegistry.java:225) DEBUG Creating shared instance of singleton bean 'localeResolver'
(DefaultSingletonBeanRegistry.java:225) DEBUG Creating shared instance of singleton bean 'themeResolver'
(DefaultSingletonBeanRegistry.java:225) DEBUG Creating shared instance of singleton bean 'viewNameTranslator'
(DefaultSingletonBeanRegistry.java:225) DEBUG Creating shared instance of singleton bean 'flashMapManager'
(DefaultSingletonBeanRegistry.java:225) DEBUG Creating shared instance of singleton bean 'helloController'
 Detected AcceptHeaderLocaleResolver
Detected FixedThemeResolver
va:733) DEBUG Detected org.springframework.web.servlet.view.DefaultRequestToViewNameTranslator@4ba13fed
G Detected org.springframework.web.servlet.support.SessionFlashMapManager@31183ee2
```

2.1.4 스프링이 빈(Bean)에게 주입하는 방법

스프링에서 관리되는 빈(Bean)은 자신에게 필요한 객체를 주입해 줄 것을 요구할 수 있습니다. 주입을 유도하기 위해서 사용하는 방식은 생성자를 이용하거나, setter를 이용하는 방식이 있는데 최근에 가장 많이 사용되는 방법은 '생성자 자동 주입'이라는 방식입니다.

스프링에서 지원하는 의존성 주입 방식은 다음과 같습니다.

- 생성자 주입 - 주입받아야 하는 타입의 객체를 생성자를 통해서 정의하는 방식으로 주입받아야 하는 객체가 없을 때는 필요한 객체 역시 생성이 불가능하므로 안전하다고 평가받는 방법입니다. 스프링 4.3 이상에서는 하나의 객체를 주입받는 경우 @Autowired라는 어노테이션을 생략할 수 있습니다.
- Setter 주입 - setXXX( )를 생성해 두면 스프링에서 해당 타입의 객체를 찾아서 setXXX( )를 자동으로 호출해서 주입을 처리합니다. 과거에는 많이 사용되었지만, 나중에 주입된 객체의 변경이 일어날 수도 있으므로 최근에는 생성자 주입을 더 선호합니다.
- 필드 주입 - 객체의 인스턴스 변수에 @Autowired를 선언해서 스프링에서 해당 타입의 객체를 주입하는 방식입니다. 코드의 작성이 적다는 면에서는 편리하지만, 최근에는 많이 사용되지 않습니다.

'생성자 자동 주입'은 필요한 객체들이 파라미터로 구성된 생성자를 만드는 것입니다. 스프링은 생성자를 호출하기 위해서 필요한 객체를 찾아서 주입하게 됩니다. 생성자 자동 주입을 위해서 HelloController 객체가 HelloService 객체가 필요하다고 선언합니다. 이때 의존성 주입이 필요한 객체를 final을 이용해서 선언합니다.

```java
package org.zerock.controller;

import org.springframework.stereotype.Controller;
import org.zerock.service.HelloService;

@Controller
public class HelloController {

    private final HelloService helloService;

}
```

HelloController는 위의 그림과 같이 컴파일 에러가 발생하게 되는데 이는 final로 선언된 helloService 변수의 값은 변경이 불가능하므로 객체 생성 시에 이를 설정해야만 정상적인 코드가 되기 때문입니다.

```java
import org.springframework.stereotype.Controller;
import org.zerock.service.HelloService;

@Controller
public class HelloController {

    private final HelloService helloService;

    public HelloController(HelloService service) {
        this.helloService = service;
    }

}
```

Lombok을 이용하면 위의 코드에서 만들어지는 생성자를 자동으로 생성하도록 구성할 수 있습니다. Lombok에는 @RequiredArgsConstructor라는 어노테이션이 있어서 객체 생성에 필요한 생성자를 자동으로 생성할 수 있습니다.

```java
package org.zerock.controller;

import org.springframework.stereotype.Controller;
import org.zerock.service.HelloService;

import lombok.RequiredArgsConstructor;
import lombok.ToString;

@Controller
@RequiredArgsConstructor
@ToString
public class HelloController {

  private final HelloService helloService;

}
```

만일 위의 코드가 아래 그림과 같이 정상적이지 않다면 Lombok의 설정이 잘못된 것일 수 있습니다. 이 경우 eclipse.ini 파일에 정상적으로 lombok.jar 파일이 설정되어 있는지 확인하고, 현재 프로젝트의 Maven 메뉴에서 Update Project를 실행해 보아야 합니다.

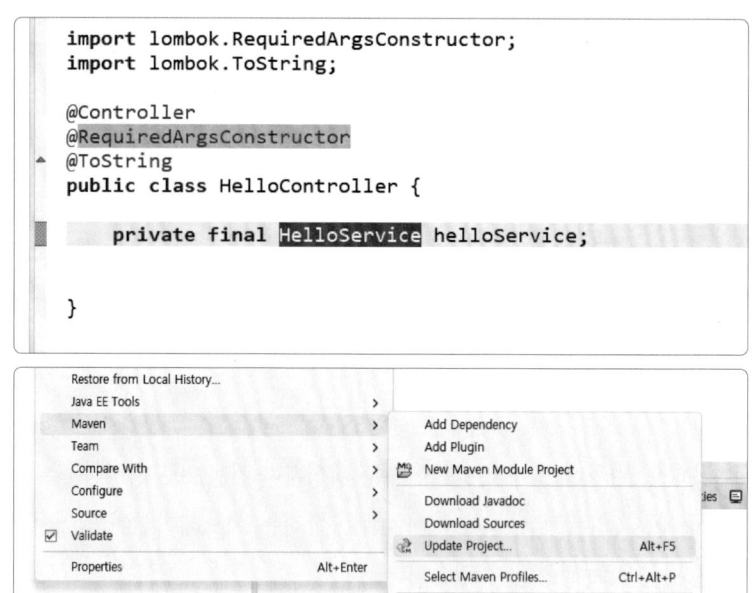

Tomcat을 실행해서 발생하는 로그를 살펴보며 의존성 주입이 되는 것을 확인할 수 있습니다.

```
(java:225) DEBUG Creating shared instance of singleton bean 'themeResolver'
(java:225) DEBUG Creating shared instance of singleton bean 'viewNameTranslator'
(java:225) DEBUG Creating shared instance of singleton bean 'flashMapManager'
(java:225) DEBUG Creating shared instance of singleton bean 'helloController'
) DEBUG Autowiring by type from bean name 'helloController' via constructor to bean named 'helloService'
```

2.2 XML을 이용하는 의존성 주입

예제와 같이 직접 패키지를 구성하고 해당 클래스에 어노테이션을 명시해서 의존성 주입을 처리할 수도 있지만, jar 파일과 같이 .class 파일들만 있는 경우에는 코드가 없기 때문에 어노테이션을 설정할 수 없습니다. 이럴 때는 XML이나 Java 설정을 이용합니다. 예제에서는 개발 환경설정에서 만들어진 데이터베이스 관련된 설정을 XML로 처리합니다.

2.2.1 HikariCP 커넥션풀

데이터베이스를 효율적으로 이용하기 위해서는 미리 데이터베이스와 연결을 맺어두고 사용하는 커넥션풀이라는 것을 사용해야만 합니다. 커넥션풀은 javax.sql.DataSource라는 인터페이스를 구현하는데 여러 라이브러리 중에서 가장 많이 사용되는 라이브러리가 HikariCP입니다.

프로젝트에 만들어진 pom.xml을 이용해서 HikariCP 라이브러리를 Maven을 통해서 추가합니다. 또한, MariaDB를 사용하기 위한 MariaDB의 JDBC 드라이버도 추가합니다.

pom.xml에 HikariCP 라이브러리와 MariaDB 드라이버 추가하기

```xml
<dependency>
    <groupId>com.zaxxer</groupId>
    <artifactId>HikariCP</artifactId>
    <version>6.0.0</version>
</dependency>

<dependency>
    <groupId>org.mariadb.jdbc</groupId>
    <artifactId>mariadb-java-client</artifactId>
    <version>3.4.1</version>
</dependency>
```

추가된 HikariCP는 jar 파일로 제공되기 때문에 이에 대한 빈(Bean) 설정은 XML을 이용해서 빈(Bean)으로 설정합니다. 프로젝트 내 root-context.xml에 다음과 같은 설정을 추가합니다.

```
src
  main
    java
    resources
  webapp
    META-INF
    WEB-INF
      lib
      spring
        root-context.xml
        servlet-context.xml
      web.xml
```

root-context.xml의 설정

```xml
<?xml version="1.0" encoding="UTF-8"?>
<beans xmlns="http://www.springframework.org/schema/beans"
    xmlns:xsi="http://www.w3.org/2001/XMLSchema-instance"
    xmlns:context="http://www.springframework.org/schema/context"
    xsi:schemaLocation="
       http://www.springframework.org/schema/beans
       https://www.springframework.org/schema/beans/spring-beans.xsd
       http://www.springframework.org/schema/context
       https://www.springframework.org/schema/context/spring-context.xsd">


    <context:component-scan base-package="org.zerock.service"/>

      <bean name="hikariConfig" class="com.zaxxer.hikari.HikariConfig">
        <property name="driverClassName" value="org.mariadb.jdbc.Driver"/>
        <property name="jdbcUrl" value="jdbc:mariadb://localhost:3306/springdb"/>
        <property name="username" value="springdbuser"/>
        <property name="password" value="springdbuser"/>
        <property name="connectionTimeout" value="30000"/>
        <property name="minimumIdle" value="2"/>
      </bean>

      <bean name="dataSource" class="com.zaxxer.hikari.HikariDataSource" destroy-method="close">
        <constructor-arg ref="hikariConfig"/>
      </bean>
```

```
</beans>
```

소스코드가 없기 때문에 직접 HikariConfig 클래스의 객체를 생성하기 위해 〈bean〉 설정을 추가합니다. HikariConfig 객체는 'hikariConfig'라는 이름을 사용해서 빈(Bean)으로 등록하고 dataSource라는 이름의 빈(Bean)을 등록할 때 생성자에 주입하기 위해서 〈constructor-arg〉를 이용합니다.

Tomcat을 실행하고 발생하는 로그를 살펴보면 XML로 지정된 빈(Bean)들이 초기화되는 것을 확인할 수 있습니다.

```
DEBUG Creating shared instance of singleton bean 'org.springframewo
DEBUG Creating shared instance of singleton bean 'org.springframewo
le to locate ThemeSource with name 'themeSource': using default [org
DEBUG Creating shared instance of singleton bean 'helloService'
DEBUG Creating shared instance of singleton bean 'hikariConfig'
DEBUG Creating shared instance of singleton bean 'dataSource'
```

정상적으로 데이터베이스 연결이 가능하다면 아래와 같이 HikariCP가 초기화되는 것을 확인할 수 있습니다.

```
(HikariDataSource.java:79)    INFO HikariPool-1 - Starting...
lFast(HikariPool.java:572)    INFO HikariPool-1 - Added connection org.mariadb.jdbc.Connection@6c3a7b84
(HikariDataSource.java:81)    INFO HikariPool-1 - Start completed.
t.ContextLoader.initWebApplicationContext(ContextLoader.java:288)    INFO Root WebApplicationContext initialized in 516 ms
```

2.3 @Autowired

지금까지 생성자를 이용한 자동 주입과 XML 설정을 살펴보았습니다. 주로 위의 두 가지 설정을 이용하지만, 간혹 직접 인스턴스 변수(멤버 변수)나 setter( )에 @Autowired와 같은 어노테이션으로 해당 타입의 빈(Bean)을 요구하는 경우도 있습니다. 예제에서는 테스트 코드를 작성하기 위해서 @Autowired로 의존성 주입을 사용합니다.

2.3.1 테스트를 위한 설정

스프링에서 테스트 환경을 구축하기 위해서는 'spring-test' 라이브러리와 Jupiter(JUnit5) 라이브러리를 사용합니다. pom.xml에 스프링의 테스트 관련 라이브러리와 Junit 5 관련 라이브러리를 추가합니다(스프링의 라이브러리를 추가할 때는 반드시 기존에 다른 라이브러리의 버전과 통일해야 합니다. 예를 들어, 예제에서는 스프링 버전을 6.2.6을 사용하기 때문에 추가하는 spring-test 버전 역시 동일하게 맞춰야 합니다. 라이브러리 버전이 서로 일치하지 않으면 나중에 에러가 발생할 수 있으니 주의해야 합니다.).

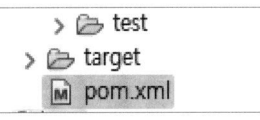

pom.xml에 spring-test와 Jupiter 라이브러리 추가

```xml
<dependency>
    <groupId>org.springframework</groupId>
    <artifactId>spring-test</artifactId>
    <version>6.2.6</version>
</dependency>

<dependency>
    <groupId>org.junit.jupiter</groupId>
    <artifactId>junit-jupiter-api</artifactId>
    <version>5.11.2</version>
    <scope>test</scope>
</dependency>
```

프로젝트 내에 만들어진 src/test/java 폴더 내에 'org.zerock.db'라는 패키지를 작성하고 DBTests 클래스를 추가합니다.

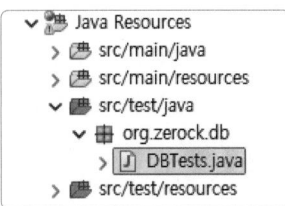

```java
package org.zerock.db;

import org.junit.jupiter.api.extension.ExtendWith;
import org.springframework.test.context.ContextConfiguration;
import org.springframework.test.context.junit.jupiter.SpringExtension;

import lombok.extern.log4j.Log4j2;

@ExtendWith(SpringExtension.class)
@ContextConfiguration("file:src/main/webapp/WEB-INF/spring/root-context.xml")
@Log4j2
public class DBTests {


}
```

DBTests에는 @ExtendWith를 이용해서 Jupiter(Junit5)의 확장용 클래스를 지정하고, @ContextConfiguration이라는 어노테이션을 사용해서 테스트 시에 로딩해야 하는 root-context.xml을 지정합니다.

DBTests는 HikariCP에서 만들어진 javax.sql.DataSource 타입의 빈(Bean)을 주입하도록 설정하고 테스트 코드를 아래와 같이 작성합니다.

```java
package org.zerock.db;

import javax.sql.DataSource;

import org.junit.jupiter.api.Test;
import org.junit.jupiter.api.extension.ExtendWith;
import org.springframework.beans.factory.annotation.Autowired;
import org.springframework.test.context.ContextConfiguration;
import org.springframework.test.context.junit.jupiter.SpringExtension;

import lombok.extern.log4j.Log4j2;

@ExtendWith(SpringExtension.class)
@ContextConfiguration("file:src/main/webapp/WEB-INF/spring/root-context.xml")
@Log4j2
public class DBTests {

  @Autowired
  private DataSource dataSource;
```

```java
    @Test
    public void testConnection() {

        log.info("----------------");
        log.info(dataSource);
        log.info("----------------");

    }
}
```

코드에서는 @Autowired를 이용해서 DataSource 타입의 빈(Bean)을 주입할 것을 요구하고 testConnection( )에서는 해당 객체가 정상적으로 만들어졌는지를 확인합니다.

테스트 코드는 해당 메서드를 선택한 후 'Run As'에서 'Junit Test'를 통해서 실행할 수 있습니다.

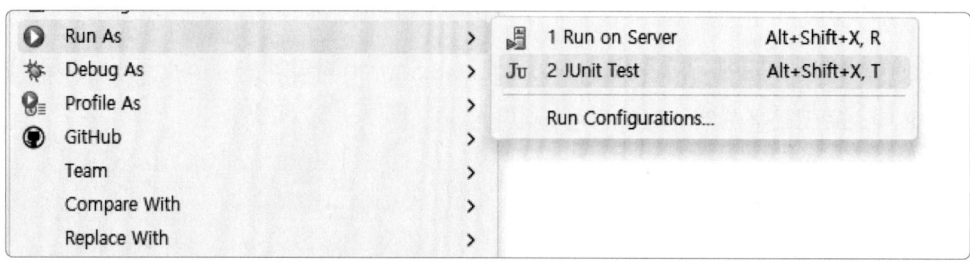

만일 @Autowired가 없다면 실행 결과는 null이 출력되지만, @Autowired로 주입해 줄 것을 지정했기 때문에 위의 그림과 같은 결과가 생성됩니다.

이번 장에서 만들어진 HikariCP는 조금 뒤에서 학습할 MyBatis라는 것을 살펴볼 때 추가적인 설정을 진행하는 데 필요합니다. 만일 문제가 생겼다면 다음 장을 학습하기 전에 반드시 해결해 두기를 바랍니다.

Chapter 03

Spring Web MVC

스프링 프레임워크가 인기를 끌었던 가장 큰 이유는 웹 개발에 필요한 기능을 너무나 적절하게 제공했기 때문입니다. 여기 3장에서는 스프링 프레임워크가 지원하는 웹 개발 방식을 이해하고 JSP를 이용해서 브라우저로 HTML을 생성해서 보내주는 설정을 살펴봅니다.

이 장에서 학습하는 내용입니다.

- MVC 패턴에 대한 이해
- 스프링 MVC의 기본 구조
- @Controller의 기능

3.1 스프링과 웹

스프링 프레임워크에서 가장 중요한 특징이 의존성 주입을 프레임워크에서 지원한다는 것이지만, 확장이 가능한 다양한 라이브러리를 이용해서 여러 종류의 프로그램 개발이 가능하다는 유연함이 있다는 것 또한 뛰어난 특징으로 볼 수 있습니다.

스프링 프레임워크는 의존성 주입을 지원하는 'spring-core'를 기반으로 다양한 기술들을 추가하는데, 웹 기능은 크게 Java의 서블릿 기술을 중심으로 발전시키는 Spring Web MVC 방식과 비동기 프로그래밍을 기초로 발전시키는 Spring WebFlux 방식으로 나누어집니다. 이 책에서는 Spring Web MVC를 중심으로 웹 관련 기술을 학습합니다.

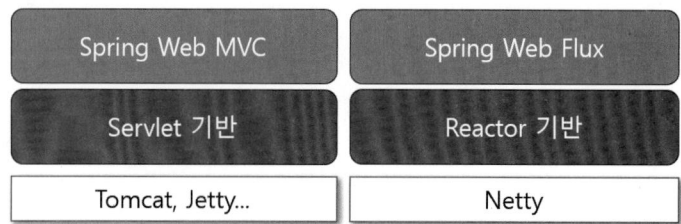

3.1.1 전통적인 서버 사이드 웹 구조

최근의 웹 서비스 형태는 크게 브라우저에 필요한 데이터를 어디에서 만드는지에 따라서 구분 됩니다. 브라우저가 단순 뷰어(Viewer)의 역할을 하도록 서버에서 거의 모든 데이터 처리를 다 하는 방식을 SSR(Server-side-rendering)이라고 합니다. 그리고 서버에서는 브라우저가 필요한 순 수한 데이터 자체만을 제공하고 이를 브라우저를 통해 가공해서 처리하는 방식을 CSR(Client-side-rendering)이라고 합니다.

서버 사이드 렌더링(SSR)은 브라우저에서 필요한 모든 결과를 만들어서 전송하기 때문에 일반 적으로는 브라우저에서 바로 사용할 수 있는 HTML 형식으로 결과물을 만들어내서 전송합니 다. 이 경우 상황에 맞는 원하는 데이터는 매번 다르게 생성될 수 있는데, 가장 대표적인 것이 로그인 후에 나오는 결과 화면이 사용자에 따라서 매번 달라지는 것입니다.

웹 관련 기술 중에서 ASP, JSP, PHP 등이 서버 사이드 렌더링의 대표적인 기술이라고 할 수 있 습니다. 서버 사이드 렌더링에서 브라우저의 역할은 주로 화면에 출력하는 용도가 대부분이고, 사용자의 조작을 도와주기 위한 방법으로는 브라우저에서 동작하는 JavaScript를 사용합 니다.

반면에 클라이언트 사이드 렌더링(CSR)은 서버에서는 화면에서 필요한 데이터만을 전송해 줍 니다. 서버 사이드 렌더링과 달리 브라우저는 필요한 데이터를 서버에서 받아서 이를 직접 가 공합니다. 예를 들어 100개의 데이터를 서버에서 받은 후에 이를 어떤 형식으로 보여줄 것인지 결정하고, 필요한 화면을 만들어 내는 방식입니다. 그렇기 때문에 클라이언트 사이드 렌더링에 서는 JavaScript가 중심이 되어서 브라우저를 제어할 때가 많습니다. 최근에 많이 사용되는

React나 Vue 기술 등은 이러한 처리를 수월하게 할 수 있는 라이브러리나 프레임워크입니다.

예제에서 구성하는 방식은 브라우저의 호출을 스프링 MVC로 처리하고 JSP를 이용해서 Tomcat 내부에서 HTML 페이지의 데이터를 생성합니다. 만들어진 데이터는 브라우저에 전송되고 브라우저는 이를 출력하는 전통적인 SSR 방식의 예제를 구성하게 될 것입니다.

서버 내부에서는 사용자의 요청을 처리하고, 화면을 구성하기 위해서 서버의 내부 구조를 결정하게 되는데 흔히 모델 1, 모델 2라고 부르는 구성 방식을 활용합니다.

모델 1은 사용자의 요청과 화면 데이터(흔히 뷰(View)라고 합니다. 이하 View라는 용어를 사용합니다.)를 한 번에 처리하는 방식입니다. Java에서는 서블릿이나 JSP를 이용해서 하나의 파일 내부에서 요청을 처리하고 View를 구성합니다. 모델 1의 기본 흐름을 그림으로 정리하면 아래와 같습니다.

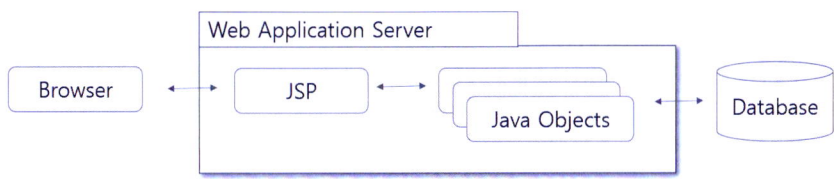

모델 1 방식은 알아보기 쉽다는 장점이 있지만, View가 분리되는 구조가 아니기 때문에 JSP에서 화면 처리와 로직에 대한 모든 처리가 같이 작성됩니다. 때문에 특정한 경로에 View에 대한 변경을 처리할 때 코드가 복잡해지고 유지보수에 어려움이 있습니다.

모델 2 방식은 브라우저의 요청을 처리하는 부분과 View를 분리하는 방식입니다. 이 방식은 서버 내부에서 어떤 화면을 사용할 것인지를 결정하기 때문에 브라우저에서 호출하는 경로는 그대로 유지하면서 View만을 변경하기 쉽습니다. 모델 2 구조에서는 역할이 정확히 구분되기 때문에 흔히들 유지보수에 용이하다고 평가되고 있습니다.

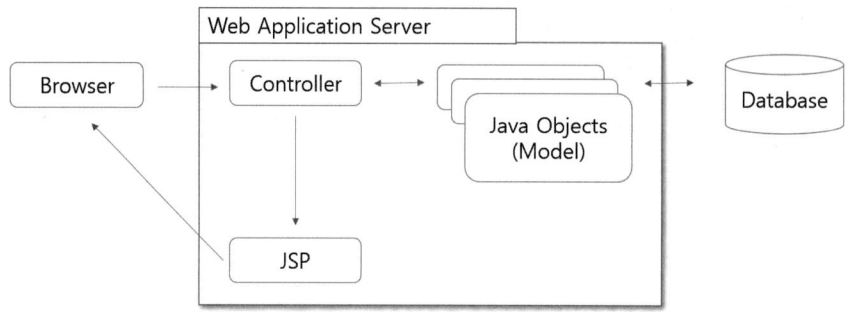

모델 2 방식은 전통적인 애플리케이션인 MVC 패턴과 유사하기 때문에 Web MVC라는 용어로 부르기도 합니다. 모델 2 방식에서는 브라우저에서 전송되는 데이터를 처리하는 부분을 컨트롤러(Controller)에서 처리하고 View는 JSP 등을 이용해서 완전히 분리합니다. 컨트롤러는 결과 View를 제어하기 때문에 브라우저의 호출 경로는 그대로 유지하면서 View에 대한 분기를 처리하는 방식으로 동작합니다.

3.1.2 스프링 MVC

스프링 MVC의 구조는 전형적인 MVC(Model-View-Controller)의 구조를 지원하는데 앞쪽에서 모든 요청을 담당하는 프론트 컨트롤러(Front Controller)가 있는 형태로 구성되어 있습니다.

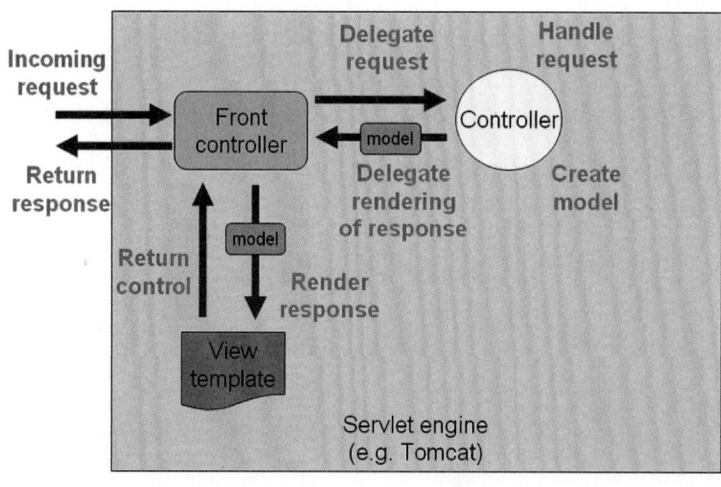

출처; https://docs.spring.io/spring-framework/docs/3.2.x/spring-framework-reference/html/mvc.html

위의 그림에서 Front Controller는 브라우저에서 전달한 모든 요청을 받아서 사전 처리를 하거나 Controller의 동작 결과물을 받아서 사후 처리하는 역할을 담당합니다. 그렇기 때문에 개발자들이 주로 하는 업무는 Controller를 개발하고 마지막에 처리하는 JSP 화면(View)을 만드는 것입니다.

JSP를 위한 servlet-context.xml의 뷰리졸버(ViewResolver) 설정

스프링 MVC를 이용할 때 최종 화면은 JSP로 작성할 예정이므로 이에 대한 설정을 추가해야 합니다. JSP 파일들은 일반적으로 WEB-INF 안에 작성하는데 WEB-INF 폴더는 브라우저에서 접근이 불가능한 경로이기 때문에 사용자들이 브라우저에서 직접 JSP 호출을 하지 못하게 막을 수 있습니다.

프로젝트 내에 servlet-context.xml을 이용해서 InternalResourceViewResolver라는 빈(Bean) 설정을 추가합니다(뷰리졸버는 뷰(View)에 대한 해석을 담당합니다.).

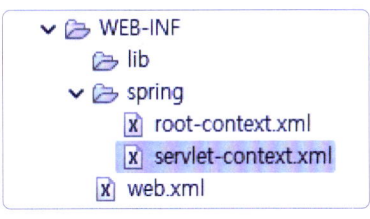

```
<?xml version="1.0" encoding="UTF-8"?>
<beans xmlns="http://www.springframework.org/schema/beans"
    xmlns:mvc="http://www.springframework.org/schema/mvc"
    xmlns:xsi="http://www.w3.org/2001/XMLSchema-instance"
    xmlns:context="http://www.springframework.org/schema/context"
    xsi:schemaLocation="
        http://www.springframework.org/schema/beans
        https://www.springframework.org/schema/beans/spring-beans.xsd

        http://www.springframework.org/schema/mvc
        https://www.springframework.org/schema/mvc/spring-mvc.xsd

        http://www.springframework.org/schema/context
        https://www.springframework.org/schema/context/spring-context.xsd">

    <mvc:annotation-driven/>
```

```xml
<context:component-scan base-package="org.zerock.controller"/>

<bean class="org.springframework.web.servlet.view.
InternalResourceViewResolver">
    <property name="prefix" value="/WEB-INF/views/"/>
    <property name="suffix" value=".jsp"/>
</bean>

</beans>
```

작성된 설정은 JSP 파일들을 WEB-INF 폴더 내에 views라는 폴더 내에 작성하도록 지정합니다(WEB-INF 폴더는 브라우저에서 직접 접근할 수 없기 때문에 이 폴더 안에 만든 JSP 파일은 반드시 컨트롤러를 이용해야만 접근이 가능합니다.).

또한, 자동으로 '.jsp' 파일을 사용하겠다는 설정으로 이를 이용하면 'hello'라는 파일을 이용하라고 했을 때 '/WEB-INF/views/hello.jsp'라는 형태로 사용하겠다는 의미가 됩니다.

3.1.3 컨트롤러 관련 어노테이션

스프링 MVC는 기존의 서블릿을 발전시켜서 약간의 어노테이션들만으로 여러 종류의 처리가 가능하도록 설계되어 있습니다. 대표적으로 다음과 같은 어노테이션들을 알아 둘 필요가 있습니다.

@Controller / @RestController

@Controller는 스프링 MVC의 빈(Bean) 설정과 관련된 어노테이션입니다. 다만, 일반 빈(Bean)들과는 달리 MVC 구조에서 컨트롤러의 역할을 담당하기 때문에 @Controller라는 차별화된 어노테이션을 이용합니다.

과거의 서블릿과 다른 점은 서블릿은 doGet( )이나 doPost( )를 이용해서 하나의 경로에서만 동작하도록 작성되지만, @Controller를 이용하면 한 번에 여러 경로를 처리할 수 있습니다. @Controller는 클래스 선언부에 사용하고 <component-scan> 등을 이용해서 해당 클래스의 인스턴스를 빈(Bean)으로 등록해서 사용합니다.

@RestController는 조금 뒤쪽에서 다루겠지만, JSON이나 XML과 같이 순수한 데이터 자체를 처리하는 용도로 많이 사용합니다. Ajax와 JavaScript를 다루면서 살펴봅니다.

@RequestMapping

@RequestMapping은 클래스의 선언 혹은 메서드의 선언 시에 사용합니다. 클래스 선언에 사용될 때는 중간 경로를 설정하기 위해서 사용하고 최종적인 경로는 메서드를 이용해서 선언합니다. @RequestMapping은 브라우저가 전달하는 요청을 처리하기 위해서 사용하기 때문에 GET/POST 등과 같이 전송되는 방식에 따라 세분화된 @GetMapping, @PostMapping, @PutMapping, @DeleteMapping 등의 어노테이션들이 있습니다.

@RequestMapping에 대해서 좀 더 알아보기 위해서 이전 장에서 작성된 HelloController를 활용해서 @RequestMapping과 @GetMapping을 추가합니다.

HelloController 클래스

```java
package org.zerock.controller;

import org.springframework.stereotype.Controller;
import org.springframework.web.bind.annotation.GetMapping;
import org.springframework.web.bind.annotation.RequestMapping;
import org.zerock.service.HelloService;

import lombok.RequiredArgsConstructor;
import lombok.ToString;
import lombok.extern.log4j.Log4j2;

@Controller
@RequiredArgsConstructor
@ToString
@Log4j2
@RequestMapping("/sample")
public class HelloController {

    private final HelloService helloService;

    @GetMapping("/ex1")
    public void ex1() {
```

```
        log.info("/sample/ex1");
    }

}
```

클래스 선언부에 있는 @RequestMapping("/sample")의 의미는 '/sample'로 시작하는 경로를 HelloController가 처리한다는 것을 의미합니다. GET 방식이나 POST 방식의 호출이 있을 수 있으므로 특별한 경우가 아니라면 @RequestMapping을 이용합니다. 반면에, 각 메서드는 GET/POST 방식인 경우에만 동작하도록 @GetMapping, @PostMapping을 이용해서 작성하는 것이 일반적입니다.

프로젝트 실행 경로 조정

Eclipse상에서 Dynamic Web Project로 생성된 프로젝트는 Tomcat에서 실행할 때 프로젝트의 이름을 경로로 사용하게 됩니다. 예를 들어, 예제 프로젝트는 'sp1'이기 때문에 'http://localhost:8080/sp1/sample/ex1' 경로로 호출하게 됩니다.

웹 프로젝트는 그 자체로 하나의 도메인을 이용해서 동작하기 때문에 가능하면 '/' 경로로 지정해서 동작시키는 것이 나중에 실제 운영할 때 편리합니다. Eclipse상에서 Servers 메뉴 내 Tomcat을 선택하면 아래의 화면과 같이 'Modules'라는 탭 항목이 있는데 이를 이용해서 '/' 경로로 수정하고 저장합니다(별도의 저장 메뉴가 없으므로 Ctrl+S로 저장하면 됩니다.).

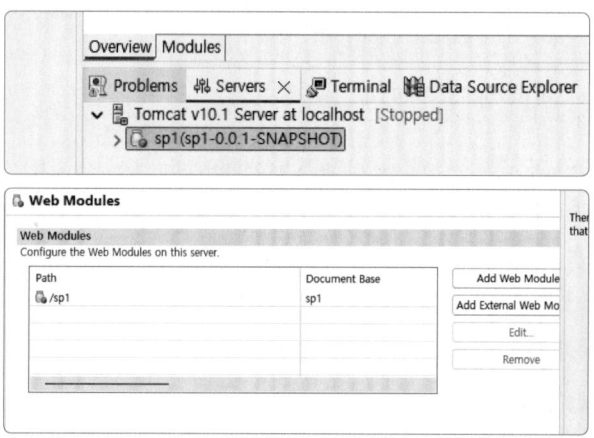

Web Modules의 Edit를 이용해서 '/sp1'으로 실행되는 경로를 '/'로 조정합니다.

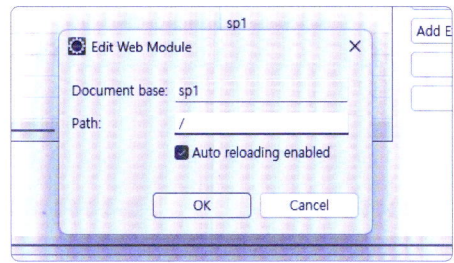

설정을 조정한 후에는 'Ctrl + S'를 해서 변경 사항을 저장해 줍니다(별도의 저장 버튼이 없기 때문에 주의 해야 합니다.). 저장이 되지 않은 경우에는 아래 화면과 같이 탭 항목에 '*'가 추가되어 있는 것을 확인할 수 있습니다.

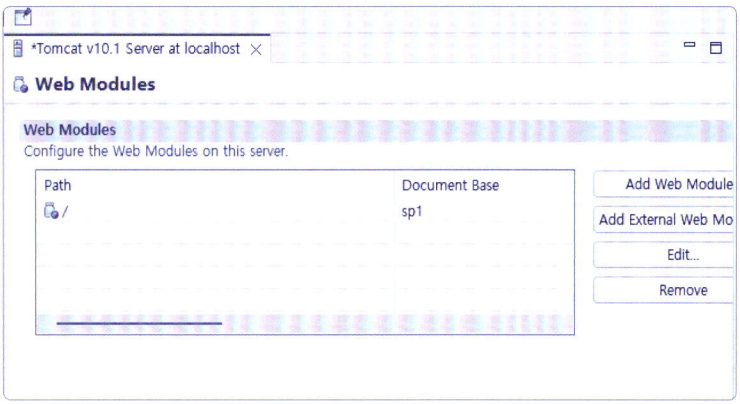

설정을 변경한 후에는 Tomcat을 재시작해서 'http://localhost:8080/sample/ex1' 경로를 호출합니다. 아직 JSP 파일을 작성하지 않았기 때문에 아래 그림과 같이 '/WEB-INF/views/sample/ex1.jsp' 파일을 찾을 수 없다는 메시지가 출력됩니다.

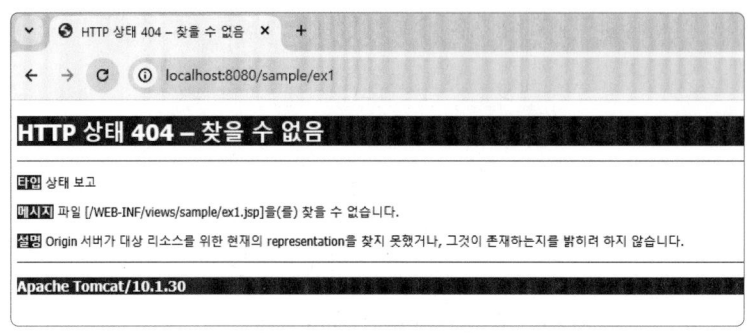

위 화면의 에러는 아직 JSP 파일을 생성하지 않아서 발생한 것인데 반대로 SampleController 가 정상적으로 동작했다는 것을 의미하기도 합니다.

JSP 파일 작성

WEB-INF 폴더 밑에 views와 sample 폴더를 만들고 ex1.jsp 파일을 추가합니다.

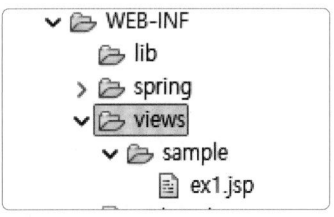

ex1.jsp 파일은 우선은 실행 결과를 확인하는 용도로만 사용합니다. 특별한 경우가 아니라면 charset은 'UTF-8'로 지정하고 사용하는 것이 좋습니다. 만일 'EUC-KR'로 출력된다면 'Window-Preperences-Web-JSP Files' 메뉴를 수정해 둡니다.

ex1.jsp
```
<%@ page language="java" contentType="text/html; charset=UTF-8"
    pageEncoding="UTF-8"%>
<!DOCTYPE html>
<html>
<head>
<meta charset="UTF-8">
<title>Insert title here</title>
```

```
</head>
<body>
    <h1>Ex1 JSP</h1>
</body>
</html>
```

다시 Tomcat을 실행하고 '/sample/ex1'을 호출했을 때 JSP의 실행 결과가 보이는지 확인합니다.

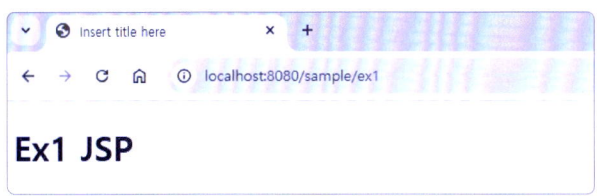

3.2 컨트롤러의 특징

스프링 MVC의 컨트롤러는 전통적인 상속이나 인터페이스를 이용하는 방식이 아닌 어노테이션을 기반으로 동작하기 때문에 추가적인 학습이 필요합니다.

3.2.1 메서드의 반환 타입

컨트롤러가 가진 메서드는 주로 다음과 같은 리턴 타입을 사용합니다(조금 뒤에서는 객체를 리턴 타입으로 사용하는 예제들이 나오지만 JSP로 화면을 구성하는 경우에는 주로 아래의 타입들을 이용합니다.).

- void
- String
- ResponseEntity

void를 사용하는 경우

메서드의 리턴 타입을 void로 지정하면 호출하는 경로와 실행되는 JSP 파일은 동일하게 설정됩니다. 스프링 MVC의 뷰리졸버의 설정과 같이 결합하기 때문에 'WEB-INF/views' 경로를 기준으로 해서 나머지는 메서드를 호출하는 경로와 같이 합쳐서 실행되는 JSP 파일을 결정하게 됩니다.

중요한 포인트는 '언제 void로 설정해야 하는가?'라는 점입니다. void로 설정하면 경로와 다른 JSP 파일이 실행될 가능성이 없기 때문에 확실하게 변경이 없는 기능을 기준으로 작성하게 됩니다. 대표적으로 '회원가입 화면'은 절대로 다른 화면이 나올 가능성이 없습니다. 이처럼 '입력'을 유도하는 경로는 void로 설계합니다.

또 다른 void의 대상은 목록(리스트) 화면입니다. 목록 화면은 주로 GET 방식으로 동작하고 JSP 파일은 다른 파일을 실행해야 하는 경우가 없기 때문에 void로 생각하고 작성해 줍니다.

String을 사용하는 경우

실제 개발에서는 void 보다 String을 가장 많이 사용합니다. void는 JSP 파일이 결정되는 방식인 반면에, String을 이용하면 상황에 따라서 다른 JSP 파일을 실행하도록 결정할 수 있기 때문에 void 보다 유연한 처리가 가능해집니다.

대표적으로 POST 방식으로 성공했을 때와 실패했을 때 다른 JSP를 실행해야 하는 경우가 있다면 String으로 설계하고 반환하는 값을 다르게 처리할 수 있습니다.

HelloController에 새로운 메서드를 작성해서 실습합니다.

```
@GetMapping("/ex2")
public String ex2() {

    log.info("/sample/ex2");

    return "sample/success";

}
```

브라우저에서 '/sample/ex2'를 호출하게 되면 ex2( )가 실행되면서 'sample/success'를 반환하게 됩니다. 반환된 문자열은 결과적으로 '/WEB-INF/views/sample/success.jsp'라는 경로로 완성됩니다(대소문자 주의).

결과를 확인하기 위해서 해당 경로에 success.jsp 파일을 작성합니다.

```jsp
<%@ page language="java" contentType="text/html; charset=UTF-8"
    pageEncoding="UTF-8"%>
<!DOCTYPE html>
<html>
<head>
<meta charset="UTF-8">
<title>Insert title here</title>
</head>
<body>
   <h1>Success JSP Page</h1>
</body>
</html>
```

브라우저에서 최종 결과를 확인합니다.

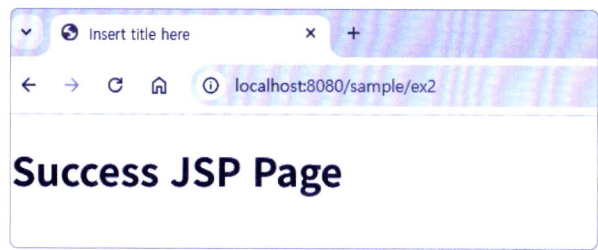

redirect: 접두어

메서드의 실행 후에 브라우저에게 다른 경로로 이동하게 하는 리다이렉트 처리가 필요한 경우에는 반환하는 문자열 앞에 'redirect:'를 추가하는 것만으로 처리가 가능합니다.

redirect:는 주로 POST 방식으로 처리된 후에 다른 화면으로 이동하기 위해서 사용합니다. 예를 들어, '/sample/ex2'를 호출한 경우 무언가 처리가 완료된 후에 '/sample/ex3'로 리다이렉트 하도록 작성한다면 아래와 같은 코드로 작성됩니다.

HelloController
```java
@GetMapping("/ex3")
public String ex3() {

    log.info("/sample/ex3");

    return "redirect:/sample/ex3re";

}

@GetMapping("/ex3re")
public String ex3Re() {

    log.info("/sample/ex3Re");

    return "sample/ex3Result";

}
```

브라우저에서 '/sample/ex3'를 호출하면 서버에서 ex3( )가 호출된 뒤에 브라우저에게 '/sample/ex3re'로 이동하라는 메시지를 전송하고 브라우저는 지정된 '/sample/ex3re'를 호출하게 됩니다.

아래 화면은 '/sample/ex3'를 호출했을 때 브라우저의 최종 결과 화면입니다.

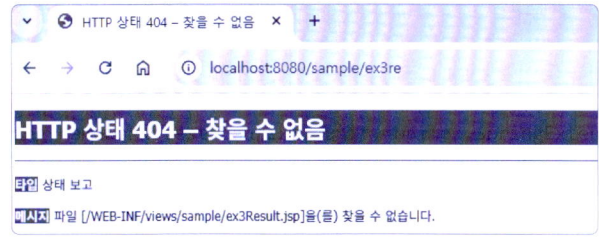

이 과정에서 브라우저의 개발자 도구를 활용하면 '/sample/ex3'의 호출 결과를 받고, 다시 '/sample/ex3re'를 호출하는 것을 눈으로 확인할 수 있습니다.

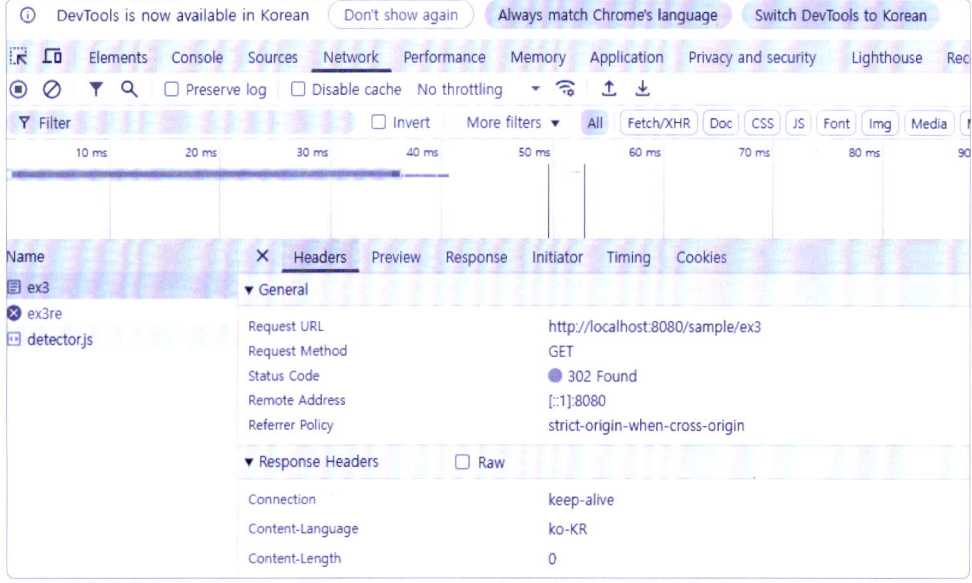

일반 객체와 ResponseEntity< > 타입

스프링 MVC는 화면으로 결과를 만들어서 전송하는 방식 외에도 순수한 XML이나 JSON 데이터만을 전송하는 기능도 사용할 수 있습니다(이에 대한 예제는 뒤에서 댓글 처리를 학습하면서 작성합니다.). 이런 경우의 반환 타입은 객체의 클래스를 지정하거나 ResponseEntity< >를 지정할 수 있습니다. ResponseEntity< >는 HTTP의 상태 코드나 HTTP 헤더 등을 추가할 수 있기 때문에 직접 전송해야 하는 데이터를 처리할 때 자주 사용됩니다.

3.2.2 메서드의 파라미터

컨트롤러 내부 메서드들의 파라미터는 고정된 타입이 아니라 가변적으로 원하는 타입의 파라미터를 지정할 수 있는 특징이 있습니다. 파라미터의 개수와 더불어 파라미터의 타입도 유연하기 때문에 상황에 필요한 파라미터를 지정해야 합니다.

기본 자료형은 객체형

예전의 HttpServlet에서는 HttpServletRequest, HttpServletResponse라는 고정된 파라미터를 이용했지만, 스프링은 메서드의 파라미터에 맞는 자동 수집이 가능합니다. 따라서 전달된 값을 어떤 타입의 어떤 변수로 받고 싶은지를 지정할 수 있는데 가장 많이 사용하는 방식이 int, double 등의 기본 자료형이거나 Getter/Setter가 존재하는 객체 타입입니다.

HelloController 클래스
```
@GetMapping("/ex4")
public void ex4(
    @RequestParam(name = "n1", defaultValue = "1" ) int num,
    @RequestParam(name="name") String name
    ) {

    log.info("/sample/ex4");
    log.info("num :" + num);
    log.info("name: " + name);
}
```

ex4( )의 파라미터 변수명은 num과 name이고 두 변수의 타입이 다르지만, 브라우저에서 전달한 값을 자동으로 수집해서 변수의 값으로 처리됩니다. 파라미터로 사용하는 변수의 이름은 파라미터의 이름으로 선언된 변수의 이름과 동일하게 선언하지만, @RequestParam이라는 어노테이션의 name 속성을 이용하면 num이라는 변수명 대신 n1이라는 이름의 파라미터를 수집할 수 있습니다.

프로젝트를 실행하고 '/sample/ex4?n1=11&name=AAA'와 같이 호출하게 되면 JSP 파일이 없기 때문에 브라우저에는 404 메시지가 보이지만, 서버 내부에서는 변수로 수집된 결과를 확인할 수 있습니다.

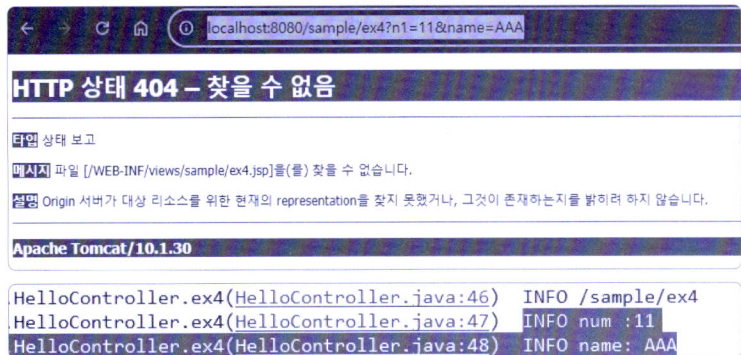

@RequestParam의 default 속성을 이용하면 파라미터가 없는 경우의 값도 처리가 가능합니다. 아래의 경우 n1이라는 파라미터는 지정되지 않았지만, 서버에서는 default로 지정된 1이라는 값을 출력합니다.

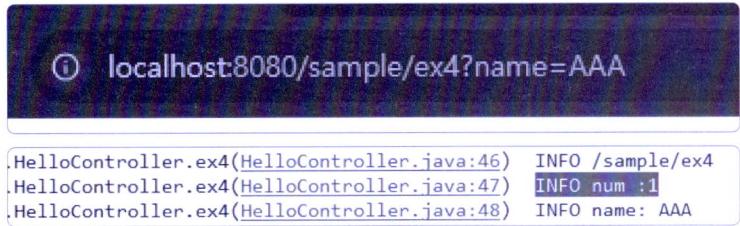

파라미터를 여러 개 사용해야 하는 경우 파라미터 수집은 흔히 getter/setter를 가진 Java 빈의 형태로 사용할 때가 많습니다. 메서드의 파라미터는 해당 클래스의 객체를 생성하고 setter를 호출해서 브라우저에서 전송하는 파라미터를 수집하게 됩니다.

프로젝트 내에 dto 패키지를 추가하고 num과 name을 수집하는 SampleDTO 클래스를 작성합니다.

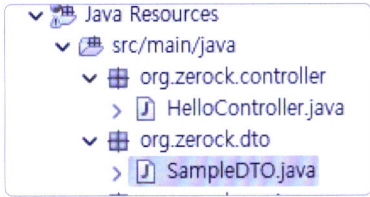

SampleDTO 클래스

```java
package org.zerock.dto;

import lombok.Data;

@Data
public class SampleDTO {

    private int num;

    private String name;
}
```

SampleDTO 클래스는 생성자가 없으므로 new SampleDTO( )와 같이 객체 생성이 가능하고 Lombok의 @Data를 통해서 만들어진 getter/setter가 존재하게 됩니다.

SampleDTO를 이용해서 컨트롤러의 메서드를 작성합니다.

HelloController

```java
@GetMapping("/ex5")
public void ex5(SampleDTO dto) {

    log.info("/sample/ex5");

    log.info(dto);
}
```

객체형은 별도의 어노테이션 없이 파라미터 타입으로 선언해 주면, 객체 내부의 setter를 호출하게 됩니다. 서버를 실행하고 '/sample/ex5?num=10&name=AAAA'와 같은 방식으로 호출해서 로그를 확인해 보면 직접 SampleDTO 클래스의 객체를 생성하지 않았음에도 정상적으로 객체가 생성되고 파라미터들이 수집된 것을 확인할 수 있습니다.

```
stMappingHandlerMapping org.springframework.web.servlet.handler.AbstractHandlerMapping
HelloController.ex5(HelloController.java:58)  INFO /sample/ex5
HelloController.ex5(HelloController.java:60)  INFO SampleDTO(num=111, name=AAA)
g.springframework.web.servlet.view.AbstractView.render(AbstractView.java:307) DEBUG
```

개발 과정에서 여러 개의 파라미터를 받는 경우가 많기 때문에 2개 이상의 파라미터를 수집해야 한다면 사용자 정의 클래스를 작성해서 사용하는 것이 좋습니다.

Model 객체

메서드의 파라미터 중에서 org.springframework.ui.Model은 JSP와 같은 View쪽으로 데이터를 전달하기 위한 용도로 사용합니다. Model은 데이터를 담는 바구니 같은 역할이고 자료구조로는 Map과 같아서 '이름'과 '값'의 형태로 원하는 데이터를 보관합니다. 파라미터로 선언된 Model 객체는 추가 코드를 작성하지 않아도 View로 데이터를 전송하기 때문에 개발자의 입장에서는 추가적인 코드를 작성할 필요가 없으므로 편리합니다.

Model의 의미는 컨트롤러와 JSP 사이에 주고받는 일종의 바구니와 비슷합니다. 바구니에 물건을 담기 위해서 addAttribute( )를 이용해서 넣어주면 JSP에서는 EL의 '${ }'를 이용해서 이를 꺼내서 출력하는 것입니다.

예를 들어, name과 age 값을 JSP로 전달하려면 아래와 같이 Model을 파라미터로 지정하고 addAttribute( )를 이용해서 지정할 수 있습니다.

```java
@GetMapping("/ex6")
public void ex6(Model model) {

    model.addAttribute("name", "Hong Gil Dong");

    model.addAttribute("age", 16);

}
```

Model을 통해서 전달된 데이터는 JSP에서 EL 등을 이용해서 출력할 수 있습니다. 위의 경우 '/WEB-INF/views/sample/ex6.jsp' 파일을 다음과 같이 작성할 수 있습니다.

ex6.jsp

```jsp
<%@ page language="java" contentType="text/html; charset=UTF-8"
    pageEncoding="UTF-8"%>
<!DOCTYPE html>
<html>
<head>
<meta charset="UTF-8">
<title>Insert title here</title>
</head>
<body>

  <h1>Sample Ex6 </h1>
  <h1>${name}</h1>
  <h1> ${age}</h1>
</body>
</html>
```

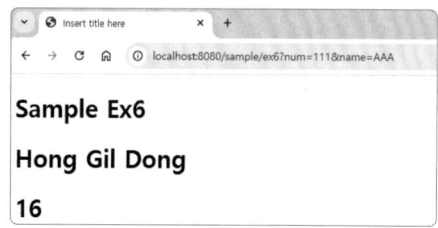

RedirectAttributes

스프링 MVC의 메서드에서 Model과 더불어 가장 많이 사용되는 파라미터 타입 중 하나는 org.springframework.web.servlet.mvc.support.RedirectAttributes입니다. RedirectAttributes는 리다이렉트로 데이터를 전송할 때 '?'로 만들어지는 쿼리스트링을 만드는 용도로 사용하는 addAttribute( )와 단 한 번만 사용할 수 있는 데이터를 전송하는 용도로 사용하는 addFlashAttribute( )를 제공합니다.

```java
@GetMapping("/ex7")
public String ex7(RedirectAttributes rttr) {

    rttr.addAttribute("name", "Hong");

    rttr.addFlashAttribute("age", 16);
```

```
        return "redirect:/sample/ex8";
    }

    @GetMapping("/ex8")
    public void ex8() {
        log.info("/sample/ex8");

    }
```

ex7( )에서 name은 addAttribute( )를 이용했기 때문에 쿼리스트링으로 생성되지만, age는 쿼리스트링으로 처리되지 않습니다. ex7( )을 호출하면 '/sample/ex8?name=Hong'으로 리다이렉트 되는 것을 확인할 수 있습니다.

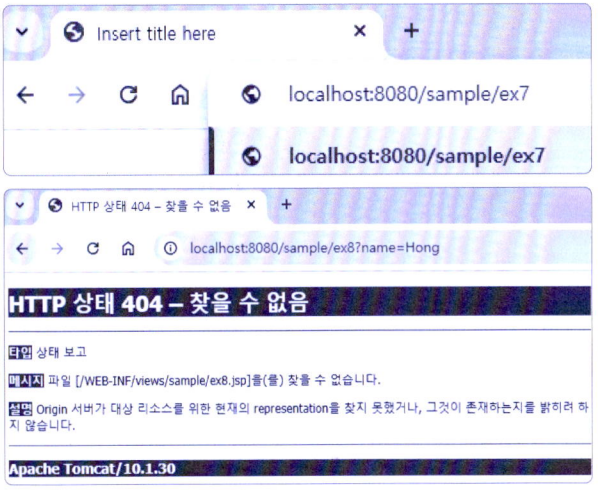

전송 결과를 확인하기 위해서 JSP 파일을 추가합니다.

```jsp
<%@ page language="java" contentType="text/html; charset=UTF-8"
    pageEncoding="UTF-8"%>
<!DOCTYPE html>
<html>
<head>
<meta charset="UTF-8">
<title>Insert title here</title>
</head>
<body>
    <h1>Ex8 JSP</h1>
    
    <h1>${name}</h1>
    
    <h1>${age}</h1>
</body>
</html>
```

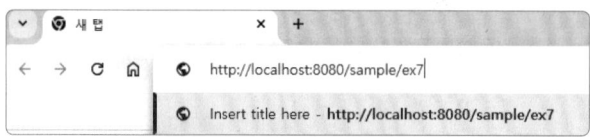

ex7에서 전달된 name은 쿼리스트링으로 age는 눈에 안 보이게 일회용으로 전송됩니다.

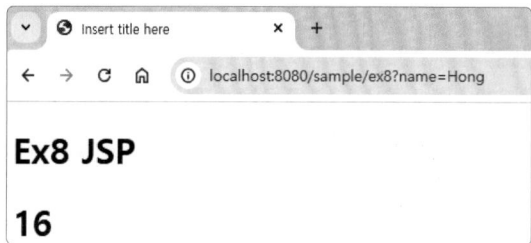

Chapter 04
MyBatis와 스프링

스프링 프레임워크는 다른 프레임워크에 대해서 개방적인 자세를 취하고 있습니다. 그러므로 스프링을 이용하면 기존 프레임워크와 연동하는 방식으로 사용하게 됩니다. MyBatis는 국내에서 웹 개발할 때 가장 많이 사용하는 ORM(Object Relational Mapping) 프레임워크 중 하나입니다. MyBatis는 JDBC를 이용해서 코드를 개발하는 것보다 빠르고 안전한 개발을 할 수 있습니다.

이번 장에서는 MyBatis와 스프링 프레임워크를 연동하는 방법을 살펴봅니다.

- MyBatis와 스프링을 연동하는 설정
- XML과 인터페이스를 이용한 SQL 처리

4.1 MyBatis와 스프링 연동 설정

MyBatis는 Java로 만들어진 객체와 SQL의 처리 결과를 매핑(mapping)해 주는 프레임워크입니다. MyBatis는 매퍼(Mapper)를 이용해서 특정한 작업에 대한 SQL을 지정하고 이에 필요한 파라미터나 리턴 타입을 자동으로 SQL에 맞게 처리해 줍니다.

전통적인 JDBC 프로그램의 구조를 그림으로 표현하면 다음과 같습니다.

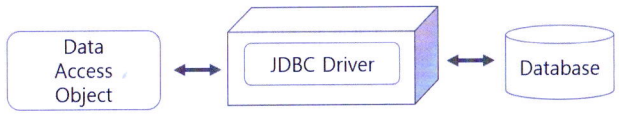

기존의 JDBC 개발은 개발자가 SQL이 어떻게 처리되어야 하는지 직접 처리해야 하고, 데이터베이스 처리 결과인 ResultSet에서 직접 값을 꺼내서 객체를 생성하는 등의 작업을 해야만 했습니다.

MyBatis는 SQL의 처리를 MyBatis쪽에서 처리하기 때문에 다음과 같은 구조가 됩니다.

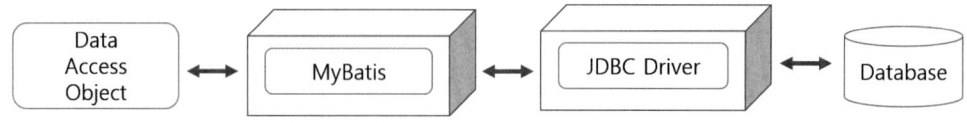

MyBatis는 개발자가 직접 처리해야 하는 많은 양의 코드를 자동으로 처리해 주기 때문에 더 안전하고 빠르게 개발할 수 있습니다. MyBatis는 그 자체로 프레임워크이지만, 스프링은 MyBatis와 연동하는 라이브러리를 제공합니다. 이를 통하면 스프링 프레임워크의 장점과 MyBatis의 장점을 모두 활용할 수 있습니다.

4.1.1 라이브러리의 추가

예제 작성을 위해서는 우선 MyBatis를 검색해서 라이브러리에 추가합니다.

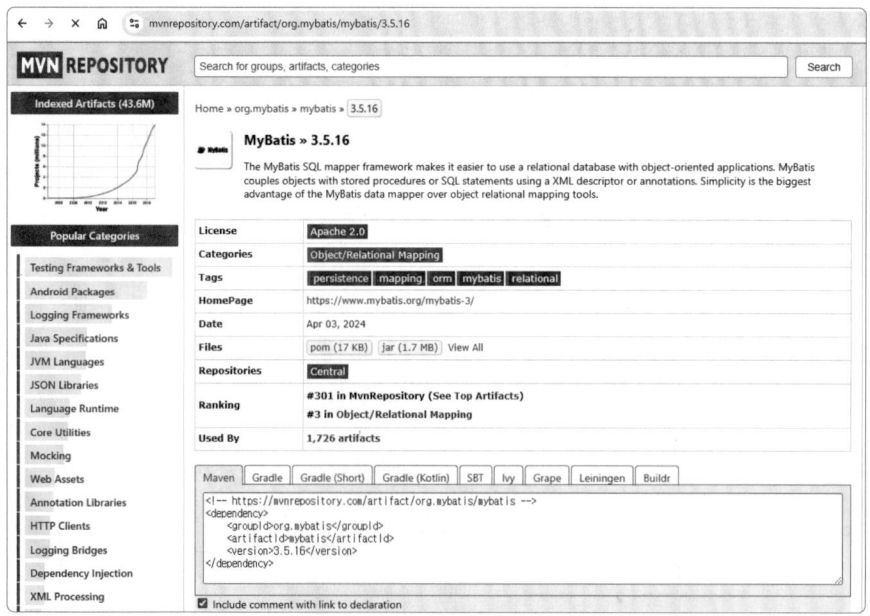

프로젝트의 pom.xml 파일을 수정합니다.

```
<dependency>
    <groupId>org.mybatis</groupId>
    <artifactId>mybatis</artifactId>
    <version>3.5.16</version>
</dependency>
```

MyBatis의 기능을 스프링에서 쉽게 사용하기 위해서는 mybatis-spring 라이브러리를 추가로 사용해야 합니다.

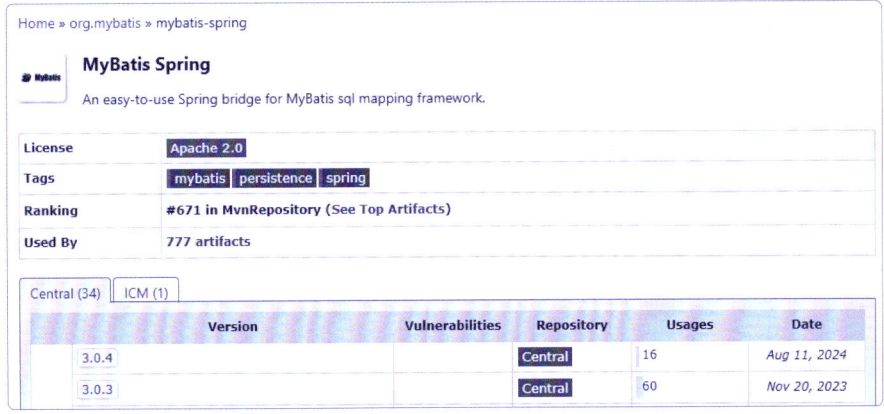

MyBatis와 동일하게 pom.xml에 추가합니다.

```
<dependency>
  <groupId>org.mybatis</groupId>
  <artifactId>mybatis-spring</artifactId>
  <version>3.0.4</version>
</dependency>
```

MyBatis와 관련된 라이브러리는 위와 같지만, MyBatis와 스프링이 연동되는 환경에서는 데이터베이스 관련된 설정은 주로 스프링에서 처리하도록 설정되기 때문에 root-context.xml에 추가로 'spring-jdbc, spring-tx' 라이브러리를 추가합니다(라이브러리를 추가할 때는 반드시 다른 스프링 라이브러리와 동일한 버전을 사용해야 합니다.).

pom.xml

```xml
<dependency>
    <groupId>org.springframework</groupId>
    <artifactId>spring-jdbc</artifactId>
    <version>6.2.6</version>
</dependency>

<dependency>
    <groupId>org.springframework</groupId>
    <artifactId>spring-tx</artifactId>
    <version>6.2.6</version>
</dependency>
```

MyBatis 두 종류의 설정 파일

MyBatis는 그 자체로 두 종류의 설정 파일을 가지고 있습니다.

- MyBatis 설정 파일 - MyBatis가 단독으로 동작할 경우에는 반드시 필요한 파일로 MyBatis가 사용하는 데이터베이스나 기타 모든 설정을 지정하는 파일입니다. 일반적으로 mybatis-config.xml이라는 이름으로 많이 사용합니다. 예제에서는 스프링과 연동해서 사용하기 때문에 설정 파일은 생략이 가능합니다.

- Mapper 파일 - SQL과 파라미터, 그리고 리턴 타입으로 지정되는 Java 객체를 어떻게 처리해야 하는지 설정하는 파일입니다. 보통 매퍼(Mapper) 파일이라고 부르는데, 파일의 내부는 SQL을 어떻게 처리해야 하는지를 지정합니다. 스프링과 연동하는 경우 어노테이션을 이용해서 대신할 수도 있습니다. 예제에서는 Mapper 인터페이스와 Mapper XML이라는 형태로 작성해서 사용하게 됩니다.

4.1.2 스프링 프레임워크 연동

MyBatis 관련 라이브러리를 추가한 후에는 root-context.xml에 MyBatis와 관련된 설정을 추가합니다. root-context.xml 상단의 xmlns와 schemaLocation을 추가합니다.

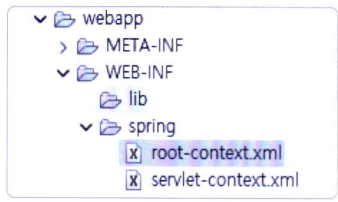

```xml
<?xml version="1.0" encoding="UTF-8"?>
<beans xmlns="http://www.springframework.org/schema/beans"
    xmlns:xsi="http://www.w3.org/2001/XMLSchema-instance"
    xmlns:context="http://www.springframework.org/schema/context"

xmlns:mybatis-spring="http://mybatis.org/schema/mybatis-spring"

    xsi:schemaLocation="
        http://www.springframework.org/schema/beans
        https://www.springframework.org/schema/beans/spring-beans.xsd
        http://www.springframework.org/schema/context
        https://www.springframework.org/schema/context/spring-context.xsd

   http://mybatis.org/schema/mybatis-spring
      http://mybatis.org/schema/mybatis-spring.xsd ">

    ...생략


</beans>
```

MyBatis를 사용하기 위해서는 SqlSession을 이용해야 하는데 mybatis-spring 라이브러리를 이용하면 SqlSessionFactoryBean이라는 빈(Bean)을 등록해서 사용합니다. 이 과정에서 데이터베이스 연결을 처리하는 DataSource를 주입해 줍니다.

root-context.xml

```xml
<bean name="dataSource" class="com.zaxxer.hikari.HikariDataSource" destroy-method="close">
        <constructor-arg ref="hikariConfig"/>
    </bean>

    <bean class="org.mybatis.spring.SqlSessionFactoryBean">
        <property name="dataSource" ref="dataSource"></property>
    </bean>
```

4.1.3 매퍼(Mapper) 인터페이스 작성과 설정

MyBatis와 연동 설정이 되었다면 남은 작업은 매퍼(Mapper) 파일을 작성하고 스프링에서 이를 인식하도록 설정하는 것입니다. 이 작업은 별도의 패키지를 추가해서 분리하고 나중에 해당 패키지를 스캔하는 방식으로 설정하는 것이 편리합니다.

예제 프로젝트에 mapper 패키지를 추가합니다. mapper 패키지 안에는 인터페이스들만 작성할 예정입니다.

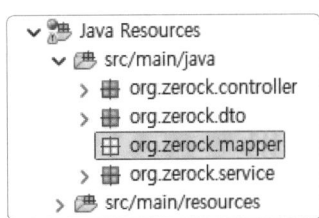

mapper 패키지 내부에는 TimeMapper라는 인터페이스를 아래와 같이 작성합니다. XML을 이용하기 전에 @Select라는 어노테이션을 이용해서 간단한 쿼리문을 작성합니다.

TimeMapper 인터페이스

```java
package org.zerock.mapper;

import org.apache.ibatis.annotations.Select;

public interface TimeMapper {

    @Select("select now()")
    String getTime();
}
```

TimeMapper 인터페이스에는 getTime( )이라는 메서드와 @Select라는 어노테이션을 이용해서 MariaDB의 현재 시간을 조회하는 SQL을 작성합니다. MyBatis에서 간단한 SQL은 위와 같이 어노테이션만을 이용해서도 작성이 가능합니다(하지만, 일반적으로 SQL은 잠시 후에 작성하는 XML 방식을 쓰는 것이 일반적입니다. Java 코드에 SQL이 있는 경우 SQL의 수정 시에 다시 프로젝트를 빌드해야 하기 때문에 불편하기도 하고 복잡한 SQL을 작성하기에 적합하지 않기 때문입니다.).

특이한 점은 TimeMapper가 실제 객체를 생성할 수 없는 인터페이스라는 점입니다. MyBatis와 스프링을 연동하면 이렇게 작성된 인터페이스의 실제 객체는 스프링 내부에서 자동으로 만들어지기 때문에 개발자의 입장에서는 생산성을 향상시킬 수 있습니다.

작성된 매퍼 파일이 정상적으로 동작하기 위해서는 설정 파일을 통해서 해당 매퍼 파일을 인식할 수 있도록 해야 합니다. 이 작업을 수월하게 하기 위해서는 앞의 root-context.xml의 xmlns의 조정이 필요합니다. root-context.xml 파일에는 인터페이스로 작성된 매퍼를 인식하기 위해서 아래의 코드를 추가합니다.

root-context.xml

```xml
<bean class="org.mybatis.spring.SqlSessionFactoryBean">
    <property name="dataSource" ref="dataSource"></property>
</bean>

<mybatis-spring:scan base-package="org.zerock.mapper"/>
```

mybatis-spring:scan은 component-scan과 유사하게 특정한 패키지 내부를 스캔해서 패키지 내부의 인터페이스들을 매퍼 인터페이스로 처리하는 역할을 합니다. 이처럼 패키지를 기반으로 설정하게 되면 매번 새로운 매퍼 인터페이스를 작성하더라도 추가적인 설정이 필요하지 않기 때문에 편리합니다.

테스트 코드를 통한 동작 확인

변경된 설정은 항상 테스트를 통해서 확인해야 합니다. test 폴더에 mapper 패키지를 추가하고 TimeMapperTests라는 클래스를 추가합니다.

```
∨ src/test/java
    ∨ org.zerock.db
        > DBTests.java
    ∨ org.zerock.mapper
        > TimeMapperTests.java
```

```java
package org.zerock.mapper;

import org.junit.jupiter.api.Test;
```

```java
import org.junit.jupiter.api.extension.ExtendWith;
import org.springframework.beans.factory.annotation.Autowired;
import org.springframework.test.context.ContextConfiguration;
import org.springframework.test.context.junit.jupiter.SpringExtension;

import lombok.extern.log4j.Log4j2;

@ExtendWith(SpringExtension.class)
@ContextConfiguration("file:src/main/webapp/WEB-INF/spring/root-context.xml")
@Log4j2
public class TimeMapperTests {

    @Autowired
    private TimeMapper timeMapper;

    @Test
    public void testTime1() {
        log.info("-----------");
        log.info(timeMapper.getTime());
    }

}
```

TimeMapperTests의 testTime1( )을 실행하면 아래와 같이 정상적으로 데이터베이스에 'select now( )'가 실행된 결과를 확인할 수 있습니다.

```
(TimeMapperTests.java:21)  INFO -----------
datasource.DataSourceUtils.doGetConnection(DataSourceUtils.java:117)
(TimeMapperTests.java:22)  INFO 2025-05-07 10:58:14
```

SQL 로그를 더 자세히 확인하는 방법

테스트가 정상적으로 실행되는 것을 확인하긴 했지만, 내부적으로 어떤 SQL문이 전달되었는지를 확인하기 위해서는 추가로 log4j2.xml의 설정을 조정하는 것이 좋습니다(이와 관련해서 log4jdbc와 같은 라이브러리가 있긴 하지만, 2013년 이후에 개발이 중지되었으므로 개인적으로는 더 이상 권장하긴 어렵습니다.).

resources 폴더에 있는 log4j2.xml을 다음과 같이 수정합니다.

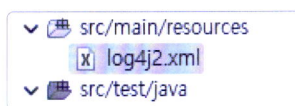

```xml
<?xml version="1.0" encoding="UTF-8"?>
<Configuration>

    <!-- Appender, Layout 설정 -->
    <Appenders>
        <Console name="console" target="SYSTEM_OUT">
            <PatternLayout  pattern="%c %l %5p %m%n"/>
        </Console>
    </Appenders>

    <!-- Logger 설정 -->
    <Loggers>
        <Logger name="com.zaxxer" level="DEBUG" additivity="false">
            <AppenderRef ref="console"/>
        </Logger>
        <Logger name="org.springframework" level="INFO" additivity="false">
            <AppenderRef ref="console"/>
        </Logger>
        <Logger name="org.zerock" level="DEBUG" additivity="false">
            <AppenderRef ref="console"/>
        </Logger>

        <Root level="INFO">
            <AppenderRef ref="console"/>
        </Root>
    </Loggers>

</Configuration>
```

변경된 log4j2.xml 파일의 내용은 HikariCP의 로그 레벨을 DEBUG 레벨로 낮추고 org.zerock 패키지 관련 코드 역시 좀 더 자세히 로그를 기록하도록 변경한 것입니다.

테스트 코드를 다시 한번 실행하면 이전과 달리 더 많은 양의 로그가 기록되는 것을 확인할 수 있는데, 이때 전송되는 SQL의 실체를 확인할 수 있고 전송되는 파라미터의 값 역시 확인이 가능합니다.

```
er.java:135) DEBUG ==>  Preparing: select now()
 DEBUG HikariPool-1 - Before cleanup stats (total=1/10, idle=0/2, active=1, waiting=0)
 DEBUG HikariPool-1 - After cleanup  stats (total=1/10, idle=0/2, active=1, waiting=0)
java:748) DEBUG HikariPool-1 - Added connection org.mariadb.jdbc.Connection@464c2a48
er.java:135) DEBUG ==> Parameters:
er.java:135) DEBUG <==      Total: 1
  INFO 2025-05-07 10:59:35
 DEBUG HikariPool-1 - After adding stats (total=2/10, idle=2/2, active=0, waiting=0)
 DEBUG HikariPool-1 - Connection not added, stats (total=2/10, idle=2/2, active=0, waiting=0)
)  INFO HikariPool-1 - Shutdown initiated...
```

4.1.4 매퍼(Mapper) XML 파일 설정

앞서 언급했듯이 SQL은 Java 코드에 두지 않고 XML 파일에서 관리되는 경우가 많습니다. MyBatis와 스프링이 연동된 경우에는 매퍼 인터페이스를 통해서 메서드를 정의하고 XML 파일에 메서드에서 실행되는 SQL을 분리하는 구조로 작성합니다.

TimeMapper 인터페이스에 SQL이 없는 메서드를 아래와 같이 추가합니다.

```
src/main/java
  org.zerock.controller
  org.zerock.dto
  org.zerock.mapper
    TimeMapper.java
  org.zerock.service
```

```java
package org.zerock.mapper;

import org.apache.ibatis.annotations.Select;

public interface TimeMapper {

    @Select("select now()")
    String getTime();

    String getTime2();
}
```

TimeMapper에 선언된 getTime2( )에 대한 SQL을 작성하기 위해서 resources 폴더 밑에 mapper 폴더를 작성하고 TimeMapper.xml 파일을 작성합니다.

```
  ✓ ⊞ org.zerock.mapper
      › ☕ TimeMapper.java
  › ⊞ org.zerock.service
✓ 🗁 src/main/resources
  ✓ 🗀 mapper
      🗴 TimeMapper.xml
    🗴 log4j2.xml
✓ 🗁 src/test/java
```

매퍼 XML 파일은 반드시 매퍼 인터페이스와 동일한 이름을 사용할 필요는 없지만, 혼란을 피하기 위해서라도 동일한 이름을 사용하는 것이 좋습니다. TimeMapper.xml에는 TimeMapper 인터페이스에 선언한 getTime( )에 대한 처리를 다음과 같은 형태로 작성합니다. XML 파일에는 mybatis-3-mapper.dtd 설정이 필요한데 이는 <select> 등을 만들 때 자동완성 기능을 제공하기 위해서입니다.

TimeMapper.xml

```xml
<?xml version="1.0" encoding="UTF-8" ?>
<!DOCTYPE mapper
        PUBLIC "-//mybatis.org//DTD Mapper 3.0//EN"
        "https://mybatis.org/dtd/mybatis-3-mapper.dtd">
<mapper namespace="org.zerock.mapper.TimeMapper">

    <select id="getTime2" resultType="string">
        SELECT NOW()
    </select>

</mapper>
```

매퍼 XML 파일을 작성할 때 주의할 점입니다.

- mybatis-3-mapper.dtd를 추가해서 <mapper>로 시작합니다.
- namespace의 값은 반드시 매퍼 인터페이스와 동일한 이름을 사용합니다.
- <select> 등의 SQL 처리를 하는 태그의 id는 반드시 메서드 이름과 일치해야 합니다.

작성된 <select> 태그는 TimeMapper의 getTime2( ) 메서드의 이름을 그대로 id 속성값으로 사용합니다.

마지막으로 root-context.xml에 TimeMapper.xml 파일의 위치를 매퍼 XML 파일의 위치라는 사실을 설정해 줍니다(만일 이 설정을 하고 싶지 않다면, 매퍼 인터페이스와 매퍼 XML 파일을 동일한 경로로 설정할 수도 있습니다.).

```xml
<bean class="org.mybatis.spring.SqlSessionFactoryBean">
    <property name="dataSource" ref="dataSource"></property>
    <property name="mapperLocations" value="classpath:/mapper/*.xml"/>
</bean>

<mybatis-spring:scan base-package="org.zerock.mapper"/>
```

변경된 부분은 mapperLocations라는 속성을 지정하는 부분입니다. 'classpath'로 시작하면 resources 폴더가 포함되므로 위의 설정은 resources의 mapper 폴더 안의 모든 xml 파일을 매퍼 파일의 위치로 지정한다는 뜻이 됩니다.

남은 작업은 테스트 코드를 이용해서 XML로 작성된 getTime2( )의 동작에 문제가 없는지를 확인하는 것입니다.

```java
@Test
public void testTime2() {
    log.info("================================");

    log.info(timeMapper.getTime2());
}
```

추가된 testTime2( )를 이용해서 XML 기반으로 동작하는 getTime2( )의 동작을 확인합니다.

```
Creator.call(HikariPool.java:748) DEBUG HikariPool-1 - Added connection org.mariadb.jdbc.Connection@3fbac819
(TimeMapperTests.java:27)  INFO =====================================
Logger.debug(BaseJdbcLogger.java:135) DEBUG ==>  Preparing: SELECT NOW()
ate(HikariPool.java:413) DEBUG HikariPool-1 - After adding stats (total=2/10, idle=1/2, active=1, waiting=0)
Logger.debug(BaseJdbcLogger.java:135) DEBUG ==> Parameters:
Logger.debug(BaseJdbcLogger.java:135) DEBUG <==      Total: 1
(TimeMapperTests.java:29)  INFO 2024-10-19 22:28:29
```

MyBatis와 스프링을 연동하는 프로젝트에는 select뿐만 아니라 insert, update, delete 등과 같이 DML을 처리하기도 하고, 동적으로 변하는 조건을 처리하기 위한 SQL을 생성하는 등의 다양한 기능이 있습니다. 실제로 프로젝트를 작성하면서 이러한 기능들을 접하게 됩니다.

4.1.5 Intellij 에서의 MyBatis

개발 환경으로 Intellij Ultimate를 사용한다면 MyBatis 코드를 조금 편하게 작성할 수 있는 MyBatisX 플러그인을 설치하는 것이 편리합니다.

'Settings' 메뉴 내 'Plugins'에서 검색을 통해 'MyBatisX'를 추가합니다.

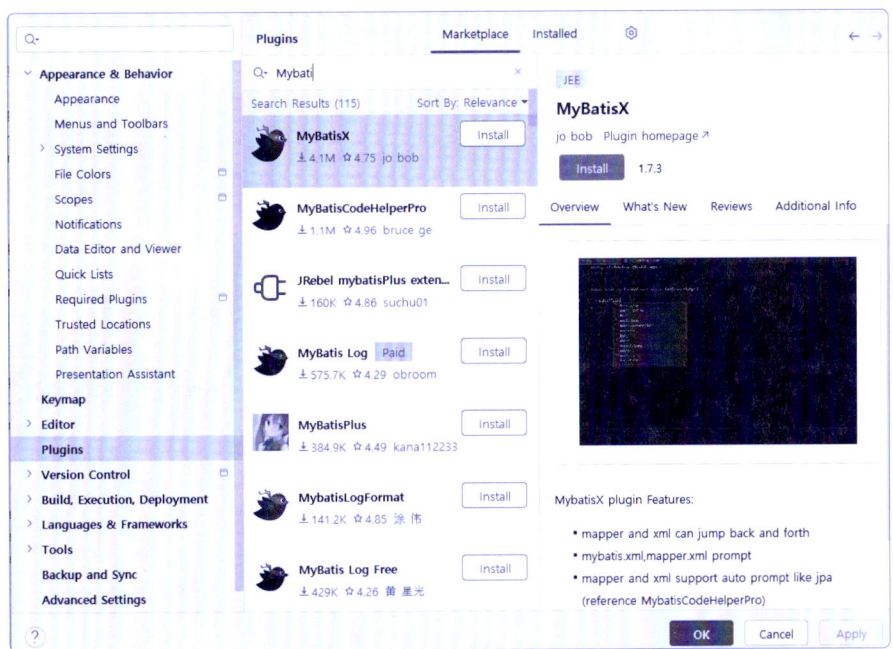

MyBatisX를 추가하면 Mapper 인터페이스와 Mapper XML 파일은 별도의 아이콘으로 표시됩니다.

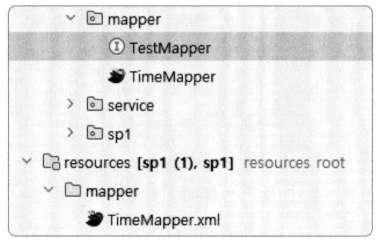

MyBatisX를 이용하면 Mapper 인터페이스 내 메서드를 추가하면 XML 생성을 자동으로 처리합니다. 예를 들어 TimeMapper2 인터페이스를 만들고 getTime( )을 다음과 같이 추가합니다.

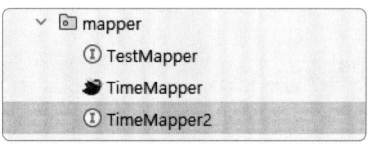

```
package org.zerock.mapper;

public interface TimeMapper2 {

    String getTime();

}
```

화면에서 에러에 대한 대책으로 'Generate mapper of xml' 항목을 선택하면 매퍼 XML 파일을 생성할 수 있습니다.

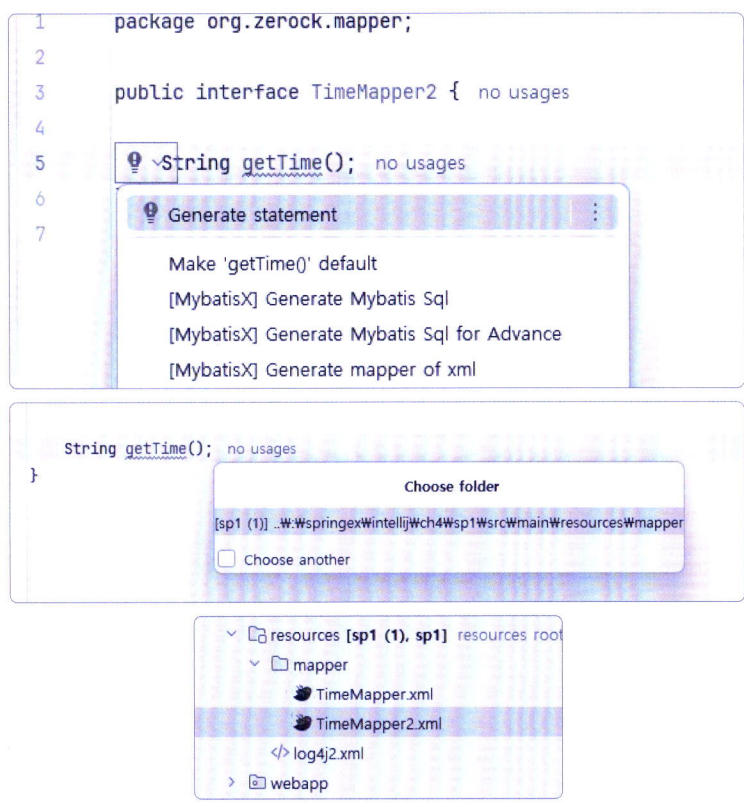

파일이 작성된 후에는 XML 파일 내부에 XML 태그를 생성할 수 있습니다.

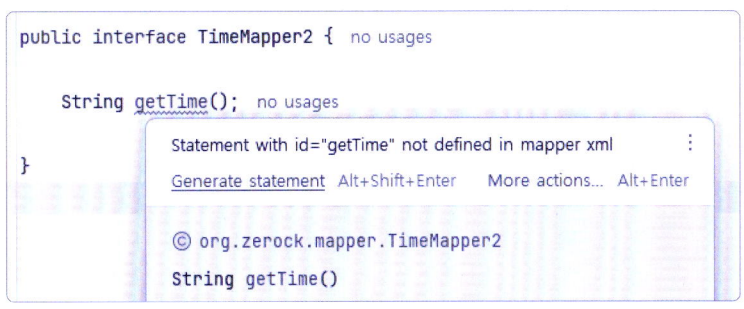

생성된 XML 내부에는 SQL을 제외한 부분들이 완성된 것을 확인할 수 있습니다.

```xml
<?xml version="1.0" encoding="UTF-8" ?>
<!DOCTYPE mapper PUBLIC "-//mybatis.org//DTD Mapper 3.0//EN" "http://mybatis.org/dtd/mybatis-3-mapper.dtd" >
<mapper namespace="org.zerock.mapper.TimeMapper2">

    <select id="getTime" resultType="java.lang.String">


    </select>
</mapper>
```

Chapter 05

스프링 AOP와 트랜잭션

여기서는 스프링이 지원하는 AOP라는 또 다른 패러다임을 알아봅니다. AOP는 'Aspect Oriented Programming'의 약어로 우리말로는 '관점 지향 프로그래밍'이라는 의미입니다. AOP를 이용하면 개발된 코드를 변경하지 않고 필요한 기능을 실행 전이나 후에 넣어 줄 수 있기 때문에 개발자들은 자신이 개발하는 기능에만 더 집중할 수 있습니다.

이 장에서 학습하는 내용입니다.

- ➜ AOP 패러다임의 등장 배경
- ➜ AOP 개념과 용도
- ➜ AOP 주요 용어와 설정

5.1 Spring AOP

스마트폰을 사용할 때 얼굴 인식이나 패턴 인식을 이용하는 분들이라면 간혹 본인이 원하는 작업은 아주 간단한 일인데 어쩔 수 없이 매번 마스크를 벗거나 장갑을 벗어야 하는 상황을 겪은 적이 있으실 겁니다. 물론 이러한 작업이 필요하다는 것은 인정하지만, 무척 번거로운 일입니다.

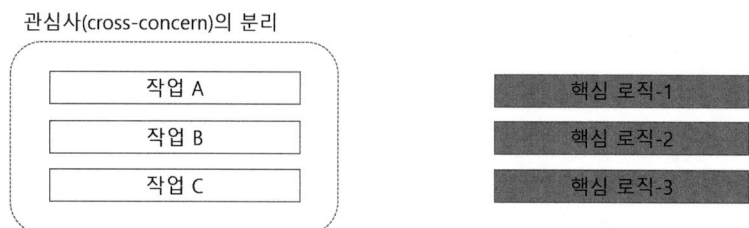

개발 과정에서는 거의 동일한 흐름의 처리가 필요한 코드들이 존재하는 경우가 많습니다. 예를 들어 앞에서 작성한 컨트롤러를 생각해 보면 나중에 사용자의 로그인 처리와 같은 기능이 필요할 수 있습니다.

간단한 코드뿐만 아니라 데이터베이스나 네트워크를 연동한다면 핵심적인 코드는 몇 라인에 불과하지만, 연결 시작과 연결 종료에 해당하는 곳에서는 부수적인 코드가 종종 필요합니다. AOP는 이처럼 핵심적인 코드가 아니지만, 여러 곳에서 많이 사용되는 코드를 '횡단 관심사 혹은 공통 관심사(cross-concern)'라고 불리며, 이를 분리해서 만들자는 패러다임입니다.

관심사(cross-concern)의 분리

AOP는 여러 코드에서 공통으로 필요한 기능들을 분리하고 이에 대한 처리는 별도로 묶어서 'Aspect'라는 것을 만들고 컴파일 시점이나 런타임에 핵심적인 코드들과 결합해서 만들어내자는 패러다임입니다. 이렇게 분리된 개발은 AOP를 지원하는 도구나 프레임워크의 설정을 이용해서 원하는 기능들을 조합해서 사용할 수 있게 됩니다(아래의 그림처럼 기능들을 연결하는 것을 위빙(weaving(바느질))이라고 합니다.).

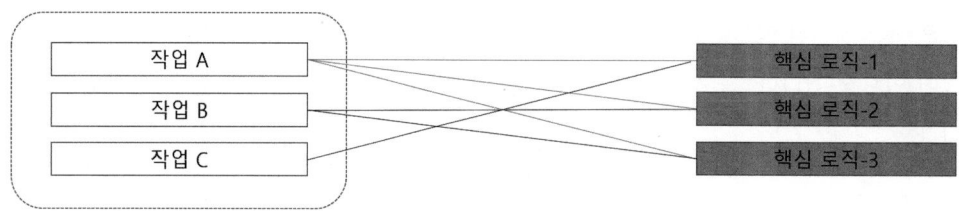

스프링에서는 AOP 패러다임을 적용할 수 있는 기능을 'Spring AOP'라고 분류하고 라이브러리로 처리합니다. Spring AOP는 공통으로 필요한 기능들을 별도의 클래스로 작성해서 분리하고 설정을 통해서 원하는 빈(Bean)을 지정하고 실행 시점에 이들이 결합된 객체를 자동으로 생성하는 자동 프록시(Auto Proxy) 방식으로 동작합니다.

5.1.1 라이브러리 추가

Spring AOP는 스프링 프레임워크를 처음 생성할 때 spring-core 등을 통해서 필요한 라이브러리가 이미 포함됩니다(버전에 따른 차이가 있긴 합니다.). 현재 프로젝트에서 Maven으로 다운로드된 라이브러리에 spring-aop-xxx.jar 파일이 있는지 확인해 보세요.

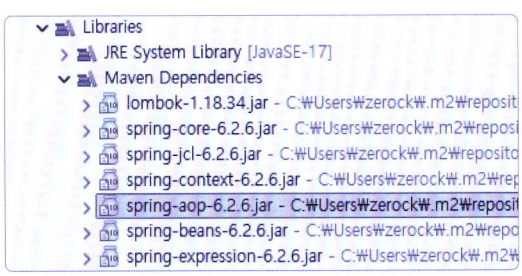

만일 spring-aop 관련 파일이 없다면 pom.xml을 이용해서 직접 추가해 줍니다.

```xml
<dependency>
    <groupId>org.springframework</groupId>
    <artifactId>spring-aop</artifactId>
    <version>6.2.6</version>
</dependency>
```

AOP와 관련해서는 AspectJ 라이브러리를 활용하므로 pom.xml에 추가로 AspectJ 관련 라이브러리를 추가합니다.

```
Deployed Resources
  > webapp
  > web-resources
> build
> src
> target
  pom.xml
```

```xml
pom.xml

<!-- https://mvnrepository.com/artifact/org.aspectj/aspectjweaver -->
<dependency>
  <groupId>org.aspectj</groupId>
  <artifactId>aspectjweaver</artifactId>
  <version>1.9.22</version>
</dependency>

<!-- https://mvnrepository.com/artifact/org.aspectj/aspectjrt -->
<dependency>
  <groupId>org.aspectj</groupId>
  <artifactId>aspectjrt</artifactId>
  <version>1.9.22</version>
</dependency>
```

추가한 라이브러리인 aspectjrt는 AOP 기능 작성에 필요한 라이브러리를 가지고 있고, 런타임에 동작하는 라이브러리입니다. aspectjweaver는 작성된 코드를 바이트 코드 수준에서 결합시키기 위해서 사용합니다.

5.1.2 AOP 용어

AOP를 사용하기 위해서는 우선 AOP에서 사용하는 주요 용어에 대해서 알아야 합니다. AOP에서 사용하는 용어입니다.

- 횡단 관심사: 여러 로직에서 공통으로 사용하는 기능들을 의미합니다. 대표적으로 로깅, 트랜잭션, 시큐리티 등이 이에 해당합니다.
- Aspect: 횡단 관심사의 기능 하나를 의미합니다.
- Advice: Aspect에 대한 실제 구현체를 의미합니다.

- Join Point: Aspect가 적용될 수 있는 후보가 되는 대상을 의미합니다. Spring AOP의 경우 Aspect가 적용될 메서드를 의미합니다.
- Pointcut: 여러 Join Point 중에서 Aspect를 적용하는 지점(메서드)을 선택하는 표현식을 의미합니다.
- Target: Aspect의 적용 대상이 되는 객체
- Proxy: Aspect와 Target이 결합되어서 만들어진 객체를 의미합니다. Spring AOP는 자동으로 Proxy 객체를 생성할 수 있습니다.

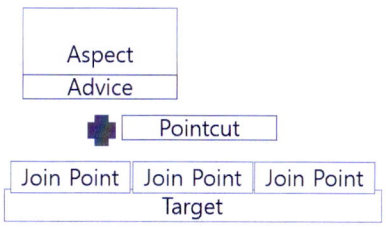

AOP 설정이 완료되면 아래의 그림과 같은 Proxy 객체가 생성되는 구조가 됩니다.

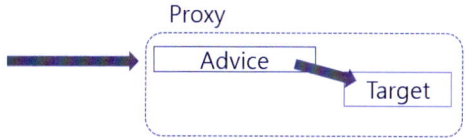

AOP에서 사용하는 용어는 단순한 설명으로는 이해하는데 한계가 있기 때문에 직접 실습을 통해서 익히는 것이 좋습니다. 예제에서는 특정 객체의 메서드가 실행될 때 전달되는 파라미터를 자동으로 log.info( )로 기록하는 예제를 만들어 봅니다.

Aspect와 Advice

작성하려는 예제의 경우 Aspect는 로그를 기록하는 '로깅(logging) Aspect'라고 할 수 있습니다. Aspect는 분리된 공통 관심사 자체를 의미하는 추상명사에 해당합니다. 반면에, Advice는 Aspect의 실제 구현 객체를 의미합니다. Spring AOP는 Aspect를 구현한 클래스에 @Aspect라는 어노테이션을 통해서 해당 클래스가 Aspect의 구현체임을 지정합니다(이 설정은 XML로 처리할 수 있긴 하지만, 예제에서는 @Aspect를 이용해서 더 쉽게 처리할 수 있습니다.).

프로젝트 내에 org.zerock.aop라는 폴더를 생성하고 LogAdvice라는 클래스를 추가합니다.

```
Java Resources
  src/main/java
    org.zerock.aop
      LogAdvice.java
    org.zerock.controller
    org.zerock.dto
    org.zerock.mapper
    org.zerock.service
  src/main/resources
```

```java
package org.zerock.aop;

import org.aspectj.lang.annotation.Aspect;
import org.springframework.stereotype.Component;

import lombok.extern.log4j.Log4j2;

@Aspect
@Log4j2
@Component
public class LogAdvice {

}
```

LogAdvice는 스프링에서 빈(Bean)으로 인식되어야 하므로 빈(Bean) 설정에 사용되는 root-context.xml과 같은 설정 파일을 이용해서 component-scan을 지정합니다.

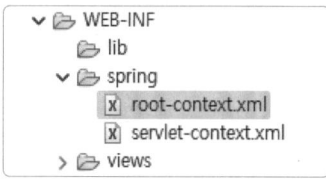

root-context.xml의 일부

```xml
<mybatis-spring:scan base-package="org.zerock.mapper"/>

<context:component-scan base-package="org.zerock.aop"></context:component-scan>
```

Advice의 기능 구현

작성된 LogAdvice에는 메서드를 작성하고 해당 메서드가 어떤 시점에 동작하게 되는지 설정해 줍니다. Spring AOP는 다음과 같은 방식으로 지정이 가능합니다.

- @Before: 지정된 메서드의 실행 전 동작
- @After: 지정된 메서드의 실행 후 동작
- @Around: 지정된 메서드의 실행 전과 후에 제어
- @AfterReturning: 지정된 메서드의 정상적인 반환 이후 동작
- @AfterThrowing: 지정된 메서드의 예외가 던져진 이후 동작

LogAdvice에는 logParams( )라는 메서드를 아래와 같이 추가합니다.

```java
package org.zerock.aop;

import org.aspectj.lang.annotation.Aspect;
import org.aspectj.lang.annotation.Before;
import org.springframework.stereotype.Component;

import lombok.extern.log4j.Log4j2;

@Aspect
@Log4j2
@Component
public class LogAdvice {

  @Before("execution(* org.zerock.service.*.*(..))")
  public void logParams() {
     log.info("-------------------------");
     log.info("logParams");
     log.info("-------------------------");

  }

}
```

추가된 logParams( )에는 @Before 어노테이션으로 해당 기능은 특정 메서드의 실행 전에 동작할 것임을 명시하고 ( ) 안에는 문자열로 Pointcut 설정을 지정한 상태입니다. ( ) 안에 작성

되는 표현식은 AspectJ에서 사용하는 표현식으로 '*'를 이용하면 한 번에 여러 클래스의 여러 메서드를 지정할 수 있습니다.

logParams( )의 경우 org.zerock.service 패키지 내의 모든 클래스의 모든 메서드가 실행 전에 logParams( )가 동작하도록 지정된 것입니다.

5.1.3 Spring AOP 설정

LogAdvice의 설정이 완료되었다면 이를 적용하기 위해서 org.zerock.service 패키지 내에 클래스/메서드를 작성합니다. 현재 예제에서는 HelloService 클래스가 작성되어 있으므로 여기에 파라미터나 리턴 타입으로 다른 메서드들을 추가합니다.

```
∨ 📦 org.zerock.service
    > 🗒 HelloService.java
> 📦 src/main/resources
> 📦 src/test/java
> 📦 src/test/resources
```

HelloService.java
```java
package org.zerock.service;

import org.springframework.stereotype.Service;

@Service
public class HelloService {

    public void hello1() {

    }


    public String hello2(String name) {

        return "Hello " + name;
    }

}
```

HelloController에서는 HelloService에 작성된 hello1( )과 hello2( )를 호출하는 코드를 추가합니다.

```
∨ ⊞ src/main/java
  > ⊞ org.zerock.aop
  ∨ ⊞ org.zerock.controller
    > J HelloController.java
  > ⊞ org.zerock.dto
```

HelloController의 일부

```java
@GetMapping("/ex1")
public void ex1() {

    log.info("/sample/ex1");

    helloService.hello1();

}

@GetMapping("/ex2")
public String ex2() {

    log.info("/sample/ex2");

    helloService.hello2("Hong Gil Dong");

    return "sample/success";

}
```

root-context.xml의 AOP 설정

LogAdvice는 스프링의 빈(Bean)으로 등록되기는 했지만, Aspect와 Target을 결합한 Proxy 객체가 아직 만들어지지 않은 상태입니다. 그렇기 때문에 프로젝트를 실행하고 브라우저에서 '/sample/ex1'이나 '/sample/ex2'를 호출하면 아직까지는 AOP가 적용되지 않은 것을 확인할 수 있습니다.

```
.HikariPool.fillPool(HikariPool.java:528) DEBUG HikariPool-1 - Fill pool skipped, pool has s
ller.HelloController.ex1(HelloController.java:28)  INFO /sample/ex1
framework.web.servlet.DispatcherServlet.noHandlerFound(DispatcherServlet.java:1301)  WARN No
framework.web.servlet.mvc.support.DefaultHandlerExceptionResolver.handleNoHandlerFoundExcepti
```

Proxy 객체를 생성하기 위해서 기존의 root-context.xml 내부에 xmlns 등을 추가합니다.

```
▼ 🗁 WEB-INF
    🗁 lib
  ▼ 🗁 spring
      x root-context.xml
      x servlet-context.xml
  > 🗁 views
    x web.xml
```

root-context.xml 선언부

```xml
<?xml version="1.0" encoding="UTF-8"?>
<beans xmlns="http://www.springframework.org/schema/beans"
    xmlns:xsi="http://www.w3.org/2001/XMLSchema-instance"
    xmlns:context="http://www.springframework.org/schema/context"
    xmlns:mybatis-spring=http://mybatis.org/schema/mybatis-spring

  xmlns:aop="http://www.springframework.org/schema/aop"

    xsi:schemaLocation="
        http://www.springframework.org/schema/beans
        https://www.springframework.org/schema/beans/spring-beans.xsd
        http://www.springframework.org/schema/context
        https://www.springframework.org/schema/context/spring-context.xsd
        http://mybatis.org/schema/mybatis-spring
        http://mybatis.org/schema/mybatis-spring.xsd

        http://www.springframework.org/schema/aop
        https://www.springframework.org/schema/aop/spring-aop.xsd
        ">
```

XML 문서의 내부에는 〈aop:〉로 시작하는 설정을 추가합니다.

```xml
<bean class="org.mybatis.spring.SqlSessionFactoryBean">
    <property name="dataSource" ref="dataSource"></property>
    <property name="mapperLocations" value="classpath:/mapper/*.xml"/>
```

```
        </bean>

        <mybatis-spring:scan base-package="org.zerock.mapper"/>

        <context:component-scan base-package="org.zerock.aop"></context:component-scan>

        <aop:aspectj-autoproxy/>

</beans>
```

추가된 <aop:aspectj-autoproxy/> 설정은 Spring AOP에서 자동으로 Proxy 객체를 생성하라는 것을 의미합니다. 설정이 추가된 후에 프로젝트를 재실행해서 '/sample/ex1'이나 '/sample/ex2'를 실행하면 이전과 달리 LogAdvice가 적용되는 것을 확인할 수 있습니다.

```
controller.HelloController.ex1(HelloController.java:28)  INFO /sample/ex1
.logParams(LogAdvice.java:17)  INFO -----------------------
.logParams(LogAdvice.java:18)  INFO logParams
.logParams(LogAdvice.java:19)  INFO -----------------------
ari.pool.HikariPool.logPoolState(HikariPool.java:413) DEBUG HikariPool-2 -
```

반영된 결과는 단순하지만, 결과가 의미하는 바는 활용의 여지가 많습니다. 이제 org.zerock. service 패키지에 작성하는 모든 클래스의 모든 메서드의 실행 시에는 아무런 처리가 없어도 로그가 자동으로 기록될 수 있고, LogAdvcie의 코드를 변경하면 한 번에 모든 메서드의 로그가 변경될 수 있게 되었습니다.

JoinPoint 파라미터

@Before와 같은 AOP 관련 설정의 메서드에서는 AspectJ 라이브러리의 org.aspectj.lang. JoinPoint라는 타입의 파라미터를 지정할 수 있습니다. JoinPoint는 실제 실행 대상이 되는 Target 객체나 메서드, 파라미터 등을 조회할 수 있습니다.

기존의 logParams( )에 JoinPotint를 적용해서 아래와 같이 수정합니다.

```java
package org.zerock.aop;

import java.util.Arrays;
```

```java
import org.aspectj.lang.JoinPoint;
import org.aspectj.lang.annotation.Aspect;
import org.aspectj.lang.annotation.Before;
import org.springframework.stereotype.Component;

import lombok.extern.log4j.Log4j2;

@Aspect
@Log4j2
@Component
public class LogAdvice {

  @Before("execution(* org.zerock.service.*.*(..))")
  public void logParams(JoinPoint jp) {
    log.info("-------------------------");
    log.info("logParams");

    Object[] params = jp.getArgs();

    log.info(Arrays.toString(params));

    Object target = jp.getTarget();


    log.info(target);


    log.info("-------------------------");

  }

}
```

프로젝트를 실행한 후에 '/sample/ex1'을 호출하면 아래 그림과 같은 로그를 확인할 수 있습니다.

```
LogAdvice.logParams(LogAdvice.java:20)   INFO -------------------------
LogAdvice.logParams(LogAdvice.java:21)   INFO logParams
LogAdvice.logParams(LogAdvice.java:25)   INFO []
LogAdvice.logParams(LogAdvice.java:30)   INFO org.zerock.service.HelloService@3dccb550
LogAdvice.logParams(LogAdvice.java:33)   INFO -------------------------
```

'/sample/ex2'의 경우에는 문자열로 전달된 파라미터를 확인할 수 있습니다.

```
LogAdvice.logParams(LogAdvice.java:20)   INFO ------------------------
LogAdvice.logParams(LogAdvice.java:21)   INFO logParams
LogAdvice.logParams(LogAdvice.java:25)   INFO [Hong Gil Dong]
LogAdvice.logParams(LogAdvice.java:30)   INFO org.zerock.service.HelloService@3dccb550
LogAdvice.logParams(LogAdvice.java:33)   INFO ------------------------
```

5.1.4 @Around

AOP의 동작 시점 중에 가장 특이하고 강력한 방식은 @Around를 이용하는 방식입니다. @Around는 @Before 등이 메서드의 실행 자체에는 관여할 수 없는 것과 달리 Target 객체의 메서드 실행 자체를 제어할 수 있고, 실행 결과 역시 Advice 내부에서 처리가 가능합니다.

@Around를 이용할 때는 JoinPoint 대신에 org.aspectj.lang.ProceedingJoinPoint를 이용하는데 메서드의 설계 시 다음과 같은 점을 주의합니다.

- 메서드의 파라미터는 반드시 ProceedingJoinPoint를 지정 - ProceedingJoinPoint의 proceed( )를 통해서 Target의 메서드를 직접 실행합니다.
- 메서드의 리턴 타입은 Object 타입으로 설정 - 실제로 Target 메서드의 실행 결과를 받아서 리턴해야 하므로 리턴 타입이 있어야 합니다.
- throws Throwable - proceed( )는 Exception 계열이 아닌 상위의 Throwable을 던지도록 설계되어 있으므로 주의가 필요합니다.

@Around로 Target 메서드의 실행 시간을 확인하는 기능을 개발한다면 아래와 같은 코드를 추가할 수 있습니다.

LogAdvice 일부

```java
package org.zerock.aop;

import java.util.Arrays;

import org.aspectj.lang.JoinPoint;
import org.aspectj.lang.ProceedingJoinPoint;
import org.aspectj.lang.annotation.Around;
import org.aspectj.lang.annotation.Aspect;
import org.aspectj.lang.annotation.Before;
import org.springframework.stereotype.Component;
```

```java
import lombok.extern.log4j.Log4j2;

@Aspect
@Log4j2
@Component
public class LogAdvice {

    @Before("execution(* org.zerock.service.*.*(..))")
    public void logParams(JoinPoint jp) {
        ...생략

    }

    @Around("execution(* org.zerock.service.*.*(..))")
    public Object logTime(ProceedingJoinPoint pjp)throws Throwable {
        log.info("------------------------");
        log.info("logTimes");

        long start = System.currentTimeMillis();

        Object result = pjp.proceed();

        long end = System.currentTimeMillis();

        log.info("------------------------");
        log.info("TIME: " + (end - start));

        return result;
    }

}
```

프로젝트를 실행하고 HelloService의 메서드가 실행되면 메서드의 실행에 걸리는 시간이 출력되는 것을 확인할 수 있습니다.

```
.LogAdvice.logTime(LogAdvice.java:42)    INFO logTimes
.LogAdvice.logParams(LogAdvice.java:22)  INFO ------------------------
.LogAdvice.logParams(LogAdvice.java:23)  INFO logParams
.LogAdvice.logParams(LogAdvice.java:27)  INFO [Hong Gil Dong]
.LogAdvice.logParams(LogAdvice.java:32)  INFO org.zerock.service.HelloService@45794df5
.LogAdvice.logParams(LogAdvice.java:35)  INFO ------------------------
.LogAdvice.logTime(LogAdvice.java:50)    INFO ------------------------
.LogAdvice.logTime(LogAdvice.java:51)    INFO TIME: 1
```

5.2 트랜잭션 설정

트랜잭션은 '거래'라는 뜻을 가진 용어로 원래는 비즈니스와 관련된 용어지만, 일반적으로는 데이터베이스와 관련된 용어로 많이 사용됩니다. 트랜잭션을 풀어서 말하자면 '한 번에 여러 작업이 같이 처리되는 묶음'이라고 해석할 수 있습니다. 여러 작업을 같이 수행하다 보면 중간에 특정 작업에서 문제가 생기는 경우가 있는데 이를 처리하는 것을 트랜잭션 관리라고 합니다.

트랜잭션의 가장 대표적인 예는 '계좌이체'입니다. A은행 계좌에서는 출금이 되어야 하고, B은행 계좌에는 입금이 되어야 하는데, 이 두 작업 중 하나라도 문제가 생기면 다시 원래의 상태로 되돌려야(rollback)만 합니다.

트랜잭션의 주요 개념입니다.

- 원자성(Atomicity): 여러 작업이 묶여서 성공하지 못하면 다시 원래의 상태 유지
- 일관성(Consistency): 완료된 후 데이터베이스가 유효한 상태를 유지
- 격리성(Isolation): 동시에 여러 트랜잭션이 처리되는 경우 서로에게 영향을 미치지 않도록 격리
- 내구성(Durability): 트랜잭션이 성공적으로 완료되면 그 결과가 영구적으로 저장

스프링의 경우 AOP와 유사하게 트랜잭션은 개발자가 @Transactional이라는 어노테이션을 추가하는 것만으로도 작성된 코드는 자동으로 트랜잭션 처리가 됩니다.

5.2.1 스프링의 트랜잭션 설정

스프링에서 자동으로 처리되는 트랜잭션을 설정하기 위해서는 'spring-tx' 라이브러리가 필요합니다(예제에서는 MyBatis 설정 시에 이미 추가해 두었습니다.).

```xml
<dependency>
    <groupId>org.springframework</groupId>
    <artifactId>spring-tx</artifactId>
    <version>6.2.6</version>
</dependency>
```

트랜잭션에 관련된 설정은 별도의 XML 파일로 설정할 수도 있지만, 간단한 구성 시에는 root-context.xml을 이용하는 것이 편리합니다.

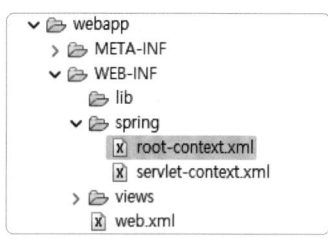

root-context.xml의 상단에는 'spring-tx' 관련된 xmlns와 xsi 설정을 추가합니다.

root-context.xml

```xml
<?xml version="1.0" encoding="UTF-8"?>
<beans xmlns="http://www.springframework.org/schema/beans"
    xmlns:xsi="http://www.w3.org/2001/XMLSchema-instance"
    xmlns:context="http://www.springframework.org/schema/context"
    xmlns:mybatis-spring="http://mybatis.org/schema/mybatis-spring"
  xmlns:aop=http://www.springframework.org/schema/aop

    xmlns:tx="http://www.springframework.org/schema/tx"

    xsi:schemaLocation="
        http://www.springframework.org/schema/beans
        https://www.springframework.org/schema/beans/spring-beans.xsd
        http://www.springframework.org/schema/context
        https://www.springframework.org/schema/context/spring-context.xsd
        http://mybatis.org/schema/mybatis-spring
        http://mybatis.org/schema/mybatis-spring.xsd
        http://www.springframework.org/schema/aop
        https://www.springframework.org/schema/aop/spring-aop.xsd

     http://www.springframework.org/schema/tx
    http://www.springframework.org/schema/tx/spring-tx.xsd
        ">
```

트랜잭션의 설정에는 transactionManager라는 이름의 빈(Bean)을 추가합니다. 빈(Bean) 생성에는 데이터베이스 설정이 필요합니다.

```xml
<bean name="dataSource" class="com.zaxxer.hikari.HikariDataSource"
destroy-method="close">
        <constructor-arg ref="hikariConfig"/>
</bean>

<bean id="transactionManager" class="org.springframework.jdbc.
datasource.DataSourceTransactionManager">
        <property name="dataSource" ref="dataSource"/>
</bean>
```

트랜잭션 설정은 별도의 XML 설정 없이도 @Transactional 어노테이션을 이용하는 것만으로 가능하고, 만일 직접 XML로 작성하고 싶다면 ⟨tx:advice⟩라는 태그를 이용해서 지정할 수 있습니다. 예제에서는 어노테이션을 이용할 것이므로 ⟨tx:annotation-driven⟩ 설정만을 추가합니다.

```xml
    <context:component-scan base-package="org.zerock.aop"></
context:component-scan>

    <aop:aspectj-autoproxy/>

    <tx:annotation-driven/>

</beans>
```

5.2.2 트랜잭션 적용하기

트랜잭션이 정상적으로 작동하는지 확인하기 위해서 다음과 같은 시나리오를 작성해 봅니다.

- 길이가 긴 문자열을 테이블 A와 테이블 B에 insert를 진행하는 코드를 작성합니다. 테이블 A에는 충분한 칼럼의 길이를 지정해서 insert 시에 문제가 없도록 구성하고, 테이블 B에는 길이가 부족하도록 구성합니다.
- 트랜잭션 설정 없이 두 작업을 진행하면 테이블 A에는 정상적으로 insert가 되지만, 테이블 B에서는 에러가 발생하게 됩니다.

- 트랜잭션을 적용한 후에 다시 실행하면 두 작업이 모두 처리되어야 하므로 테이블 A에도 insert가 되지 않고 테이블 B역시 insert가 되지 않게 됩니다.

테이블과 매퍼 준비

실습을 위해 HeidiSQL을 이용해서 데이터베이스 내에 tbl_testA 테이블과 tbl_testB 테이블을 생성합니다.

```
CREATE TABLE tbl_testA (
col1 VARCHAR(500)
);

CREATE TABLE tbl_testB (
 col2 VARCHAR(50)
);
```

tbl_testA 테이블과 tbl_testB 테이블에는 한 개의 칼럼만이 있지만, 길이가 다르게 설정되어 있습니다. 이 때문에 특정한 문자열의 길이가 조금만 길어져도 tbl_testA 테이블에는 insert가 될 수 있지만, tbl_testB에는 insert할 때 문제가 발생하게 됩니다.

mapper 패키지에 TestMapper 인터페이스를 작성하고 두 테이블에 insert하는 기능을 작성합니다(일반적으로 SQL은 XML 파일로 작성하는 것이 추천되지만, 예제를 간단히 작성하기 위해서 Java 파일에 추가하는 형태로 작성되었습니다.).

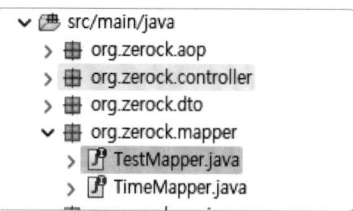

TestMapper 인터페이스

```java
package org.zerock.mapper;

import org.apache.ibatis.annotations.Insert;
import org.apache.ibatis.annotations.Param;

public interface TestMapper {

    @Insert("insert into tbl_testA (col1) values (#{str})")
    int insertA ( @Param("str") String str);

    @Insert("insert into tbl_testB (col2) values (#{str})")
    int insertB( @Param("str") String str);

}
```

TestMapper에는 MyBatis의 @Insert를 이용해서 SQL을 작성합니다. MyBatis는 '#'을 이용해서 메서드의 파라미터와 SQL을 매핑(mapping)하는데 @Param을 이용해서 명시적으로 이름을 지정할 수 있습니다. SQL 중에 DML에 해당하는 insert, update, delete의 경우 기본적으로 '몇 개의 데이터가 영향을 받았는지'를 의미하는 숫자를 반환합니다. 예를 들어, 1개의 데이터가 추가된다면 반환된 int의 값은 1이 됩니다.

서비스 객체와 테스트

TestMapper는 단독으로 실행되는 SQL문이기 때문에 이를 트랜잭션으로 관리해야 하는 서비스 객체를 생성합니다.

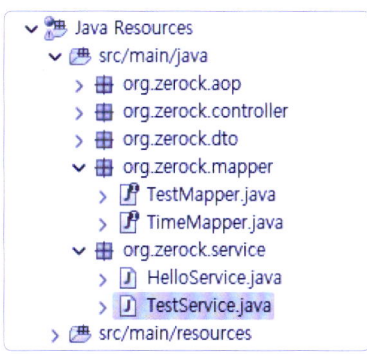

TestService 클래스

```java
package org.zerock.service;

import org.springframework.stereotype.Service;
import org.zerock.mapper.TestMapper;

import lombok.RequiredArgsConstructor;
import lombok.extern.log4j.Log4j2;

@Service
@Log4j2
@RequiredArgsConstructor
public class TestService {

    private final TestMapper testMapper;

    public void insertAll(String str) {

        int resultA = testMapper.insertA(str);

        log.info("insertA " + resultA);

        int resultB = testMapper.insertB(str);

        log.info("insertB " + resultB);

    }
}
```

TestService에는 insertAll( )이라는 기능을 작성해서 TestMapper의 insertA( ), insertB( )를 호출하도록 작성합니다. 아직은 트랜잭션 처리가 없기 때문에 긴 문자열의 경우 insertB( )에서 예외가 발생하게 될 것입니다.

test 폴더에는 org.zerock.service 패키지와 TestServiceTests라는 클래스를 작성해서 TestService를 테스트합니다.

```
src/test/java
   org.zerock.db
   org.zerock.mapper
   org.zerock.service
      TestServiceTests.java
src/test/resources
```

TestServiceTests 클래스

```java
package org.zerock.service;

import org.junit.jupiter.api.Test;
import org.junit.jupiter.api.extension.ExtendWith;
import org.springframework.beans.factory.annotation.Autowired;
import org.springframework.test.context.ContextConfiguration;
import org.springframework.test.context.junit.jupiter.SpringExtension;

import lombok.extern.log4j.Log4j2;

@ExtendWith(SpringExtension.class)
@ContextConfiguration("file:src/main/webapp/WEB-INF/spring/root-context.xml")
@Log4j2
public class TestServiceTests {

    @Autowired
    TestService testService;

    @Test
    public void testAll() {

        String str ="Alice was beginning to get very tired of sitting by her sister on the bank, and of having nothing to do";

        testService.insertAll(str);

    }
}
```

testAll( )에서는 일부러 길이가 긴 문자열(50바이트 초과)을 넣어서 TestService의 insertAll( )을 실행합니다. 실행 결과를 확인해 보면 insertA( )는 정상적으로 실행되지만, insertB( )에서는 예외가 발생하는 것을 확인할 수 있습니다.

```
(BaseJdbcLogger.java:135) DEBUG ==>  Preparing: insert into tbl_testA (col1) values (?)
(BaseJdbcLogger.java:135) DEBUG ==> Parameters: Alice was beginning to get very tired of sitting by her
(BaseJdbcLogger.java:135) DEBUG <==    Updates: 1
:21)  INFO insertA 1
(BaseJdbcLogger.java:135) DEBUG ==>  Preparing: insert into tbl_testB (col2) values (?)
(BaseJdbcLogger.java:135) DEBUG ==> Parameters: Alice was beginning to get very tired of sitting by her
lf4JLogger.java:99)  WARN Error: 1406-22001: Data too long for column 'col2' at row 1
urce.java:349)  INFO HikariPool-1 - Shutdown initiated...
ol.java:413) DEBUG HikariPool-1 - Before shutdown stats (total=2/10, idle=2/2, active=0, waiting=0)
```

데이터베이스 내에 결과를 조회하면 tbl_testA 테이블에는 정상적으로 데이터가 추가된 것을 확인할 수 있습니다.

```
36
37  SELECT * FROM tbl_testA;

tbl_testA (1r × 1c)
#    col1
1    Alice was beginning to get very tired of sitting by her sist...
```

반면에 tbl_testB 테이블에는 아무런 데이터가 들어가지 않는 것을 확인할 수 있습니다.

```
38
39  SELECT * FROM tbl_testB;

tbl_testB (0r × 1c)
#    col2
```

@Transactional 적용

만일 현재와 같이 두 개의 작업이 동시에 이루어져야 올바른 처리가 되는 상황이라면 기존에는 TestService의 insertAll( )에는 try ~ catch 등을 이용해서 문제가 발생했을 경우, 이것을 처리하는 코드가 추가로 필요합니다.

스프링의 트랜잭션은 AOP와 유사하게 @Transactional이라는 어노테이션이 적용되어 있다면 해당 클래스에 대한 프록시 객체를 생성해 냅니다.

TestService 코드에 @Transactional을 적용해 보겠습니다.

```java
package org.zerock.service;

import org.springframework.stereotype.Service;
import org.springframework.transaction.annotation.Transactional;
import org.zerock.mapper.TestMapper;

import lombok.RequiredArgsConstructor;
import lombok.extern.log4j.Log4j2;

@Service
@Log4j2
@RequiredArgsConstructor
@Transactional
public class TestService {

    private final TestMapper testMapper;

    public void insertAll(String str) {

        int resultA = testMapper.insertA(str);

        log.info("insertA " + resultA);

        int resultB = testMapper.insertB(str);

        log.info("insertB " + resultB);

    }

}
```

@Transactional 어노테이션은 클래스/인터페이스의 선언 혹은 메서드의 선언 시에 적용할 수 있는데, 예제에서는 클래스 선언 때 적용되어 있습니다(메서드 > 클래스 > 인터페이스 선언 순으로 우선순위가 결정됩니다.).

테스트 코드에서는 해당 클래스가 프록시 객체로 만들어졌는지 확인하는 코드를 추가합니다.

```
package org.zerock.service;

import org.junit.jupiter.api.Test;
import org.junit.jupiter.api.extension.ExtendWith;
import org.springframework.aop.support.AopUtils;
import org.springframework.beans.factory.annotation.Autowired;
import org.springframework.test.context.ContextConfiguration;
import org.springframework.test.context.junit.jupiter.SpringExtension;

import lombok.extern.log4j.Log4j2;

@ExtendWith(SpringExtension.class)
@ContextConfiguration("file:src/main/webapp/WEB-INF/spring/root-context.xml")
@Log4j2
public class TestServiceTests {


    @Autowired
    TestService testService;

    @Test
    public void testAll() {


        log.info("is proxy? " + AopUtils.isAopProxy(testService));


        String str ="Alice was beginning to get very tired of sitting by her sister on the bank, and of having nothing to do";


        testService.insertAll(str);

    }

}
```

AopUtils의 isAopProxy( )는 특정한 객체가 프록시 객체인지 확인해 주는 기능입니다.

테스트 코드를 실행해서 트랜잭션이 정상적으로 적용되는지 확인합니다.

```
.testAll(TestServiceTests.java:25)   INFO is proxy? true
```

테스트 코드로 실행되는 로그를 보면 프록시 객체가 만들어진 것을 확인할 수 있고 기존과 동일하게 insertAll( )에서는 문제가 발생하는 것을 확인할 수 있습니다.

```
DEBUG ==>  Preparing: insert into tbl_testA (col1) values (?)
DEBUG ==> Parameters: Alice was beginning to get very tired of sit
DEBUG <==      Updates: 1

DEBUG ==>  Preparing: insert into tbl_testB (col2) values (?)
DEBUG ==> Parameters: Alice was beginning to get very tired of sit
Error: 1406-22001: Data too long for column 'col2' at row 1
riPool-1 - Shutdown initiated...
```

테스트 코드가 실행된 후에 데이터베이스를 보면 기존 데이터들은 그대로 유지되어 있지만, 새로운 데이터가 추가되지 않은 것을 확인할 수 있습니다.

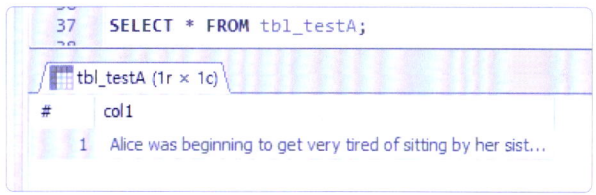

tbl_testA는 트랜잭션의 적용 전에 추가된 데이터만 존재하고 새로운 데이터는 추가되지 않은 것을 확인할 수 있습니다.

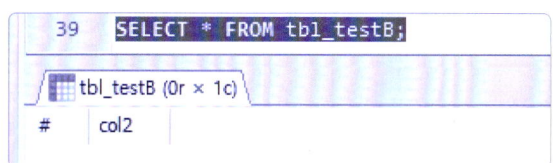

만일 정상적으로 두 테이블에 insert가 가능한 상황이라면 두 테이블 모두 정상적으로 insert가 일어나는지 확인합니다.

```
@Test
public void testAll() {

    log.info("is proxy? " + AopUtils.isAopProxy(testService));

    String str ="Alice was beginning ";

    testService.insertAll(str);
}
```

insert 되어야 하는 문자열이 짧은 경우 테스트 코드를 실행한 후에 결과를 확인합니다.

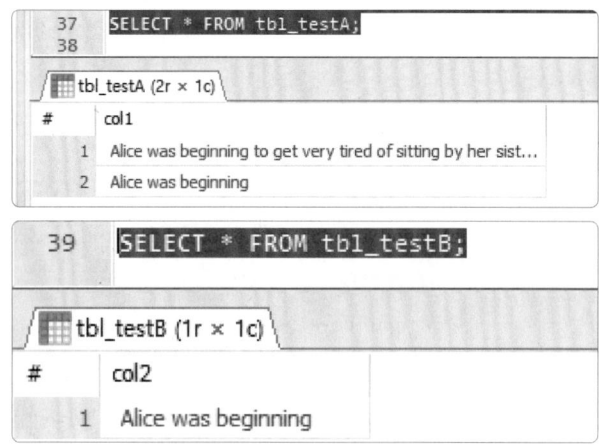

테스트 결과를 보면 두 테이블 모두 정상적으로 insert가 실행된 것을 확인할 수 있습니다.

@Transactional 속성

@Transactional은 앞서 언급했듯이 클래스/인터페이스의 선언부나 메서드의 선언부에 적용이 가능합니다. 만일 여러 곳에서 어노테이션이 적용된다면 '메서드 -> 클래스 ->인터페이스'

의 순으로 우선순위가 결정됩니다.

@Transactional에는 propagation(전파 수준)과 isolation(격리 수준), timeout(시간 제한), readOnly(읽기 전용), rollbackFor(예외 시 롤백처리) 등의 추가적인 속성들이 있습니다. 이 중에서 가장 많이 적용되는 속성은 propagation과 isolation, readOnly 속성입니다.

스프링은 트랜잭션을 처리하기 위해서 별도의 '트랜잭션 컨텍스트'라는 것을 생성합니다. 만일 특정한 메서드가 트랜잭션으로 처리된다면 트랜잭션 컨텍스트에는 해당 처리를 위해서 트랜잭션을 생성해서 관리하게 되는데 propagation(전파) 속성은 새로운 트랜잭션을 만들어서 처리할 것인지를 결정합니다.

- REQUIRED 기본값. 트랜잭션이 이미 있으면 기존 트랜잭션을 사용, 없으면 새로 시작.
- REQUIRES_NEW 항상 새로운 트랜잭션을 시작. 기존 트랜잭션은 일시적으로 중단.
- NESTED 부모 트랜잭션 내에서 중첩 트랜잭션을 시작. (JDBC Savepoint 사용)
- SUPPORTS 트랜잭션이 있으면 참여, 없으면 트랜잭션 없이 실행.
- NOT_SUPPORTED 트랜잭션이 있으면 일시적으로 중단하고 트랜잭션 없이 실행.
- MANDATORY 반드시 기존 트랜잭션이 있어야 함. 없으면 예외 발생.
- NEVER 트랜잭션이 있으면 예외 발생, 항상 트랜잭션 없이 실행.

isolation(격리) 속성은 '동시에 여러 곳의 데이터베이스에 처리하는 경우'의 방식을 의미합니다.

- DEFAULT DBMS의 기본 격리 수준 사용. (보통 READ_COMMITTED)
- READ_UNCOMMITTED 가장 낮은 수준. 다른 트랜잭션의 미완료 변경사항 읽기 가능.
- READ_COMMITTED 다른 트랜잭션이 커밋한 데이터만 읽을 수 있음. (일반적으로 사용)
- REPEATABLE_READ 동일 트랜잭션 내에서 읽은 데이터가 항상 동일하도록 보장.
- SERIALIZABLE 가장 높은 수준. 트랜잭션이 순차적으로 실행되도록 보장.

이 밖에도 timeout이나 readOnly 속성이 있지만, 이에 대한 것은 예제를 작성하는 과정에서 적용합니다.

Part 1
Part 2
Part 3

PART 2.
웹 애플리케이션 개발

PART 2에서는 스프링 프레임워크로 가장 많이 개발하는 웹 애플리케이션을 실습합니다. 전체 웹 애플리케이션을 구현하기 위해서 각 단계를 어떻게 구분해서 작성해 나가는지 실습을 통해서 알아보는 것입니다. 화면의 설계부터 데이터베이스의 SQL 구현까지의 전체 과정에 대해서 설계와 구현을 경험해 볼 수 있습니다. JSP부터 데이터베이스까지, 모든 코드가 작성되어야 하기 때문에 조금 더 흐름이 긴 코드를 작성하게 됩니다.

PART 2에서 학습하는 내용입니다.

- 게시물 관리로 알아보는 웹 애플리케이션의 설계
- 스프링 MVC를 이용한 게시물 관리 기능의 개발
- RESTful한 서비스의 개발과 Ajax의 활용

Chapter 06 게시물 관리 분석과 설계

6장에서는 앞에서 배운 지식을 활용해서 게시물 제작에 필요한 설계를 진행합니다. 개발 초기에는 어떤 방식으로 개발하는 것이 좋을지 설계하는 과정이 필요한데 특히 여러 명이 하나의 주제로 프로젝트를 진행하는 경우에는 반드시 요구사항 정리나 화면 설계 작업 등이 필요합니다.

이 장에서 학습하는 내용입니다.

- 요구사항 분석과 기능 분석
- 화면 분석과 설계
- 컨트롤러와 뷰 설계

6.1 개발 목표 설정

코드를 작성하기 전에 먼저 개발 목표를 설정하고 확인해야 합니다. 개발 목표라고 말하면 뭔가 거창하게 들리지만, 쉽게 말해서 '어떤 사용자가 무엇을 하기 위한 프로그램인가?'에 대한 대답입니다. 이 중에서 '어떤 사용자'라는 단어는 매우 중요한 의미를 가지는데, 만일 만들려는 프로그램이 다양한 종류의 사용자가 사용해야 하는지 아니면, 특정한 그룹의 사용자만이 사용하는지에 따라서 프로그램의 전체 구조가 달라질 수 있으므로 주의해야 합니다.

분석 과정에서는 '사용자'를 '이해관계자(stakeholder)'라고 표현하는데 예를 들어, 예제로 작성하려는 프로그램의 경우 '이해관계자'는 게시물 관리를 이용하는 일반 사용자일 수 있고, 특정 업무(도메인이라고 표현합니다.)를 수행하는 특정 직종의 사용자일 수도 있습니다. 예제에서 이해관계자는 웹 서비스를 사용하는 일반 사용자로 지정하고 업무는 자유게시판이라고 가정하겠습니다. 일반 사용자가 자유게시판에서 원하는 기능을 선정해서 개발의 목표를 결정합니다.

6.1.1 요구사항 분석

이해관계자의 요구사항은 직접/간접적으로 인터뷰를 진행하거나 브레인스토밍을 통해서 정리할 수 있습니다. 이 과정에서 주의할 점은 모든 요구사항에 대해서는 일단 적어두고 개발의 난이도나 필요성을 고려해서 우선순위는 나중에 회의 등을 통해서 결정할 수 있다고 생각하고 열린 자세로 요구사항을 작성하는 것입니다.

일반 사용자가 자유게시판에서 원하는 요구사항을 정리해 보면 다음과 같은 기능들을 생각할 수 있습니다(아래의 목록은 현재 사용자가 없기 때문에 ChatGPT를 사용자로 가정하고 요구사항을 받은 것입니다.).

1. 게시글 등록(작성)
2. 게시글 목록
3. 게시글 상세 조회
4. 게시글 수정
5. 게시글 삭제
6. 검색 및 정렬
7. 페이징 (선택 사항)
8. 댓글 기능 (선택 사항)
9. 파일첨부 (선택 사항)

6.1.2 개발의 우선순위에 대한 결정

위의 요구사항 중에서 현실적으로 개발의 우선순위를 조정합니다. 예를 들어, 이전 예제들만으로는 다음과 같은 제약 사항이 있을 수 있습니다.

- 로그인 처리를 해 본 적이 없다.
- 파일첨부 경험이 없다.
- Ajax에 대한 경험이 없다.
- Maria DB의 페이징 처리나 검색을 해 본 적이 없다.

개발의 우선순위는 반드시 필요한 기능인지에 대한 판단과 제약 사항을 고려해서 결정해야 합니다. 만일 욕심대로만 요구사항을 수용한다면 정해진 기간 내에 개발이 불가능할 것이고, 완성도 역시 문제가 발생하게 됩니다.

예제는 위의 제약 사항을 고려해서 다음과 같이 개발의 우선순위를 조정하였습니다.

번호	기능	우선순위	제약 사항
R1	게시글 등록	1	로그인 기능 필요
R2	게시글 목록	1	로그인 기능 필요
R3	게시글 상세 조회	1	로그인 기능 필요
R4	게시글 수정	1	로그인 기능 필요
R5	게시글 삭제	1	로그인 기능 필요
R6	게시글 페이징	2	페이징 기능 학습 필요
R7	게시글 검색	2	MyBatis 검색 기능 학습 필요
R8	게시글 댓글	3	추후 개발
R9	게시글 파일첨부	3	추후 개발

6.1.3 요구사항 명세화

개발을 위한 요구사항은 위와 같이 문서로 만드는 것이 일반적입니다. 이렇게 정리된 문서를 '요구사항 명세서'라고 하는데 특정한 양식이 있는 것은 아니지만, 일반적으로 프로젝트를 발주한 사람과 구현해야 하는 사람 간의 약속을 정리한 것이라고 볼 수 있습니다.

예를 들어, 게시물 관리는 필요한 의견을 추가하거나 일정, 담당자 등을 명세서에 추가할 수 있습니다.

번호	기능	우선순위	제약 사항	설명
R1	게시글 등록	1	로그인 기능 필요	게시물 등록 처리 후에는 게시물 목록으로 이동
R2	게시글 목록	1	로그인 기능 필요	게시물의 번호, 제목, 작성자, 작성일 등을 출력
R3	게시글 상세 조회	1	로그인 기능 필요	목록 화면으로 이동 가능하도록 나중에 댓글 기능 구현
R4	게시글 수정	1	로그인 기능 필요	수정과 삭제는 동일 화면에서 가능 수정된 후에는 조회 화면으로 이동
R5	게시글 삭제	1	로그인 기능 필요	삭제 후에는 게시물 목록으로 이동하도록 구현
R6	게시글 페이징	2	페이징 기능 학습 필요	조회 후 다시 원래 목록의 페이지로 이동 가능하게
R7	게시글 검색	2	MyBatis 검색 기능 학습 필요	검색 결과가 없는 경우에 대한 대비 필요
R8	게시글 댓글	3	추후 개발	조회 화면에서 처리
R9	게시글 파일첨부	3	추후 개발	게시물의 목록에도 파일이 있는 것을 알 수 있도록

실제 프로젝트라면 요구사항 명세서에는 개발 담당자나 개발 기간도 함께 명시하는 경우가 많긴 하지만, 예제는 이런 부분을 생략한 상태입니다.

6.2 화면 설계와 분석

요구사항이 어느 정도 정리되면 요구사항이 실제로 어떤 식으로 사용자에게 보이게 되는지 화면을 설계하게 됩니다. 이 과정은 엄밀하게는 기획자의 업무로 처리되는데, 최근에는 Figma 등의 도구를 이용해서 다른 업무 담당자가 화면을 설계하기도 합니다(Figma는 주로 상세화면을 담당하고 디자인 쪽에서는 랜딩 화면(첫 페이지) 등을 작업합니다.).

예제에서 목록 화면은 다음과 같은 형태가 됩니다. 페이징 처리나 검색 처리는 초기 단계에서는 디자인만 있지만, 화면 설계 시에는 완성된 형태를 염두에 두고 작성하는 경우가 많습니다.

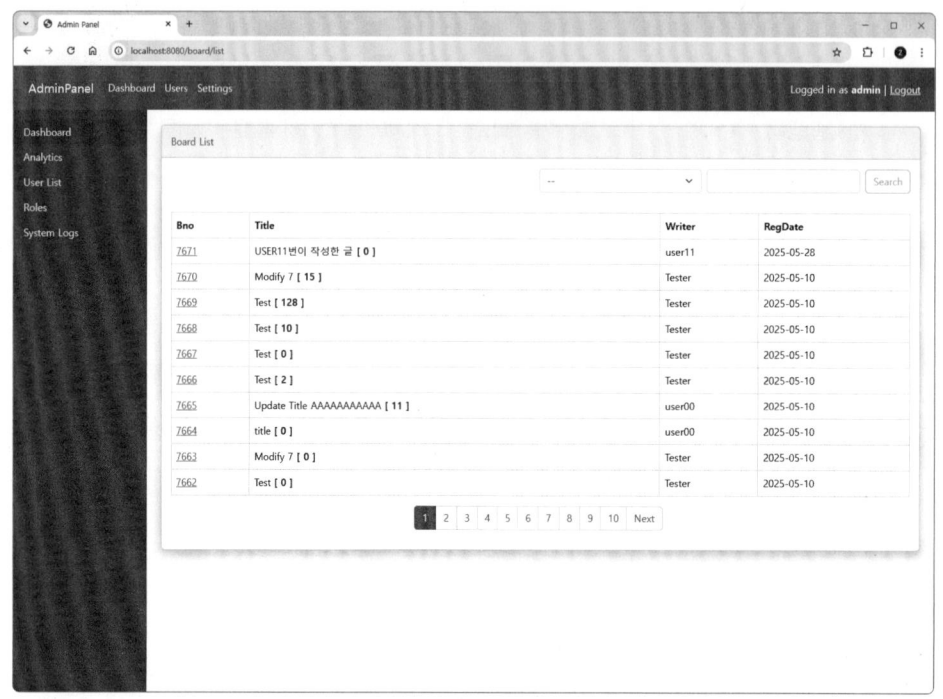

게시물의 등록 화면과 등록 후 이동한 목록 화면은 다음과 같은 형태가 될 것입니다.

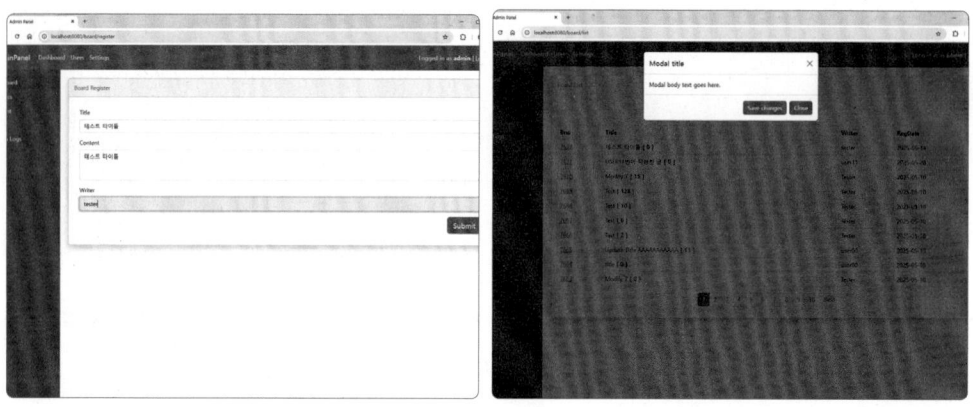

조회 화면은 목록 화면으로 이동하거나 수정/삭제 화면으로 이동할 수 있도록 구성합니다.

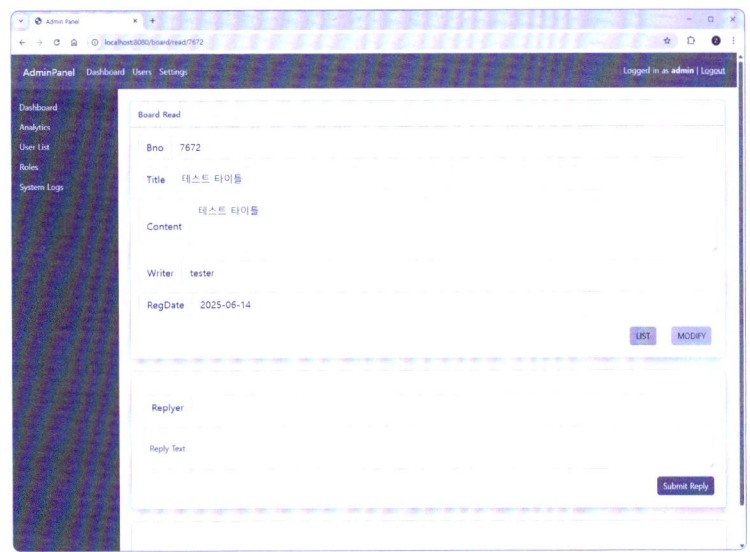

게시물의 수정과 삭제는 하나의 화면에서 진행될 것이고 수정 후에는 다시 조회 화면으로 이동, 삭제한 후에는 목록 화면으로 이동할 것입니다.

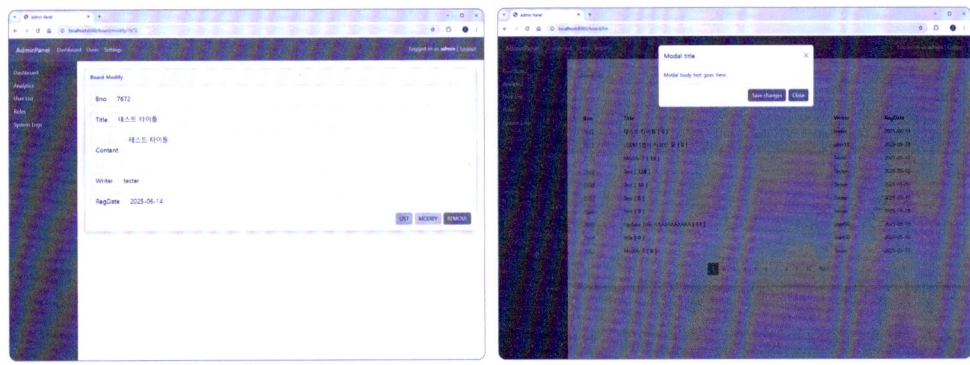

6.2.1 화면에 따른 경로 분석

기획자나 웹 디자이너 등이 만든 화면에 대해서 개발자들은 어떤 경로에서 무슨 화면이 나오게 되는지를 분석하게 됩니다. 보이는 화면을 구성할 때는 GET 방식으로 보이는 화면인지, POST 방식으로 처리된 결과 화면인지를 정확히 구분해야 합니다.

일반적으로 화면 설계는 주로 GET 방식으로 처리할 때가 많습니다. 예제는 게시물의 등록, 목록, 수정/삭제 화면 모두 GET 방식으로 브라우저에서 직접 경로를 입력해서 볼 수 있는 화면들입니다.

등록의 경우 GET 방식으로는 입력이 가능한 화면을 볼 수 있도록 구성하고, POST 방식으로는 게시물을 등록하는 작업을 하게 됩니다. POST 방식으로 처리된 후에는 브라우저에서 목록 화면을 다시 볼 수 있도록 리다이렉트 되는 방식으로 구현합니다(이러한 패턴을 Post-Redirect-Get(PRG) 패턴이라고 합니다.).

게시물의 다양한 기능은 브라우저에서 '/board/'라는 경로로 시작하도록 구성하고 등록은 '/board/register'와 같은 형식으로 구성합니다.

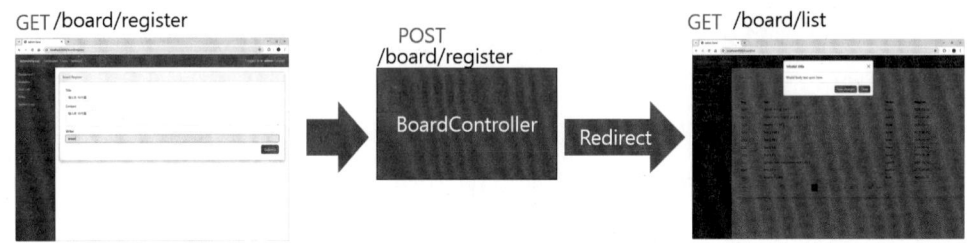

POST 방식으로 처리한 후 리다이렉트 방식으로 이동하는 패턴을 PRG(Post-Redirect-GET) 패턴이라고 합니다. 전통적인 서버사이드 렌더링에서 가장 많이 사용되는 패턴으로 예제에서도 이를 사용합니다.

게시물 목록은 GET 방식으로 조회되므로 '/board/list'라는 경로로 설계합니다.

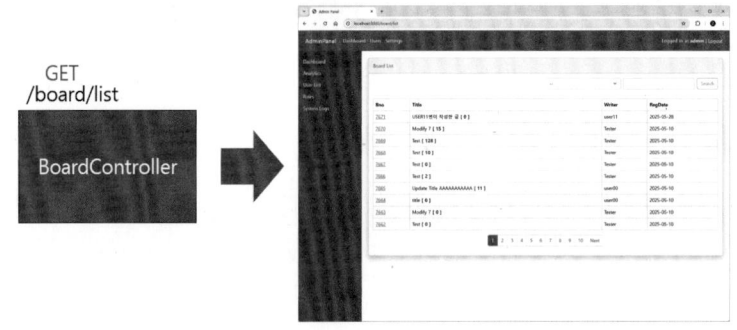

게시물 조회는 '/board/read/123'과 같이 마지막 경로는 특정 게시물의 번호를 이용하도록 설계합니다.

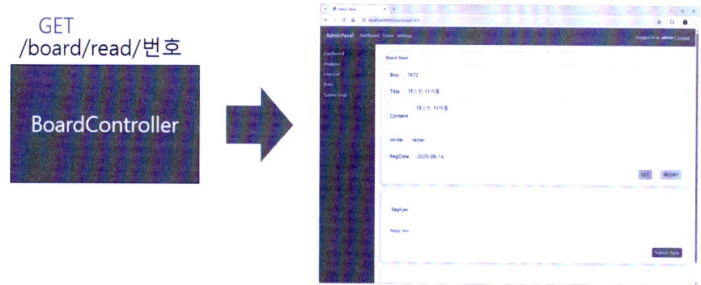

게시물 수정/삭제는 수정/삭제 작업을 시작하는 화면(GET)과 이에 대한 처리(POST)가 있으므로 이를 구분해서 설계합니다. 수정/삭제의 시작을 위해서 보는 화면은 GET 방식으로 '/board/modify/123'과 같은 형식으로 작성합니다.

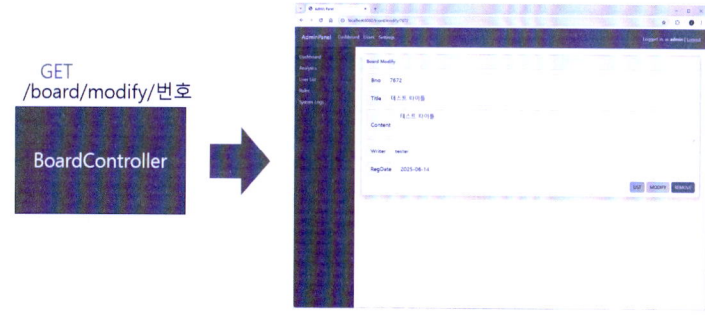

게시물 수정은 POST 방식으로 하고 조회 화면으로 리다이렉트 처리되도록 작성합니다.

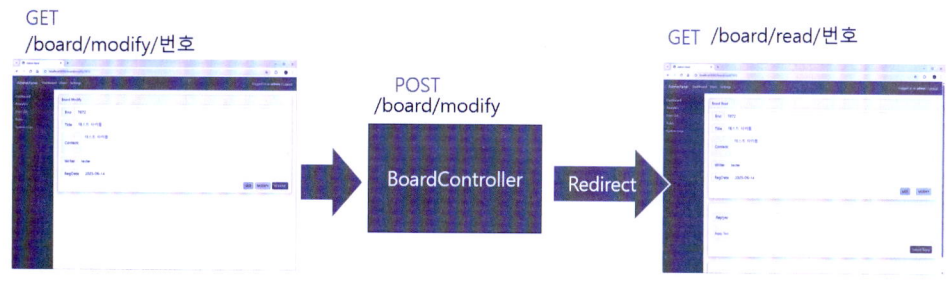

게시물의 삭제는 처리 후에 목록 화면으로 리다이렉트 되도록 작성합니다.

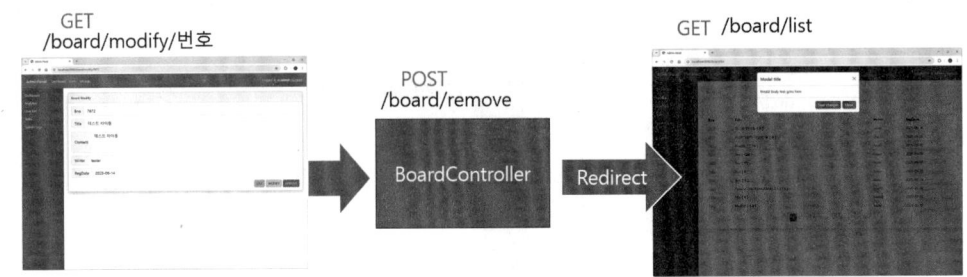

작성된 화면과 처리 과정을 도표로 정리했습니다.

기능	경로	방식	화면/컨트롤러	리다이렉트
게시글 등록	/board/register	GET	/views/board/register.jsp	
게시글 등록	/board/register	POST	BoardController	/board/list
게시물 목록	/board/list	GET	/views/board/list.jsp	
게시글 상세 조회	/board/read/번호	GET	/views/board/read.jsp	
게시글 수정	/board/modify/번호	GET	/views/board/modify.jsp	
게시글 수정	/board/modify/번호	POST	BoardController	/board/read/번호
게시글 삭제	/board/remove/번호	POST	BoardController	/board/list

6.3 데이터베이스 설계

실무에서는 다양한 직군의 사람들이 모여서 프로젝트를 진행합니다. 기획자나 웹 디자이너, 개발자, 데이터베이스 관리자(DBA) 등 프로젝트의 상황에 따라 각자 자신의 업무가 있습니다. 데이터베이스 관리자나 개발자는 화면 구성이 어느 정도 진행되면 이를 기반으로 데이터베이스 내 테이블의 구조를 정리합니다.

데이터베이스 설계는 논리 설계와 물리 설계로 나누어집니다. 논리 설계는 요구사항에 맞는 테이블들의 연관 관계나 칼럼명 등을 지정하는 것이고, 물리 설계는 SQL을 이용해서 실제 테이블을 작성하는 것입니다. 엄격히 논리/물리 설계를 구분하지 않는다면, 테이블 설계서에 필요한 내용을 넣어서 작성합니다.

예제는 앞에서 생성한 springdb에 tbl_board라는 테이블을 다음과 같이 설계합니다.

칼럼명	타입(길이)	제약 조건	설명	기본값	PK
bno	int	auto_increment	게시물 번호 (자동 생성, PK)		PK
title	varchar(500)	not null	게시물 제목		
content	varchar(2000)	not null	게시물 내용		
writer	varchar(50)	not null	게시물 작성자 아이디		
regdate	timestamp		작성시간	now()	
updatedate	timestamp		최종수정시간	now()	
delflag	boolean		삭제여부	false	

tbl_board 테이블에는 게시물의 번호를 의미하는 bno 칼럼을 작성합니다. MariaDB는 고유한 번호를 생성하기 위해서 auto_increment라는 조건을 지정할 수 있는데, auto_increment로 지정된 칼럼은 Primary Key(이하 PK)로 지정되어야 합니다. 대부분의 데이터베이스 테이블은 데이터의 생성 시간과 최종 수정 시간을 항상 기록합니다. 때문에 regdate와 updatedate라는 칼럼을 지정하고 데이터가 생성되는 시간을 기본값으로 작성해 둡니다.

칼럼 중에서 좀 특이한 칼럼은 delflag라는 이름의 삭제 여부를 지정하는 칼럼입니다. 일반적으로 삭제라고 하면 SQL을 이용해서 데이터 자체를 테이블에서 지운다고 생각하는 경우가 많지만, 다른 테이블들과 연관 관계로 이어지는 경우 해당 데이터를 삭제하려면 다른 테이블들 역시 영향을 받게 됩니다.

예를 들어, 특정 게시물이 삭제되면 해당 게시물에 속하는 모든 댓글도 함께 삭제되는 일이 발생합니다. 문제는 이런 경우 다른 사용자가 작성한 댓글을 동의 없이 삭제하는 상황이 발생하기 때문에 삭제는 주로 제목이나 내용 등을 업데이트해서 빈 문자열로 만들고, delflag와 같이 삭제되었다고 구분하는 방식으로 작성합니다.

HeidiSQL을 이용해서 springdb에 접속한 후에 다음과 같이 테이블을 생성합니다.

```
CREATE TABLE tbl_board (
bno INT AUTO_INCREMENT PRIMARY KEY,
title VARCHAR(500) NOT NULL,
content VARCHAR(2000) NOT NULL,
writer VARCHAR(50) NOT NULL,
regdate     timestamp default NOW() ,
updatedate timestamp default NOW(),
delflag BOOLEAN DEFAULT FALSE
);
```

테이블을 생성한 후에는 '새로고침(F5)'을 해서 결과를 확인합니다.

6.4 화면 디자인

본격적인 개발을 하기 전에 화면 개발에 필요한 디자인을 결정하고 이를 레이아웃으로 구성해 주는 작업이 필요합니다. 화면 디자인에는 BootStrap 라이브러리를 이용해서 화면 레이아웃과 디자인에 통일성을 줄 예정입니다.

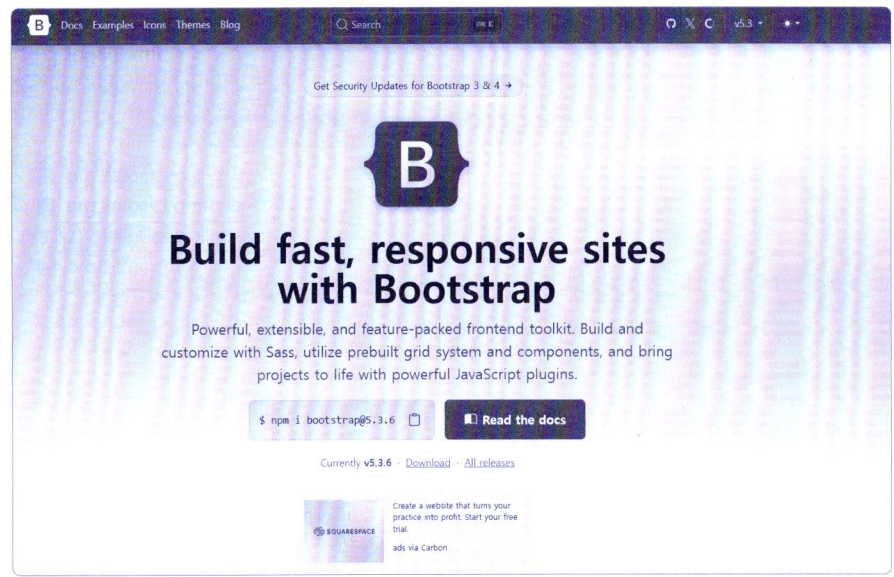

BootStrap은 최근 웹 개발에 많이 사용되는 레이아웃과 디자인에 필요한 기능들을 모아둔 프레임워크입니다. 제공되는 CSS와 JavaScript를 이용해서 빠른 시간 내에 다양한 기능의 개발이 가능합니다. 예제는 BootStrap으로 화면을 디자인하고 이를 레이아웃으로 사용할 예정입니다.

6.4.1 정적 리소스 설정

스프링 MVC로 만드는 프로젝트는 기본적으로 해당 웹 애플리케이션의 모든 요청은 Front Controller를 거치도록 작성됩니다. 이를 간단히 말하면 모든 요청은 컨트롤러로 처리하도록 설계되어 있다는 것입니다. 하지만, html, js, css, 이미지 파일처럼 굳이 스프링에서 처리하지 않아도 되는 자원들에 대해서는 스프링에서 처리하지 않도록 추가적인 설정이 필요합니다. 이를 정적(static) 리소스 설정이라고 합니다.

프로젝트 내에 webapp 폴더는 실제로 브라우저의 요청이 처리된 결과들을 위한 폴더입니다. webapp 폴더에 정적 리소스들을 담아두기 위한 resources 폴더를 생성합니다.

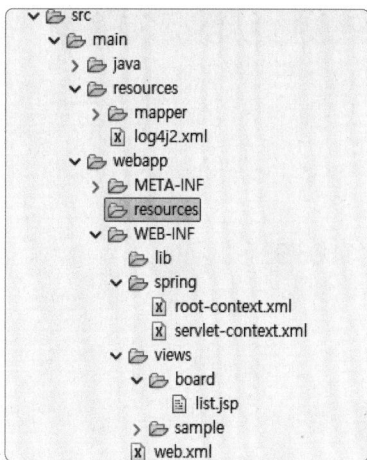

웹과 관련된 설정은 WEB-INF/spring/servlet-context.xml에 아래와 같은 설정을 추가합니다.

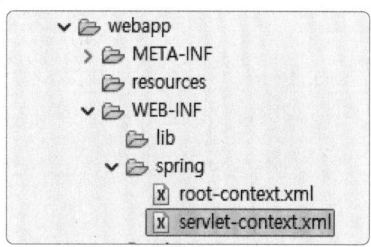

```
<?xml version="1.0" encoding="UTF-8"?>
<beans xmlns="http://www.springframework.org/schema/beans"
    xmlns:mvc="http://www.springframework.org/schema/mvc"
    xmlns:xsi="http://www.w3.org/2001/XMLSchema-instance"
    xmlns:context="http://www.springframework.org/schema/context"
    xsi:schemaLocation="
        http://www.springframework.org/schema/beans
        https://www.springframework.org/schema/beans/spring-beans.xsd
        http://www.springframework.org/schema/mvc
        https://www.springframework.org/schema/mvc/spring-mvc.xsd
        http://www.springframework.org/schema/context
        https://www.springframework.org/schema/context/spring-context.xsd">

    <mvc:annotation-driven/>
```

```xml
<context:component-scan base-package="org.zerock.controller"/>

<bean class="org.springframework.web.servlet.view.
InternalResourceViewResolver">
    <property name="prefix" value="/WEB-INF/views/"/>
    <property name="suffix" value=".jsp"/>
</bean>

<mvc:resources mapping="/resources/**" location="/resources/" />

</beans>
```

설정의 내용은 '/resources/'로 시작하는 모든 요청은 '/resources/' 폴더 내에 있는 정적 리소스들을 그대로 호출한다는 내용입니다.

6.4.2 레이아웃 준비

웹 화면의 레이아웃을 지정하는 가장 간단한 방법은 이미 나와있는 'BootStrap Templates'를 이용하는 방법입니다. 무료로 사용할 수 있는 여러 종류의 디자인이 있으므로 원하는 디자인을 다운로드해서 사용할 수 있습니다.

바로 앞에서 추가한 resources 폴더 내에 css 폴더와 style.css 파일을 추가합니다.

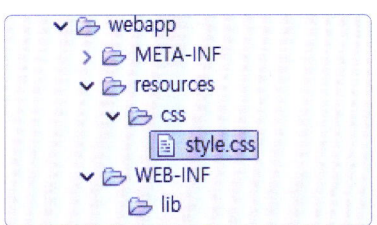

style.css 파일은 화면 전체에서 사용할 레이아웃의 각 영역에 대해서 처리합니다.

```css
@charset "UTF-8";
body {
  min-height: 100vh;
  display: flex;
```

```css
    flex-direction: column;
}

.navbar-custom {
  height: 70px;
  background-color: #0d6efd; /* Bootstrap primary blue */
}

.navbar-custom .nav-link,
.navbar-custom .navbar-brand,
.navbar-custom .navbar-text {
  color: #ffffff;
}

.main-wrapper {
  flex: 1;
  display: flex;
}

.sidebar {
  width: 220px;
  background-color: #0b5ed7; /* darker blue */
  height: calc(100vh - 70px);
}

.sidebar .list-group-item {
  background-color: transparent;
  color: white;
  border: none;
}

.sidebar .list-group-item:hover,
.sidebar .list-group-item.active {
  background-color: #0a58ca;
  color: white;
}

.content {
  flex: 1;
  padding: 1.5rem;
  overflow-y: auto;
}
```

레이아웃 확인

작성된 style.css는 BootStrap에서 제공하는 CSS와 같이 결합해서 화면 디자인을 처리하게 될 것입니다. 화면 디자인을 위해서 예제에서 사용했던 '/sample/ex1' 경로의 호출에 사용했던 ex1.jsp 파일에 아래와 같은 디자인을 적용합니다.

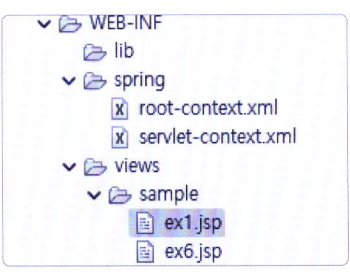

```jsp
<%@ page language="java" contentType="text/html; charset=UTF-8"
    pageEncoding="UTF-8"%>

<!DOCTYPE html>
<html lang="en">
<head>
  <meta charset="UTF-8" />
  <meta name="viewport" content="width=device-width, initial-scale=1.0"/>
  <title>Admin Panel</title>
  <link href="https://cdn.jsdelivr.net/npm/bootstrap@5.3.3/dist/css/bootstrap.min.css" rel="stylesheet">
  <link rel="stylesheet" href="${pageContext.request.contextPath}/resources/css/style.css">
</head>
<body>

  <!-- Top Navbar -->
  <nav class="navbar navbar-expand-lg navbar-custom px-4">
    <a class="navbar-brand" href="#">AdminPanel</a>
    <div class="collapse navbar-collapse">
      <ul class="navbar-nav me-auto">
        <li class="nav-item"><a class="nav-link" href="#">Dashboard</a></li>
        <li class="nav-item"><a class="nav-link" href="#">Users</a></li>
        <li class="nav-item"><a class="nav-link" href="#">Settings</a></li>
      </ul>
      <span class="navbar-text">
        Logged in as <strong>admin</strong> | <a href="#" class="text-white text-decoration-underline">Logout</a>
      </span>
```

```html
        </div>
    </nav>

    <!-- Sidebar + Content -->
    <div class="main-wrapper">
      <!-- Sidebar -->
      <div class="sidebar pt-3">
        <div class="list-group list-group-flush">
          <a href="#" class="list-group-item active">Dashboard</a>
          <a href="#" class="list-group-item">Analytics</a>
          <a href="#" class="list-group-item">User List</a>
          <a href="#" class="list-group-item">Roles</a>
          <a href="#" class="list-group-item">System Logs</a>
        </div>
      </div>

      <!-- Main Content -->
      <div class="content">
        <h3>User Management</h3>
        <div class="table-responsive my-3">
          <table class="table table-bordered table-hover align-middle">
            <thead class="table-dark">
              <tr>
                <th>#</th>
                <th>Username</th>
                <th>Email</th>
                <th>Status</th>
                <th>Joined</th>
                <th>Actions</th>
              </tr>
            </thead>
            <tbody>
              <tr>
                <td>1</td>
                <td>john_doe</td>
                <td>john@example.com</td>
                <td><span class="badge bg-success">Active</span></td>
                <td>2023-07-12</td>
                <td>
                  <button class="btn btn-sm btn-primary">Edit</button>
                  <button class="btn btn-sm btn-danger">Delete</button>
                </td>
              </tr>
              <!-- 추가 행 가능 -->
            </tbody>
          </table>
        </div>
      </div>
```

```
      <!-- Pagination -->
      <nav>
        <ul class="pagination justify-content-center">
          <li class="page-item disabled"><a class="page-link">Previous</a></li>
          <li class="page-item active"><a class="page-link" href="#">1</a></li>
          <li class="page-item"><a class="page-link" href="#">2</a></li>
          <li class="page-item"><a class="page-link" href="#">3</a></li>
          <li class="page-item"><a class="page-link" href="#">Next</a></li>
        </ul>
      </nav>
    </div>
  </div>

  <script src="https://cdn.jsdelivr.net/npm/bootstrap@5.3.3/dist/js/bootstrap.bundle.min.js"></script>
</body>
</html>
```

ex1.jsp에서 유심히 봐야 하는 부분은 resources 경로 밑에 있는 style.css 파일을 사용하는 경로 설정 부분입니다.

```
<link rel="stylesheet" href="${pageContext.request.contextPath}/resources/css/style.css">
```

위의 코드에서 ${pageContext.request.contextPath}의 의미는 현재 웹 프로젝트가 실행되는 경로입니다. 현재 예제의 경우 '/'가 되지만, 만일 동일한 프로젝트를 '/sp1'과 같은 경로로 실행하면 경로가 틀어지는 문제가 발생할 수 있습니다. ${pageContext.request.contextPath} 설정을 이용하면 현재 프로젝트의 실행 경로를 자동으로 인식해서 사용하기 때문에 추가적인 설정을 하지 않아도 됩니다.

프로젝트를 실행하고 '/sample/ex1'을 호출해서 정상적으로 레이아웃이 적용되었는지 확인합니다. 만일 아래 화면과 같은 결과를 확인할 수 없다면, 브라우저의 개발자 도구로 style.css 파일의 경로를 체크해야 합니다.

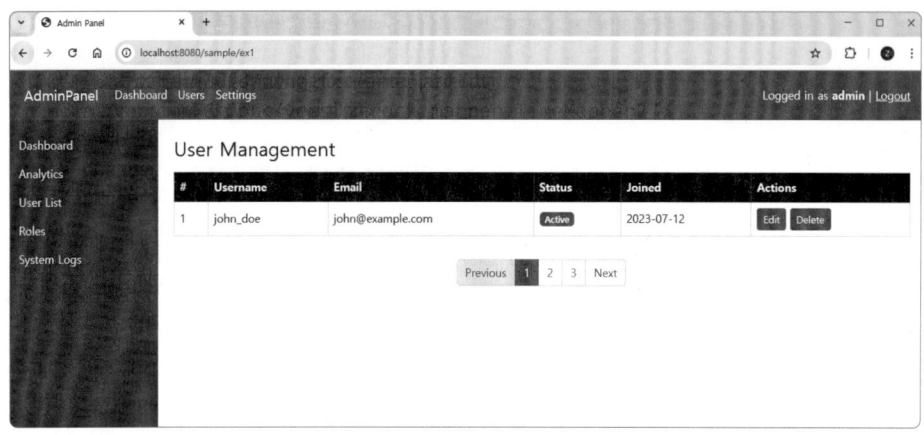

6.5 includes 설정

화면의 레이아웃은 정상적으로 출력되었지만, 매번 새로운 화면을 만들 때 전체 코드를 작성해야 하는 점은 불편합니다. 그렇기 때문에 개발에 필요한 부분만 개발할 수 있도록 코드를 분할해서 include하는 방식이 편리합니다.

프로젝트 내에 includes 폴더를 생성한 후에 상단 메뉴의 코드를 넣을 header.jsp와 하단 화면 코드를 넣을 footer.jsp 파일을 추가합니다.

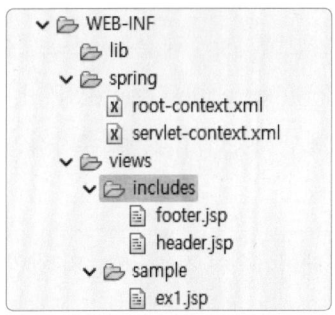

header.jsp에는 ex1.jsp에서 메뉴 부분과 화면의 중앙 부분의 시작까지 잘라서 추가합니다.

```
<%@ page language="java" contentType="text/html; charset=UTF-8"
    pageEncoding="UTF-8"%>

<!DOCTYPE html>
<html lang="en">
<head>
  <meta charset="UTF-8" />
  <meta name="viewport" content="width=device-width, initial-scale=1.0"/>
  <title>Admin Panel</title>
  <link href="https://cdn.jsdelivr.net/npm/bootstrap@5.3.3/dist/css/bootstrap.min.css" rel="stylesheet">
  <link rel="stylesheet" href="${pageContext.request.contextPath}/resources/css/style.css">
</head>
<body>

  <!-- Top Navbar -->
  <nav class="navbar navbar-expand-lg navbar-custom px-4">
    <a class="navbar-brand" href="#">AdminPanel</a>
    <div class="collapse navbar-collapse">
      <ul class="navbar-nav me-auto">
        <li class="nav-item"><a class="nav-link" href="#">Dashboard</a></li>
        <li class="nav-item"><a class="nav-link" href="#">Users</a></li>
        <li class="nav-item"><a class="nav-link" href="#">Settings</a></li>
      </ul>
      <span class="navbar-text">
        Logged in as <strong>admin</strong> | <a href="#" class="text-white text-decoration-underline">Logout</a>
      </span>
    </div>
  </nav>

  <!-- Sidebar + Content -->
  <div class="main-wrapper">
    <!-- Sidebar -->
    <div class="sidebar pt-3">
      <div class="list-group list-group-flush">
        <a href="#" class="list-group-item active">Dashboard</a>
        <a href="#" class="list-group-item">Analytics</a>
        <a href="#" class="list-group-item">User List</a>
        <a href="#" class="list-group-item">Roles</a>
        <a href="#" class="list-group-item">System Logs</a>
      </div>
    </div>

    <!-- Main Content -->
    <div class="content">
```

ex1.jsp에서는 잘라낸 부분 대신에 JSP의 include 코드를 추가합니다.

```
WEB-INF
  lib
  spring
    root-context.xml
    servlet-context.xml
  views
    includes
      footer.jsp
      header.jsp
    sample
      ex1.jsp
      ex6.jsp
```

```jsp
<%@ page language="java" contentType="text/html; charset=UTF-8"
    pageEncoding="UTF-8"%>

<%@include file="/WEB-INF/views/includes/header.jsp" %>

        <h3>User Management</h3>
        <div class="table-responsive my-3">
          <table class="table table-bordered table-hover align-middle">
            <thead class="table-dark">
              <tr>
                <th>#</th>
                <th>Username</th>
                <th>Email</th>
                <th>Status</th>
                <th>Joined</th>
                <th>Actions</th>
              </tr>
            </thead>
            <tbody>
              <tr>
                <td>1</td>
                <td>john_doe</td>
                <td>john@example.com</td>
                <td><span class="badge bg-success">Active</span></td>
                <td>2023-07-12</td>
                <td>
                  <button class="btn btn-sm btn-primary">Edit</button>
                  <button class="btn btn-sm btn-danger">Delete</button>
                </td>
              </tr>
              <!-- 추가 행 가능 -->
            </tbody>
```

```
        </table>
      </div>

      <!-- Pagination -->
      <nav>
        <ul class="pagination justify-content-center">
          <li class="page-item disabled"><a class="page-link">Previous</a></li>
          <li class="page-item active"><a class="page-link" href="#">1</a></li>
          <li class="page-item"><a class="page-link" href="#">2</a></li>
          <li class="page-item"><a class="page-link" href="#">3</a></li>
          <li class="page-item"><a class="page-link" href="#">Next</a></li>
        </ul>
      </nav>
    </div>
  </div>

  <script src="https://cdn.jsdelivr.net/npm/bootstrap@5.3.3/dist/js/bootstrap.bundle.min.js"></script>
</body>
</html>
```

마찬가지로 마지막 부분을 footer.jsp로 분리합니다.

```
<%@ page language="java" contentType="text/html; charset=UTF-8"
    pageEncoding="UTF-8"%>

    </div>
  </div>

  <script src="https://cdn.jsdelivr.net/npm/bootstrap@5.3.3/dist/js/bootstrap.bundle.min.js"></script>
</body>
</html>
```

ex1.jsp 파일에 footer.jsp를 include 시켜주고 브라우저에서 화면이 정상적인지 확인합니다.

```
<%@ page language="java" contentType="text/html; charset=UTF-8"
    pageEncoding="UTF-8"%>

<%@include file="/WEB-INF/views/includes/header.jsp" %>

        <h3>User Management</h3>
        <div class="table-responsive my-3">
          <table class="table table-bordered table-hover align-middle">
            <thead class="table-dark">
              <tr>
                <th>#</th>
                <th>Username</th>
                <th>Email</th>
                <th>Status</th>
                <th>Joined</th>
                <th>Actions</th>
              </tr>
            </thead>
            <tbody>
              <tr>
                <td>1</td>
                <td>john_doe</td>
                <td>john@example.com</td>
                <td><span class="badge bg-success">Active</span></td>
                <td>2023-07-12</td>
                <td>
                  <button class="btn btn-sm btn-primary">Edit</button>
                  <button class="btn btn-sm btn-danger">Delete</button>
                </td>
              </tr>
              <!-- 추가 행 가능 -->
            </tbody>
          </table>
        </div>

        <!-- Pagination -->
        <nav>
          <ul class="pagination justify-content-center">
            <li class="page-item disabled"><a class="page-link">Previous</a></li>
```

```
            <li class="page-item active"><a class="page-link" href="#">1</a></li>
            <li class="page-item"><a class="page-link" href="#">2</a></li>
            <li class="page-item"><a class="page-link" href="#">3</a></li>
            <li class="page-item"><a class="page-link" href="#">Next</a></li>
        </ul>
    </nav>

<%@include file="/WEB-INF/views/includes/footer.jsp" %>
```

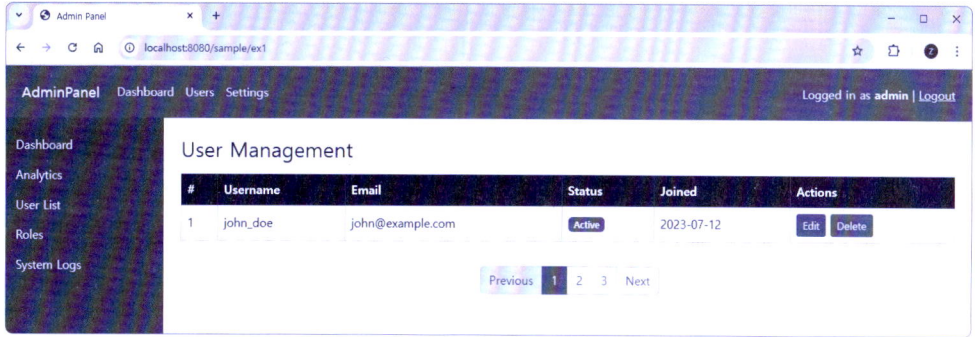

6.5.1 JavaScript를 위한 코드 조정

header.jsp와 footer.jsp를 이용해서 필요한 JSP 파일을 작성하는 과정을 단순하게 처리할 수 있지만, 한 가지 문제가 남아있습니다. 그것은 BootStrap에서 필요한 bootstrap.bundle. min.js 파일이 footer에 있기 때문에 나중에 화면에서 필요한 JavaScript를 작성할 때 문제가 됩니다.

이 문제를 해결하기 위해서 footer.jsp 파일에 있는 bootstrap.bundle.min.js 설정을 화면 상단에서 로딩하도록 header.jsp로 아래와 같이 수정합니다.

```jsp
<%@ page language="java" contentType="text/html; charset=UTF-8"
    pageEncoding="UTF-8"%>

<!DOCTYPE html>
<html lang="en">
<head>
  <meta charset="UTF-8" />
  <meta name="viewport" content="width=device-width, initial-scale=1.0"/>
  <title>Admin Panel</title>
  <link href="https://cdn.jsdelivr.net/npm/bootstrap@5.3.3/dist/css/bootstrap.min.css" rel="stylesheet">
  <link rel="stylesheet" href="${pageContext.request.contextPath}/resources/css/style.css">
  <script src="https://cdn.jsdelivr.net/npm/bootstrap@5.3.3/dist/js/bootstrap.bundle.min.js"></script>
</head>
<body>

  <!-- Top Navbar -->
  <nav class="navbar navbar-expand-lg navbar-custom px-4">
    <a class="navbar-brand" href="#">AdminPanel</a>
    <div class="collapse navbar-collapse">
```

footer.jsp에서 〈script〉태그는 사용할 필요가 없으므로 삭제합니다.

```jsp
<%@ page language="java" contentType="text/html; charset=UTF-8"
    pageEncoding="UTF-8"%>

    </div>
  </div>

</body>
</html>
```

마지막으로 화면 레이아웃에 문제가 없는지 브라우저를 통해서 확인합니다.

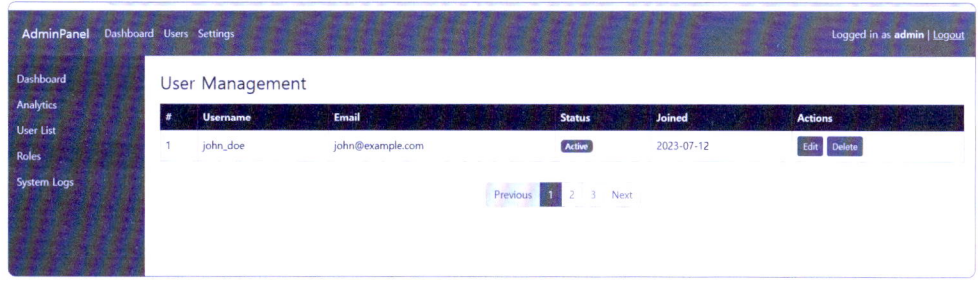

화면의 레이아웃을 재사용할 수 있는 구조가 완성되었고 웹 화면에 대한 설계가 어느 정도 진행되었으니 다음 장부터는 본격적인 개발을 시작합니다. 이번 장에서 진행된 작업은 실제 업무에서는 요구사항의 변경이 발생하면 반복적으로 여러 번 수정되는 경우가 다반사입니다(그렇기 때문에 문서에는 버전을 명시합니다.).

과거에는 프로젝트의 진행을 '분석 -> 설계 -> 구현 -> 개발 -> 테스트 -> 배포'로 규정하고 프로젝트를 진행하는 방식(폭포수 모델)으로 진행되었지만, 최근에는 점점 전체 과정을 한 번 진행하고 이에 대한 피드백을 이용해서 다시 수정하는 방식으로 반복적인 개발(나선형 개발)을 진행하는 추세입니다.

Chapter 07

게시물 관리 구현

지금부터는 이전 장에서 준비된 데이터베이스와 화면 디자인을 이용해서 실제로 게시물 관리를 구현해 봅니다. 구현 내용은 처음부터 모든 기능들을 구현하는 것이 아니라 반드시 구현해야 하는 필수적인 최소한의 기능들을 구현합니다.

이 장에서 학습할 내용입니다.

- Value Object(VO)/DTO(Data Transfer Object) 클래스
- MyBatis 구현과 테스트
- 서비스 계층과 컨트롤러 구현
- 화면 구현

7.1 VO와 DTO

엔터프라이즈급의 프로젝트에서는 여러 개의 데이터를 모아서 VO(Value Object 이하 VO) 혹은 DTO(Data Transfer Object 이하 DTO)라는 이름의 클래스를 생성하고 해당 인스턴스를 통해서 한 번에 여러 데이터를 모아서 사용합니다.

VO와 DTO는 여러 개의 데이터를 하나로 묶는다는 의미에서는 동일하지만, 엄밀하게는 약간의 차이가 있습니다.

- VO: 데이터를 표현하는데 사용하고 불변(Immutable)하게 설계됩니다. 변경 불가능한 순수한 데이터를 의미하기 때문에 getter만을 가지고 equals( ), hashCode( ) 등을 이용해서 자료구조에서 식별이 가능하도록 설계됩니다.
- DTO: 여러 데이터를 계층 간에 전달하는 용도로 사용합니다. 예제와 같이 컨트롤러, 서비스, 매퍼 등에서 파라미터 혹은 리턴 타입으로 사용해서 한 번에 여러 개의 데이터를 전달하거나 받는 용도로 사용하는 객체입니다. DTO는 VO와 달리 변경이 자유롭게 설계되므로 getter/setter 모두를 가지는 것이 일반적입니다.

프로젝트를 구현할 때는 VO와 DTO를 혼용해서 사용하는 경우가 많습니다. 예를 들어, 데이터베이스의 각 데이터는 VO로 처리하고 서비스 계층에서는 DTO로 처리하는 방식을 이용하거나 VO 혹은 DTO만을 만들어서 프로젝트를 진행하기도 합니다.

VO와 DTO를 무슨 상황에서 어떻게 사용하는 방식이 좋은지를 정리하면 다음과 같습니다.

상황	VO 사용	DTO 사용
단일 테이블 처리	VO가 적합	가능함
조인 처리	복잡해질 수 있음	DTO가 적합
계층 간의 이동이 많음		DTO가 적합
데이터의 수집		DTO가 적합
특정한 도메인의 데이터	VO가 적합	

예제 프로젝트에서는 주로 DTO로 데이터를 수집하고 전달하는 방식으로 구현합니다.

7.1.1 BoardDTO 클래스 설정

프로젝트 내에 있는 dto 패키지 내에 BoardDTO 클래스를 정의합니다.

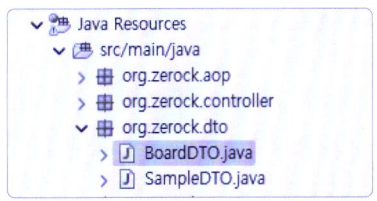

BoardDTO 클래스는 tbl_board 테이블의 데이터를 표현하기 위한 것이므로 멤버 변수들을 테이블의 칼럼과 동일하게 설정하고 Lombok을 이용해서 equals( ), hashCode( ) 등을 생성하고, getter를 추가합니다.

BoardDTO 클래스

```java
package org.zerock.dto;

import java.time.LocalDateTime;

import lombok.AllArgsConstructor;
import lombok.Builder;
import lombok.Data;
import lombok.NoArgsConstructor;

@Data
@Builder
@AllArgsConstructor
@NoArgsConstructor
public class BoardDTO {

    private Long bno;
    private String title;
    private String writer;
    private String content;
    private LocalDateTime regDate;
    private LocalDateTime updateDate;
    private boolean delFlag;
}
```

BoardDTO 클래스에서 조금 특이한 점은 @Builder를 이용한 것입니다. @Builder는 객체 생성 시에 new BoardDTO(...)와 같은 생성자를 사용하는 대신 BoardDTO.builder( ).title( ).content( ).builder( )와 같이 필요한 데이터만을 추가해서 객체를 생성할 수 있는 방법을 제공합니다. 또한, @AllArgsConstructor와 @NoArgsConstructor를 추가했는데 이는 MyBatis에서 SELECT문의 결과를 처리할 때 객체 생성을 할 수 있도록 처리하기 위해서입니다.

DTO는 상황에 따라서 매번 새로운 클래스를 정의해서 사용합니다. 예를 들어, 개발 단계가 진행되면서 JOIN 처리 등이 일어나거나 집합 함수를 사용하는 등의 추가적인 데이터가 필요할 때마다 새로운 DTO 클래스를 정의해서 사용합니다.

7.2 MyBatis 준비

VO/DTO의 설계가 우선되는 이유는 MyBatis에서 사용하는 타입이 VO/DTO로 작성되는 경우가 많기 때문입니다.

프로젝트의 mapper 패키지에 BoardMapper 인터페이스를 정의합니다.

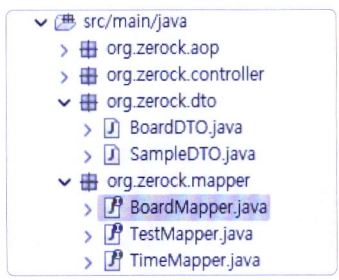

BoardMapper 인터페이스

```java
package org.zerock.mapper;

public interface BoardMapper {


}
```

BoardMapper 인터페이스에서 사용할 SQL은 XML 매퍼를 정의해서 사용합니다. src/main/resources 폴더에 BoardMapper.xml 파일을 생성합니다.

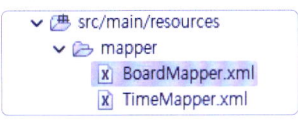

BoardMapper.xml

```xml
<?xml version="1.0" encoding="UTF-8" ?>
<!DOCTYPE mapper
        PUBLIC "-//mybatis.org//DTD Mapper 3.0//EN"
        "https://mybatis.org/dtd/mybatis-3-mapper.dtd">
```

```xml
<mapper namespace="org.zerock.mapper.BoardMapper">

</mapper>
```

BoardMapper.xml을 작성할 때는 반드시 namespace의 값을 인터페이스와 동일하게 설정해야만 하는 점을 주의합니다.

7.2.1 TypeAlias 설정

MyBatis를 XML로 작성하는 경우에는 파라미터의 타입이나 결과에 대한 타입을 패키지명을 포함한 전체이름(full name)을 사용해야 합니다. 매퍼 인터페이스는 import로 처리되지만, XML은 패키지명부터 작성해야 하기 때문에 번거롭기도 하고 패키지명이 변경되면 설정되어 있는 모든 XML 파일을 수정해야 하기 때문에 TypeAlias 설정을 통해서 패키지명을 생략하는 방식으로 사용하는 것이 편리합니다.

Building SqlSessionFactory from XML

Every MyBatis application centers around an instance of SqlSessionFactory. A Sq

Building a SqlSessionFactory instance from an XML file is very simple. It is recom methods that make it simpler to load resources from the classpath and other locat

```
String resource = "org/mybatis/example/mybatis-config.xml";
InputStream inputStream = Resources.getResourceAsStream(resource);
SqlSessionFactory sqlSessionFactory =
    new SqlSessionFactoryBuilder().build(inputStream);
```

The configuration XML file contains settings for the core of the MyBatis system, in but here is a simple example:

```xml
<?xml version="1.0" encoding="UTF-8" ?>
<!DOCTYPE configuration
  PUBLIC "-//mybatis.org//DTD Config 3.0//EN"
  "https://mybatis.org/dtd/mybatis-3-config.dtd">
<configuration>
  <environments default="development">
    <environment id="development">
      <transactionManager type="JDBC"/>
      <dataSource type="POOLED">
        <property name="driver" value="${driver}"/>
        <property name="url" value="${url}"/>
        <property name="username" value="${username}"/>
        <property name="password" value="${password}"/>
      </dataSource>
    </environment>
  </environments>
  <mappers>
    <mapper resource="org/mybatis/example/BlogMapper.xml"/>
  </mappers>
</configuration>
```

MyBatis의 TypeAlias 설정을 이용하기 위해서는 MyBatis 자체에 대한 설정 파일이 필요합니다. 이에 대한 자료는 https://mybatis.org/mybatis-3/getting-started.html에서 설정을 확인할 수 있습니다.

프로젝트의 src/main/resources 폴더에 mybatis-config.xml 파일을 추가합니다.

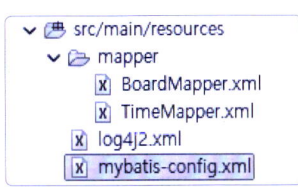

```
mybatis-config.xml

<?xml version="1.0" encoding="UTF-8" ?>
<!DOCTYPE configuration
  PUBLIC "-//mybatis.org//DTD Config 3.0//EN"
  "https://mybatis.org/dtd/mybatis-3-config.dtd">
<configuration>

</configuration>
```

설정 파일에 <typeAliases> 태그를 추가하고 domain 패키지와 dto 패키지를 추가합니다.

```
<configuration>

    <typeAliases>
<package name="org.zerock.dto"/>
    </typeAliases>

</configuration>
```

MyBatis의 설정을 지정하는 root-context.xml에서는 mybatis-config.xml 설정 파일을 이용한다는 것을 추가합니다.

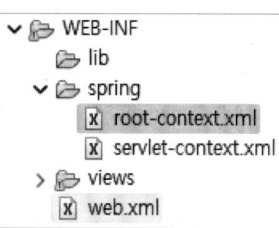

```xml
<bean class="org.mybatis.spring.SqlSessionFactoryBean">
    <property name="dataSource" ref="dataSource"></property>
    <property name="mapperLocations" value="classpath:/mapper/*.xml"/>
    <property name="configLocation" value="classpath:mybatis-config.xml"/>
</bean>
```

7.3 MyBatis를 이용하는 CRUD

MyBatis와 DTO에 대한 설정이 정상적으로 동작하는지를 확인하기 위해서 CRUD 기능을 개발해 보면서 확인합니다.

7.3.1 게시물의 CRUD 처리

게시물의 등록 처리

게시물의 등록은 BoardMapper 인터페이스 내에 insert( )를 이용해서 선언합니다.

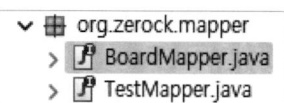

```
package org.zerock.mapper;

import org.zerock.dto.BoardDTO;

public interface BoardMapper {
```

```
    int insert(BoardDTO dto);

}
```

insert( ) 이름에 대한 BoardMapper.xml을 처리합니다.

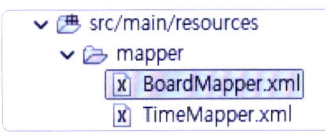

```xml
<?xml version="1.0" encoding="UTF-8" ?>
<!DOCTYPE mapper
        PUBLIC "-//mybatis.org//DTD Mapper 3.0//EN"
        "https://mybatis.org/dtd/mybatis-3-mapper.dtd">
<mapper namespace="org.zerock.mapper.BoardMapper">

    <insert id="insert">

    insert into tbl_board (title, content,writer) values (#{title}, #{content}, #{writer})

    </insert>

</mapper>
```

BoardMapper는 자동으로 생성되거나(bno) 기본값을 가지는 칼럼(regdate,updatedate,delflag)이 있으므로 insert 시에는 title, content, writer만을 추가하면 됩니다.

작성된 BoardMapper를 테스트하기 위해서 src/test/java 폴더 내에 BoardMapperTests 파일을 추가합니다.

BoardMapperTests 클래스

```java
package org.zerock.mapper;

import org.junit.jupiter.api.Test;
import org.junit.jupiter.api.extension.ExtendWith;
import org.springframework.beans.factory.annotation.Autowired;
import org.springframework.test.context.ContextConfiguration;
import org.springframework.test.context.junit.jupiter.SpringExtension;

import org.zerock.dto.BoardDTO;

import lombok.extern.log4j.Log4j2;


@ExtendWith(SpringExtension.class)
@ContextConfiguration("file:src/main/webapp/WEB-INF/spring/root-context.xml")
@Log4j2
public class BoardMapperTests {

    @Autowired
    private BoardMapper boardMapper;

    @Test
    public void testInsert() {

        BoardDTO boardDTO = BoardDTO.builder()
                .title("title")
                .content("content")
                .writer("user00")
                .build();

        int insertCount =  boardMapper.insert(boardDTO);

        log.info("-------------------");
        log.info("isnertCount: " + insertCount);

    }
}
```

테스트 코드를 실행해서 정상적으로 insert가 실행되는지 확인합니다.

```
 INFO HikariPool-1 - Starting...
 INFO HikariPool-1 - Added connection org.mariadb.jdbc.Connection@431f1eaf
 INFO HikariPool-1 - Start completed.
DEBUG HikariPool-1 - Before cleanup stats (total=1/10, idle=1/2, active=0, waiting=0)
DEBUG HikariPool-1 - After cleanup  stats (total=1/10, idle=1/2, active=0, waiting=0)
ava:748) DEBUG HikariPool-1 - Added connection org.mariadb.jdbc.Connection@336cc84d
DEBUG HikariPool-1 - After adding stats (total=2/10, idle=2/2, active=0, waiting=0)
.java:135) DEBUG ==>  Preparing: insert into tbl_board (title, content,writer) values (?, ?, ?)
.java:135) DEBUG ==> Parameters: title(String), content(String), user00(String)
.java:135) DEBUG <==    Updates: 1
32)  INFO ------------------
33)  INFO isnertCount: 1
 INFO HikariPool-1 - Shutdown initiated...
```

데이터베이스에서도 tbl_board 테이블에 결과를 확인합니다(HeidiSQL의 경우 boolean값은 0 혹은 1로 표시됩니다.).

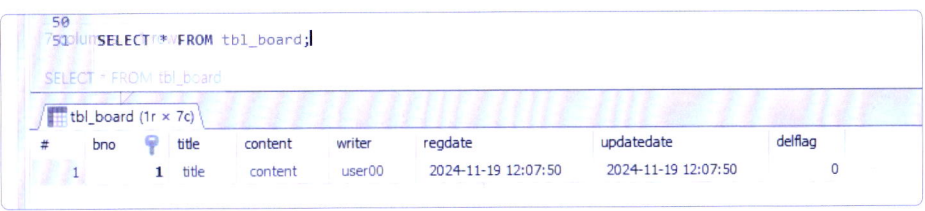

bno 칼럼의 값은 자동 생성되는 값이기 때문에 bno 칼럼의 값이 반드시 1로 생성되는 것은 아니고 고유한 값으로 생성되면 정상적으로 실행된 것입니다.

selectKey로 생성 번호 알아내기

insert 작업은 기본적으로 DML(insert, update, delete) 작업이기 때문에 몇 개의 행에 대한 변경이 일어났는지만을 반환합니다. 때에 따라서는 현재 추가된 데이터가 몇 번으로 생성되었는지 알아야 할 때가 있는데 이럴 때는 <insert> 안에 <selectKey>를 이용해서 가장 최근에 추가된 auto_increment된 값을 알아낼 수 있습니다.

BoardMapper.xml을 다음과 같이 변경합니다.

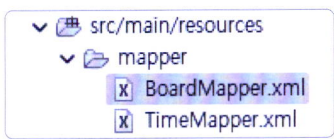

```xml
<!DOCTYPE mapper
        PUBLIC "-//mybatis.org//DTD Mapper 3.0//EN"
        "https://mybatis.org/dtd/mybatis-3-mapper.dtd">
<mapper namespace="org.zerock.mapper.BoardMapper">

    <insert id="insert">

        <selectKey order="AFTER" keyProperty="bno" resultType="Long">
          SELECT LAST_INSERT_ID()
        </selectKey>

    insert into tbl_board (title, content,writer) values (#{title}, #{content}, #{writer})

    </insert>

</mapper>
```

〈selectKey〉에는 order 속성을 이용해서 추가적인 쿼리가 insert 전이나 후에 일어날 것을 지정할 수 있습니다. 예제는 after로 지정해서 'select last_insert_id( )'를 실행합니다. select문의 결과는 BoardDTO의 bno 변수의 값으로 지정됩니다.

〈selectKey〉 적용의 결과를 확인하기 위해서 BoardMapperTests에 테스트 코드를 추가합니다.

```
src/test/java
  org.zerock.db
  org.zerock.mapper
    BoardMapperTests.java
    TimeMapperTests.java
```

```java
@Test
public void testInsert2() {

    BoardDTO boardDTO = BoardDTO.builder()
            .title("title")
            .content("content")
            .writer("user00")
            .build();

    long insertCount =  boardMapper.insert(boardDTO);
```

```
        log.info("-------------------");
        log.info("isnertCount: " + insertCount);

        log.info("================================");
        log.info("BNO: " +boardDTO.getBno());

    }
```

수정된 코드는 insert 뒤에 BoardDTO의 getBno( )를 호출해서 새로 생성된 번호를 확인할 수 있고, insert 뒤에 select문이 실행되는 것을 볼 수 있습니다.

```
HikariPool-1 - After adding stats (total=2/10, idle=2/2, active=0, waiting=0)
a:135) DEBUG ==>  Preparing: insert into tbl_board (title, content,writer) values (?, ?, ?)
a:135) DEBUG ==> Parameters: title(String), content(String), user00(String)
a:135) DEBUG <==    Updates: 1
Logger.java:135) DEBUG ==>  Preparing: SELECT LAST_INSERT_ID()
Logger.java:135) DEBUG ==> Parameters:
Logger.java:135) DEBUG <==     Total: 1
 INFO -------------------
 INFO isnertCount: 1
 INFO ================================
 INFO BNO: 2
```

데이터베이스를 통해서 추가된 결과를 확인합니다.

#	bno	title	content	writer	regdate	updatedate	delflag
1	1	title	content	user00	2024-11-19 20:53:32	2024-11-19 20:53:32	0
2	2	title	content	user00	2024-11-19 20:53:41	2024-11-19 20:53:41	0

tbl_board (2r × 7c)

게시물의 조회 처리

게시물의 조회 기능은 PK에 해당하는 bno값을 이용해서 BoardDTO 객체를 반환하도록 구성합니다.

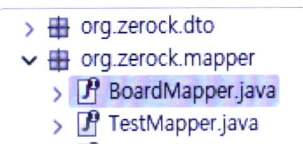

```java
package org.zerock.mapper;

import org.zerock.dto.BoardDTO;

public interface BoardMapper {

    int insert(BoardDTO dto);

    BoardDTO selectOne(Long bno);

}
```

BoardMapper.xml에는 selectOne( )에 해당하는 XML을 작성합니다.

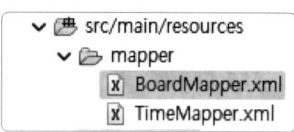

MyBatis의 〈select〉에는 resultType을 지정해야 하는데 이때 앞에서 설정된 〈typeAliases〉 설정을 이용했으므로 패키지 없이 BoardDTO만 지정할 수 있습니다.

```xml
<select id="selectOne" resultType="BoardDTO">

SELECT * FROM tbl_board WHERE bno = #{bno}

</select>
```

BoardMapperTests에서는 현재 데이터베이스에 있는 번호를 이용해서 테스트를 실행합니다.

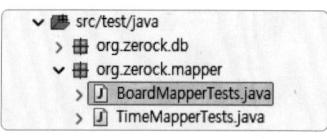

```java
@Test
public void testSelectOne() {
```

```
        Long bno = 2L;

        BoardDTO board = boardMapper.selectOne(bno);


        log.info("board: " + board);
    }
```

테스트 결과를 보면 BoardDTO 객체가 정상적으로 만들어지는 것을 확인할 수 있습니다.

```
DEBUG ==>  Preparing: SELECT * FROM tbl_board WHERE bno = ?
DEBUG ==> Parameters: 2(Long)
DEBUG <==      Total: 1
oard: BoardDTO(bno=2, title=title, writer=user00, content=content, regDate=2025-05-09T09:15:07,
```

게시물의 삭제 처리

게시물의 삭제는 실제로 delete를 실행하는 방식이 아니라, tbl_board 테이블의 delflag 칼럼의 값을 false로 변경하는 소프트(soft) 삭제로 처리합니다.

BoardMapper에는 특정한 번호를 삭제하는 기능인 remove( )라는 메서드를 선언합니다.

```java
public interface BoardMapper {

  int insert(BoardDTO vo);

  BoardDTO selectOne(Long bno);

  int remove(Long bno);

}
```

BoardMapper.xml에 remove( )에 해당하는 〈update〉문을 추가합니다.

```xml
<mapper namespace="org.zerock.mapper.BoardMapper">

...생략

<update id="remove">
```

```
        UPDATE tbl_board SET delflag = true WHERE bno = #{bno}

    </update>

</mapper>
```

테스트 코드를 작성해서 BoardMapper의 remove( ) 동작을 확인합니다. 현재 데이터베이스에 있는 번호를 이용해서 delflag 칼럼의 값을 수정합니다.

```
@Test
public void testRemove() {

    Long bno = 2L;

    int removeCount = boardMapper.remove(bno);

    log.info("-------------------");
    log.info("removeCount: " + removeCount);

}
```

```
HikariPool-1 - After adding stats (total=2/10, idle=2/2, active=0, waiting=0)
:135) DEBUG ==>  Preparing: UPDATE tbl_board SET delflag = true WHERE bno = ?
:135) DEBUG ==> Parameters: 2(Long)
:135) DEBUG <==    Updates: 1
INFO -------------------
INFO removeCount: 1
 HikariPool-1 - Shutdown initiated...
```

게시물의 수정 처리

게시물의 수정 처리는 수정이 가능한 부분과 그렇지 않은 부분에 대한 구분이 필요합니다. 예를 들어, 게시물은 제목과 내용은 수정이 가능하지만, 작성자나 작성일 자체는 수정이 불가능합니다. 이처럼 여러 개의 데이터를 다루어야 하기 때문에 BoardDTO를 이용해서 변경에 필요한 데이터를 전달하고 필요한 칼럼들을 수정하는 방식으로 작성합니다.

BoardMapper에는 update( )라는 이름의 메서드를 추가합니다.

```java
public interface BoardMapper {

    int insert(BoardDTO vo);

    BoardDTO selectOne(Long bno);

    int remove(Long bno);

    int update(BoardDTO dto);

}
```

BoardMapper.xml에는 update 기능을 선언합니다. 변경이 가능한 부분은 set으로 처리합니다.

```xml
<update id="update">

UPDATE tbl_board
   SET title = #{title} , content = #{content}, updatedate = now(), delflag = #{delFlag}
  WHERE bno = #{bno}

</update>
```

테스트 코드를 이용해서 update()를 호출합니다.

```java
@Test
public void testUpdate() {

    BoardDTO board = BoardDTO.builder()
            .bno(2L)
            .title("Update Title")
            .content("Update Content")
            .delFlag(false)
            .build();

    int updateCount = boardMapper.update(board);

    log.info("-------------------");
    log.info("updateCount: " + updateCount);

}
```

```
DEBUG ==>  Preparing: UPDATE tbl_board SET title = ? , content = ?, updatedate = now(), delflag = ? WHERE bno = ?
DEBUG ==> Parameters: Update Title(String), Update Content(String), false(Boolean), 2(Long)
DEBUG <==      Updates: 1
------------------
updateCount: 1
```

게시물의 목록 처리

게시물의 목록은 가장 많이 사용되는 기능이면서도 페이징이나 검색과 같이 추가적인 기능이 필요합니다. 초기 단계에서는 단순히 목록이 보이도록 구성한 후에 조금 뒤쪽에서 페이징 처리를 작성합니다.

게시물 목록은 나중에 다른 테이블과 조인 처리를 하는 경우가 많고 tbl_board 테이블의 모든 칼럼을 보여주기보다는 목록 화면에 필요한 데이터만 선별적으로 보여주는 경우가 많습니다. 이러한 이유로 지금은 BoardDTO를 그대로 사용할 수도 있지만, 나중에는 별도의 DTO를 구성하거나 BoardDTO를 확장할 필요가 있습니다.

BoardMapper에서는 목록 데이터를 가져오는 메서드를 선언합니다.

```java
package org.zerock.mapper;

import java.util.List;

import org.zerock.dto.BoardDTO;

public interface BoardMapper {

  int insert(BoardDTO vo);

  BoardDTO selectOne(Long bno);

  int remove(Long bno);

  int update(BoardDTO dto);

  List<BoardDTO> list();

}
```

BoardMapper.xml에는 delflag값을 이용하고 게시물 번호(bno)의 역순으로 목록을 가져오도록 처리합니다.

```xml
<select id="list" resultType="BoardDTO">

    SELECT bno, title, writer, regDate FROM tbl_board
    WHERE delflag = false
    ORDER BY bno desc

</select>
```

MyBatis의 <select>는 반드시 resultType이나 resultMap과 같이 하나의 로우(Row)를 어떤 타입으로 처리할 것인지를 명시해 주어야 합니다.

테스트 코드를 작성해서 결과를 확인합니다.

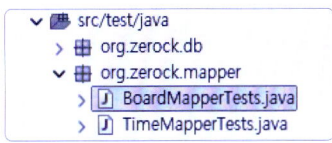

```java
@Test
public void testList() {

    List<BoardDTO> dtoList = boardMapper.list();

    log.info("dtoList");
    log.info(dtoList);

    dtoList.stream().forEach(log::info);
}
```

테스트 코드의 실행 결과로 게시물 번호의 역순으로 출력되는지를 확인합니다.

```
DEBUG ==>  Preparing: SELECT bno, title, writer, regDate FROM tbl_board WHERE delflag = false ORDER BY bno desc
DEBUG ==> Parameters:
DEBUG <==      Total: 2
dtoList
[BoardDTO(bno=2, title=Update Title, writer=user00, content=null, regDate=2025-05-09T09:15:07, updateDate=null, delFlag=f
.java:1625)   INFO BoardDTO(bno=2, title=Update Title, writer=user00, content=null, regDate=2025-05-09T09:15:07, updateDat
.java:1625)   INFO BoardDTO(bno=1, title=title, writer=user00, content=null, regDate=2025-05-09T09:11:36, updateDate=null,
```

7.4 컨트롤러와 화면 작성

MyBatis의 게시물 처리 기능이 완성되었다면 서비스 계층을 개발하거나 컨트롤러와 화면을 개발할 수 있습니다. 예제에서는 조금 더 빨리 화면을 볼 수 있도록 컨트롤러와 화면을 먼저 개발하고 그다음 서비스 계층을 작성해서 연동하는 방식으로 구현합니다.

스프링 MVC의 컨트롤러는 하나의 클래스에 여러 개의 메서드를 이용해서 여러 경로를 처리할 수 있으므로 예제에서는 controller 패키지에 BoardController만을 작성해서 각 기능을 구현합니다.

```
src/main/java
  org.zerock.aop
  org.zerock.controller
    BoardController.java
    HelloController.java
```

BoardController 클래스

```java
package org.zerock.controller;

import org.springframework.stereotype.Controller;
import org.springframework.web.bind.annotation.RequestMapping;

import lombok.RequiredArgsConstructor;
import lombok.extern.log4j.Log4j2;

@Controller
@RequestMapping("board")
@Log4j2
@RequiredArgsConstructor
public class BoardController {

}
```

BoardController는 @RequestMapping을 이용해서 '/board'라는 경로의 모든 처리를 해당 컨트롤러를 통해서 처리할 수 있도록 구성합니다. 또한, 나중에 의존성 주입을 할 수 있도록 @RequiredArgsConstructor를 미리 선언해 둡니다.

JSP 파일을 작성하기 위해서 /WEB-INF/views 폴더에는 board 폴더를 추가해 줍니다.

7.4.1 게시물 목록

게시물 목록은 '/board/list'라는 경로를 GET 방식으로 호출해서 동작하도록 설계합니다. 게시물 목록은 항상 동일하게 list.jsp로 처리되므로 리턴 타입은 void로 설계합니다.

```java
package org.zerock.controller;

import org.springframework.stereotype.Controller;
import org.springframework.web.bind.annotation.GetMapping;
import org.springframework.web.bind.annotation.RequestMapping;

import lombok.RequiredArgsConstructor;
import lombok.extern.log4j.Log4j2;

@Controller
@RequestMapping("/board")
@Log4j2
@RequiredArgsConstructor
public class BoardController {

  @GetMapping("list")
  public void list() {

    log.info("--------------------------------------");
    log.info("board list");
  }

}
```

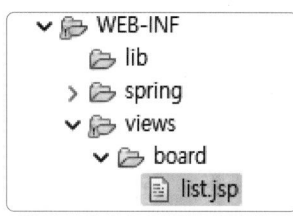

list.jsp 파일에는 별도의 내용 없이 레이아웃만 볼 수 있도록 JSP의 include만을 적용해 둡니다.

```
<%@ page language="java" contentType="text/html; charset=UTF-8"
    pageEncoding="UTF-8"%>

<%@include file="/WEB-INF/views/includes/header.jsp" %>


<%@include file="/WEB-INF/views/includes/footer.jsp" %>
```

프로젝트를 실행해서 '/board/list'를 호출하면 레이아웃만 처리된 화면을 보게 됩니다.

7.4.2 게시물 등록

게시물 등록은 GET 방식과 POST 방식 모두를 이용해서 처리해야 합니다. '/board/register'를 GET 방식으로 호출해서 게시물 등록에 필요한 입력 화면을 볼 수 있게 구성하고, POST 방식의 경우 정상적으로 처리된 후에는 '/board/list'로 리다이렉트 되도록 작성합니다.

BoardController에는 GET 방식으로 동작하는 메서드와 JSP 파일을 작성합니다.

```java
@GetMapping("register")
public void register() {
    log.info("---------------------------------------");
    log.info("board register");
}
```

```jsp
<%@ page language="java" contentType="text/html; charset=UTF-8"
    pageEncoding="UTF-8"%>

<%@include file="/WEB-INF/views/includes/header.jsp" %>

<!-- Page Heading -->
<div class="d-sm-flex align-items-center justify-content-between mb-4">

  <h1 class="h3 mb-0 text-gray-800">Register</h1>

</div>

<%@include file="/WEB-INF/views/includes/footer.jsp" %>
```

프로젝트를 실행하고 브라우저를 통해서 '/board/register'를 호출해서 입력 화면을 확인합니다.

POST 방식 처리

입력 화면에서는 POST 방식으로 데이터를 전송하도록 〈form〉 태그를 구성합니다. register.jsp 파일에서 버튼을 클릭하면 '/board/register'를 POST 방식으로 호출하도록 구성합니다.

```
<%@ page language="java" contentType="text/html; charset=UTF-8"
    pageEncoding="UTF-8"%>


<%@include file="/WEB-INF/views/includes/header.jsp" %>

<div class="row justify-content-center">
  <div class="col-lg-12">
    <div class="card shadow mb-4">
      <div class="card-header py-3">
        <h6 class="m-0 font-weight-bold text-primary">Board Register</h6>
      </div>

      <div class="card-body">

        <form action="/board/register" method="post">

          <!-- Submit Button -->
          <div class="d-flex justify-content-end">
            <button type="submit" class="btn btn-primary btn-lg">Submit</button>
          </div>

        </form>

      </div>

    </div>
  </div>
</div>


<%@include file="/WEB-INF/views/includes/footer.jsp" %>
```

브라우저에서는 화면에 버튼이 나오는 것을 확인할 수 있습니다.

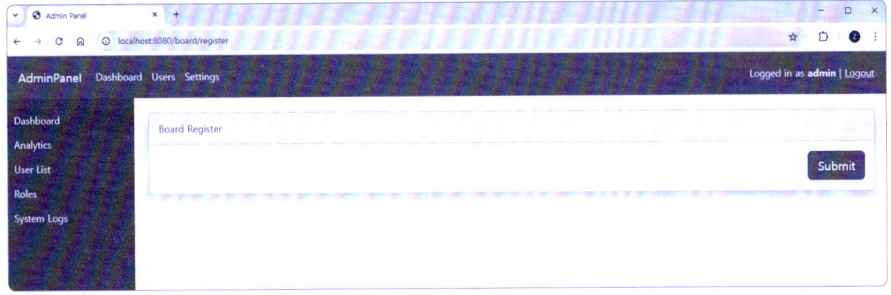

브라우저에서 버튼으로 호출되는 POST 방식의 요청을 처리하는 기능은 컨트롤러에서 @PostMapping을 통해서 처리합니다.

```
v ⊕ src/main/java
  > ⊞ org.zerock.aop
  v ⊞ org.zerock.controller
    > 🗋 BoardController.java
    > 🗋 HelloController.java
```

```java
package org.zerock.controller;

import org.springframework.stereotype.Controller;
import org.springframework.web.bind.annotation.GetMapping;
import org.springframework.web.bind.annotation.PostMapping;
import org.springframework.web.bind.annotation.RequestMapping;

import lombok.RequiredArgsConstructor;
import lombok.extern.log4j.Log4j2;

@Controller
@RequestMapping("/board")
@Log4j2
@RequiredArgsConstructor
public class BoardController {

    ...생략

    @PostMapping("register")
    public String registerPost() {
        log.info("--------------------------------------");
        log.info("board register post");
```

게시물 관리 구현 | 195

```
        return "redirect:/board/list";
    }
}
```

registerPost( )는 @PostMapping을 이용해서 POST 방식의 요청을 처리하고 'redirect'로 시작하는 문자열을 이용해서 브라우저에게 '/board/list'로 이동하도록 유도합니다.

7.4.3 게시물 조회

게시물 조회는 GET 방식으로 게시물의 번호로 해당 게시물을 Model에 담아서 전달하는 방식으로 구성됩니다. 과거에는 '/board/read?bno=123'과 같이 '?'를 이용하는 쿼리스트링(query string) 방식으로 많이 사용되었지만, 최근에는 '/board/123'이나 '/board/read/123'과 같이 URL 자체에 게시물의 번호가 포함되는 방식을 더 많이 사용합니다.

예제에서는 '/board/read/123'과 같이 경로의 마지막 값을 게시물의 번호로 활용합니다. BoardController에는 read( ) 메서드를 다음과 같이 작성합니다.

```
package org.zerock.controller;

import org.springframework.stereotype.Controller;
import org.springframework.web.bind.annotation.GetMapping;
import org.springframework.web.bind.annotation.PathVariable;
import org.springframework.web.bind.annotation.PostMapping;
import org.springframework.web.bind.annotation.RequestMapping;
```

```java
import lombok.RequiredArgsConstructor;
import lombok.extern.log4j.Log4j2;

@Controller
@RequestMapping("/board")
@Log4j2
@RequiredArgsConstructor
public class BoardController {

    ...생략

    @GetMapping("read/{bno}")
    public String read( @PathVariable("bno")Long bno ) {

        log.info("--------------------------------------");
        log.info("board read");

        return "/board/read";

    }

}
```

/WEB-INF/views/board 폴더에는 read.jsp 파일을 작성합니다.

```jsp
<%@ page language="java" contentType="text/html; charset=UTF-8"
    pageEncoding="UTF-8"%>

<%@include file="/WEB-INF/views/includes/header.jsp" %>
```

```html
<div class="row justify-content-center">
  <div class="col-lg-12">
    <div class="card shadow mb-4">
      <div class="card-header py-3">
        <h6 class="m-0 font-weight-bold text-primary">Board Read</h6>
      </div>

      <div class="card-body">

      </div>

    </div>
  </div>
</div>
<%@include file="/WEB-INF/views/includes/footer.jsp" %>
```

게시물의 조회는 GET 방식으로 동작할 것이므로 브라우저에서 직접 '/board/read/11'과 같이 호출해서 화면을 확인할 수 있습니다.

7.4.4 게시물의 수정/삭제

게시물 수정의 시작은 게시물 조회와 같습니다. GET 방식으로 수정하려고 하는 게시물을 확인하고, 화면에서 POST 방식으로 수정이나 삭제를 처리하게 됩니다.

게시물의 수정/삭제 진입

수정/삭제 작업의 시작은 GET 방식으로 게시물을 보는 것으로 시작합니다. BoardController에 modifyGET() 메서드를 아래와 같이 추가합니다.

```java
@GetMapping("modify/{bno}")
public String modifyGET(@PathVariable("bno")Long bno ) {
    
    log.info("----------------------------------------");
    log.info("board modify get");
    
    return "/board/modify";
    
}
```

/WEB-INF/views/board 폴더에는 modify.jsp 파일을 추가합니다.

modify.jsp는 조회를 위해서 만들어진 read.jsp와 유사하지만, 버튼을 다르게 구성해서 수정 작업과 삭제 작업을 구분합니다. 작성하는 버튼에는 class 속성값으로 버튼을 식별할 수 있도록 구성합니다.

```jsp
<%@ page language="java" contentType="text/html; charset=UTF-8"
    pageEncoding="UTF-8"%>


<%@include file="/WEB-INF/views/includes/header.jsp" %>

<div class="row justify-content-center">
  <div class="col-lg-12">
    <div class="card shadow mb-4">
      <div class="card-header py-3">
        <h6 class="m-0 font-weight-bold text-primary">Board Modify</h6>
      </div>

      <div class="card-body">
```

```
        <div class="float-end">
            <button type="button" class="btn btn-info btnList" >LIST</button>
            <button type="button" class="btn btn-warning btnModify" >MODIFY</button>
            <button type="button" class="btn btn-danger btnRemove" >REMOVE</button>
        </div>
      </div>

    </div>
  </div>
</div>

<%@include file="/WEB-INF/views/includes/footer.jsp" %>
```

브라우저를 통해서 '/board/modify/123' 경로를 호출했을 때 버튼들이 추가된 화면입니다.

게시물의 수정 처리

게시물의 수정 처리는 <form> 태그에 대한 처리 작업이 필요하고 어떤 버튼을 클릭했는지에 따라서 다르게 동작할 수 있도록 JavaScript로 이벤트 처리를 작성합니다.

modify.jsp

```
<%@ page language="java" contentType="text/html; charset=UTF-8"
    pageEncoding="UTF-8"%>
```

```
<%@include file="/WEB-INF/views/includes/header.jsp" %>

<div class="row justify-content-center">
  <div class="col-lg-12">
    <div class="card shadow mb-4">
      <div class="card-header py-3">
        <h6 class="m-0 font-weight-bold text-primary">Board Modify</h6>
      </div>

      <div class="card-body">

        <form id="actionForm" action="/board/modify" method="post">

        </form>

        <div class="float-end">
            <button type="button" class="btn btn-info btnList" >LIST</button>
            <button type="button" class="btn btn-warning btnModify" >MODIFY</button>
            <button type="button" class="btn btn-danger btnRemove" >REMOVE</button>
        </div>
      </div>

    </div>
  </div>
</div>


<script type="text/javascript">

const formObj = document.querySelector("#actionForm")


document.querySelector(".btnModify").addEventListener("click", () => {

    formObj.action = '/board/modify'
    formObj.method = 'post'
    formObj.submit()

}, false)

document.querySelector(".btnList").addEventListener("click", () => {

    formObj.action = '/board/list'
    formObj.method = 'get'
```

```
        formObj.submit()
  }, false)

  </script>


  <%@include file="/WEB-INF/views/includes/footer.jsp" %>
```

변경된 부분은 나중에 사용하게 될 〈form〉 태그와 각 버튼에 대한 이벤트 처리입니다. 코드에서는 LIST 버튼을 클릭하면 '/board/list'를 GET 방식으로 이동하게 하고, 'MODIFY' 버튼을 클릭하면 '/board/modify' 경로를 호출하게 됩니다.

BoardController에는 POST 방식으로 동작하는 modifyPost( )를 구현합니다. modifyPost( )는 동작 후에 다시 '/board/read/123'과 같은 게시물 조회로 이동하도록 구성합니다(아직은 특정 게시물의 처리가 되지 않았으므로 123번과 같은 고정된 값을 활용합니다.).

```
@PostMapping("modify")
public String modifyPOST( ) {

    log.info("---------------------------------------");
    log.info("board modify post");

    return "redirect:/board/read/123";

}
```

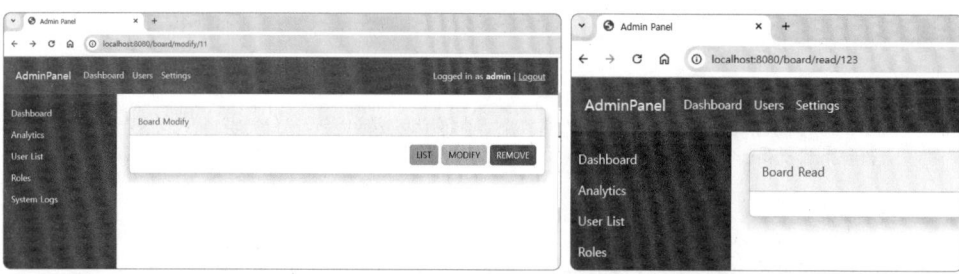

게시물의 삭제 처리

게시물의 삭제 역시 POST 방식으로 처리되는 것은 동일하지만, 처리 후에 '/board/list'로 이동한다는 점에서 차이가 있습니다. modify.jsp에서는 'DELETE' 버튼을 클릭했을 때 POST 방식으로 '/board/remove'를 호출하도록 구성합니다.

```javascript
document.querySelector(".btnRemove").addEventListener("click", () => {

    formObj.action = '/board/remove'
    formObj.method = 'post'
    formObj.submit()

}, false)
```

BoardController에서는 '/board/remove'를 처리하기 위한 remove()를 작성합니다.

```java
@PostMapping("remove")
public String remove() {

    log.info("----------------------------------------");
    log.info("board remove post");

    return "redirect:/board/list";

}
```

프로젝트를 실행하고 브라우저에서 'DELETE' 버튼을 클릭하면 '/board/list'로 이동하는 것을 확인할 수 있습니다.

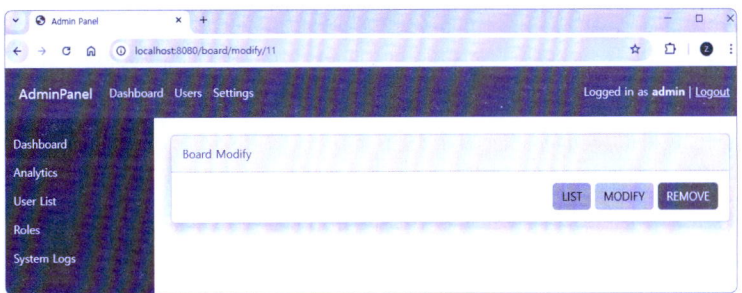

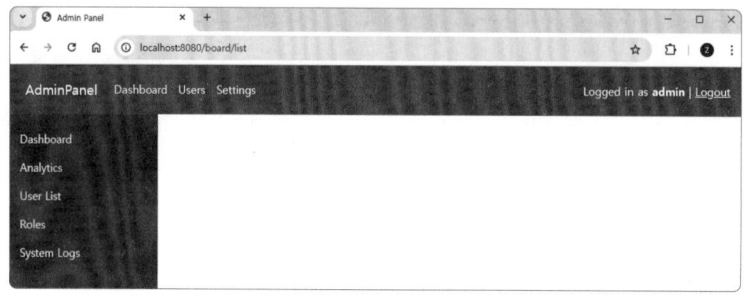

7.5 서비스 계층의 구현과 완성

서비스 계층은 컨트롤러와 Mapper를 연결하는 역할을 담당합니다. 서비스 계층은 트랜잭션을 처리하고 DTO와 VO 등의 변환 처리를 담당합니다. service 패키지에 BoardService를 선언하고 @Transactional 등의 어노테이션을 처리해 둡니다.

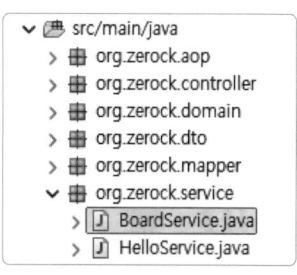

```
package org.zerock.service;

import org.springframework.stereotype.Service;
import org.springframework.transaction.annotation.Transactional;
import org.zerock.mapper.BoardMapper;

import lombok.RequiredArgsConstructor;
import lombok.extern.log4j.Log4j2;

@Service
@RequiredArgsConstructor
@Log4j2
@Transactional
```

```java
public class BoardService {

    private final BoardMapper boardMapper;


}
```

7.5.1 게시물 목록

게시물 목록 처리는 BoardMapper에서 나온 BoardDTO들을 반환하도록 작성합니다. 아직은 페이징 처리 기능이 없으므로 파라미터 없이 BoardMapper의 list( )를 호출한 결과만을 반환합니다.

```java
public List<BoardDTO> getList() {

    return boardMapper.list();
}
```

BoardController는 BoardService를 이용해서 getList( )를 호출한 결과를 Model에 담아서 화면으로 전달하도록 구성합니다.

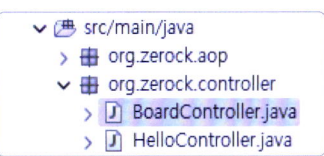

```java
package org.zerock.controller;

import org.springframework.stereotype.Controller;
import org.springframework.ui.Model;
import org.springframework.web.bind.annotation.GetMapping;
import org.springframework.web.bind.annotation.PathVariable;
import org.springframework.web.bind.annotation.PostMapping;
import org.springframework.web.bind.annotation.RequestMapping;
import org.zerock.service.BoardService;

import lombok.RequiredArgsConstructor;
```

```java
import lombok.extern.log4j.Log4j2;

@Controller
@RequestMapping("/board")
@Log4j2
@RequiredArgsConstructor
public class BoardController {

    private final BoardService boardService;

    @GetMapping("list")
    public void list(Model model) {

        log.info("----------------------------------------");
        log.info("board list");

        model.addAttribute("list", boardService.getList());

    }

    ...생략

}
```

화면을 담당하는 '/WEB-INF/views/board/list.jsp'에서는 'list'라는 이름의 전달된 데이터를 눈으로 확인해 봅니다.

```jsp
<%@ page language="java" contentType="text/html; charset=UTF-8"
    pageEncoding="UTF-8"%>


<%@include file="/WEB-INF/views/includes/header.jsp" %>
<div class="row justify-content-center">
  <div class="col-lg-12">
    <div class="card shadow mb-4">
```

```
        <div class="card-header py-3">
          <h6 class="m-0 font-weight-bold text-primary">Board List</h6>
        </div>

        <div class="card-body">

          ${list }

        </div>

      </div>
    </div>
  </div>

  <%@include file="/WEB-INF/views/includes/footer.jsp" %>
```

프로젝트를 실행하고 브라우저를 실행해서 결과를 보면 다음과 같이 목록 데이터가 전달된 것을 확인할 수 있습니다.

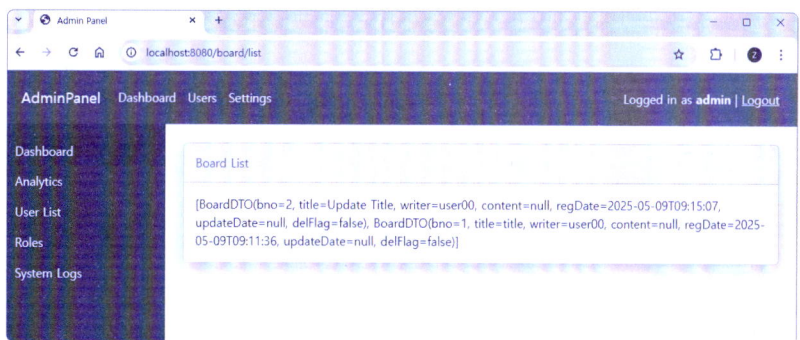

7.5.2 JSTL 설정

JSP 화면에서는 JSTL을 이용해서 목록 데이터를 출력해야 합니다. 다만, Tomcat 10 버전의 경우 javax로 시작했던 패키지명이 jakarta로 변경되면서 예전 버전의 JSTL 라이브러리로는 정상적으로 작동하지 않는 문제가 발생합니다. 따라서 jakarta에 맞는 라이브러리를 사용해야 한다는 점을 주의해야 합니다.

프로젝트의 pom.xml 파일에 다음과 같은 라이브러리들을 추가합니다.

```
> 🗁 src
> 🗁 target
  📄 pom.xml
```

```xml
<!-- https://mvnrepository.com/artifact/jakarta.servlet.jsp.jstl/jakarta.
servlet.jsp.jstl-api -->
<dependency>
    <groupId>jakarta.servlet.jsp.jstl</groupId>
    <artifactId>jakarta.servlet.jsp.jstl-api</artifactId>
    <version>3.0.0</version>
</dependency>
<!-- https://mvnrepository.com/artifact/org.glassfish.web/jakarta.servlet.jsp.
jstl -->
<dependency>
    <groupId>org.glassfish.web</groupId>
    <artifactId>jakarta.servlet.jsp.jstl</artifactId>
    <version>3.0.1</version>
</dependency>
```

Maven에 추가된 라이브러리를 활용하기 위해서 list.jsp 상단에 JSTL을 위한 설정을 추가합니다. 루프 등을 처리하기 위한 JSTL의 core를 추가합니다.

```jsp
<%@ page language="java" contentType="text/html; charset=UTF-8"
    pageEncoding="UTF-8"%>

<%@taglib prefix ="c" uri="http://java.sun.com/jsp/jstl/core" %>

<%@include file="/WEB-INF/views/includes/header.jsp" %>
```

날짜 처리를 위한 DTO 수정

JSTL은 LocalDateTime에 대한 처리를 지원하지 않기 때문에 포맷팅을 적용하기 위해서는 java.util.Date 타입으로 변경할 필요가 있습니다. JSTL의 ${board.regDate}는 BoardDTO의 getRegDate()를 호출하므로 이를 이용해서 BoardDTO에 getCreatedDate()를 추가합니다.

```
▼ ⊞ org.zerock.dto
  > 🗋 BoardDTO.java
  > 🗋 SampleDTO.java
```

```java
package org.zerock.dto;

import java.time.LocalDateTime;
import java.time.format.DateTimeFormatter;

import lombok.AllArgsConstructor;
import lombok.Builder;
import lombok.Data;
import lombok.NoArgsConstructor;

@Data
@Builder
@AllArgsConstructor
@NoArgsConstructor
public class BoardDTO {

    private Long bno;
    private String title;
    private String writer;
    private String content;
    private LocalDateTime regDate;
    private LocalDateTime updateDate;
    private boolean delFlag;

    public String getCreatedDate() {
        return regDate.format(DateTimeFormatter.ISO_DATE);
    }
}
```

list.jsp에서는 추가한 JSTL을 이용해서 〈table〉을 생성합니다.

```
<%@ page language="java" contentType="text/html; charset=UTF-8"
    pageEncoding="UTF-8"%>

<%@taglib prefix="c" uri="http://java.sun.com/jsp/jstl/core"%>

<%@include file="/WEB-INF/views/includes/header.jsp"%>
<div class="row justify-content-center">
    <div class="col-lg-12">
        <div class="card shadow mb-4">
            <div class="card-header py-3">
                <h6 class="m-0 font-weight-bold text-primary">Board List</h6>
            </div>

            <div class="card-body">

                <table class="table table-bordered" id="dataTable">
                    <thead>
                        <tr>
                            <th>Bno</th>
                            <th>Title</th>
                            <th>Writer</th>
                            <th>RegDate</th>
                        </tr>
                    </thead>
                    <tbody class="tbody">

                        <c:forEach var="board" items="${list}">

                            <tr data-bno="${board.bno}">
                                <td><c:out value="${board.bno}" /></td>
                                <td><c:out value="${board.title}" /></td>
                                <td><c:out value="${board.writer}" /></td>
                                <td><c:out value="${board.createdDate}" /></td>
                            </tr>
```

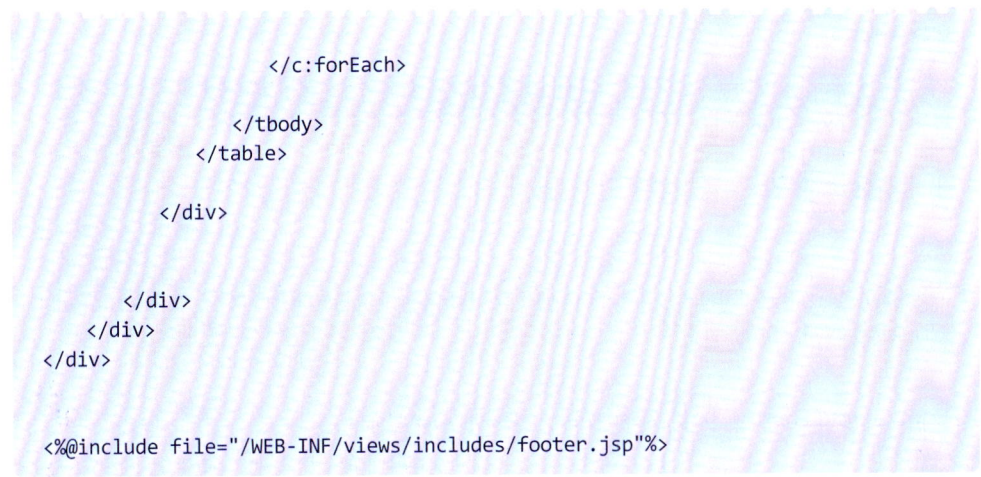

브라우저에서는 다음과 같은 모습으로 출력됩니다.

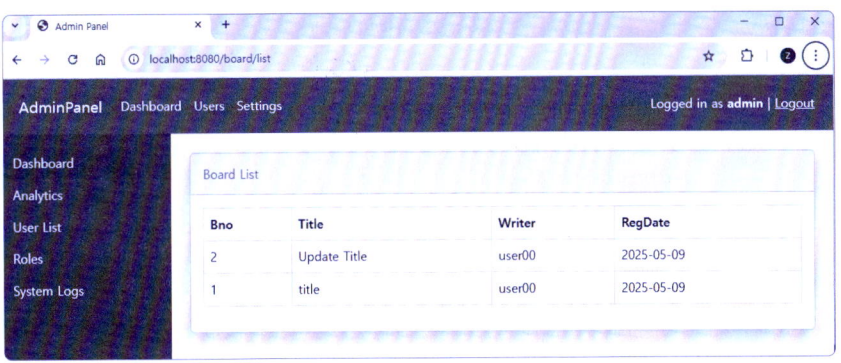

7.5.3 게시물 등록

게시물 등록에는 제목, 내용, 작성자가 필요합니다. 화면에서 전달되는 부분은 DTO를 구성해서 컨트롤러에서 파라미터로 처리하고 이를 서비스 계층으로 전달합니다. 전달된 DTO는 BoardMapper에 전달하기 위해서 BoardDTO 타입으로 변환해서 전달하도록 구성합니다.

GET 방식의 화면 구성

GET 방식으로 보이는 화면에서는 제목, 내용, 작성자를 입력할 수 있는 화면 요소를 추가합니다.

```
<%@ page language="java" contentType="text/html; charset=UTF-8"
    pageEncoding="UTF-8"%>


<%@include file="/WEB-INF/views/includes/header.jsp" %>

<div class="row justify-content-center">
  <div class="col-lg-12">
    <div class="card shadow mb-4">
      <div class="card-header py-3">
        <h6 class="m-0 font-weight-bold text-primary">Board Register</h6>
      </div>

      <div class="card-body">

            <form action="/board/register" method="post" class="p-3">
                <div class="mb-3">
                    <label class="form-label">Title</label> <input type="text"
                        name="title" class="form-control">
                </div>

                <div class="mb-3">
                    <label class="form-label">Content</label>
                    <textarea class="form-control" name="content" rows="3"></textarea>
                </div>

                <div class="mb-3">
                    <label class="form-label">Writer</label> <input type="text"
                        name="writer" class="form-control">
                </div>

                <div class="d-flex justify-content-end">
                    <button type="submit" class="btn btn-primary btn-lg">Submit</button>
                </div>
            </form>

        </div>
```

```
    </div>
  </div>
</div>


<%@include file="/WEB-INF/views/includes/footer.jsp" %>
```

브라우저에서 '/board/register'를 통해서 다음과 같은 화면을 확인할 수 있습니다.

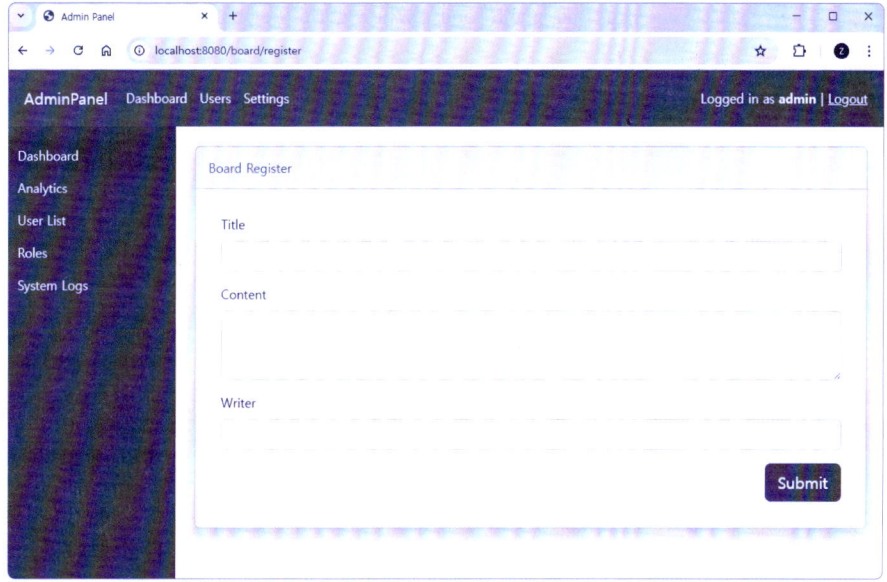

POST 방식의 처리

BoardService에는 등록 기능을 작성합니다. 반환되는 값은 새로 추가된 게시물의 번호를 반환하도록 구성합니다. 브라우저에서 <form> 태그로 전달되는 데이터는 BoardDTO를 통해서 자동으로 수집될 수 있으므로 여러 종류의 파라미터를 선언하는 대신에 BoardDTO를 파라미터의 타입으로 사용합니다.

```
> ⊞ org.zerock.mapper
∨ ⊞ org.zerock.service
  > ⒿBoardService.java
  > ⒿHelloService.java
```

```java
public Long register(BoardDTO dto) {

    int insertCount = boardMapper.insert(dto);

    log.info("insertCount: " + insertCount);

    return dto.getBno();

}
```

BoardController에서는 POST 방식으로 처리되는 부분에 DTO를 지정하고 리턴된 값을 전달하기 위해서 RedirectAttributes를 파라미터로 지정합니다.

```
∨ ⊞ org.zerock.controller
  > ⒿBoardController.java
  > ⒿHelloController.java
```

```java
@PostMapping("register")
public String registerPost(BoardDTO dto, RedirectAttributes rttr) {
    log.info("---------------------------------------");
    log.info("board register post");

    Long bno = boardService.register(dto);

    rttr.addFlashAttribute("result", bno);

    return "redirect:/board/list";

}
```

프로젝트를 실행해서 '/board/register'를 통해 입력하고 등록된 결과를 확인합니다.

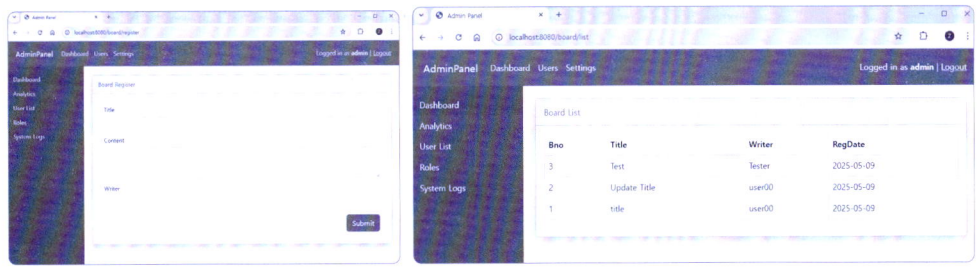

Bootstrap의 모달창

실행 결과를 보면 정상적으로 새로운 게시물이 등록되는 것을 확인할 수 있습니다. 아쉬운 점은 RedirectAttributes를 통해서 전달된 결과를 확인하는 부분이 없으니, 정상적으로 처리된 것인지 알기 어렵다는 점입니다. addFlashAttribute( )를 이용해서 전달된 결과는 JavaScript 코드로 Bootstrap에서 지원하는 모달창을 구성하고 아래의 그림처럼 보이도록 구성합니다.

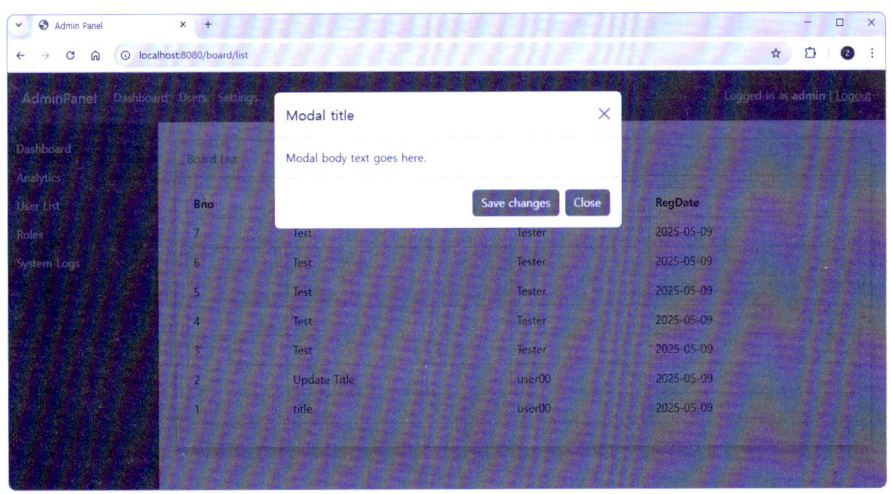

모달창은 기본적으로 <div> 태그지만 전체 화면을 흐리게 가리고 화면의 중앙이나 상단에 보입니다. 이를 위해서는 new bootstrap.Modal( )과 같이 Bootstrap 라이브러리가 초기화 되어야 합니다. 그래서 현재 footer.jsp에 있는 Bootstrap 관련 라이브러리를 header.jsp로 이동시켜 주었습니다.

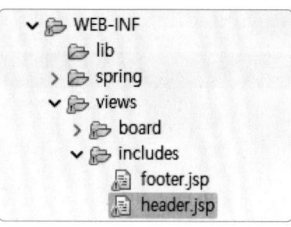

header.jsp에 부트스트랩 관련 JS 파일의 링크가 추가되어 있는지 확인합니다.

```jsp
<%@ page language="java" contentType="text/html; charset=UTF-8"
    pageEncoding="UTF-8"%>

<!DOCTYPE html>
<html lang="en">
<head>
    <meta charset="UTF-8" />
    <meta name="viewport" content="width=device-width, initial-scale=1.0"/>
    <title>Admin Panel</title>
    <link href="https://cdn.jsdelivr.net/npm/bootstrap@5.3.3/dist/css/bootstrap.min.css" rel="stylesheet">
    <link rel="stylesheet" href="${pageContext.request.contextPath}/resources/css/style.css">
    <script src="https://cdn.jsdelivr.net/npm/bootstrap@5.3.3/dist/js/bootstrap.bundle.min.js"></script>
</head>
<body>

    <!-- Top Navbar -->
    <nav class="navbar navbar-expand-lg navbar-custom px-4">
        <a class="navbar-brand" href="#">AdminPanel</a>
```

list.jsp에는 화면을 구성하는 〈div〉가 끝난 후에 아래의 코드를 추가합니다.

```jsp
        </div>
    </div>
</div>

<div class="modal fade" id="myModal" tabindex="-1" aria-labelledby="exampleModalLabel" aria-hidden="true">
    <div class="modal-dialog">
        <div class="modal-content">
            <div class="modal-header">
                <h5 class="modal-title" id="exampleModalLabel">Modal title</h5>
                <button type="button" class="btn-close" data-bs-dismiss="modal"
```

```
      aria-label="Close"></button>
      </div>
      <div class="modal-body">
        Modal body text goes here.
      </div>
      <div class="modal-footer">
        <button type="button" class="btn btn-primary">Save changes</button>
        <button type="button" class="btn btn-secondary" data-bs-dismiss="modal">Close</button>
      </div>
    </div>
  </div>
</div>


<script type="text/javascript" defer="defer">

const result = '${result}'

const myModal = new bootstrap.Modal(document.getElementById('myModal'))

console.log(myModal)

if(result){
    myModal.show()
}

</script>


<%@include file="/WEB-INF/views/includes/footer.jsp" %>
```

list.jsp에서 변경된 부분은 ${result}를 통해서 서버에서 처리된 result라는 변수의 값을 확인합니다. 새로운 게시물이 등록된 경우라면 result 변수의 값은 생성된 번호(bno)가 됩니다. 만일, result 값이 있다면 모달창은 show( )가 호출되면서 화면에 나타나게 됩니다. result 변수는 RedirectAtrributes를 통해서 전달되는 값이므로 '/board/list'를 '새로고침'했을 때는 빈 문자열이 됩니다.

```
▶ <div id="myModal" class="modal" tabindex="-1" role="dialog">⋯ </div>
▼ <script type="text/javascript" defer="defer">
    const result = ''

    const myModal = new bootstrap.Modal(document.getElementById('myModal'))

    console.log(myModal)

    if(result){
        myModal.show()
    } == $0
  </script>
</div>
```

게시물이 등록되었을 경우에는 result 변수가 아래와 같이 생성됩니다.

```
▼ <script type="text/javascript" defer="defer">
    const result = '4'

    const myModal = new bootstrap.Modal(document.getElementById('myModal'))

    console.log(myModal)

    if(result){
        myModal.show()
    } == $0
  </script>
```

생성된 JavaScript 코드는 if(result) 조건에 의해서 myModal.show( )를 호출하게 되고 화면에서 보이게 됩니다.

7.5.4 게시물의 조회

게시물의 조회는 특정한 게시물의 번호를 기준으로 작성합니다. BoardService에는 read( )라는 메서드를 추가합니다. read( ) 메서드의 파라미터는 게시물의 번호(bno)이고 리턴 타입은 BoardDTO를 사용합니다.

BoardService에는 작성된 BoardDTO를 리턴 타입으로 지정해서 read( )를 작성합니다.

```
  > ⊞ org.zerock.dto
  > ⊞ org.zerock.mapper
  ∨ ⊞ org.zerock.service
    > J BoardService.java
    > J HelloService.java
```

```java
public BoardDTO read(Long bno) {

    BoardDTO boardDTO = boardMapper.selectOne(bno);

    return boardDTO;

}
```

GET 방식의 처리와 화면 구성

BoardController에는 BoardService의 read( )를 이용해서 나온 BoardDTO 객체를 Model로 담아서 전달합니다.

```
∨ ⊞ org.zerock.controller
  > J BoardController.java
  > J HelloController.java
```

```java
@GetMapping("read/{bno}")
public String read( @PathVariable("bno")Long bno, Model model ) {

    log.info("--------------------------------------");
    log.info("board read");

    BoardDTO dto = boardService.read(bno);

    model.addAttribute("board", dto);

    return "/board/read";

}
```

BoardController에서 'board'라는 이름으로 담긴 객체는 read.jsp에서 출력합니다.

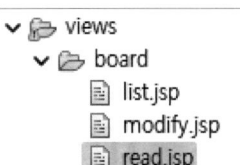

```jsp
<%@ page language="java" contentType="text/html; charset=UTF-8"
pageEncoding="UTF-8"%>
<%@ taglib prefix="c" uri="http://java.sun.com/jsp/jstl/core" %>
<%@ include file="/WEB-INF/views/includes/header.jsp" %>

<div class="row justify-content-center">
  <div class="col-lg-12">
    <div class="card shadow mb-4">
      <div class="card-header py-3">
        <h6 class="m-0 fw-bold text-primary">Board Read</h6>
      </div>
      <div class="card-body">

        <div class="mb-3 input-group input-group-lg">
          <span class="input-group-text">Bno</span>
          <input type="text" class="form-control" value="<c:out value='${board.bno}'/>" readonly>
        </div>

        <div class="mb-3 input-group input-group-lg">
          <span class="input-group-text">Title</span>
          <input type="text" name="title" class="form-control" value="<c:out value='${board.title}'/>" readonly>
        </div>

        <div class="mb-3 input-group input-group-lg">
          <span class="input-group-text">Content</span>
          <textarea class="form-control" name="content" rows="3" readonly><c:out value="${board.content}"/></textarea>
        </div>

        <div class="mb-3 input-group input-group-lg">
          <span class="input-group-text">Writer</span>
          <input type="text" name="writer" class="form-control" value="<c:out value='${board.writer}'/>" readonly>
        </div>

        <div class="mb-3 input-group input-group-lg">
          <span class="input-group-text">RegDate</span>
          <input type="text" name="regDate" class="form-control" value="<c:out value='${board. createdDate}'/>" readonly>
```

```html
        </div>

        <div class="float-end">
          <button type="button" class="btn btn-info btnList">LIST</button>
          <c:if test="${!board.delFlag}">
            <button type="button" class="btn btn-warning btnModify">MODIFY</button>
          </c:if>
        </div>

      </div>
    </div>
  </div>
</div>

<%@ include file="/WEB-INF/views/includes/footer.jsp" %>
```

브라우저에서는 '/board/read/3'과 같이 존재하는 번호를 호출해서 결과를 확인합니다.

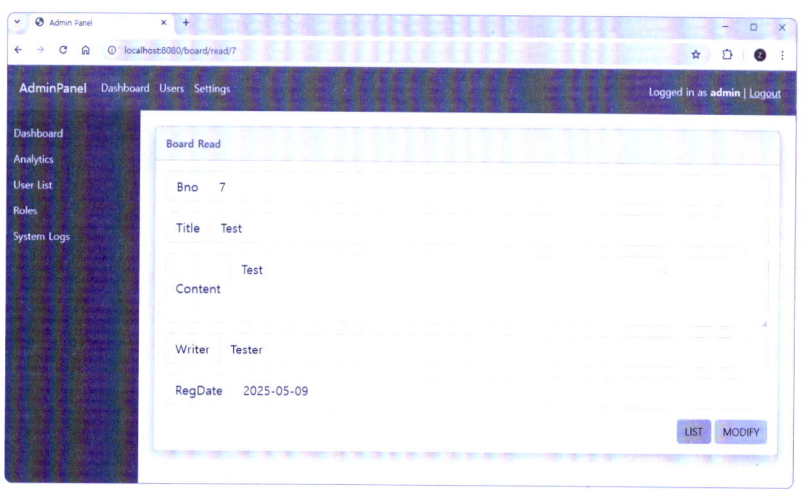

목록 화면에서는 특정한 게시물을 클릭했을 때 이동할 수 있도록 링크를 추가합니다.

```
<tbody class="tbody">

    <c:forEach var="board" items="${list}">

        <tr data-bno="${board.bno}">
            <td>
                <a href='/board/read/${board.bno}'>
                    <c:out value="${board.bno}" />
                </a>
            </td>
            <td><c:out value="${board.title}" /></td>
            <td><c:out value="${board.writer}" /></td>
            <td><c:out value="${board.createdDate}" /></td>
        </tr>

    </c:forEach>

</tbody>
```

목록 화면에서 게시물의 번호를 클릭해서 조회 화면으로 이동할 수 있게 됩니다.

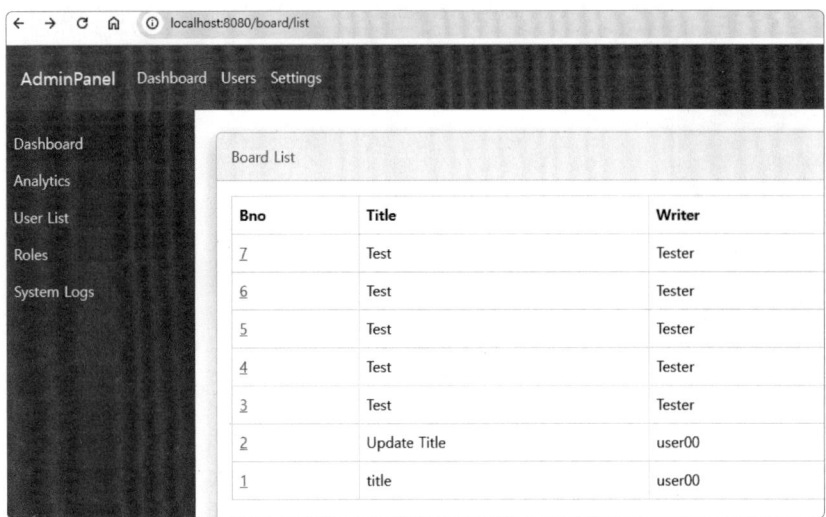

게시물 수정/삭제로의 이동

게시물 조회 화면에서는 아래쪽에 다시 목록으로 이동하거나 수정/삭제 화면으로 이동할 수 있는 링크를 처리해 주어야 합니다.

```
<div class="float-end">
        <a href='/board/list'>
          <button type="button" class="btn btn-info btnList" >LIST</button>
        </a>

        <c:if test="${!board.delFlag}">
          <a href='/board/modify/${board.bno}'>
            <button type="button" class="btn btn-warning btnModify" >MODIFY</button>
          </a>
        </c:if>
      </div>
```

브라우저 내에서는 게시물의 조회 화면에서 목록 화면으로 이동이나 수정/삭제 화면으로 링크가 정상적으로 처리되었는지 확인합니다.

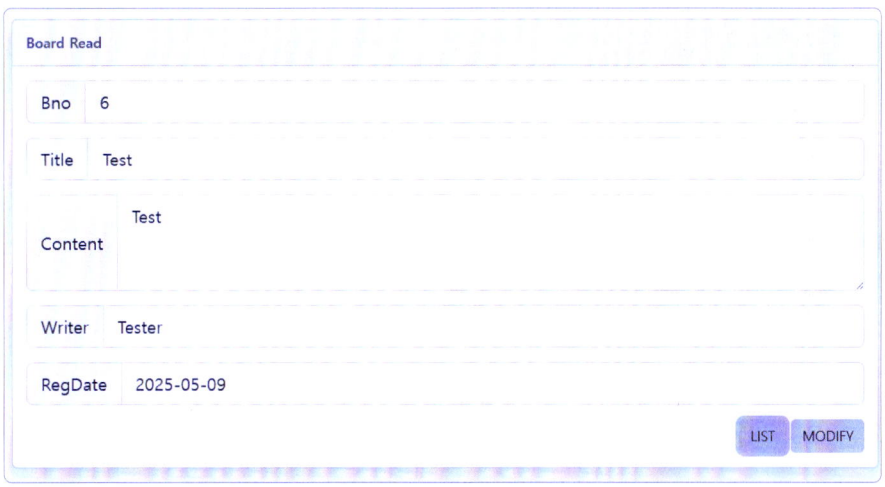

7.5.5 게시물의 삭제

게시물을 삭제할 때는 먼저 GET 방식으로 '/board/modify/번호'를 통해서 수정/삭제가 가능한 화면으로 진입해야 합니다. 게시물을 조회할 때 했던 작업을 동일하게 수정/삭제할 때도 처리하는데, 웹의 특성상 시간이 지나면서 게시물의 상태가 변경되었을 가능성도 있기 때문에 수정/삭제 시작 시점에도 다시 조회해서 출력하게 됩니다.

서비스 계층에서의 삭제

게시물의 삭제에는 삭제하고자 하는 게시물의 번호를 이용해서 BoardMapper의 remove( )를 호출합니다.

```
> ⊞ org.zerock.dto
> ⊞ org.zerock.mapper
∨ ⊞ org.zerock.service
    > 🗋 BoardService.java
    > 🗋 HelloService.java
```

```java
public void remove(Long bno) {

    boardMapper.remove(bno);

}
```

GET 방식 조회

BoardController에서는 GET 방식으로 호출되는 '/board/modify/번호'를 호출할 때 Model에 담아서 화면으로 전달하도록 수정합니다.

```
∨ 🗁 src/main/java
    > ⊞ org.zerock.aop
    ∨ ⊞ org.zerock.controller
        > 🗋 BoardController.java
        > 🗋 HelloController.java
```

```java
@GetMapping("modify/{bno}")
public String modifyGET(@PathVariable("bno")Long bno, Model model ) {
```

```
        log.info("-----------------------------------");
        log.info("board modify get");

        BoardDTO dto = boardService.read(bno);

        model.addAttribute("board", dto);

        return "/board/modify";
    }
```

/WEB-INF/views/board/modify.jsp의 내용은 read.jsp와 거의 동일하지만, 〈input〉 값을 편집할 수 있도록 구성하는 것과 〈form〉 태그를 이용해서 감싸고 있다는 점, 아래쪽의 버튼들이 차이가 있습니다. 또한, 〈form〉 태그로 전송될 필요가 없는 데이터는 〈input〉 태그의 name 속성값을 가지지 않도록 처리합니다.

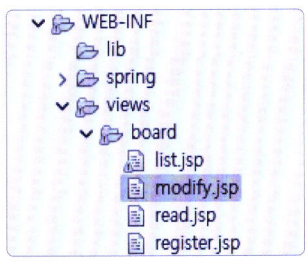

```
<%@ page language="java" contentType="text/html; charset=UTF-8"
    pageEncoding="UTF-8"%>
<%@ taglib prefix="c" uri="http://java.sun.com/jsp/jstl/core" %>
<%@ include file="/WEB-INF/views/includes/header.jsp" %>

<div class="row justify-content-center">
  <div class="col-lg-12">
    <div class="card shadow mb-4">
      <div class="card-header py-3">
        <h6 class="m-0 fw-bold text-primary">Board Modify</h6>
      </div>

      <div class="card-body">
        <form id="actionForm" action="/board/modify" method="post">

          <div class="mb-3 input-group input-group-lg">
```

```
            <span class="input-group-text">Bno</span>
            <input type="text" name="bno" class="form-control" value="<c:out value='${board.bno}'/>" readonly>
        </div>

        <div class="mb-3 input-group input-group-lg">
            <span class="input-group-text">Title</span>
            <input type="text" name="title" class="form-control" value="<c:out value='${board.title}'/>">
        </div>

        <div class="mb-3 input-group input-group-lg">
            <span class="input-group-text">Content</span>
            <textarea class="form-control" name="content" rows="3"><c:out value="${board.content}"/></textarea>
        </div>

        <div class="mb-3 input-group input-group-lg">
            <span class="input-group-text">Writer</span>
            <input type="text" class="form-control" value="<c:out value='${board.writer}'/>" readonly>
        </div>

        <div class="mb-3 input-group input-group-lg">
            <span class="input-group-text">RegDate</span>
            <input type="text" class="form-control" value="<c:out value='${board.createdDate}'/>" readonly>
        </div>

      </form>

      <div class="float-end">
        <button type="button" class="btn btn-info btnList">LIST</button>
        <button type="button" class="btn btn-warning btnModify">MODIFY</button>
        <button type="button" class="btn btn-danger btnRemove">REMOVE</button>
      </div>
    </div>
   </div>
  </div>
</div>
<script type="text/javascript">
  const formObj = document.querySelector("#actionForm");

  document.querySelector(".btnModify").addEventListener("click", () => {
    formObj.action = '/board/modify';
    formObj.method = 'post';
```

```
      formObj.submit();
    });

    document.querySelector(".btnList").addEventListener("click", () => {
      formObj.action = '/board/list';
      formObj.method = 'get';
      formObj.submit();
    });

    document.querySelector(".btnRemove").addEventListener("click", () => {
      formObj.action = '/board/remove';
      formObj.method = 'post';
      formObj.submit();
    });
</script>

<%@ include file="/WEB-INF/views/includes/footer.jsp" %>
```

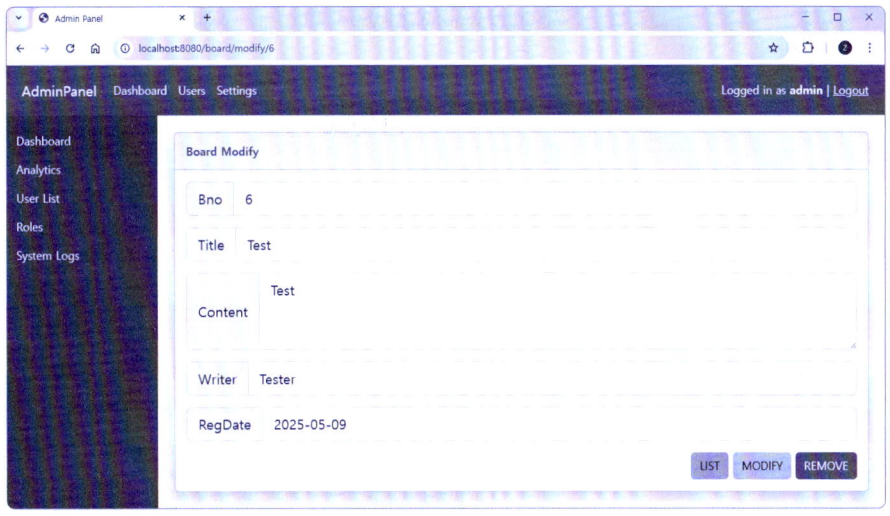

POST 방식의 삭제

화면에서 'REMOVE' 버튼을 클릭하면 화면의 <input>들을 감싸고 있는 <form> 태그의 action값이 '/board/remove'로 변경되고 POST 방식으로 호출됩니다. BoardController에서는 전달되는 bno값을 이용해서 처리하고 '/board/list'로 리다이렉트하게 됩니다. 리다이렉트 시에 결과를 담기 위해서 RedirectAttributes를 이용합니다.

```
import org.springframework.web.bind.annotation.RequestParam;

…

    @PostMapping("remove")
    public String remove( @RequestParam("bno") Long bno, RedirectAttributes rttr ) {

        log.info("---------------------------------------");
        log.info("board remove post");

        boardService.remove(bno);

        rttr.addFlashAttribute("result", bno);

        return "redirect:/board/list";

    }
```

브라우저에서 'REMOVE' 버튼을 클릭하면 정상적으로 삭제가 되는지 확인합니다(삭제는 테이블에서 delete가 아니라 'delflag' 칼럼의 값을 true로 변경하기만 한다는 사실을 기억해야 합니다.).

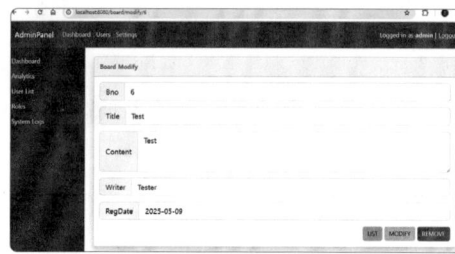 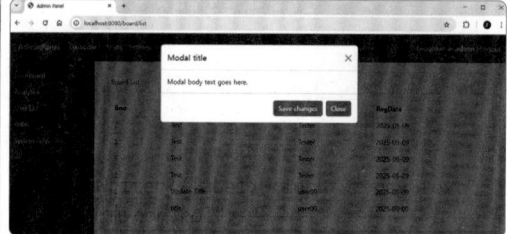

7.5.6 게시물의 수정

게시물의 수정은 화면에서 입력되는 값 중의 일부를 변경할 수 있도록 〈form〉 태그로 전달되는 값을 이용해야 합니다.

서비스 계층의 수정

게시물의 수정이 가능한 부분은 게시물의 제목(title)과 내용(content), 삭제여부(delFlag) 값이고 이를 처리하기 위한 게시물의 번호(bno)가 필요합니다. 여러 개의 데이터이므로 BoardDTO로 처리합니다.

서비스 계층에서는 BoardModifyDTO를 이용하도록 BoardService 내에 modify( )를 선언합니다.

```
> ⊞ org.zerock.mapper
∨ ⊞ org.zerock.service
    > J BoardService.java
    > J HelloService.java
```

```java
public void modify(BoardDTO boardDTO) {
    boardMapper.update(boardDTO);
}
```

화면 수정과 컨트롤러

게시물의 수정을 위한 <form> 태그 내부에는 수정이 가능한 title과 content 부분만이 편집이 가능하고 나머지 부분들은 readonly로 처리되어 있습니다.

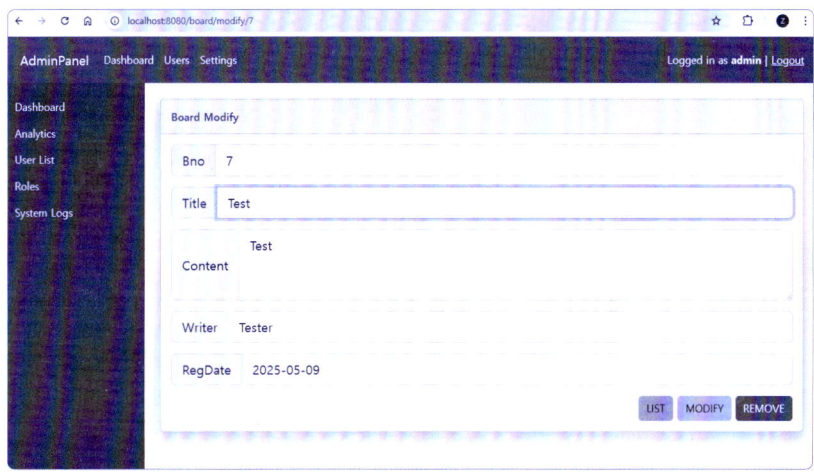

BoardController에서 POST 방식으로 호출되는 modifyPost( )는 BoardModifyDTO를 이용하도록 수정합니다.

```
@PostMapping("modify")
public String modifyPOST( BoardDTO boardDTO ) {

    log.info("-------------------------------------");
    log.info("board modify post");

    boardService.modify(boardDTO);

    return "redirect:/board/read/" + boardDTO.getBno();

}
```

modifyPost( )는 수정 후에 다시 조회 화면으로 이동하도록 리다이렉트 처리됩니다.

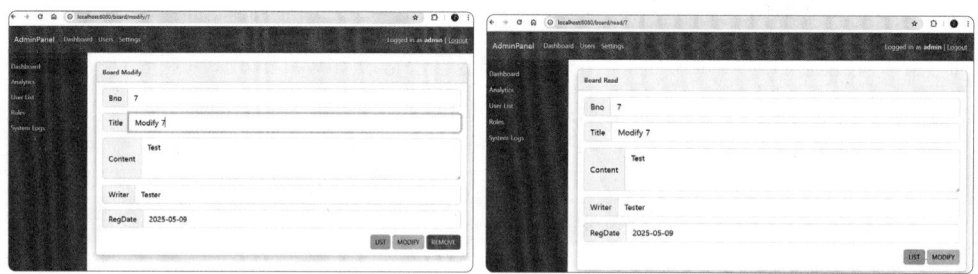

7.6 페이징 처리

게시물의 목록에는 항상 페이징 처리가 필요합니다. 페이징 처리는 데이터베이스에서 해당 페이지에 맞는 데이터만 추출해서 처리하기 때문에 서버의 성능 향상을 위해서도 반드시 필요하고, 화면에서도 처리하는 데이터의 양을 줄여서 브라우저에서 빠른 처리가 가능하게 됩니다.

페이징 처리를 위해서는 다음과 같은 단계로 적용하는 것이 좋습니다.

1. SQL을 통한 페이징 처리 실습
2. Java 코드에서의 페이징 결과 처리
3. 화면에서의 페이징 처리를 위한 적절한 파라미터값 처리

7.6.1 MariaDB의 페이징 처리

MariaDB와 MySQL에서 페이징 처리는 limit와 offset을 이용합니다. limit는 최대 몇 개의 데이터를 출력할 것인지를 결정하고, offset은 몇 개를 지나쳐서 시작할 것인지를 결정하게 됩니다.

- LIMIT 10 OFFSET 20: 20개는 건너뛰고 10개를 가져옴
- LIMIT 10 OFFESET 0: 0개를 건너뛰고 10개를 가져옴 (첫 페이지)

데이터 추가

페이징 처리를 확인하기 위해서는 가급적 많은 양의 데이터를 insert한 후에 테스트하는 것이 좋습니다. 이를 위해서 데이터베이스를 연결하고 기존 테이블의 내용을 다시 insert하는 방식으로 많은 양의 데이터를 생성합니다.

```sql
INSERT INTO tbl_board (title, content, writer) SELECT title,content,writer FROM tbl_board;
```

위의 SQL을 여러 번 실행하면 1 -> 2 -> 4 -> 8과 같이 두 배씩 데이터가 insert되는 것을 확인할 수 있습니다.

```
INSERT INTO tbl_board (title, content, writer) SELECT title,content,writer FROM tbl_board;
/* 영향 받은 행: 128  찾은 행: 0  경고: 0  지속 시간 1 쿼리: 0.015 초 */
INSERT INTO tbl_board (title, content, writer) SELECT title,content,writer FROM tbl_board;
/* 영향 받은 행: 256  찾은 행: 0  경고: 0  지속 시간 1 쿼리: 0.016 초 */
INSERT INTO tbl_board (title, content, writer) SELECT title,content,writer FROM tbl_board;
/* 영향 받은 행: 512  찾은 행: 0  경고: 0  지속 시간 1 쿼리: 0.031 초 */
INSERT INTO tbl_board (title, content, writer) SELECT title,content,writer FROM tbl_board;
/* 영향 받은 행: 1,024  찾은 행: 0  경고: 0  지속 시간 1 쿼리: 0.031 초 */
INSERT INTO tbl_board (title, content, writer) SELECT title,content,writer FROM tbl_board;
/* 영향 받은 행: 2,048  찾은 행: 0  경고: 0  지속 시간 1 쿼리: 0.079 초 */
```

위 그림은 2048개가 영향을 받았다는 메시지가 보입니다. 즉, 2048개의 데이터가 insert된 것이므로 실제 데이터의 수는 4096건이 됩니다.

게시물의 목록은 삭제 처리가 되지 않은 게시물들을 번호의 역순으로 보여주기 때문에 order by를 이용해서 작성합니다.

```sql
SELECT * FROM tbl_board
WHERE
 bno > 0
AND
 delflag = FALSE
ORDER BY bno DESC
```

select문을 실행하면 가장 높은 게시물의 번호부터 출력되는 것을 확인할 수 있습니다(auto_increment로 되어 있지만, 한 번에 여러 개의 데이터를 insert하는 경우 번호가 연속적이지 않을 수 있습니다.).

위 그림에서 가장 최신 게시물은 7670번입니다. 만일 페이지당 화면에 10개씩 출력한다고 가정하면 2페이지는 7660번부터 출력되어야 하는데 이때 SQL의 마지막에 limit 10 offset 10으로 처리합니다.

```sql
SELECT * FROM tbl_board
WHERE
 bno > 0
AND
```

```
    delflag = FALSE
ORDER BY bno DESC
LIMIT 10 OFFSET 10
```

실행 결과를 보면 7670번이 아니라 10개 건너뛴 7660번부터 10개의 데이터가 출력되는 것을 확인할 수 있습니다.

#	bno	title	content	writer	regdate	updatedate	delflag
1	7,660	Test	Test	Tester	2025-05-10 00:05:37	2025-05-10 00:05:37	0
2	7,659	Test	Test	Tester	2025-05-10 00:05:37	2025-05-10 00:05:37	0
3	7,658	Update Title	Update Content	user00	2025-05-10 00:05:37	2025-05-10 00:05:37	0
4	7,657	title	content	user00	2025-05-10 00:05:37	2025-05-10 00:05:37	0
5	7,656	Modify 7	Test	Tester	2025-05-10 00:05:37	2025-05-10 00:05:37	0
6	7,655	Test	Test	Tester	2025-05-10 00:05:37	2025-05-10 00:05:37	0
7	7,654	Test	Test	Tester	2025-05-10 00:05:37	2025-05-10 00:05:37	0
8	7,653	Test	Test	Tester	2025-05-10 00:05:37	2025-05-10 00:05:37	0
9	7,652	Test	Test	Tester	2025-05-10 00:05:37	2025-05-10 00:05:37	0
10	7,651	Update Title	Update Content	user00	2025-05-10 00:05:37	2025-05-10 00:05:37	0

LIMIT의 단점

LIMIT는 간단하게 숫자를 지정해서 페이징 처리를 할 수 있지만, LIMIT와 OFFSET에는 오직 '값(value)'만을 사용할 수 있다는 단점이 있습니다. '값(value)'만을 사용할 수 있다는 것은 연산자를 이용하는 '식(expression)'을 사용할 수 없다는 것을 의미합니다. 예를 들어, 다음과 같은 SQL은 실행될 수 없습니다.

```
SELECT * FROM tbl_board
WHERE
 bno > 0
AND
 delflag = FALSE
ORDER BY bno DESC
LIMIT 10 OFFSET (2-1) * 10 //에러 발생
```

페이징 처리를 위한 MyBatis 변경

MyBatis의 BoardMapper 인터페이스에는 페이징 처리를 위한 새로운 list2( ) 메서드를 작성합니다.

```java
package org.zerock.mapper;

import java.util.List;

import org.apache.ibatis.annotations.Param;
import org.zerock.dto.BoardDTO;

public interface BoardMapper {

    int insert(BoardDTO vo);

    BoardDTO selectOne(Long bno);

    int remove(Long bno);

    int update(BoardDTO dto);

    List<BoardDTO> list();

    List<BoardDTO> list2(@Param("skip") int skip, @Param("count") int count);
}
```

추가된 list2( )에는 @Param을 이용해서 skip과 count 변수를 지정합니다. MyBatis의 메서드는 하나의 파라미터만을 받을 수 있기 때문에 여러 개의 파라미터를 전달하기 위해서는 @Param을 이용하거나 Map 타입 혹은 getter가 있는 객체 타입을 사용해야 합니다.

BoardMapper.xml에서는 @Param으로 지정된 변수를 이용해서 limit, offset을 적용합니다.

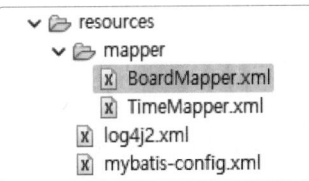

```xml
<select id="list2" resultType="BoardDTO">

    SELECT bno, title, writer, regDate
    FROM tbl_board
    WHERE delflag = false
    ORDER BY bno desc
    LIMIT #{count} OFFSET #{skip}
</select>
```

테스트 코드에서는 추가된 list2( ) 동작을 확인합니다.

```
src/test/java
  org.zerock.db
  org.zerock.mapper
    BoardMapperTests.java
    TimeMapperTests.java
```

```java
@Test
public void testList2() {

    int page = 2;

    //계산
    int skip = ( page -1 ) * 10;
    int count = 10;


    List<BoardDTO> dtoList = boardMapper.list2(skip, count);

    dtoList.stream().forEach(log::info);

}
```

testList2( )는 page라는 변수를 이용해서 skip 변숫값을 생성하고 이를 list2( )에서 사용합니다. 테스트 코드를 실행해서 결과를 확인합니다. 아래 화면은 10개를 건너뛰어서 7660번부터 출력된 결과입니다.

```
INFO BoardDTO(bno=7660, title=Test, writer=Tester, content=null, regDate=2025-05-10T00:05:37,
INFO BoardDTO(bno=7659, title=Test, writer=Tester, content=null, regDate=2025-05-10T00:05:37,
INFO BoardDTO(bno=7658, title=Update Title, writer=user00, content=null, regDate=2025-05-10T00
INFO BoardDTO(bno=7657, title=title, writer=user00, content=null, regDate=2025-05-10T00:05:37,
INFO BoardDTO(bno=7656, title=Modify 7, writer=Tester, content=null, regDate=2025-05-10T00:05:
INFO BoardDTO(bno=7655, title=Test, writer=Tester, content=null, regDate=2025-05-10T00:05:37,
INFO BoardDTO(bno=7654, title=Test, writer=Tester, content=null, regDate=2025-05-10T00:05:37,
INFO BoardDTO(bno=7653, title=Test, writer=Tester, content=null, regDate=2025-05-10T00:05:37,
INFO BoardDTO(bno=7652, title=Test, writer=Tester, content=null, regDate=2025-05-10T00:05:37,
INFO BoardDTO(bno=7651, title=Update Title, writer=user00, content=null, regDate=2025-05-10T00
```

데이터 개수 처리

화면에서 페이징 처리는 페이지 번호들을 출력해서 처리됩니다. 1에서 10페이지 혹은 11에서 20과 같이 연속되는 페이지 번호들이 보이는데, 이 상황에서 데이터의 개수에 맞는 페이지 번호들을 출력해야 합니다. 예를 들어, 전체 데이터가 78건이라면 마지막 페이지 번호는 8페이지가 되고 더 이상 뒤로 이동하는 것은 허용되지 않습니다.

전체 데이터의 수 계산 역시 delFlag 속성값이 false인 데이터에 대해서만 처리되도록 구성합니다.

BoardMapper 인터페이스에는 listCount( )를 추가합니다.

```
> ⊞ org.zerock.dto
∨ ⊞ org.zerock.mapper
  > 🗋 BoardMapper.java
  > 🗋 TestMapper.java
```

```java
public interface BoardMapper {

    ...생략

    int listCount();

}
```

BoardMapper.xml에 listCount를 추가합니다.

```xml
<select id="listCount" resultType="int">

    SELECT count(bno) FROM tbl_board where delFlag = false

</select>
```

원래의 개발 방식이라면 listCount( )에 대한 테스트 코드를 작성하는 것이 좋습니다만, 간단한 SQL문이므로 테스트는 생략하고 진행합니다.

7.6.2 서비스 객체의 처리

페이징 처리를 할 수 있도록 개선된 BoardMapper를 호출해야 하는 BoardService는 페이지 번호와 화면에 필요한 데이터의 숫자를 파라미터로 전달받아서 BoardMapper의 list2( )와 listCount( )를 호출하도록 구성합니다.

BoardService의 기존 list( )는 단순하게 목록 데이터만 전달했기 때문에 List〈BoardDTO〉로 처리가 가능했지만, 전체 데이터의 수가 같이 전달되기 때문에 두 종류의 데이터를 함께 담을 수 있는 BoardListPagingDTO라는 새로운 DTO를 생성해서 처리합니다.

```java
package org.zerock.dto;

import java.util.List;

import lombok.Data;

@Data
public class BoardListPagingDTO {

  private List<BoardDTO> boardDTOList;

  private int totalCount;

  private int page, size;

  public BoardListPagingDTO(List<BoardDTO> boardDTOList, int totalCount, int page, int size) {

     this.boardDTOList = boardDTOList;
     this.totalCount = totalCount;
     this.page = page;
     this.size = size;
  }

}
```

BoardListPagingDTO는 목록에서 필요한 BoardDTO들과 totalCount 값 외에도 현재 페이지 번호와 한 페이지당 크기를 생성자로 같이 처리하도록 구성합니다. 이런 방식으로 화면에 필요한 모든 데이터를 DTO에서 구성하면 JSP에서 필요한 로직들을 메서드로 분리해서 구성할 수 있다는 장점이 있습니다.

BoardService에는 목록 처리 시에 BoardListPagingDTO를 반환하도록 메서드를 추가합니다.

```
v 由 org.zerock.service
  > J BoardService.java
  > J HelloService.java
  > J TestService.java
```

```java
public BoardListPagingDTO getList(int page, int size) {

    //페이지 번호가 0보다 작으면 무조건 1페이지
    page = page <= 0? 1 : page;
    //사이즈가 10보다 작거나 100보다 크면 10
    size = (size <= 10 || page > 100) ? 10: size;

    int skip = (page -1 ) * size; // 2페이지라면 (2-1) * 10 이 되어야 함

    List<BoardDTO> list = boardMapper.list2(skip, size);

    int total = boardMapper.listCount();

    return new BoardListPagingDTO(list, total, page, size);

}
```

페이지 번호 처리

화면에서 페이지 번호를 출력하기 위해서는 약간의 계산이 필요한데 BoardListPageingDTO 내부에 다음과 같은 화면 구성에 필요한 데이터를 선언하고 생성하면 JSP에서는 단순 출력처리만 할 수 있습니다.

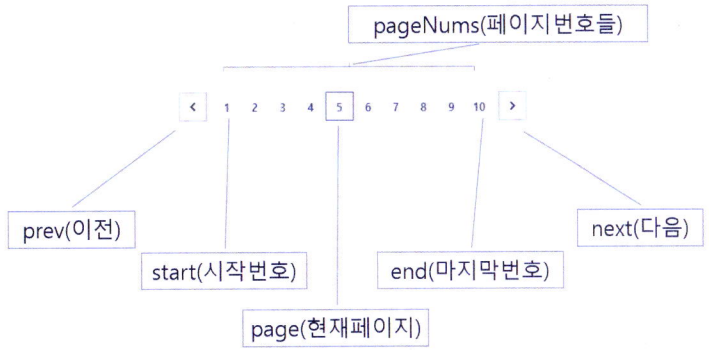

- 시작 페이지 번호(start) - 예를 들어 화면상에 10개의 페이지 번호를 출력한다고 했을 때, 현재 페이지가 1에서 10의 사이에 있는 번호라면 시작 페이지는 1이 되어야 합니다. 만일, 시작 페이지 번호가 1이 아니라면 '이전(prev)'으로 갈 수 있는 링크가 제공되어야 합니다.

- 끝 페이지 번호(end) - 시작 페이지 번호부터 몇 개의 번호를 보여주어야 하는지를 결정해야 합니다. 이때 영향을 미치는 것이 전체 데이터의 개수입니다. 예를 들어, 전체 데이터가 65개이고, 현재 페이지가 5페이지라면 시작 페이지 번호는 1이고, 끝 페이지 번호는 7(65개이므로 7페이지까지는 표시)이 되어야 합니다.

- 전체 데이터의 개수(totalCount) - 끝 페이지의 번호를 계산할 때 전체 데이터의 개수를 이용해서 최종적으로 끝 페이지의 번호가 결정됩니다. 만일 끝 페이지 번호보다 많은 양의 데이터가 존재한다면 '뒤로(next)' 갈 수 있는 링크가 추가로 붙게 됩니다.

- 이전 페이지 링크(prev) - 맨 앞의 페이지 번호가 1이 아니라면 화면상에 링크를 통해서 이전 페이지를 조회할 수 있어야만 합니다.

- 이후 페이지 링크(next) - 맨 뒤의 페이지 이후에 더 많은 데이터가 존재하는 경우 이동이 가능하도록 링크를 제공합니다.

예를 들어, 목록 페이지에서 한 번에 10개의 데이터가 출력되는 상황이고, totalCount가 122개라고 가정해 보면 다음과 같은 계산이 가능합니다.

#. page(페이지 번호)가 3인 경우

- start는 1, end는 10, next는 true, prev는 false

#. page가 10인 경우

- start는 1, end는 10, next는 true, prev는 false

#. page가 11인 경우

- start는 11, end는 13, next는 false, prev는 true

이와 같은 계산을 위해서는 약간의 산술적인 계산과 순서가 필요합니다. 위의 계산 순서는 다음과 같습니다.

start 페이지 번호

먼저 한 페이지에 몇 개의 데이터를 보여주는지(size)가 결정되어 있어야 합니다. 일반적으로 10을 기준으로 생각하는 것이 가장 간단합니다. 가령 현재 페이지가 13페이지인 경우 startPage는 11페이지가 되어야 하고, endPage는 20이 되어야 합니다.

- 13 / 10.0 = 1.3
- 1.3의 올림 = 2
- 2의 의미는 페이지 번호 10개씩 두 번째로 보여지는 페이지라는 것. 즉, 11페이지에서 20페이지라는 의미
- 2 * 10(페이지 번호 수의 개수) = 20
- 20은 end의 번호
- 20 - 9 = 11
- 11은 시작 페이지의 번호

end 페이지 번호

end는 전체 데이터의 수인 totalCount의 영향을 많이 받습니다. 예를 들어, start가 11이고 totalCount가 122라면 end는 13이 되어야만 하지만, start 페이지 계산 과정에서 나온 마지막 페이지는 20이므로 차이가 발생하게 됩니다. end 페이지 번호는 start 페이지 번호에서 구해둔 마지막 페이지 번호와 totalCount로 계산한 마지막 페이지를 비교해서 그중에서 작은 값

을 취해야 합니다.

prev/next 값

prev, next 값은 boolean 타입으로 설정합니다. prev는 시작 페이지보다 1 작은 페이지 번호를 의미합니다. 이 값은 start 페이지 번호가 1이 아니라면 11, 21, 31...이므로 1이 아니지만 확인하면 됩니다.

next 값은 end 페이지 뒤로 다음 페이지가 존재할 때 출력되어야 하므로 totalCount를 이용해서 마지막 페이지와 size를 곱한 값보다 totalCount가 크다면 true가 되도록 구성합니다.

앞에서 설명한 내용을 BoardPagingListDTO에서 구현하면 다음과 같은 코드가 됩니다.

```
v ⊞ org.zerock.dto
  > J BoardListDTO.java
  > J BoardListPagingDTO.java
  > J BoardModifyDTO.java
```

```java
package org.zerock.dto;

import java.util.List;
import java.util.stream.IntStream;

import lombok.Data;

@Data
public class BoardListPagingDTO {

    private List<BoardDTO> boardDTOList;

    private int totalCount;

    private int page, size;


    private int start, end;

    private boolean prev, next;

    private List<Integer> pageNums;
```

```java
    public BoardListPagingDTO(List<BoardDTO> boardDTOList, int totalCount, int
page, int size) {

        this.boardDTOList = boardDTOList;
        this.totalCount = totalCount;
        this.page = page;
        this.size = size;

        //start계산을 위한 end 페이지
        int tempEnd =  (int)(Math.ceil(page/10.0)) * 10;

        this.start = tempEnd - 9;

        this.prev = start != 1; //start값이 1이 아니라면 이전 페이지로 이동 필요

        //임시 end 값 * size가 totalCount 보다 크다면 totalCount로 다시 계산 필요
        if( (tempEnd * size) > totalCount   ) {

           this.end =  (int) ( Math.ceil(totalCount / (double)size)   );

        }else {

           this.end = tempEnd;
        }

        //end 값 * size 보다 totalCount가 크다면 next로 이동 가능
        this.next =  totalCount > (this.end * size);


        //화면에 출력한 번호들 계산

        this.pageNums = IntStream.rangeClosed(start, end).boxed().toList();

    }

}
```

7.6.3 컨트롤러와 화면상의 페이징 처리

서비스 계층에서 화면에 필요한 모든 데이터는 BoardListPagingDTO로 만들어서 반환하기 때문에 컨트롤러에서는 페이지 번호와 사이즈에 대한 파라미터 처리와 Model을 이용해서 결과를 담아주면 됩니다.

```
  > ⊞ org.zerock.aop
  ∨ ⊞ org.zerock.controller
      > ⓙ BoardController.java
      > ⓙ HelloController.java
```

기존의 BoardController의 list( )를 아래와 같이 수정합니다.

```java
@GetMapping("/list")
public void list(
    @RequestParam( name = "page", defaultValue = "1" ) int page,
    @RequestParam( name = "size", defaultValue = "10" ) int size,
    Model model) {

    log.info("page : " + page);
    log.info("size : " + size);

    model.addAttribute("dto", boardService.getList(page, size));

}
```

기존 코드와 달리 @RequestParam으로 page나 size 변수를 처리하고 결과 데이터는 dto라는 이름으로 담아서 전달합니다.

화면에서 목록 출력과 페이징 처리 확인

list.jsp에서는 기존과 달리 dto라는 이름으로 전달되는 BoardListPagingDTO를 이용하게 됩니다. 목록 데이터는 boardDTOList라는 이름으로 선언되어 있으므로 변수명을 수정해 줍니다.

list.jsp에서 화면 내 출력되는 게시물을 보여주는 부분의 변수명을 수정합니다.

```
<c:forEach var="board" items="${dto.boardDTOList}">

    <tr data-bno="${board.bno}" >
        <td>
          <a href='/board/read/${board.bno}'>
             <c:out value="${board.bno}"/>
          </a>
        </td>

        <td><c:out value="${board.title}"/></td>
        <td><c:out value="${board.writer}"/></td>
        <td><c:out value="${board.regDate}"/></td>
    </tr>

</c:forEach>
```

브라우저에서는 '/board/list'를 호출해서 1페이지의 내용을 확인할 수 있습니다.

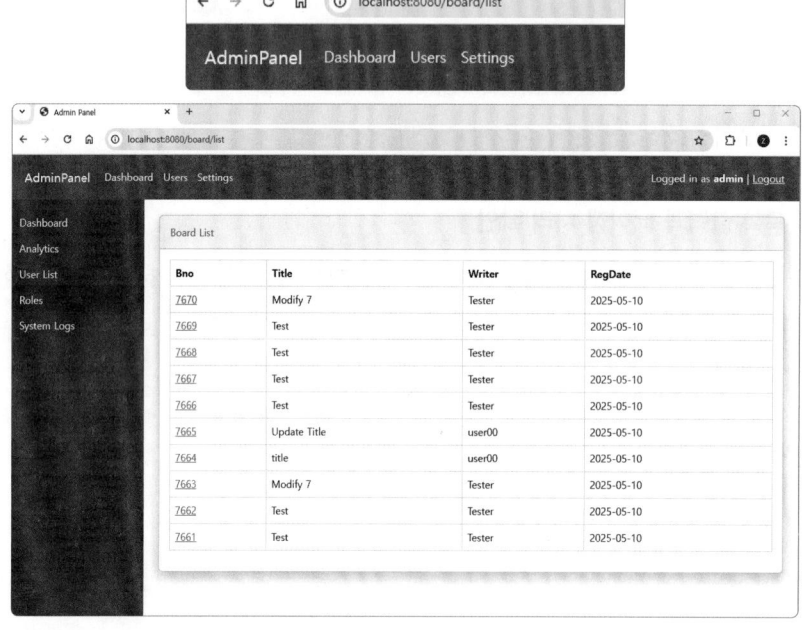

다른 페이지의 내용을 확인하고 싶다면 '/board/list?page=2'와 같이 지정할 수 있고, '/board/list?page=2&size=20'과 같이 페이지 번호와 사이즈를 같이 전달할 수 있습니다.

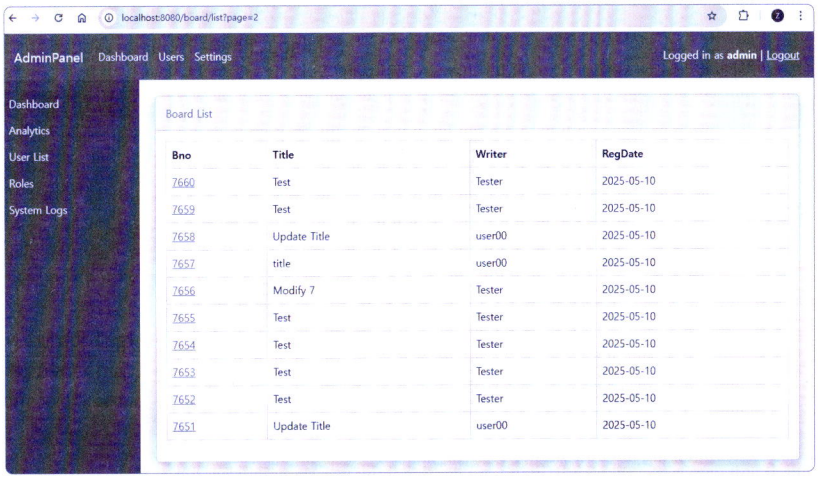

BoardService에서는 잘못된 page나 size값에 대해서 확인하는 부분도 있으므로 page값을 음수로 주거나 size값을 10보다 작게 지정해도 1페이지는 10개로 처리됩니다.

화면에 페이지 번호의 출력

게시물의 목록이 출력되었다면 아래쪽에는 페이지 번호를 출력하도록 〈div〉를 구성해 줍니다. 〈table〉 태그가 끝난 후에 〈div〉를 아래와 같이 구성합니다.

```
            </table>
                    <div class="d-flex justify-content-center">
                        <ul class="pagination">
                            <c:if test="${dto.prev}">
                            <li class="page-item">
                                <a class="page-link" href="" tabindex="-1">Previous</a>
                            </li>
                            </c:if>
                            <c:forEach var="num" items="${dto.pageNums}">
                            <li class="page-item ">
                                <a class="page-link" href="${num}"> ${num} </a>
                            </li>
                            </c:forEach>

                            <c:if test="${dto.next}">
```

Chapter 07   게시물 관리 구현   245

```
                <li class="page-item">
                    <a class="page-link" href="">Next</a>
                </li>
            </c:if>
        </ul>
    </div>
```

브라우저에서 1페이지를 호출한 경우 아래와 같은 모습으로 출력되는 것을 확인합니다.

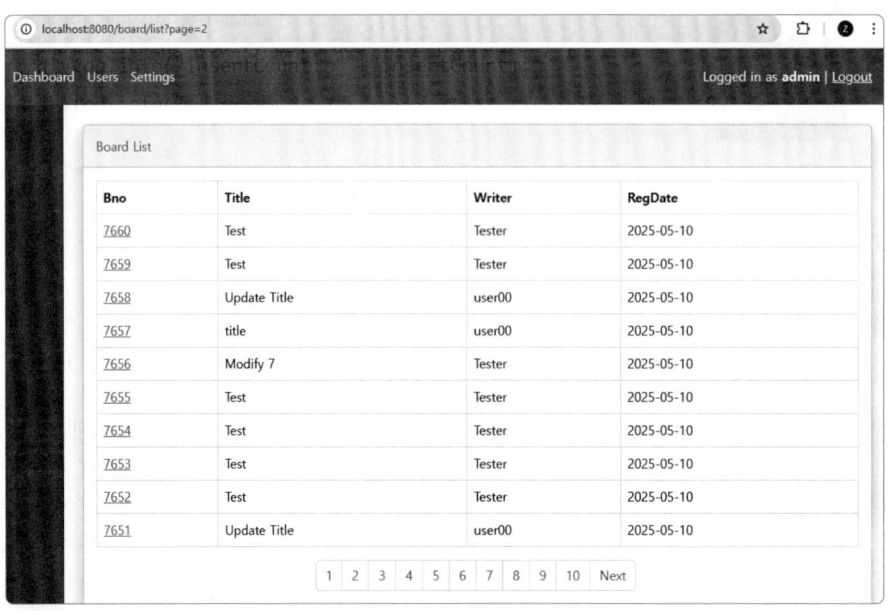

아직 각 페이지 번호 클릭에 대한 이벤트는 처리되지 않은 상태이므로 다른 페이지를 확인하고 싶다면 브라우저의 주소창을 이용해서 '/board/list?page=13'과 같은 형태로 호출해야만 합니다. 페이지 번호가 10이 넘어가면 'Previous'가 출력되는 것을 확인할 수 있습니다.

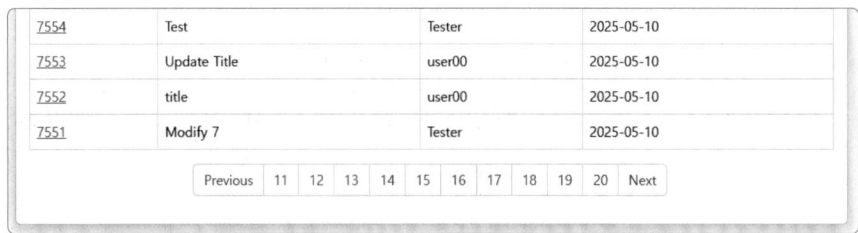

페이지 번호 클릭 이벤트 처리

페이지 번호에 대한 이벤트 처리는 각 페이지 번호마다 직접 이벤트를 걸어주는 방식보다는 바깥쪽 〈div〉에만 이벤트를 주고 이벤트가 발생한 대상을 찾아서 처리하는 방식으로 구현합니다. 버튼 자체가 〈a〉 태그에 걸려있으므로 기본 동작 대신에 다르게 동작하도록 제어합니다.

list.jsp에서 JavaScript 부분을 추가합니다.

```javascript
const pagingDiv = document.querySelector(".pagination")

pagingDiv.addEventListener("click", (e) => {
    e.preventDefault()
    e.stopPropagation()

    const target = e.target

    console.log(target)

}, false)
```

화면에서 페이지 번호를 클릭하면 아래와 같이 페이지 번호를 감싸고 있는 〈a〉 태그가 출력되는 것을 확인할 수 있습니다.

```
<a class="page-link" href="14"> 14 </a>
<a class="page-link" href="13"> 13 </a>
<a class="page-link" href="17"> 17 </a>
<a class="page-link" href="18"> 18 </a>
```

원하는 값은 href 속성값이므로 이를 찾아내고 브라우저의 경로를 수정합니다.

```
pagingDiv.addEventListener("click", (e) => {

    e.preventDefault()
    e.stopPropagation()

    const target = e.target

    //console.log(target)

    const targetPage = target.getAttribute("href")

    const size = ${dto.size}|| 10 // BoardListPagingDT의 size

    const params = new URLSearchParams({
       page: targetPage,
       size: size
    });

    self.location =`/board/list?\${params.toString()}` //JavaScript 백틱, 템플릿

}, false)
```

위의 코드가 적용되면 화면상에서 버튼을 클릭했을 때 변경된 페이지 번호와 처리 결과를 확인할 수 있습니다.

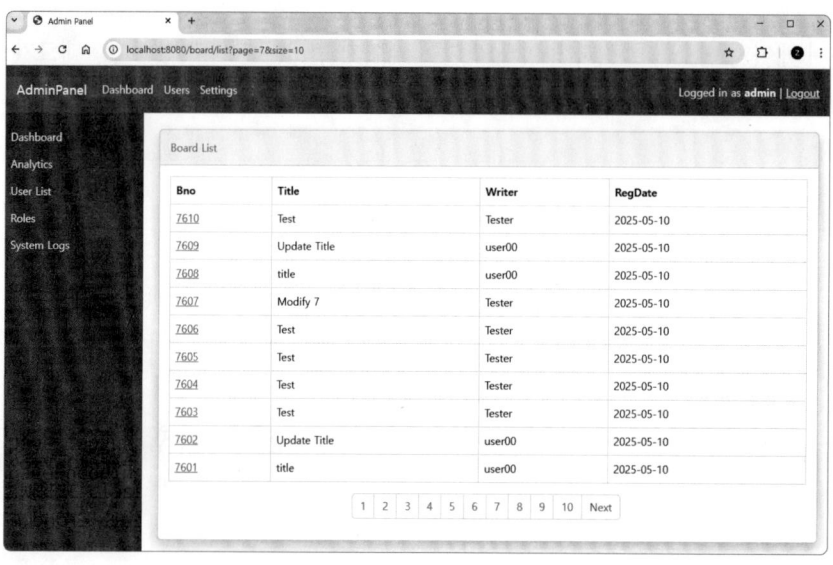

현재 페이지 번호 표시

주소창에 있는 page 번호를 화면에서 제대로 보여주기 위해서는 class 속성에 active라는 속성값을 추가해야만 합니다.

```html
<ul class="pagination">

    <c:if test="${dto.prev}">
    <li class="page-item">
        <a class="page-link" href="" tabindex="-1">Previous</a>
    </li>
    </c:if>

    <c:forEach var="num" items="${dto.pageNums}">
        <li class="page-item ${dto.page == num ? 'active':'' } ">
            <a class="page-link" href="${num}"> ${num} </a>
        </li>
    </c:forEach>

    <c:if test="${dto.next}">
    <li class="page-item">
        <a class="page-link" href="">Next</a>
    </li>
    </c:if>
</ul>
```

수정된 코드가 반영되면 다음에 나오는 그림처럼 현재 페이지 번호는 다르게 보이게 됩니다.

이전/다음 처리

페이징 처리의 마지막은 'Previous, Next' 버튼을 클릭했을 때 필요한 페이지 번호를 세팅해주는 작업입니다.

```html
<c:if test="${dto.prev}">
<li class="page-item">
    <a class="page-link" href="${ dto.start -1 }" tabindex="-1">Previous</a>
</li>
```

```
                    </c:if>

                    <c:forEach var="num" items="${dto.pageNums}">
                    <li class="page-item ${dto.page == num ? 'active':'' } ">
                        <a class="page-link" href="${num}"> ${num} </a>
                    </li>
                    </c:forEach>

                    <c:if test="${dto.next}">
                    <li class="page-item">
                        <a class="page-link" href="${dto.end + 1}">Next</a>
                    </li>
                    </c:if>
```

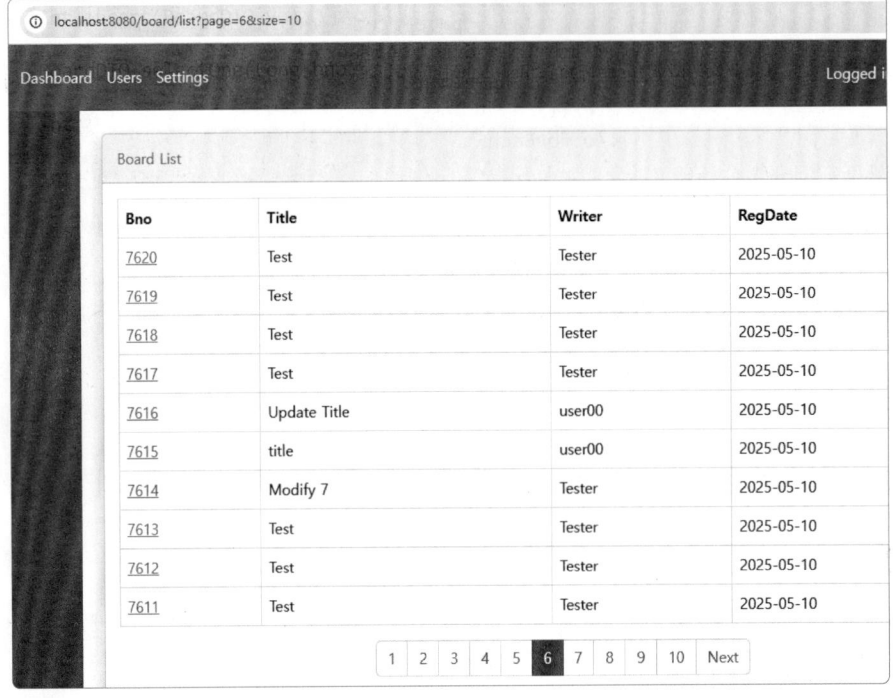

7.7 동적 쿼리와 검색

대부분의 목록 화면에는 검색 기능이 추가되어 있습니다. 예를 들어 '제목(title), 내용(content), 작성자(writer)' 등의 검색 조건과 특정한 키워드(keyword)를 입력해서 검색하는 것이 일반적입니다. 실무에서는 이러한 검색 화면은 다양한 조건을 이용하기 때문에 화면의 상당 부분을 차지할 때가 많습니다.

검색에서 가장 주의할 점은 검색 조건이 '조합'의 형식이라는 점입니다. 예를 들어 '제목 + 내용'이나 '제목 + 작성자'와 같은 2개의 조건이 조합되기도 하고, '제목 + 내용 + 작성자'와 같이 3개의 조건이 결합될 수도 있습니다. 여러 개의 조건이 상황에 따라서 조합이 되는 경우 이를 처리하는 SQL은 where 조건이 매번 변경되어야 하는데 MyBatis는 '동적 쿼리(dynamic query)' 기능을 제공하므로 실행 시점에 필요한 쿼리를 생성할 수 있습니다.

동적 쿼리는 상황에 맞게 변할 수 있는 쿼리입니다. MyBatis의 XML이나 어노테이션으로 작성된 SQL의 경우 고정된 값이지만, 동적 쿼리를 이용하면 조건문이나 반복문을 처리할 수 있기 때문에 이를 활용해서 매번 다른 쿼리를 생성할 수 있습니다(MyBatis의 어노테이션을 이용해서 동적 쿼리를 만들 수 있긴 하지만, XML로 작성하는 것이 일반적입니다.).

7.7.1 동적 쿼리를 위한 설계

예제에서는 '제목(title), 내용(content), 작성자(writer)'를 조합해서 다음과 같은 조합을 생성합니다.

#. 단일 항목

- 제목은 'T', 내용은 'C', 작성자는 'W'라는 키워드를 사용

#. 2개 조합

- '제목 혹은 내용'의 경우 'TC'
- '제목 혹은 작성자'의 경우 'TW'
- '내용 혹은 작성자'의 경우 'CW'

#. 3개 조합

- '제목 혹은 내용 혹은 작성자'의 경우 'TCW'

검색 타입은 하나의 문자로 표현하고 각 문자는 하나의 검색 조건을 의미합니다. 이렇게 생성된 검색 조건은 MyBatis에서 반복문을 통해서 조건에 맞는 SQL을 생성하도록 구성합니다.

MyBatis의 <foreach>

검색 타입은 하나의 문자로 표현하고 각 문자는 하나의 검색 조건을 의미합니다. 이렇게 생성된 검색 조건은 MyBatis에서 반복문을 통해서 조건에 맞는 SQL을 생성하도록 구성합니다.

BoardMapper 인터페이스에는 listSearch( )라는 메서드를 추가합니다. 파라미터로는 각 조건을 의미하는 글자들과 키워드를 파라미터로 설계합니다.

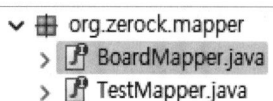

```java
package org.zerock.mapper;

import java.util.List;

import org.apache.ibatis.annotations.Param;
import org.zerock.dto.BoardDTO;

public interface BoardMapper {

    int insert(BoardDTO vo);

    ...생략

    List<BoardDTO> listSearch(
        @Param("skip") int skip,
        @Param("count") int count,
        @Param("types") String[] types,
        @Param("keyword") String keyword);

}
```

추가된 listSearch( )의 검색 조건은 types라는 문자열의 배열로 처리하고, 키워드는 문자열로 입력받게 합니다. BoardMapper.xml에서는 우선 types와 keyword가 있으면 〈foreach〉문으로 작성합니다. 〈if〉 조건을 같이 결합해서 다음과 같은 형식으로 작성합니다(아직은 온전한 쿼리문은 아니지만, 조건문과 반복문이 정상적으로 실행되는지 확인하는 수준은 가능하도록 작성합니다.).

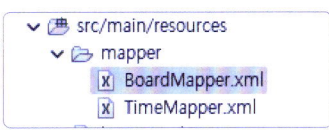

```xml
<select id="listSearch" resultType="BoardDTO">
SELECT bno, title, writer, regDate FROM tbl_board
WHERE delflag = false

<if test="types != null and keyword != null">
    <foreach collection="types" item="type">

    #{type}

    </foreach>

</if>

ORDER BY bno desc
limit #{skip}, #{count}

</select>
```

추가된 〈select〉는 types와 keyword가 있는 경우에만 〈foreach〉를 실행하고 types 배열의 각 요소만을 출력하도록 작성되었습니다. 정상적인 동작을 확인하기 위해서는 테스트 코드가 필요합니다. types와 keyword 변수를 생성해서 listSearch( )를 확인합니다.

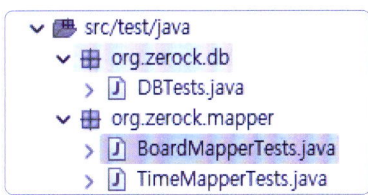

```java
@Test
public void testSerach() {

    int page = 2;

    //계산
    int skip = ( page -1 ) * 10;
    int count = 10;

    String[] types = new String[] {"T","C","W"};
    String keyword = "Test";

    boardMapper.listSearch(skip, count, types, keyword);

}
```

테스트 코드를 실행하면 SQL은 온전하지 않기 때문에 오류가 나지만, types가 정상적으로 반복문으로 처리되는 것을 확인할 수 있습니다.

```
adding stats (total=2/10, idle=2/2, active=0, waiting=0)
Preparing: SELECT bno, title, writer, regDate FROM tbl_board WHERE delflag = false ? ? ? ORDER BY bno desc limit ?, ?
Parameters: T(String), C(String), W(String), 10(Integer), 10(Integer)
```

배열이 정상적으로 동작하는 것을 확인했다면 〈foreach〉 안에 〈if〉문을 추가해서 각 조건에 맞는 SQL을 생성하도록 수정합니다.

```xml
            <if test="types != null and keyword != null">
               <foreach collection="types" item="type">

                  <if test='type.equals("T")'>
                     title like CONCAT('%',#{keyword},'%')
                  </if>
                  <if test='type.equals("C")'>
                   content like CONCAT('%', #{keyword}, '%')
                  </if>
                  <if test='type.equals("W")'>
                   writer like CONCAT('%', #{keyword}, '%')
                  </if>

               </foreach>

            </if>
```

테스트 코드를 실행하면 여전히 에러가 발생하지만, 다음과 같은 SQL문이 생성되는 것을 확인할 수 있습니다.

```
Runs: 1/1
  BoardMapperTests [Runner: JUnit 5] (0.191 s)
    testSerach() (0.191 s)
```

```
### SQL: SELECT bno, title, writer, regDate 
FROM tbl_board     WHERE delflag = fal
se                                title like CONCAT('%', ?, '%')
content like CONCAT('%', ?, '%')
writer like CONCAT('%', ?, '%')
ORDER BY bno desc   limit ?, ?
```

실행된 SQL문을 보면 각 조건을 연결하는 'OR'가 빠져있는 것을 확인할 수 있습니다. 또한, AND와 OR의 우선순위를 조정하기 위해서 검색 조건은 '( )'를 이용할 수 있도록 작성할 필요가 있습니다. MyBatis의 〈foreach〉에는 open, close, separator와 같은 속성을 지정해서 반복의 시작이나 종료, 중간에 특정한 SQL문을 넣을 수 있습니다.

```
    <if test="types != null and keyword != null">
       <foreach collection="types" item="type" open="(" close=")" separator=" OR ">
            <if test='type.equals("T")'>
                title like CONCAT('%',#{keyword},'%')
            </if>
            <if test='type.equals("C")'>
             content like CONCAT('%', #{keyword}, '%')
            </if>
            <if test='type.equals("W")'>
             writer like CONCAT('%', #{keyword}, '%')
            </if>
       </foreach>
    </if>
```

변경된 XML을 테스트하면 다음과 같은 SQL문이 생성되는 것을 확인할 수 있습니다.

```
### SQL: SELECT bno, title, writer, regDate
FROM tbl_board    WHERE delflag = false
(                         title like CONCAT('%',?,'%')
OR                 content like CONCAT('%', ?, '%')
OR                 writer like CONCAT('%', ?, '%')                    )
ORDER BY bno desc   limit ?, ?
```

마지막으로 문제가 되는 부분은 'WHERE delflag = false' 뒤에 AND가 추가되어야 하는 부분입니다. <foreach>로 무언가 만들어진다면 open 시에 'AND'로 시작하게 수정합니다.

```xml
<select id="listSearch" resultType="BoardDTO">
SELECT bno, title, writer, regDate FROM tbl_board
WHERE delflag = false

<if test="types != null and keyword != null">
   <foreach collection="types" item="type" open="AND (" close=")" separator=" OR ">

      <if test='type.equals("T")'>
        title like CONCAT('%',#{keyword},'%')
      </if>
      <if test='type.equals("C")'>
       content like CONCAT('%', #{keyword}, '%')
      </if>
      <if test='type.equals("W")'>
       writer like CONCAT('%', #{keyword}, '%')
      </if>
   </foreach>
</if>

ORDER BY bno desc
limit #{skip}, #{count}

</select>
```

테스트 코드를 실행하면 다음과 같은 SQL문이 생성되는 것을 확인할 수 있습니다.

```
SELECT bno, title, writer, regDate FROM tbl_board WHERE delflag =
false AND ( title like CONCAT('%',?,'%') OR content like CONCAT('%', ?,
'%') OR writer like CONCAT('%', ?, '%') ) ORDER BY bno desc limit ?, ?
```

테스트 코드에서는 검색 조건을 수정해서 다양한 상황에서 만들어지는 SQL문을 확인할 수 있습니다. 예를 들어, '제목(T)'만으로 검색하면 다음과 같은 SQL문이 생성됩니다.

```
SELECT bno, title, writer, regDate FROM tbl_board WHERE delflag =
false AND ( title like CONCAT('%',?,'%') ) ORDER BY bno desc limit ?, ?
```

만일 검색 조건인 types가 null이거나 keyword가 null이라면 검색 관련된 SQL이 생성되지 않는 것을 확인할 수 있습니다.

```
SELECT bno, title, writer, regDate FROM tbl_board WHERE delflag =
false ORDER BY bno desc limit ?, ?
```

전체 데이터 숫자와 검색

검색 조건에 맞는 SQL이 올바르게 생성되었지만, 검색 조건은 전체 데이터의 숫자를 가져오는 부분에도 동일하게 영향을 주게 됩니다. 이를 위해서 BarodMapper에 listCountSearch( )라는 메서드를 추가하고 검색 조건과 키워드를 파라미터로 추가합니다.

```
v ⊞ org.zerock.mapper
  > J BoardMapper.java
  > J TestMapper.java
```

```java
public interface BoardMapper {

    ...생략

    List<BoardDTO> listSearch(
        @Param("skip") int skip,
        @Param("count") int count,
        @Param("types") String[] types,
        @Param("keyword") String keyword);

    int listCountSearch(
        @Param("types") String[] types,
        @Param("keyword") String keyword);

}
```

<sql>과 <include>

BoardMapper.xml에는 listCountSearch( )에 해당하는 XML을 추가합니다. 이때 listSearch( )에서 사용한 동적 쿼리가 그대로 적용됩니다. 작성되는 SQL문을 비교하기 위해서 listSearch 부분을 같이 비교해 보면 두 쿼리 모두 동적 쿼리가 동일하다는 것을 알 수 있습니다.

```
▼ 🗁 src/main/resources
  ▼ 🗁 mapper
      🗎 BoardMapper.xml
      🗎 TimeMapper.xml
```

```xml
<if test="types != null and keyword != null">
    <foreach collection="types" item="type" open="AND (" close=")" separator=" OR ">

        <if test='type.equals("T")'>
           title like CONCAT('%',#{keyword},'%')
        </if>
        <if test='type.equals("C")'>
          content like CONCAT('%', #{keyword}, '%')
        </if>
        <if test='type.equals("W")'>
          writer like CONCAT('%', #{keyword}, '%')
        </if>
    </foreach>
</if>
```

listSearch와 listSearchCount의 내부에는 동일한 코드가 적용되는데 이럴 경우 나중에 수정이 필요하면 양쪽 모두를 수정해야만 합니다. 다행히도 MyBatis에는 <sql>이라는 SQL Fragment 기능을 이용해서 SQL문을 분리하고 <include>를 이용해서 가져다 사용할 수 있습니다.

위의 <select> 태그들에서 공통적인 부분은 <sql>로 분리하면 다음과 같이 search라는 id를 가진 SQL의 일부를 <include>를 통해서 사용할 수 있습니다.

```xml
<sql id="search">

    <if test="types != null and keyword != null">
        <foreach collection="types" item="type" open="AND (" close=")" separator=" OR ">
```

```xml
            <if test='type.equals("T")'>
               title like CONCAT('%',#{keyword},'%')
            </if>
            <if test='type.equals("C")'>
               content like CONCAT('%', #{keyword}, '%')
            </if>
            <if test='type.equals("W")'>
               writer like CONCAT('%', #{keyword}, '%')
            </if>
         </foreach>
      </if>
   
   </sql>
   
   <select id="listSearch"  resultType="BoardDTO">
   SELECT bno, title, writer, regDate FROM tbl_board
   
   WHERE delflag = false
   
   <include refid="search"></include>
   
   ORDER BY bno desc
   limit #{skip}, #{count}
   
   </select>
   
   <select id="listCountSearch" resultType="int">
   
   SELECT count(bno) FROM tbl_board where delFlag = false
   
   <include refid="search"></include>
   
   </select>
```

7.7.2 서비스 계층의 변경

검색 조건과 키워드는 화면에서 출력할 때도 사용되어야 하기 때문에 BoardListPagingDTO에도 추가되어야 하고 생성자 역시 변경됩니다.

- org.zerock.controller
- org.zerock.dto
  - BoardDTO.java
  - **BoardListPagingDTO.java**
  - SampleDTO.java

```java
@Data
public class BoardListPagingDTO {

    private List<BoardDTO> boardDTOList;

    private int totalCount;

    private int page, size;

    private int start, end;

    private boolean prev, next;

    private List<Integer> pageNums;

    private String types;

    private String keyword;


    public BoardListPagingDTO(
            List<BoardDTO> boardDTOList,
            int totalCount,
            int page,
            int size,
            String types,   //검색 관련 추가 부분
            String keyword) {

        this.boardDTOList = boardDTOList;
        this.totalCount = totalCount;
        this.page = page;
        this.size = size;
        this.types = types; //검색 관련 추가
        this.keyword = keyword;


    ...생략

    }
}
```

MyBatis의 검색 조건에 대한 처리가 완료되었다면 BoardService에는 추가적인 파라미터를 받을 수 있도록 메서드를 추가합니다. 목록 데이터를 가져오는 BoardMapper의 listSearch( ) 와 listCount( )에 대한 변경이 필요합니다.

- org.zerock.service
  - BoardService.java
  - HelloService.java

```java
    public BoardListPagingDTO getList(int page, int size, String typeStr,
String keyword) {

        //페이지 번호가 0보다 작으면 무조건 1페이지
        page = page <= 0? 1 : page;
        //사이즈가 10보다 작거나 100보다 크면 10
        size = (size <= 10 || page > 100) ? 10: size;

        int skip = (page -1 ) * size;

        String[] types = typeStr != null ? typeStr.split(""): null;

        List<BoardDTO> list = boardMapper.listSearch(skip, size, types, keyword);

        int total = boardMapper.listCountSearch(types, keyword);

        return new BoardListPagingDTO(list, total, page, size, typeStr,
keyword);

    }
```

getList( )에는 문자열로된 typeStr을 파라미터로 받아서 split( )을 통해서 문자열의 배열로 구성하고 이를 keyword와 함께 전달합니다.

7.7.3 컨트롤러와 화면 처리

BoardController 역시 추가로 검색 타입과 키워드를 파라미터로 선언하고 이를 이용해서 BoardService의 파라미터가 4개인 getList( )를 호출하도록 수정합니다. 선언되는 파라미터 중에 검색 관련된 조건이 없을 수 있으므로 관련 파라미터는 required 속성값을 false로 지정합니다.

- src/main/java
  - org.zerock.aop
  - org.zerock.controller
    - BoardController.java
    - HelloController.java

```java
    @GetMapping("/list")
    public void list(
        @RequestParam( name = "page", defaultValue = "1" ) int page,
        @RequestParam( name = "size", defaultValue = "10" ) int size,
        @RequestParam( name = "types", required = false) String types,
        @RequestParam( name = "keyword", required = false ) String keyword,
        Model model) {

        log.info("page : " + page);
        log.info("size : " + size);

        model.addAttribute("dto", boardService.getList(page, size, types, keyword));

    }
```

화면에서는 〈select〉 태그와 〈input〉 태그를 이용해서 검색이 가능하도록 구성하고 버튼으로 검색할 수 있게 구성합니다.

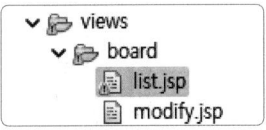

list.jsp 안에는 〈table〉 태그 앞에 검색 조건과 관련된 태그들을 구성합니다.

```html
            <div class="card-body">

            <div class="d-flex justify-content-end" style="margin-bottom: 2em">
              <div style="width: 50%;" class="d-flex">
                <select name="typeSelect" class="form-select form-control me-2">
                  <option value="">--</option>
                  <option value="T" ${dto.types == 'T' ? 'selected' : ''}>제목</option>
                  <option value="C" ${dto.types == 'C' ? 'selected' : ''}>내용</option>
                  <option value="W" ${dto.types == 'W' ? 'selected' : ''}>작성자</option>
                  <option value="TC" ${dto.types == 'TC' ? 'selected' : ''}>제목 OR 내용</option>
                  <option value="TW" ${dto.types == 'TW' ? 'selected' : ''}>제목 OR 작성자</option>
```

```
                <option value="TCW" ${dto.types == 'TCW' ? 'selected' : 
''}>제목 OR 내용 OR 작성자</option>
            </select>
            <input type="text" class="form-control me-2" 
name="keywordInput" value="<c:out value='${dto.keyword}'/>" />
            <button class="btn btn-outline-info searchBtn">Search</button>
        </div>
    </div>

        <table class="table table-bordered" id="dataTable">
```

프로젝트를 실행한 후에 검색 조건을 확인하기 위해서 주소창을 조작해 봅니다.

types의 값에 따라서 화면에서 적절한 <option>이 선택되었는지 확인합니다. 예를 들어 'types=TC'의 경우 아래와 같은 항목이 선택됩니다.

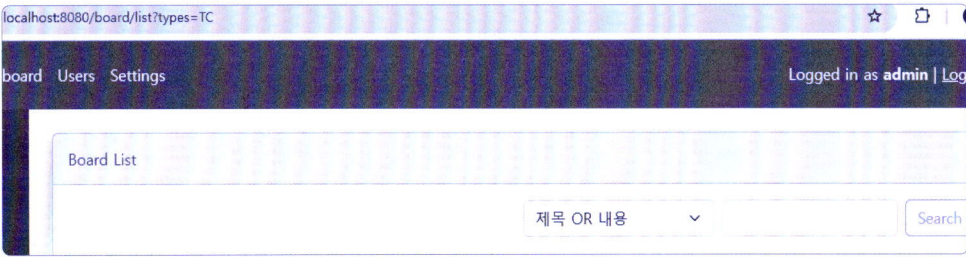

키워드 옆의 버튼은 이벤트 처리를 통해서 컨트롤러를 호출하는 주소를 만들어냅니다.

```
        document.querySelector(".searchBtn").addEventListener('click', e => {

          const keyword = document.querySelector("input[name='keywordInput']").
        value

          const selectObj = document.querySelector("select[name='typeSelect']")

          const types   = selectObj.options[selectObj.selectedIndex].value
```

```
    const params = new URLSearchParams({
        types: types,
        keyword: keyword
    });

    self.location =    `/board/list?\${params.toString()}`

}, false)
```

브라우저를 통해서 적절한 검색 타입을 지정하고 키워드를 입력하면 해당 조건에 맞는 게시물들이 출력되는 것을 확인할 수 있습니다.

Bno	Title	Writer	RegDate
7665	Update Title	user00	2025-05-10
7664	title	user00	2025-05-10
7658	Update Title	user00	2025-05-10
7657	title	user00	2025-05-10
7651	Update Title	user00	2025-05-10
7650	title	user00	2025-05-10
7644	Update Title	user00	2025-05-10
7643	title	user00	2025-05-10
7637	Update Title	user00	2025-05-10
7636	title	user00	2025-05-10

'Search' 버튼을 클릭하면 검색을 새로 실행하는 것을 의미하기 때문에 항상 1페이지가 됩니다.

페이지 번호와 검색 조건 유지

검색의 결과는 항상 1페이지로 유지되지만, 아래쪽의 페이지 번호를 클릭하면 검색 조건이 사라지는 현상을 보게 됩니다. 이것은 페이지 이동 시 검색에 대한 부분을 전달하지 않기 때문에 발생하는 문제입니다. 페이지 이동 이벤트를 처리하는 부분에도 검색 조건이 있는 경우에는 필요한 쿼리스트링을 추가하도록 수정합니다.

```
pagingDiv.addEventListener("click", (e) => {

    e.preventDefault()
    e.stopPropagation()

    const target = e.target

    //console.log(target)

    const targetPage = target.getAttribute("href")

    const size = ${dto.size}|| 10 // BoardListPagingDT의 size

    const params = new URLSearchParams({
        page: targetPage,
        size: size
    });

    const types = '${dto.types}'
    const keyword = '${dto.keyword}'


    if(types && keyword){
       params.set('types', types)
       params.set('keyword', keyword)
    }

    console.log(params.toString())

    self.location =`/board/list?\${params.toString()}` //JavaScript
백틱, 템플릿

}, false)
```

위의 코드가 추가된 후에는 페이지 이동 시에도 검색 조건이 유지되는 것을 확인할 수 있습니다. 예를 들어 http://localhost:8080/board/list?types=TC&keyword=title은 '제목 OR 내용', 키워드는 title인데 검색 후에 페이지 이동을 해도 검색 조건과 키워드가 유지되는 것을 확인할 수 있습니다.

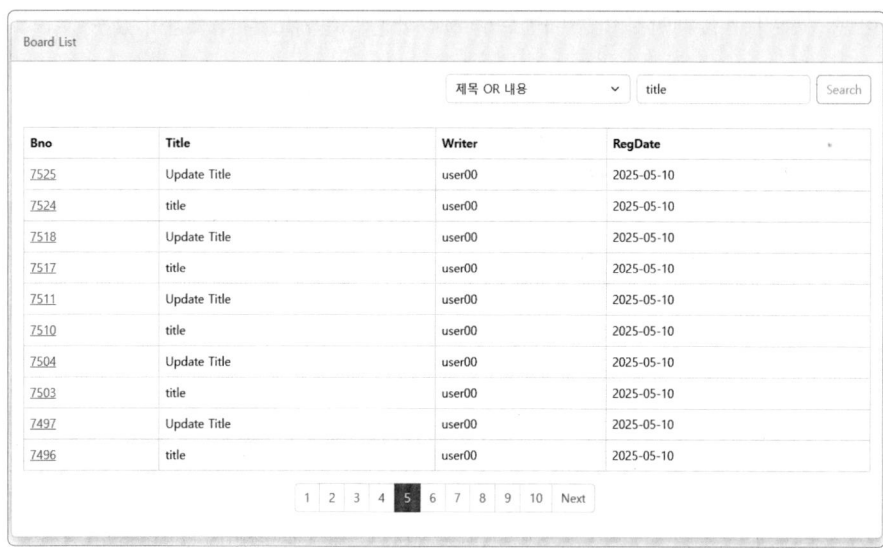

추가적인 고려 사항

게시물 관리의 구현은 페이징 처리와 검색 조건의 처리까지를 기본으로 작성하지만, 추가로 조회나 수정 시에도 검색 조건을 유지하는 것을 고민할 수 있습니다. 최근에 대부분의 사용자들은 '뒤로 가기'가 가능한 마우스나 마우스 패드를 사용하는 경우가 많기 때문에 특별히 이런 처리가 필요하지 않을 수도 있지만, 좀 더 꼼꼼하게 구현될 필요가 있을 때는 조회나 수정/삭제 시에도 검색 조건과 페이지 번호 등이 그대로 사용될 수 있습니다.

Chapter 08

댓글과 RESTful

최근 웹 개발 트렌드에서 보이는 필수 요소는 브라우저 내에서 JavaScript 코드로 서버와의 통신이나 화면 처리가 늘고 있다는 점입니다. 구글 지도나 자동완성 등에서 사용되던 Ajax(Asynchronous JavaScript and XML 이하 Ajax)는 반드시 알아야 하는 기술이 되었습니다.

서버에서도 Ajax를 이용해서 통신에 필요한 데이터를 제공하는 방식이 발전하고 있습니다. JSON(JavaScript Object Notation)이라는 포맷으로 데이터를 전송하고 이를 위한 통신 규약이 사용됩니다.

이 장에서 학습할 내용입니다.

- Ajax를 이용한 서버 호출
- JSON 데이터의 생성과 반환
- 브라우저에서의 JSON 처리

8.1 Ajax와 비동기 통신

Ajax는 'Asynchronous JavaScript And XML'의 약어로 브라우저와 서버 간의 통신을 처리하는 일종의 패턴입니다. 전통적으로 브라우저는 주소창을 기준으로 변경이 일어나면 서버를 호출(request)하고 서버에서는 데이터를 전송(response)하고 브라우저는 이를 출력하는 방식으로 동작합니다.

전통적인 요청과 응답 방식에서의 브라우저는 새로운 화면을 보여주기 위해서 화면에 보이는 모든 데이터를 지우고 다시 새로운 데이터를 출력하는데, 이 때문에 사용자는 순간적으로 화면이 깜빡이는 것을 볼 수 있습니다.

Ajax는 전통적인 방식과 조금 다르게 브라우저의 주소창이 변경되면서 시작되는 방식이 아니라 화면의 내부에서 서버를 호출합니다. 이러한 이유로 사용자는 기존의 화면은 그대로 유지되면서 서버와의 통신 결과를 볼 수 있게 됩니다. 예를 들어, 최근의 검색은 대부분 이런 방식으로 사용자가 입력한 약간의 키워드에 맞게 결과 데이터를 화면에 조금씩 보여줄 수 있습니다. 이러한 의미에서 Ajax를 가장 간단하게 설명하자면 '화면의 깜빡임 없이 서버를 호출하는 방법'이라고 볼 수 있습니다.

8.1.1 동기 vs 비동기

Ajax를 이해하기 위해서는 꼭 비동기라는 개념을 알아야만 합니다. 동기/비동기에 대한 개념을 쉽게 이해하기 위해 우리가 자주 가는 카페를 예로 들어 보겠습니다. 동기화된 방식으로 일을 하는 동기 카페와 비동기 방식으로 일을 하는 비동기 카페라는 가상의 가게를 설명합니다.

동기 카페는 손님이 주문한 순서대로 처리합니다. 손님 한 명의 주문이 완료될 때까지 다음 손님은 기다려야만 합니다. 그렇기 때문에 손님이 많으면 마지막 손님은 다른 일을 할 수 없고 기다리는 수밖에 없습니다.

```
[손님1] ---- 주문접수 ---- 음료제조 ----> 완료
              (기다림)        (기다림)
    [손님2] ------------------ 주문접수 ---- 음료제조 ----> 완료
                                              (기다림)
        [손님3] ------------------------------- 주문접수 ---- 음료제조 ----> 완료
```

비동기 카페는 진동벨을 사용하는 카페입니다. 손님이 주문하면 주문을 접수한 후에 번호가 적힌 진동벨을 줍니다. 따라서 여러 명의 손님이 오더라도 주문 접수에 걸리는 시간을 제외하면 적은 시간 내에 많은 주문을 받을 수 있고, 하나의 주문이 처리되면 진동벨을 울리게 해서 손님이 주문한 음료를 받아 갈 수 있도록 합니다.

```
[손님1] -- 주문접수 --[벨1] --> 대기중 ------> [벨1 울림] --> 음료수령
[손님2] -- 주문접수 --[벨2] --> 대기중 ------> [벨2 울림] --> 음료수령
[손님3] -- 주문접수 --[벨3] --> 대기중 ------> [벨3 울림] --> 음료수령
```

브라우저에서도 동기/비동기 방식은 함께 사용됩니다. 예를 들어, 경고창을 보여주기 위해서 사용하는 alert( ) 함수는 동기화된 방식으로 동작합니다. 따라서 사용자가 경고창을 해제하기 전까지 브라우저는 모든 동작을 멈추고 대기합니다.

브라우저에서 버튼 클릭 같은 이벤트 처리는 비동기로 동작합니다. 즉, 사용자가 버튼을 클릭하면 브라우저가 "이 클릭 이벤트를 처리해야겠네!" 하고 대기열에 넣어둡니다. 호출이 되면 현재 실행 중인 다른 작업이 끝나면 대기열에서 꺼내서 처리합니다. 이 방식 덕분에 사용자가 버튼을 5번 빠르게 클릭하더라도 브라우저는 연속적으로 클릭 이벤트를 처리할 수 있게 됩니다.

8.1.2 Ajax가 가져온 변화

Ajax는 사용자가 브라우저에서 보는 화면을 그대로 유지한 상태에서 서버와의 통신이 가능합니다. 이 때문에 화면에서는 필요한 데이터를 받아서 변화가 필요한 부분에 대해서만 처리하게 됩니다. 예를 들어, 우리가 자주 사용하는 브라우저 내 지도 화면도 대부분 Ajax로 동작하기 때문에 사용자가 마우스 등으로 이동하게 되면 필요한 새로운 지도의 일부분만 가져와서 채우는 방식으로 동작하게 됩니다.

Ajax가 널리 사용되면서 웹 개발은 다음과 같은 변화가 생겼습니다.

- JavaScript의 역할 증대: HTML의 보조적인 역할에서 벗어나 서버와 통신을 담당하고 결과를 HTML로 처리하는 역할을 하게 됩니다.
- 서버의 역할 변화: 서버는 브라우저에서 보여줄 HTML 코드를 만드는 대신에 XML이나 JSON 등을 이용해서 순수한 데이터만을 전송하게 됩니다.

Ajax를 위한 라이브러리

JavaScript에서 Ajax를 이용하기 위해서 사용하는 방법은 다양합니다.

- Axios: JSON 기반의 통신을 기본으로 지원하고 브라우저뿐 아니라 Node.js와 같이 JavaScript 기반의 플랫폼에서도 사용 가능합니다. 예제에서 사용합니다.

- Fetch API: 최신 브라우저에서는 기본으로 제공되는 API입니다. 브라우저의 지원 여부를 반드시 확인해야만 합니다.
- jQuery: Fetch API 등이 등장하기 전에 가장 많이 사용되던 Ajax 기능들을 제공하는 라이브러리입니다.
- 기타: RxJS, SuperAgent 등

예제에서는 Axios 라이브러리를 이용해서 Ajax 호출을 합니다. Axios는 기본적으로 JSON 포맷을 지원하기 때문에 별도의 JavaScript를 위한 추가적인 변환 작업 등을 생략할 수 있습니다.

8.1.3 RESTful

화면에서 Ajax 호출을 하면 서버에서는 기존과 달리 화면에 필요한 데이터만을 전송해 주어야 합니다. 이 과정에서 과거에는 주로 XML 포맷으로 데이터를 전달할 때가 많았지만, 최근에는 주로 JSON 포맷을 이용합니다.

REST(Representational State Transfer 이하 REST) 방식은 웹에서 데이터를 어떻게 주고받을 것인지에 대한 일종의 아키텍처입니다. 주로 HTTP의 메서드(GET, POST, PUT, DELETE 등)를 이용해서 서버와 어떤 작업을 할 것인지를 명시하고 브라우저에서는 주로 Ajax로 REST 방식을 지원하는 서버를 호출하게 됩니다.

REST 방식은 특정한 자원(리소스)을 하나의 URI로 표현하고 이에 대한 처리는 HTTP의 메서드를 활용하는데 이런 방식으로 만들어진 서버를 'RESTful하다'고 표현합니다.

예를 들어, RESTful하게 만들어진 사용자 처리용 서버의 호출 경로는 다음과 같이 정의할 수 있습니다(아래의 화면은 ChatGPT에서 만든 결과를 인용했지만, 반드시 정해진 규칙이 있는 것은 아닙니다. 사용하는 사람들에 따라 다른 패턴을 작성해도 됩니다.).

HTTP 메서드	URI	설명
GET	/users	사용자 목록 조회
GET	/users/123	특정 사용자 조회
POST	/users	새 사용자 생성
PUT	/users/123	특정 사용자 전체 업데이트
PATCH	/users/123	특정 사용자 부분 업데이트
DELETE	/users/123	특정 사용자 삭제

JSON 데이터와 @RestController

REST 방식의 서비스에서는 화면에 필요한 데이터를 JSON으로 처리할 것인데 이를 편하게 하기 위해서 Jackson Databind라는 라이브러리를 활용합니다. Jackson Databind는 Java 객체를 JSON으로 변환하거나 반대의 작업을 간단히 처리할 수 있습니다.

스프링 MVC쪽에서는 @RestController라는 것을 이용합니다. @RestController는 일반 컨트롤러와 선언하는 방식은 동일하지만, 모든 메서드의 리턴값은 라이브러리가 있다면 직접 JSON 문자열로 만들어서 전송할 수 있기 때문에 편리합니다.

ResponseEntity< >

@RestController를 이용해서 만들어지는 컨트롤러의 리턴 타입은 객체 타입이나 기본 자료형도 가능하지만, 일반적으로 ResponseEntity< >라는 타입으로 설계하는 것이 일반적입니다.

ResponseEntity의 가장 특별한 점은 HTTP의 상태 코드를 지정할 수 있다는 점입니다. 예를 들어, 없는 데이터는 404(Not Found) 상태 코드를 만들어 내거나 권한 체크 등을 이용하는 경우 403(Forbidden) 상태 코드를 메서드의 내부에서 상황에 따라 조절할 수 있다는 장점이 있습니다.

8.1.4 프로젝트 설정

프로젝트에서는 Java 객체를 JSON으로 변경하기 위해서 'jackson-databind' 라이브러리와 LocalDateTime 처리를 위한 'jackson-datatype-jsr310'을 추가해 줍니다.

```
<dependency>
    <groupId>com.fasterxml.jackson.core</groupId>
    <artifactId>jackson-databind</artifactId>
    <version>2.19.0</version>
</dependency>


<dependency>
    <groupId>com.fasterxml.jackson.datatype</groupId>
    <artifactId>jackson-datatype-jsr310</artifactId>
    <version>2.19.0</version>
</dependency>
```

web.xml의 변경

Ajax를 이용해서 전송되는 데이터는 크게 순수한 문자열로 구성되는 JSON 형식의 데이터이거나 파일 데이터를 담아서 보내는 JavaScript의 FormData 타입의 데이터입니다. 파일에 대한 처리는 조금 뒤에서 처리하겠지만, 나중에 파일 업로드가 가능한 처리를 미리 확인하기 위해서 프로젝트 내에 파일 업로드 관련된 설정 역시 추가합니다.

파일 업로드는 web.xml에서 파일 데이터를 처리하도록 설정을 추가합니다.

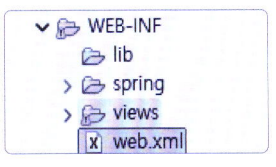

```
<servlet>
    <servlet-name>appServlet</servlet-name>
    <servlet-class>org.springframework.web.servlet.DispatcherServlet</servlet-class>
    <init-param>
        <param-name>contextConfigLocation</param-name>
        <param-value>/WEB-INF/spring/servlet-context.xml</param-value>
    </init-param>
    <load-on-startup>1</load-on-startup>
    <multipart-config>
        <max-file-size>20971520</max-file-size><!-- 최대크기 1MB * 20 -->
        <max-request-size>41943040</max-request-size><!--   1MB * 40 -->
        <file-size-threshold>20971520</file-size-threshold><!--   1MB * 20 -->
    </multipart-config>
</servlet>
```

변경된 〈servlet〉의 설정은 〈multipart-config〉입니다. 이 설정으로 Tomcat에서는 첨부파일이 있는 FormData 타입의 데이터를 처리할 수 있게 됩니다. 〈file-size-threshold〉의 설정값은 특정한 크기 이상의 데이터는 별도의 폴더에 임시로 저장한 후에 처리하는 것으로 설정합니다.

〈multipart-config〉에는 〈location〉을 지정할 수 있는데 위와 같이 지정되지 않으면, Windows는 C:\Users\계정\AppData\Local\Temp 폴더에, Linux는 /tmp 경로를 이용합니다.

servlet-context.xml의 설정

web.xml의 설정이 Tomcat의 파일 업로드나 FormData를 위한 설정이라면 스프링 자체에서 파일 업로드 설정은 주로 과거에 파일 업로드 기능이 지원되지 않았던 WAS(Web Application

Server)들을 위한 기능입니다. 예제에서는 이미 Tomcat의 기능을 이용하기 때문에 servlet-context.xml을 이용해서 파일 업로드에 대한 처리는 WAS 자체의 설정을 이용한다고 지정해 줍니다.

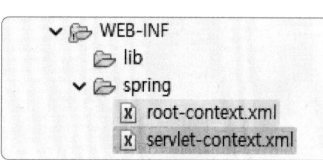

```xml
    ...
    <mvc:resources mapping="/resources/**" location="/resources/" />

  <bean id="multipartResolver"
        class="org.springframework.web.multipart.support.StandardServletMultipartResolver"/>

</beans>
```

8.2 댓글을 위한 데이터베이스 설계

게시물과 댓글은 전형적인 '다대일(ManyToOne) 혹은 일대다(OneToMany)'의 관계로 설계됩니다. 하나의 게시글에는 여러 개의 댓글이 있을 수 있기 때문에 게시물의 입장에서 보면 '일대다'의 관계로 해석할 수 있고, 댓글의 입장에서는 '여러 개의 댓글이 하나의 게시글에 속한다'고 해석하기 때문에 '다대일'의 관계로 볼 수 있습니다.

데이터베이스 테이블의 설계 시에는 게시글이 PK(Primary Key)가 되고 댓글은 게시글의 번호를 FK(외래키(Foreign Key))로 설계하게 됩니다. 데이터베이스 내에 tbl_reply라는 테이블을 추가합니다. tbl_reply 테이블에는 bno 칼럼을 하나 추가하고 tbl_board 테이블의 bno를 FK로 참조하도록 구성합니다.

```sql
CREATE TABLE tbl_reply (
rno INT AUTO_INCREMENT PRIMARY KEY,
replyText VARCHAR(500) NOT NULL,
```

```
    replyer VARCHAR(50) NOT NULL,
    replydate     timestamp default NOW() ,
    updatedate timestamp default NOW(),
    delflag BOOLEAN DEFAULT FALSE,
    bno INT NOT null
    );


ALTER TABLE tbl_reply ADD CONSTRAINT fk_reply_board FOREIGN KEY (bno)
    REFERENCES tbl_board(bno);
```

8.2.1 댓글의 인덱스 설계

게시글과 달리 댓글은 특정한 게시글에 속한 댓글을 조회하게 됩니다. 만일 댓글의 수가 많고 다양한 게시물의 댓글이 있다면 데이터베이스 입장에서는 특정한 게시글의 댓글을 찾기 위해서 테이블 전체를 뒤져야 하는(스캔(scan)) 방식으로 동작하게 됩니다.

이럴 때는 특정한 게시글의 번호로 인덱스(색인)를 만들어 두는 것이 좋습니다. 인덱스를 게시물의 번호와 댓글의 번호로 구성해 두면, 데이터베이스는 미리 만들어둔 인덱스로 검색하기 때문에 검색의 성능이 좋아집니다(인덱스가 반드시 필요한 것이 아닐뿐더러, 모든 성능 문제를 해결해 주는 것도 아닙니다. 데이터가 적다면 오히려 인덱스를 이용하지 않는 것이 더 빠른 경우도 빈번합니다. 예제는 많은 양의 게시물과 댓글이 있다고 가정했고, 실무에서라면 시간이 지나서라도 반드시 인덱스를 이용했을 것으로 판단해서 인덱스를 처음부터 지정한 것입니다.).

```
CREATE INDEX idx_reply_board ON tbl_reply (bno DESC, rno ASC);
```

8.3 댓글의 MyBatis 구현

프로젝트에는 댓글의 데이터를 처리하기 위한 ReplyDTO 클래스를 선언합니다.

- org.zerock.dto
  - BoardDTO.java
  - BoardListPagingDTO.java
  - **ReplyDTO.java**
  - SampleDTO.java
- org.zerock.mapper

```java
package org.zerock.dto;

import java.time.LocalDateTime;

import lombok.AllArgsConstructor;
import lombok.Builder;
import lombok.Data;
import lombok.NoArgsConstructor;

@Data
@Builder
@AllArgsConstructor
@NoArgsConstructor
public class ReplyDTO {

    private Long rno;
    private String replyText;
    private String replyer;
    private LocalDateTime replyDate;
    private LocalDateTime updateDate;
    private boolean delflag;

    private Long bno;

}
```

mapper 패키지에는 ReplyMapper 인터페이스를 선언합니다.

```
▼ ⊞ org.zerock.mapper
  > 🗗 BoardMapper.java
  > 🗗 ReplyMapper.java
  > 🗗 TestMapper.java
  > 🗗 TimeMapper.java
```

```java
package org.zerock.mapper;

public interface ReplyMapper {

}
```

resources 내 mapper 폴더에는 ReplyMapper.xml 파일을 아래와 같이 생성해 둡니다.

XML 파일에서는 namespace 속성값을 ReplyMapper 인터페이스와 동일하게 설정해야 하는 것을 주의합니다.

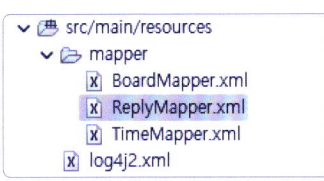

```xml
<?xml version="1.0" encoding="UTF-8" ?>
<!DOCTYPE mapper
        PUBLIC "-//mybatis.org//DTD Mapper 3.0//EN"
        "https://mybatis.org/dtd/mybatis-3-mapper.dtd">
<mapper namespace="org.zerock.mapper.ReplyMapper">


</mapper>
```

8.3.1 댓글의 CRUD

댓글 작업을 하기 전에 반드시 체크해야 하는 것은 댓글을 추가하려고 하는 게시물의 번호를 미리 확인하는 일입니다. 현재 테이블에서도 tbl_board와 tbl_reply 테이블 사이에는 PK와 FK로 묶여 있기 때문에 만일 tbl_board 테이블에 없는 번호로 댓글을 추가하려고 하면 FK 위반으로 에러가 발생하게 됩니다.

개발 전에 아래와 같이 1페이지에 출력될 만한 게시물을 먼저 조회해서 게시물의 번호를 확인해 둡니다.

댓글의 등록

댓글의 등록 시에는 다음과 같은 데이터가 필요합니다.

- 게시물의 번호(bno)
- 댓글의 내용(replyText)
- 댓글의 작성자(replyer)

ReplyMapper 인터페이스에는 insert( ) 메서드를 추가합니다.

```
v ⊞ org.zerock.mapper
  > 🗗 BoardMapper.java
  > 🗗 ReplyMapper.java
  > 🗗 TestMapper.java
```

```java
package org.zerock.mapper;

import org.zerock.dto.ReplyDTO;

public interface ReplyMapper {

    int insert(ReplyDTO replyDTO);
}
```

ReplyMapper.xml에 SQL을 아래와 같이 작성합니다.

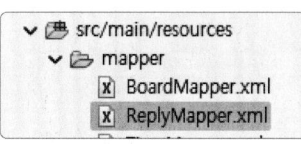

```xml
<insert id="insert">

    <selectKey order="AFTER" keyProperty="rno" resultType="Long">
      SELECT LAST_INSERT_ID()
    </selectKey>

  insert into tbl_reply (bno, replytext, replyer) values (#{bno}, #{replyText}, #{replyer})
    </insert>
```

작성된 insert( )의 동작을 확인하기 위해서 test 폴더 내에 있는 mapper 패키지에 Reply MapperTests를 추가하고 테스트 코드를 작성합니다.

```
v 🗁 src/test/java
  > ⊞ org.zerock.db
  v ⊞ org.zerock.mapper
    > 🗗 BoardMapperTests.java
    > 🗗 ReplyMapperTests.java
    > 🗗 TimeMapperTests.java
```

```java
package org.zerock.mapper;

import org.junit.jupiter.api.Test;
import org.junit.jupiter.api.extension.ExtendWith;
import org.springframework.beans.factory.annotation.Autowired;
import org.springframework.test.context.ContextConfiguration;
import org.springframework.test.context.junit.jupiter.SpringExtension;
import org.zerock.dto.ReplyDTO;

import lombok.extern.log4j.Log4j2;

@ExtendWith(SpringExtension.class)
@ContextConfiguration("file:src/main/webapp/WEB-INF/spring/root-context.xml")
@Log4j2
public class ReplyMapperTests {

    @Autowired
    private ReplyMapper replyMapper;

    @Test
    public void testInsert() {

        //게시물의 번호를 결정 - DB에 존재하는지 먼저 확인할 것
        Long bno = 7670L;

        //새로운 댓글 생성
        //Builder를 이용하면 좀 더 간단
        ReplyDTO replyDTO = ReplyDTO.builder()
                .bno(bno)
                .replyText("Reply..... ")
                .replyer("user1")
                .build();

        replyMapper.insert(replyDTO);

    }
}
```

testInsert( )를 작성할 때는 반드시 현재 존재하는 게시물을 기준으로 작성해야 합니다. 테스트 코드가 정상적으로 실행되었다면 tbl_reply 테이블에 새로운 데이터가 추가된 것을 확인할 수 있습니다.

```
Preparing: insert into tbl_reply (bno, replytext, replyer) values (?, ?, ?)
Parameters: 7670(Long), Reply..... (String), user1(String)
  Updates: 1
```

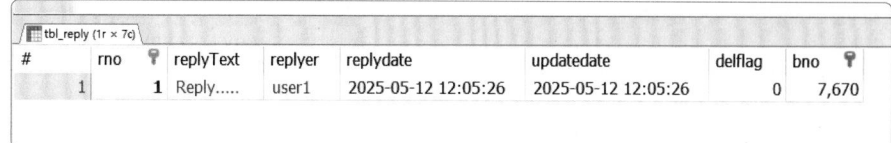

댓글의 조회

댓글의 조회는 특정한 댓글의 번호(rno)로 조회할 수 있습니다.

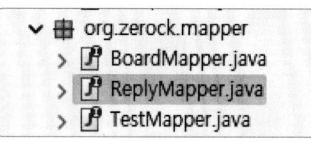

```java
package org.zerock.mapper;

import org.apache.ibatis.annotations.Param;
import org.zerock.dto.ReplyDTO;

public interface ReplyMapper {

    int insert(ReplyDTO replyDTO);

    ReplyDTO read( @Param("rno") Long rno);
}
```

ReplyMapper.xml은 다음과 같이 구현됩니다.

```xml
<select id="read" resultType="ReplyDTO">
select * from tbl_reply where rno = #{rno}
</select>
```

테스트 코드를 통해서 결과를 확인합니다.

```
✓ 🗁 src/test/java
  > ⊞ org.zerock.db
  ✓ ⊞ org.zerock.mapper
    > 🗊 BoardMapperTests.java
    > 🗊 ReplyMapperTests.java
    > 🗊 TimeMapperTests.java
```

```java
@Test
public void testRead() {

    Long rno = 1L;

    log.info("----------------------------------");
    log.info(replyMapper.read(rno));

}
```

```
DEBUG ==>  Preparing: select * from tbl_reply where rno = ?
DEBUG ==> Parameters: 1(Long)
DEBUG <==      Total: 1
ReplyDTO(rno=1, replyText=Reply..... , replyer=user1, replyDate=2025-05-12T12:05:26, updateDate=2025-05-12T12:05:26,
```

댓글의 삭제

댓글의 삭제는 데이터베이스의 테이블에서 해당 레코드의 delFlag 값을 변경하는 것입니다. 댓글의 내용(replyText)을 '삭제된 댓글입니다'로, 댓글의 작성자(replier)는 'unknown'으로 처리합니다. 실제로 댓글을 삭제하지 않았지만, 나중에 화면에서는 '삭제된 댓글입니다'로 출력될 것입니다.

BoardMapper 인터페이스와 BoardMapper.xml에는 delete 기능을 추가합니다.

```
✓ ⊞ org.zerock.mapper
  > 🗊 BoardMapper.java
  > 🗊 ReplyMapper.java
```

```java
package org.zerock.mapper;

import org.apache.ibatis.annotations.Param;
import org.zerock.dto.ReplyDTO;
```

```java
public interface ReplyMapper {

    int insert(ReplyDTO replyDTO);

    ReplyDTO read( @Param("rno") Long rno);

    int delete(@Param("rno") Long rno);

}
```

```xml
<update id="delete">
    update tbl_reply set delFlag = true WHERE rno = #{rno}
</update>
```

특정 댓글이 삭제되도록 테스트 코드를 작성하고 실행합니다.

```
src/test/java
  org.zerock.db
  org.zerock.mapper
    BoardMapperTests.java
    ReplyMapperTests.java
    TimeMapperTests.java
```

```java
@Test
public void testDelete() {

    Long rno = 1L;

    log.info("----------------------------------");
    log.info(replyMapper.delete(rno));

}
```

테스트 코드를 실행해 보면 다음과 같이 update문이 실행되는 것을 확인할 수 있습니다.

```
Preparing: update tbl_reply set delFlag = true, replyText='삭제된 댓글입니다.', replyer ='unknown' WHERE rno = ?
Parameters: 1(Long)
   Updates: 1
```

#	rno	replyText	replyer	replydate	updatedate	delflag	bno
1	1	삭제된 댓글입니다.	unknown	2025-05-12 12:05:26	2025-05-12 22:50:42	1	7,670
2	2	Sample Reply	replyer1	2025-05-12 23:03:36	2025-05-12 23:03:36	0	7,670

댓글의 수정

댓글에서 수정할 수 있는 부분은 replyText 칼럼의 값과 updatedate 칼럼만이 가능합니다 (delFlag는 삭제로 처리했으므로). 하지만, 나중에 확장되는 상황을 위해서라도 ReplyDTO를 파라미터로 받아서 처리하는 것이 무난합니다.

```java
package org.zerock.mapper;

import org.apache.ibatis.annotations.Param;
import org.zerock.dto.ReplyDTO;

public interface ReplyMapper {

  ...생략

  int update(ReplyDTO replyDTO);

}
```

ReplyMapper.xml에는 〈update〉 태그를 추가합니다.

```xml
<update id="update">
    update tbl_reply set replyText = #{replyText}, updateDate = now()
WHERE rno = #{rno}
    </update>
```

테스트 코드를 통해서 칼럼값이 변경되는지 확인합니다.

```java
@Test
public void testUpdate() {

    ReplyDTO replyDTO = ReplyDTO.builder()
            .rno(1L)
            .replyText("Update ReplyText")
            .build();

    replyMapper.update(replyDTO);

}
```

```
Preparing: update tbl_reply set replyText = ?, updateDate = now() WHERE rno = ?
Parameters: Update ReplyText(String), 1(Long)
    Updates: 1
Shutdown initiated...
```

8.3.2 특정 게시물의 댓글 처리

댓글의 경우 대부분은 특정한 게시글을 조회했을 때 해당 댓글을 출력하게 됩니다. 따라서 댓글의 목록 자체가 아니라 특정 게시물 번호를 기반으로 처리된 후에 페이징 처리가 필요합니다. 현재 테이블에는 댓글이 부족하기 때문에 특정한 번호의 게시글을 3개 정도 선택해서 여러 개의 댓글을 추가하는 테스트 코드를 먼저 작성합니다.

현재 실습 중인 데이터베이스 내 tbl_board 테이블에 있는 최신 데이터는 아래와 같은 데이터가 있으므로 이 중에서 7670, 7668, 7665번 게시글에 여러 개의 댓글을 추가하는 코드를 작성합니다.

	bno	title	content	writer
1	7,670	Modify 7	Test	Tester
2	7,669	Test	Test	Tester
3	7,668	Test	Test	Tester
4	7,667	Test	Test	Tester
5	7,666	Test	Test	Tester
6	7,665	Update Title	Update Content	user00
7	7,664	title	content	user00

```
v 📁 src/test/java
  > 🗂 org.zerock.db
  v 🗂 org.zerock.mapper
    > 🗋 BoardMapperTests.java
    > 🗋 ReplyMapperTests.java
    > 🗋 TimeMapperTests.java
```

```java
@Test
public void testInserts() {

    Long[] bnos = {7670L, 7668L, 7665L};

    for (Long bno : bnos) {
```

```
        for(int i = 0; i < 10; i++) {

            ReplyDTO replyDTO = ReplyDTO.builder()
                    .bno(bno)
                    .replyer("replyer1")
                    .replyText("Sample Reply")
                    .build();

            replyMapper.insert(replyDTO);
        }//end for inner
    }//end for
}
```

테스트 코드가 정상적으로 실행되면 여러 개의 댓글이 추가됩니다.

rno	replyText	replyer	replydate	updatedate	delflag	bno
1	Update ReplyText	user1	2025-05-12 12:05:26	2025-05-12 22:50:42	1	7,670
2	Sample Reply	replyer1	2025-05-12 23:03:36	2025-05-12 23:03:36	0	7,670
3	Sample Reply	replyer1	2025-05-12 23:03:36	2025-05-12 23:03:36	0	7,670
4	Sample Reply	replyer1	2025-05-12 23:03:36	2025-05-12 23:03:36	0	7,670
5	Sample Reply	replyer1	2025-05-12 23:03:36	2025-05-12 23:03:36	0	7,670
6	Sample Reply	replyer1	2025-05-12 23:03:36	2025-05-12 23:03:36	0	7,670
7	Sample Reply	replyer1	2025-05-12 23:03:36	2025-05-12 23:03:36	0	7,670
8	Sample Reply	replyer1	2025-05-12 23:03:36	2025-05-12 23:03:36	0	7,670
9	Sample Reply	replyer1	2025-05-12 23:03:36	2025-05-12 23:03:36	0	7,670
10	Sample Reply	replyer1	2025-05-12 23:03:36	2025-05-12 23:03:36	0	7,670
11	Sample Reply	replyer1	2025-05-12 23:03:36	2025-05-12 23:03:36	0	7,670
12	Sample Reply	replyer1	2025-05-12 23:03:36	2025-05-12 23:03:36	0	7,668
13	Sample Reply	replyer1	2025-05-12 23:03:36	2025-05-12 23:03:36	0	7,668
14	Sample Reply	replyer1	2025-05-12 23:03:36	2025-05-12 23:03:36	0	7,668
15	Sample Reply	replyer1	2025-05-12 23:03:36	2025-05-12 23:03:36	0	7,668
16	Sample Reply	replyer1	2025-05-12 23:03:36	2025-05-12 23:03:36	0	7,668
17	Sample Reply	replyer1	2025-05-12 23:03:36	2025-05-12 23:03:36	0	7,668
18	Sample Reply	replyer1	2025-05-12 23:03:36	2025-05-12 23:03:36	0	7,668
19	Sample Reply	replyer1	2025-05-12 23:03:36	2025-05-12 23:03:36	0	7,668
20	Sample Reply	replyer1	2025-05-12 23:03:36	2025-05-12 23:03:36	0	7,668
21	Sample Reply	replyer1	2025-05-12 23:03:36	2025-05-12 23:03:36	0	7,668
22	Sample Reply	replyer1	2025-05-12 23:03:36	2025-05-12 23:03:36	0	7,665
23	Sample Reply	replyer1	2025-05-12 23:03:36	2025-05-12 23:03:36	0	7,665
24	Sample Reply	replyer1	2025-05-12 23:03:36	2025-05-12 23:03:36	0	7,665

댓글은 일반적으로 시간 순서대로 위에서 아래쪽으로 보이게 됩니다. 이를 위해서 게시물 번호(bno)와 페이징 처리에 필요한 LIMIT와 OFFSET에 필요한 파라미터로 전달받도록 ReplyMapper를 구성합니다.

```
package org.zerock.mapper;

import java.util.List;

import org.apache.ibatis.annotations.Param;
import org.zerock.dto.ReplyDTO;

public interface ReplyMapper {

    ...생략

    List<ReplyDTO> listOfBoard(
            @Param("bno") Long bno,
            @Param("skip")int skip,
            @Param("limit") int limit);

}
```

```xml
<select id="listOfBoard" resultType="ReplyDTO">

SELECT * FROM tbl_reply
WHERE bno = #{bno}
AND rno > 0
ORDER BY rno ASC
LIMIT #{limit} OFFSET #{skip}

</select>
```

테스트 코드는 댓글이 많은 게시물의 댓글 1페이지를 조회하는 방식으로 확인합니다.

```java
    @Test
    public void testListOfBoard() {

        Long bno = 7670L;

        List<ReplyDTO> replyList = replyMapper.listOfBoard(bno, 0, 10);

        replyList.forEach(log::info);

    }
```

댓글 1 페이지의 내용물들이 출력되는 것을 확인합니다.

```
Preparing: SELECT * FROM tbl_reply WHERE bno = ? AND delFlag = false AND rno > 0 ORDER BY rno ASC LIMIT ? OFFSET ?
Parameters: 7670(Long), 10(Integer), 0(Integer)
    Total: 10
INFO ReplyDTO(rno=1, replyText=삭제된 댓글입니다., replyer=unknown, replyDate=2025-05-1
INFO ReplyDTO(rno=2, replyText=Sample Reply, replyer=replyer1, replyDate=2025-05-1
INFO ReplyDTO(rno=3, replyText=Sample Reply, replyer=replyer1, replyDate=2025-05-1
INFO ReplyDTO(rno=4, replyText=Sample Reply, replyer=replyer1, replyDate=2025-05-1
INFO ReplyDTO(rno=5, replyText=Sample Reply, replyer=replyer1, replyDate=2025-05-1
INFO ReplyDTO(rno=6, replyText=Sample Reply, replyer=replyer1, replyDate=2025-05-1
INFO ReplyDTO(rno=7, replyText=Sample Reply, replyer=replyer1, replyDate=2025-05-1
INFO ReplyDTO(rno=8, replyText=Sample Reply, replyer=replyer1, replyDate=2025-05-1
INFO ReplyDTO(rno=9, replyText=Sample Reply, replyer=replyer1, replyDate=2025-05-1
INFO ReplyDTO(rno=10, replyText=Sample Reply, replyer=replyer1, replyDate=2025-05-
```

마지막으로 댓글의 페이징 처리를 위해서 필요한 댓글의 개수를 파악하는 기능을 추가합니다.

```
v ⊞ org.zerock.mapper
  > 🗾 BoardMapper.java
  > 🗾 ReplyMapper.java
```

```java
public interface ReplyMapper {

    ...생략

    List<ReplyDTO> listOfBoard(
            @Param("bno") Long bno,
            @Param("skip") int skip,
            @Param("limit") int limit);

    int countOfBoard(@Param("bno") Long bno); // 특정 게시물의 모든 댓글의 개수
파악을 위해 추가
```

```xml
}

    <select id="countOfBoard">

        SELECT count(rno) FROM tbl_reply
        WHERE bno = #{bno}
        AND rno > 0

    </select>
```

8.4 ReplyService 개발

Ajax 처리를 담당하는 컨트롤러 부분은 새로운 방식으로 처리될 것이므로 그 전에 서비스 계층을 먼저 작성해 둡니다.

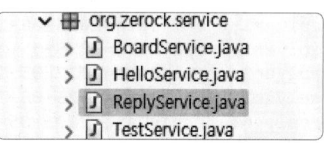

ReplyService에서 가장 중요한 부분은 트랜잭션 처리와 ReplyMapper를 주입받도록 설정하는 부분입니다.

```java
package org.zerock.service;

import org.springframework.stereotype.Service;
import org.springframework.transaction.annotation.Transactional;
import org.zerock.mapper.ReplyMapper;

import lombok.RequiredArgsConstructor;
import lombok.extern.log4j.Log4j2;

@Service
@RequiredArgsConstructor
@Transactional
@Log4j2
public class ReplyService {
```

```
    private final ReplyMapper replyMapper;

}
```

8.4.1 예외 설계

ReplyService 설계는 문제가 발생할 경우, 예외를 던질 수 있도록 ReplyException이라는 특별한 예외 클래스를 정의해서 사용합니다. 예외를 던지도록 설계하면 컨트롤러 쪽에서 문제가 발생했을 경우 더 정확한 메시지를 전달할 수 있습니다.

```
∨ 📦 org.zerock.service
  ∨ 📦 org.zerock.service.exception
    > 📄 ReplyException.java
```

```java
package org.zerock.service.exception;

import lombok.Getter;

@Getter
public class ReplyException extends RuntimeException{

    private int code;
    private String msg;

    public ReplyException(int code, String msg) {
        super(msg);
        this.code = code;
    }

}
```

ReplyException은 RuntimeException을 상속해서 작성하고 문자열로 문제가 되는 원인을 msg로 전달할 수 있게 설계되었습니다. 또한, 나중에 특정한 코드값을 정해서 전달할 수 있도록 상태 코드 값을 설계합니다. ReplyException을 어떤 방식으로 사용하는지 ReplyService에서 CRUD 기능을 아래와 같이 구현합니다.

```java
package org.zerock.service;

import org.springframework.stereotype.Service;
import org.springframework.transaction.annotation.Transactional;
import org.zerock.dto.ReplyDTO;
import org.zerock.mapper.ReplyMapper;
import org.zerock.service.exception.ReplyException;

import lombok.RequiredArgsConstructor;
import lombok.extern.log4j.Log4j2;

@Service
@RequiredArgsConstructor
@Transactional
@Log4j2
public class ReplyService {

  private final ReplyMapper replyMapper;

  public void add(ReplyDTO replyDTO) {

    try {
       replyMapper.insert(replyDTO);
    }catch(Exception e) {
       throw new ReplyException(500, "INSERT ERROR");
    }
  }

  public ReplyDTO getOne(Long rno) {

    try {
       return replyMapper.read(rno);
    }catch(Exception e) {
       throw new ReplyException(404, "NOT FOUND");
    }

  }

  public void modify(ReplyDTO replyDTO) {

    try {
       int count = replyMapper.update(replyDTO);

       if(count == 0) {
          throw new ReplyException(404, "NOT FOUND");
       }

    }catch(Exception e) {
```

```java
            throw new ReplyException(500, "UPDATE ERROR");
        }
    }

    public void remove(Long rno) {
        try {
            int count = replyMapper.delete(rno);

            if(count == 0) {
                throw new ReplyException(404, "NOT FOUND");
            }
        }catch(Exception e) {
            throw new ReplyException(500, "DELETE ERROR");
        }

    }
}
```

ReplyService의 메서드들을 보면 문제가 발생하면 원하는 상태 코드와 메시지를 전달할 수 있도록 작성되었습니다. 수정/삭제에서 없는 번호의 댓글이 수정/삭제될 때는 count 값이 0으로 반환되는데 사용자에게는 잘못된 결과이므로 이를 예외로 처리합니다.

8.4.2 댓글 목록 반환

특정 게시물의 댓글은 List〈ReplyDTO〉와 int로 반환되는 해당 게시글에 속한 댓글의 개수가 필요하므로 이를 ReplyListPagingDTO 클래스를 설계해서 사용합니다. ReplyListPagingDTO는 이전에 설계한 BoardListPagingDTO와 거의 동일한 구조입니다(조금 더 고민해 보면 두 클래스를 상속 관계 등으로 설계할 수도 있습니다.).

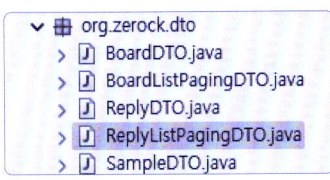

```java
package org.zerock.dto;

import java.util.List;
import java.util.stream.IntStream;

import lombok.Data;

@Data
public class ReplyListPagingDTO {

    private List<ReplyDTO> replyDTOList;

    private int totalCount;

    private int page, size;

    private int start, end;

    private boolean prev, next;

    private List<Integer> pageNums;

    public ReplyListPagingDTO(List<ReplyDTO> replyDTOList, int totalCount, int page, int size) {

        this.replyDTOList = replyDTOList;
        this.totalCount = totalCount;
        this.page = page;
        this.size = size;


        //start계산을 위한 end 페이지
        int tempEnd =  (int)(Math.ceil(page/10.0)) * 10;

        this.start = tempEnd - 9;

        this.prev = start != 1; //start값이 1이 아니라면 이전 페이지로 이동 필요

        //임시 end 값 * size가 totalCount 보다 크다면 totalCount로 다시 계산 필요
        if( (tempEnd * size) > totalCount  ) {

            this.end =  (int) ( Math.ceil(totalCount / (double)size )  );

        }else {

            this.end = tempEnd;
        }
```

```java
        //end 값 * size 보다 totalCount가 크다면 next로 이동 가능
        this.next =  totalCount > (this.end * size);


        //화면에 출력한 번호들 계산

        this.pageNums = IntStream.rangeClosed(start, end).boxed().toList();

    }
}
```

ReplyService에서는 ReplyListPagingDTO를 반환하는 listOfBoard( )를 작성합니다.

```
▼ ⊞ org.zerock.service
    ▼ ⊞ org.zerock.service.exception
        > ⒿReplyException.java
    > ⒿBoardService.java
    > ⒿHelloService.java
    > ⒿReplyService.java
    > ⒿTestService.java
```

```java
        public ReplyListPagingDTO listOfBoard( Long bno, int page, int size ) {

            try {

                int skip = (page -1) * size;

                List<ReplyDTO> replyDTOList = replyMapper.listOfBoard(bno, skip, size);

                int count = replyMapper.countOfBoard(bno);


                return new ReplyListPagingDTO(replyDTOList, count, page, size);


            }catch(Exception e) {
                throw new ReplyException(500, e.getMessage());
            }

        }
```

8.5 RestController 어노테이션

JSP로 웹 화면을 구성한 결과를 브라우저로 전송해 주는 일반적인 호출과 달리 Ajax 호출에서는 JSON이나 XML 형식의 순수한 데이터만을 전송하고 이를 JavaScript로 처리합니다. 스프링 프레임워크에서는 이를 지원하기 위해서 일반적인 @Controller 대신에 @RestController를 지원합니다.

@RestController는 스프링에서 RESTful 서비스를 구성하기 위해서 사용합니다. 과거에는 @Controller를 이용한 컨트롤러에 @ResponseBody라는 어노테이션으로 처리했지만, 이 기능들을 합쳐서 @RestController를 이용하면 컨트롤러의 모든 메서드는 자동으로 @ResponseBody가 붙은 것과 동일하게 동작합니다. @ResponseBody는 리턴하는 객체 자체를 XML이나 JSON으로 처리해서 브라우저로 전송해 주는 역할을 합니다.

8.5.1 ReplyController의 개발

ReplyController에는 @RestController를 이용해서 선언하고 메서드의 모든 리턴 타입은 기본자료형, 객체 타입, Map, List 등을 이용할 수 있습니다. 하지만, 대부분은 ResponseEntity<>라는 타입을 많이 사용합니다. ResponseEntity<>는 조금 특이하게도 HTTP의 응답 상태 코드를 지정할 수 있기 때문에 HTTP를 이용할 때 자주 사용됩니다.

프로젝트의 controller 패키지에 ReplyController를 다음과 같이 추가합니다.

```
src/main/java
  org.zerock.aop
  org.zerock.controller
    BoardController.java
    HelloController.java
    ReplyController.java
```

```java
package org.zerock.controller;

import org.springframework.web.bind.annotation.RequestMapping;
import org.springframework.web.bind.annotation.RestController;
import org.zerock.service.ReplyService;

import lombok.RequiredArgsConstructor;
import lombok.extern.log4j.Log4j2;
```

```
@RestController
@RequiredArgsConstructor
@Log4j2
@RequestMapping("/replies")
public class ReplyController {

    private final ReplyService replyService;

}
```

@RestControllerAdvice

Ajax로 호출되는 @RestController에 대한 예외 처리는 @RestControllerAdvice라는 어노테이션이 붙은 클래스를 이용합니다. 해당 클래스는 특정한 타입의 예외가 발생할 때 동작하게 되는데 이를 위해서 앞에서 ReplyException이라는 예외 타입을 하나 선언해 두었습니다.

controller 패키지 내에 advice 패키지를 추가하고 ReplyControllerAdvice 클래스를 추가합니다.

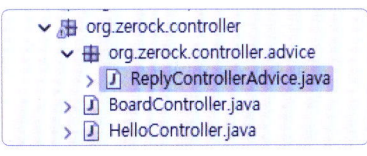

```
package org.zerock.controller.advice;

import org.springframework.http.ResponseEntity;
import org.springframework.web.bind.annotation.ExceptionHandler;
import org.springframework.web.bind.annotation.RestControllerAdvice;
import org.zerock.service.exception.ReplyException;

import lombok.extern.log4j.Log4j2;

@RestControllerAdvice
@Log4j2
public class ReplyControllerAdvice {

    @ExceptionHandler(ReplyException.class)
    public ResponseEntity<String> handleReplyError(ReplyException ex) {

        log.error(ex.getMessage());
```

```
            return ResponseEntity.status(ex.getCode()).body(ex.getMsg());
        }
    }
```

작성된 코드는 ReplyException 타입의 객체를 감지해서 ResponseEntity 타입으로 404나 500 등과 같은 HTTP 응답 상태 코드와 함께 에러 메시지를 전송하는 역할을 합니다.

8.5.2 댓글의 추가

댓글의 추가는 '/replies'로 호출되면서 POST 방식으로 호출되도록 설계합니다. 댓글이 정상적으로 추가되면 새로 만들어진 댓글 번호(rno)를 반환하도록 Map<String, Long> 타입으로 처리합니다. 굳이 Long 대신에 Map을 선택한 이유는 Long 타입으로 반환하는 경우 단순 텍스트 형식으로 반환되기 때문에 키(key)와 값(value)으로 구성된 객체로 만들어 JSON 타입으로 변환된 결과를 이용하기 위해서입니다(기본자료형이나 문자열은 JSON이 아니라 단순 텍스트 등으로 처리됩니다.).

```
∨ ⊞ org.zerock.controller
    > 🗊 BoardController.java
    > 🗊 HelloController.java
    > 🗊 ReplyController.java
```

```java
@PostMapping("")
public ResponseEntity<Map<String, Long>> add(ReplyDTO replyDTO) {

    log.info(replyDTO);

    replyService.add(replyDTO);

    return ResponseEntity.ok(Map.of("result", replyDTO.getRno()));

}
```

브라우저에서 호출

브라우저에서 댓글은 모두 게시글의 조회에서 이루어집니다. 따라서 board 관련된 jsp 파일 중에서 read.jsp를 이용해서 코드를 작성합니다.

브라우저에서 Ajax 방식으로 호출을 처리하기 위해서는 다양한 기술들이 있습니다. 과거에는 주로 jQuery로 작성했지만, 최근에는 브라우저에서 추가적인 설치 없이 사용 가능한 Fetch API(https://developer.mozilla.org/ko/docs/Web/API/Fetch_API) 등도 있기 때문에 선택의 폭이 넓어졌습니다. 예제에서는 Axios를 이용해서 작성합니다. Fetch API는 브라우저 버전에 따라 지원되지 않을 때도 있습니다. Axios는 기본적으로 데이터를 처리하는 단위가 JSON 타입이므로 적은 양의 코드만으로 작성이 가능합니다.

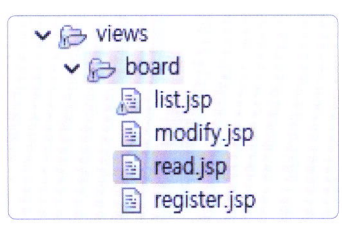

Axios는 https://axios-http.com에서 필요한 정보를 확인할 수 있습니다.

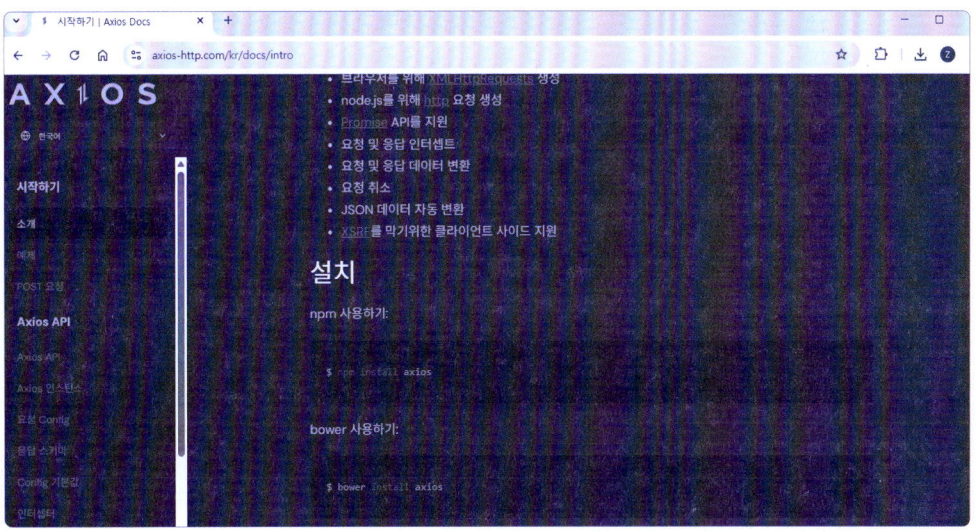

```
            </div>
          </div>
        </div>
      </div>
```

```jsp
<script src="https://cdn.jsdelivr.net/npm/axios/dist/axios.min.js"></script>

<script>

</script>

<%@ include file="/WEB-INF/views/includes/footer.jsp" %>
```

화면에서 새로운 댓글을 입력하는 부분을 아래쪽에 추가합니다.

```jsp
      <c:if test="${!board.delFlag}">
            <a href='/board/modify/${board.bno}' class="btn">
              <button type="button" class="btn btn-warning btnModify">MODIFY</button>
            </a>
          </c:if>
        </div>

      </div>
    </div>
  </div>
</div>

  <div class="col-lg-12">
    <div class="card shadow mb-4">
     <div class='m-4'>
        <!--댓글 작성 폼 -->
          <form id="replyForm" class="mt-4">
            <!-- 게시글 번호 hidden 처리 -->
            <input type="hidden" name="bno" value="${board.bno}" />

            <div class="mb-3 input-group input-group-lg">
              <span class="input-group-text">Replyer</span>
              <input type="text" name="replyer" class="form-control" required />
            </div>

            <div class="mb-3 input-group">
              <span class="input-group-text">Reply Text</span>
              <textarea name="replyText" class="form-control" rows="3" required></textarea>
            </div>

            <div class="text-end">
              <button type="submit" class="btn btn-primary
```

```
            addReplyBtn">Submit Reply</button>
                </div>
              </form>
              <!-- 댓글 작성 폼 끝 -->
          </div>
       </div>
    </div>


<script src="https://cdn.jsdelivr.net/npm/axios/dist/axios.min.js"></script>

<script>

</script>
```

브라우저에서는 버튼의 아래쪽에 새로운 댓글을 입력할 수 있는 부분이 보이게 됩니다.

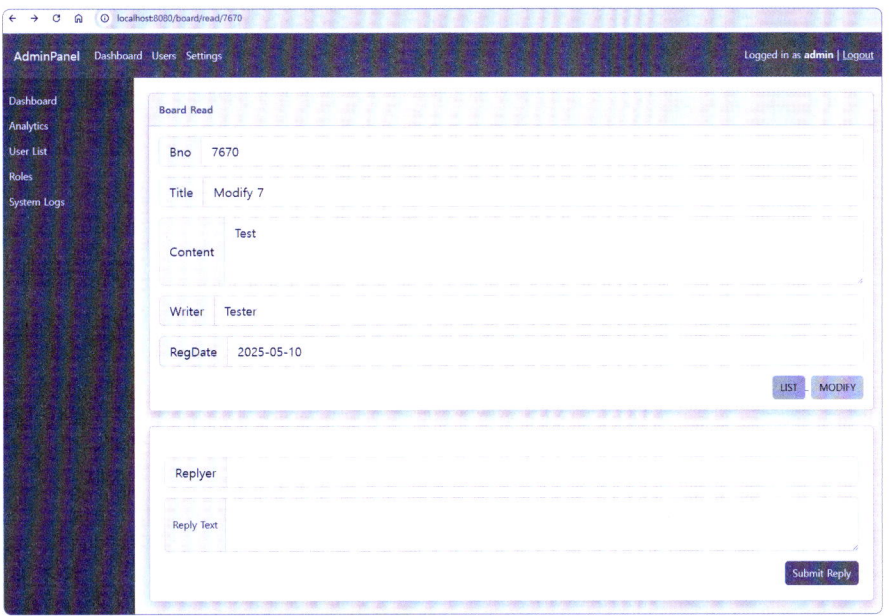

만들어진 화면에서는 id 속성값이 replyForm으로 지정되어 있으므로 이를 이용해서 JavaScript 의 FormData로 변환합니다(JSON 문자열 대신에 FormData를 이용하는 이유는 나중에 파일 업로드 데이터 등을 처리 하기 위해서 확장하는 경우를 대비하기 위함입니다.).

read.jsp에서는 댓글 등록을 위한 JavaScript 코드를 아래와 같이 작성합니다.

```
<script src="https://cdn.jsdelivr.net/npm/axios/dist/axios.min.js"></script>

<script>

const replyForm = document.querySelector("#replyForm")

document.querySelector(".addReplyBtn").addEventListener("click", e => {

  e.preventDefault()
  e.stopPropagation()

  const formData = new FormData(replyForm)

  axios.post("/replies", formData).then(res => {

      console.log("---------server response ----------")
      console.log(res)
      replyForm.reset()
  })

}, false)


</script>

<%@ include file="/WEB-INF/views/includes/footer.jsp" %>
```

화면에서 댓글의 작성자(replyer)와 댓글의 내용(replyText)을 입력한 후에 버튼을 클릭하게 되면 브라우저는 FormData를 전송하게 되는데 이는 브라우저의 개발자 도구로 확인할 수 있습니다.

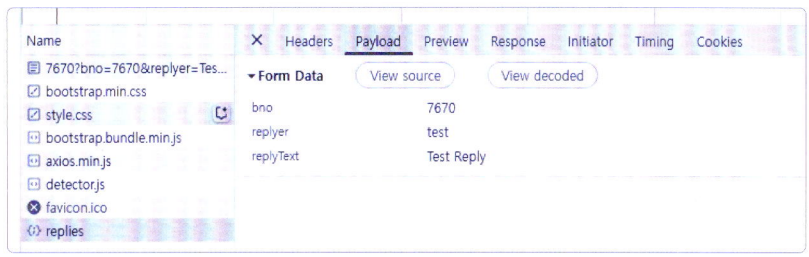

ReplyController에서는 데이터의 처리 상황을 로그를 통해서 확인할 수 있습니다.

```
(ReplyController.java:27)   INFO ReplyDTO(rno=null, replyText=Test Reply, replyer=test, replyDate=null, updateDate=null, delflag=false, bno=7670)
INFO ------------------------
INFO logTimes
 INFO ------------------------
 INFO logParams
 INFO [ReplyDTO(rno=null, replyText=Test Reply, replyer=test, replyDate=null, updateDate=null, delflag=false, bno=7670)]
 INFO org.zerock.service.ReplyService@3d2b818d
 INFO ------------------------
gger.debug(BaseJdbcLogger.java:135) DEBUG ==>  Preparing: insert into tbl_reply (bno, replytext, replyer) values (?, ?, ?)
gger.debug(BaseJdbcLogger.java:135) DEBUG ==> Parameters: 7670(Long), Test Reply(String), test(String)
BaseJdbcLogger.debug(BaseJdbcLogger.java:135) DEBUG <==    Updates: 1
BaseJdbcLogger.debug(BaseJdbcLogger.java:135) DEBUG ==>  Preparing: SELECT LAST_INSERT_ID()
BaseJdbcLogger.debug(BaseJdbcLogger.java:135) DEBUG ==> Parameters:
BaseJdbcLogger.debug(BaseJdbcLogger.java:135) DEBUG <==      Total: 1
INFO ------------------------
INFO TIME: 13
```

모든 데이터가 처리된 후에는 브라우저에 console.log( )를 통해서 서버의 응답을 확인할 수 있습니다. 여러 항목 중에 data라는 속성이 서버에서 전송한 결과 데이터입니다.

```
▼ {data: {...}, status: 200, statusText: '', headers: r, config: {...}, ...}
  ▶ config: {transitional: {...}, adapter: Array(3), transformRequest: Array(1), transformResponse: Array(1), timeout: 0, ...}
  ▶ data: {result: 33}
  ▶ headers: r {connection: 'keep-alive', content-type: 'application/json', date: 'Tue, 13 May 2025 06:23:09 GMT', keep-alive: 'timeout=20', transfer-encoding: 'chunked'}
  ▶ request: XMLHttpRequest {onreadystatechange: null, readyState: 4, timeout: 0, withCredentials: false, upload: XMLHttpRequestUpload, ...}
    status: 200
    statusText: ""
  ▶ [[Prototype]]: Object
```

서버에서 정상적으로 처리되었다면 새로운 댓글의 번호가 전송됩니다. 위의 그림에서는 '{result:33}'과 같이 33번으로 새로 추가된 것을 확인할 수 있습니다. 브라우저와 서버의 모든 처리가 끝났지만, 아직은 댓글의 목록을 새롭게 갱신하는 작업을 처리하지 않았으므로 댓글의 목록을 처리한 후에 새로운 댓글의 처리를 마무리할 수 있습니다.

8.5.3 게시물의 댓글 목록 처리

사용자가 게시물을 조회하게 되면 일반적으로 해당 게시물의 댓글 중에서 1페이지에 해당하는 데이터를 가져와서 화면에 출력해 주는 것이 일반적입니다.

먼저 ReplyController를 통해서 댓글의 목록을 가져오도록 메서드를 추가합니다.

```
src/main/java
  org.zerock.aop
  org.zerock.controller
    BoardController.java
    HelloController.java
    ReplyController.java
  org.zerock.controller.advice
```

```java
@GetMapping("{bno}/list")
public ResponseEntity<ReplyListPagingDTO> listOfBoard(
    @PathVariable("bno")Long bno,
    @RequestParam(name = "page", defaultValue = "1") int page,
    @RequestParam(name = "size", defaultValue = "10") int size
    ){

    log.info("bno: " + bno);
    log.info("page: " + page);
    log.info("size: " + size);


    return ResponseEntity.ok(replyService.listOfBoard(bno, page, size));
}
```

ReplyController의 listOfBoard( ) 기능은 GET 방식이기 때문에 브라우저에서도 JSON 데이터가 출력되는지 확인할 수 있습니다. 앞의 테스트 과정에서 댓글들을 추가한 번호로 브라우저에서 아래와 같이 조회해 봅니다.

'/replies/게시물번호/list?page=1&size=10'과 같은 방식으로 page와 size를 지정할 수 있습니다.

```
← → C ⌂ ⓘ localhost:8080/replies/7670/list?page=2&size=10
pretty print 적용 ☑
{
  "replyDTOList": [
    {
      "rno": 32,
      "replyText": "test",
      "replyer": "Tester",
      "replyDate": [2025, 5, 13, 15, 21, 40],
      "updateDate": [2025, 5, 13, 15, 21, 40],
      "delflag": false,
      "bno": 7670
    },
    {
      "rno": 33,
      "replyText": "Test Reply",
      "replyer": "test",
      "replyDate": [2025, 5, 13, 15, 23, 9],
      "updateDate": [2025, 5, 13, 15, 23, 9],
      "delflag": false,
      "bno": 7670
    }
  ],
  "totalCount": 12,
  "page": 2,
  "size": 10,
  "start": 1,
  "end": 2,
  "prev": false,
  "next": false,
  "pageNums": [1, 2]
}
```

날짜 포맷의 변경

결과 데이터를 보면 날짜 포맷이 조금 이상하게 출력되는 것을 볼 수 있습니다. 이는 Jackson 라이브러리가 날짜를 처리하면서 발생한 결과이므로 예제에서는 @JsonFormat이라는 어노테이션으로 포맷을 조금 수정합니다.

```
▼ ⊞ org.zerock.dto
    > 🗊 BoardDTO.java
    > 🗊 BoardListPagingDTO.java
    > 🗊 ReplyDTO.java
    > 🗊 ReplyListPagingDTO.java
    > 🗊 SampleDTO.java
  > ⊞ org.zerock.mapper
```

```java
package org.zerock.dto;

import java.time.LocalDateTime;

import com.fasterxml.jackson.annotation.JsonFormat;
```

```java
import lombok.AllArgsConstructor;
import lombok.Builder;
import lombok.Data;
import lombok.NoArgsConstructor;

@Data
@Builder
@AllArgsConstructor
@NoArgsConstructor
public class ReplyDTO {

    private Long rno;
    private String replyText;
    private String replyer;

    @JsonFormat(shape = JsonFormat.Shape.STRING, pattern = "yyyy-MM-dd HH:mm:ss")
    private LocalDateTime replyDate;

    @JsonFormat(shape = JsonFormat.Shape.STRING, pattern = "yyyy-MM-dd HH:mm:ss")
    private LocalDateTime updateDate;

    private boolean delflag;

    private Long bno;

}
```

포맷팅을 변경한 후에는 아래 화면처럼 출력되는 것을 볼 수 있습니다.

```
"replyDTOList": [
  {
    "rno": 32,
    "replyText": "test",
    "replyer": "Tester",
    "replyDate": "2025-05-13 15:21:40",
    "updateDate": "2025-05-13 15:21:40",
    "delflag": false,
    "bno": 7670
  },
  {
    "rno": 33,
    "replyText": "Test Reply",
    "replyer": "test",
    "replyDate": "2025-05-13 15:23:09",
    "updateDate": "2025-05-13 15:23:09",
    "delflag": false,
    "bno": 7670
  }
],
"totalCount": 12,
"page": 2,
"size": 10,
"start": 1,
"end": 2,
"prev": false,
"next": false,
"pageNums": [1, 2]
```

브라우저 내에서 댓글 페이지 처리

read.jsp에서는 화면에 게시글의 내용이 출력된 후에 댓글 목록을 호출하고 이를 출력해야 합니다. 우선은 화면에 댓글 목록을 보여줄 영역을 구성합니다.

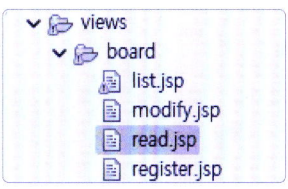

```
<div class="col-lg-12">
<div class="card shadow mb-4">
   <div class='m-4'>
    <!--댓글 목록 -->
        <ul class="list-group replyList">
```

```html
            <li class="list-group-item">
              <div class="d-flex justify-content-between">
                <div>
                  <strong>번호</strong> - 댓글 내용
                </div>
                <div class="text-muted small">
                  작성일
                </div>
              </div>
              <div class="mt-1 text-secondary small">
                작성자
              </div>
            </li>
        </ul>
            <!-- 댓글 목록 -->
          </div>
        </div>
      </div>

<script src="https://cdn.jsdelivr.net/npm/axios/dist/axios.min.js"></script>
```

브라우저에서는 댓글을 추가하는 부분 아래쪽으로 댓글 목록을 출력하는 영역이 만들어진 것을 확인합니다.

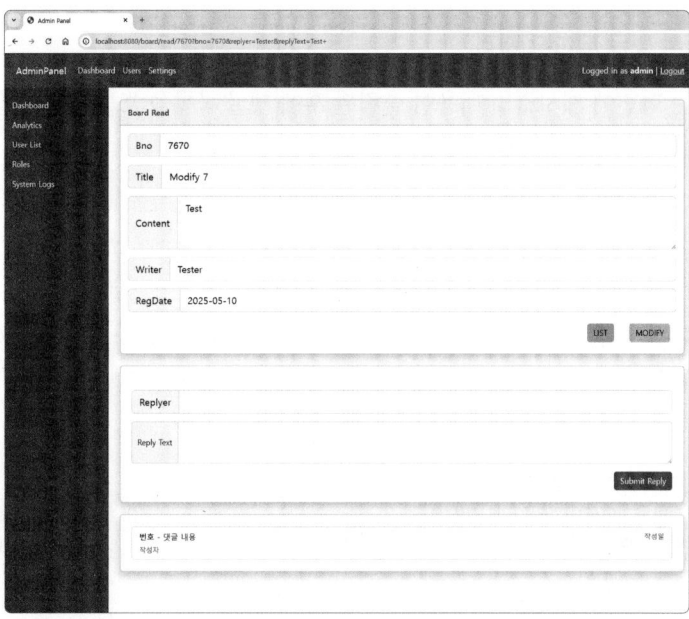

댓글의 목록을 호출하는 JavaScript 코드를 작성합니다.

```
<script>

const replyForm = document.querySelector("#replyForm")
…생략


let currentPage = 1
let currentSize = 10

const bno = ${board.bno}

function getReplies(pageNum) {

  axios.get(`/replies/\${bno}/list`, {
    params : {
        page: pageNum || currentPage,
        size: currentSize
    }
  }).then(res => {

    const data = res.data

    console.log(data)

  })

}

getReplies(1)

</script>
```

작성된 getReplies( ) 함수는 댓글의 목록을 조회하기 위해서 axios를 이용합니다. 맨 아래쪽에 getReplies(1)이 있기 때문에 우선 1페이지의 댓글 목록을 가져오게 됩니다. 브라우저에서 댓글이 많이 있는 게시글을 조회하면 아래 화면과 같은 결과를 확인할 수 있습니다.

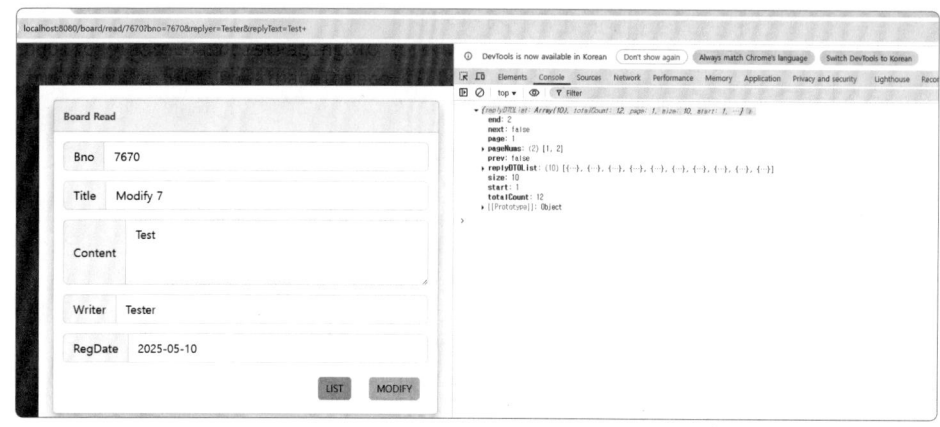

마지막 페이지의 호출

댓글은 시간의 순서대로 보이기 때문에 많은 댓글이 달리면 최신 댓글은 처음에 출력되지 않는 단점이 있습니다. 이를 해결하기 위해서는 전송된 데이터 중에서 totalCount 값과 page, size 값으로 마지막 페이지를 계산해서 다시 호출하는 방식으로 처리할 필요가 있습니다.

댓글의 목록을 가져온 후에 다시 호출할 필요가 있는지를 체크하는 코드입니다.

```
let currentPage = 1
let currentSize = 10

const bno = ${board.bno}

function getReplies(pageNum) {

  axios.get(`/replies/\${bno}/list`, {
    params : {
      page: pageNum || currentPage,
      size: currentSize
    }
  }).then(res => {

    const data = res.data

    console.log(data)

    const {totalCount, page, size} = data
```

```
            if(totalCount > (page * size)){

                //마지막 페이지를 계산
                const lastPage =  Math.ceil( totalCount / size )

                getReplies(lastPage)

            }else {

                currentPage = page
                currentSize = size

            }

        })

    }
```

만일 브라우저에서 10개 이상의 댓글이 있는 게시글을 조회하면 우선 1페이지를 호출한 후에 다시 마지막 페이지를 자동으로 호출하는 것을 확인할 수 있습니다. 예를 들어, 2페이지가 마지막 페이지라면 다음과 같이 호출되는 것을 확인할 수 있습니다.

댓글 데이터의 출력

화면에 보여야 하는 댓글 관련 데이터가 도착했다면 이를 JavaScript 함수로 출력합니다. 화면에서는 ⟨ul⟩ 태그의 class 속성값으로 replyList를 지정했으므로 이를 이용해서 댓글 데이터를 출력합니다.

댓글을 구성하는 각 ⟨li⟩에는 data-rno 속성을 부여해서 나중에 rno값을 찾기 쉽게 구성합니다.

```javascript
const replyList = document.querySelector(".replyList")

function printReplies(data) {

  const {replyDTOList, page, size, prev, next, start, end pageNums} = data

  let liStr = ''

  for(replyDTO of replyDTOList) {

    liStr += `<li class="list-group-item" data-rno="\${replyDTO.rno}">
        <div class="d-flex justify-content-between">
        <div>
          <strong>\${replyDTO.rno}</strong> - \${replyDTO.replyText}
        </div>
        <div class="text-muted small">
          \${replyDTO.replyDate}
        </div>
      </div>
      <div class="mt-1 text-secondary small">
        \${replyDTO.replyer}
      </div>
    </li>`

  }//end for

  replyList.innerHTML = liStr

}
```

printReplies( )는 Ajax로 전달된 댓글 관련 데이터를 이용해서 화면에 〈li〉 태그들을 구성해서 〈ul〉 태그의 내용물을 구성합니다.

댓글 데이터를 가져오는 getReplies( )에서 printReplies( )를 호출하도록 코드를 수정합니다.

```javascript
function getReplies(pageNum) {

  ...생략
```

```
        if(totalCount > (page * size)){

            //마지막 페이지를 계산
            const lastPage =  Math.ceil( totalCount / size )

            getReplies(lastPage)

        }else {

            currentPage = page
            currentSize = size

            printReplies(data) //출력

        }

    })

}
```

브라우저를 통해서 댓글이 2페이지가 마지막인 경우 아래의 왼쪽 그림 같은 결과를 확인할 수 있고, 1 페이지가 마지막 페이지이면 아래 오른쪽 그림과 같은 결과를 볼 수 있습니다.

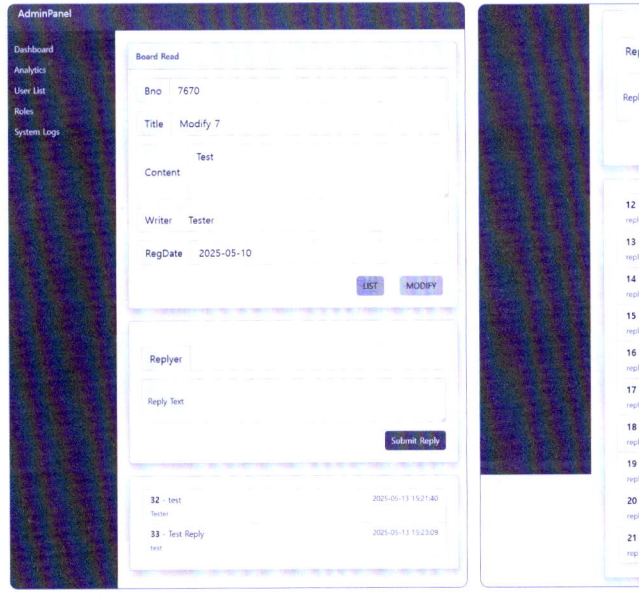
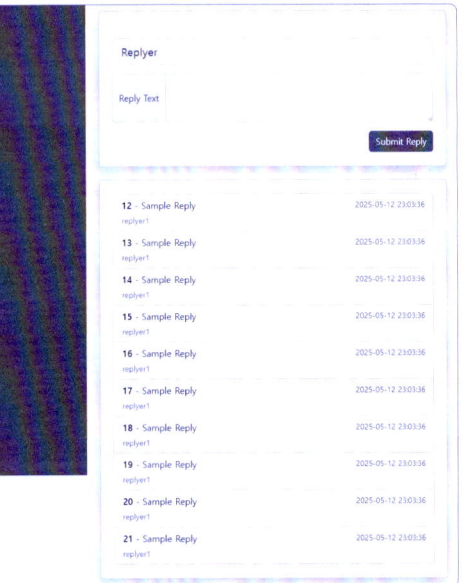

댓글의 페이징 처리

댓글의 수에 따라 마지막 페이지가 달라지기 때문에 화면에서는 댓글에 대한 페이징 처리가 필요합니다. 댓글 목록을 구성하는 〈ul〉 밑에 댓글의 페이징 처리를 추가해서 화면을 먼저 확인합니다.

```html
<div class="col-lg-12">
  <div class="card shadow mb-4">
    <div class='m-4'>
      <!--댓글 목록 -->
        <ul class="list-group replyList">
         <li class="list-group-item">
           <div class="d-flex justify-content-between">
             <div>
               <strong>번호</strong> - 댓글 내용
             </div>
             <div class="text-muted small">
               작성일
             </div>
           </div>
           <div class="mt-1 text-secondary small">
             작성자
           </div>
         </li>
        </ul>
       <!-- 댓글 목록 -->

       <!-- 페이징 -->
       <div aria-label="댓글 페이지 네비게이션" class="mt-4">
         <ul class="pagination justify-content-center">
           <li class="page-item disabled">
             <a class="page-link" href="#" tabindex="-1">이전</a>
           </li>
           <li class="page-item active">
             <a class="page-link" href="#">1</a>
           </li>
           <li class="page-item">
             <a class="page-link" href="#">2</a>
           </li>
           <li class="page-item">
             <a class="page-link" href="#">3</a>
           </li>
           <li class="page-item">
             <a class="page-link" href="#">다음</a>
           </li>
         </ul>
```

```
            </div>
            <!-- 페이징 끝 -->
          </div>
      </div>
  </div>
```

브라우저상에서는 아래 그림과 같은 모습으로 출력되는 것을 확인할 수 있습니다.

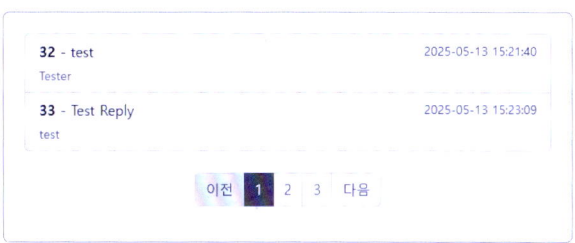

printReplies( )를 이용해서 위의 그림에서 페이징 처리 부분을 구성합니다. prev와 next로 '이전/다음'을 처리하고 pageNums로 각 페이지 번호 부분을 구성합니다.

```
function printReplies(data) {
  const {replyDTOList, page,size, prev, next, start, end, pageNums} = data

  ...생략

  //댓글 페이징 처리
    //댓글 페이징 처리
  let pagingStr = ''

  if(prev) {
    pagingStr += `<li class="page-item">
        <a class="page-link" href="\${start -1}" tabindex="-1">이전</a>
        </li>`
  }

  for(let i of pageNums) {
```

```
            pagingStr += `<li class="page-item">
                    <a class="page-link" href="\${i}">\${i}</a>
                    </li>`
        }

        if(next){
            pagingStr += `<li class="page-item">
                    <a class="page-link" href="\${end + 1}">다음</a>
                    </li>`
        }

        document.querySelector(".pagination").innerHTML = pagingStr

    }
```

코드가 적용되면 화면에서는 아래와 같이 페이지 번호가 출력됩니다.

페이지 번호 표시 및 이벤트 처리

화면에 페이지 번호가 정상적으로 출력된다면 다음 단계는 현재 페이지 번호를 식별할 수 있도록 표시하고 각 페이지를 클릭했을 때 해당 댓글 목록을 가져오는 작업이 필요합니다.

현재 페이지는 class 속성값에 active가 포함되도록 삼항연산자를 이용해서 처리합니다.

```
    for(let i of pageNums) {
        pagingStr += `<li class="page-item \${i === page ? 'active': ''}">
                    <a class="page-link" href="\${i}">\${i}</a>
                    </li>`

    }
```

각 페이지 번호의 이벤트 처리는 매번 만들어지는 <li> 부분이 아닌 페이지들을 감싸고 항상 존재하는 <ul>을 이용해서 이벤트를 처리해야만 합니다.

```
document.querySelector(".pagination").addEventListener("click", e => {

    e.stopPropagation()
    e.preventDefault()

    const target = e.target

    const href = target.getAttribute("href")

    if(!href){
        return
    }

    console.log(href)


},false)
```

화면에서 페이지 번호를 클릭하면 해당 페이지의 번호가 출력되는 것을 확인할 수 있습니다.

```
1
2
1
2
>
```

console.log(href) 뒤에 getReplies( )를 호출하도록 처리합니다.

```
        const target = e.target
        const href = target.getAttribute("href")
        if(!href){
            return
        }
        console.log(href)
        getReplies(href)
```

getReplies( )는 현재로는 무조건 마지막 페이지를 다시 호출하는 구조이므로 마지막 페이지를 찾고자 할 때는 goLast라는 추가적인 파라미터를 하나 더 사용하도록 수정합니다.

```
    function getReplies(pageNum, goLast) {
    …
        //goLast 조건이 있고
        if(goLast && (totalCount > (page * size) )  ){

            //마지막 페이지를 계산
            const lastPage = Math.ceil( totalCount / size )

            getReplies(lastPage)

        }else {

            currentPage = page
            currentSize = size

            printReplies(data)

        }
    })
    }
```

처음 호출 시에는 getReplies( )를 호출할 때 goLast 값이 true가 되도록 호출합니다.

```
    getReplies(1, true)

    </script>

    <%@ include file="/WEB-INF/views/includes/footer.jsp" %>
```

화면에서 댓글 페이지를 클릭하면 정상적으로 동작하는지 확인합니다. 처음 페이지가 호출되었을 때는 마지막 댓글 페이지가 출력되어야 합니다.

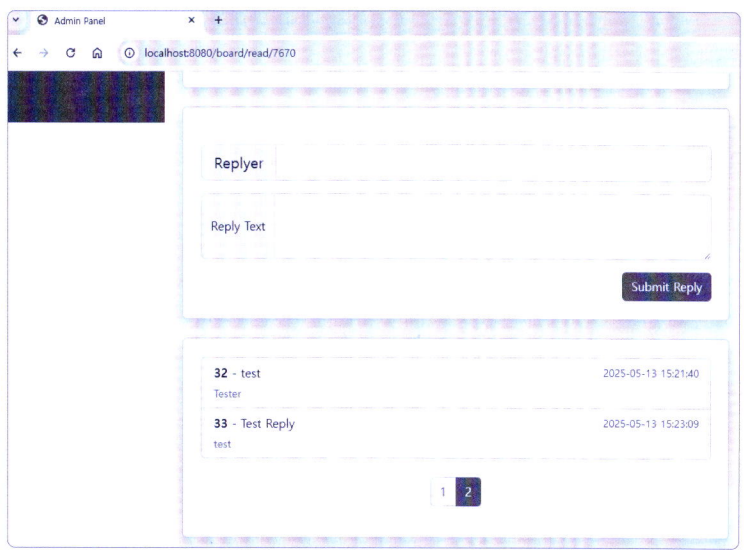

페이지 번호를 클릭하면 해당 페이지의 댓글 목록만 출력되어야 합니다.

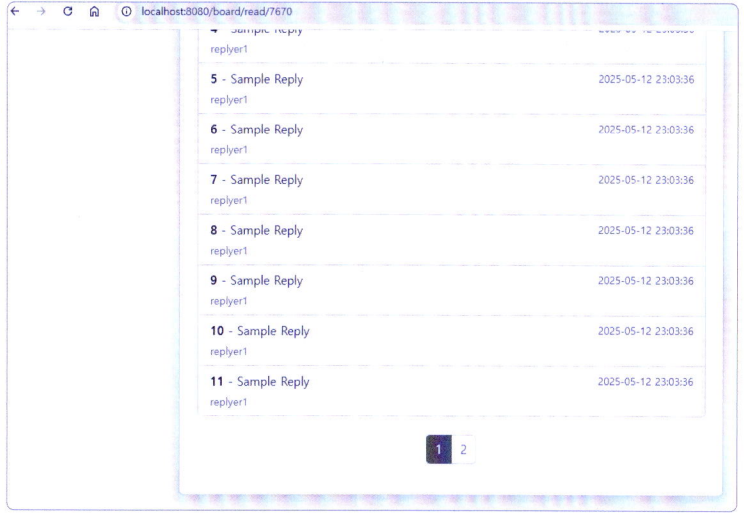

댓글 등록 후 마지막 페이지로 이동 처리

댓글이 등록된 후에는 다시 한번 마지막 페이지로 이동할 것을 요구해야 합니다. 외부에서 다른 사용자들이 새로운 댓글들을 추가했을 수도 있기 때문에 현재 페이지가 아닌 마지막 페이지를 다시 계산하도록 호출합니다.

```javascript
document.querySelector(".addReplyBtn").addEventListener("click", e =>
{

  e.preventDefault()
  e.stopPropagation()

  const formData = new FormData(replyForm)

  axios.post("/replies", formData).then(res => {

    console.log("---------server response ----------")
    console.log(res)
    replyForm.reset()

    getReplies(1,true)
  })

}, false)
```

브라우저에서는 새로운 댓글을 추가했을 때 댓글이 많은 경우 마지막 페이지로 이동하는 것을 확인할 수 있습니다.

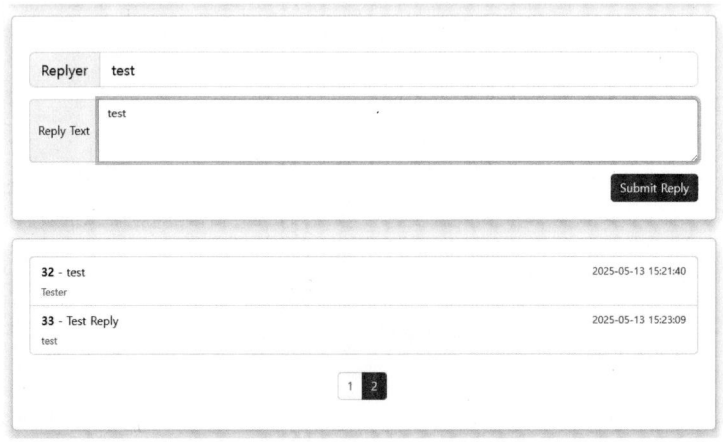

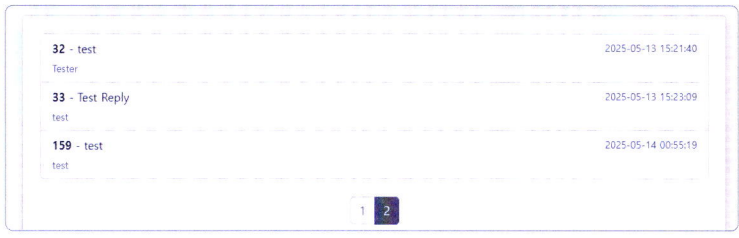

8.5.4 댓글의 조회

서버 쪽에서 댓글의 조회는 GET 방식으로 합니다.

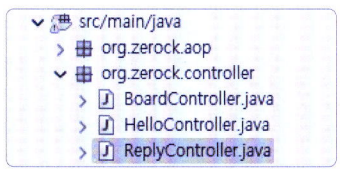

```java
@GetMapping("{rno}")
public ResponseEntity<ReplyDTO> read(@PathVariable("rno")Long rno){

    log.info("rno: " + rno);

    return ResponseEntity.ok(replyService.getOne(rno));
}
```

GET 방식으로 호출되기 때문에 브라우저에서 직접 특정한 번호의 댓글을 확인할 수 있습니다.

```
         localhost:8080/replies/32
pretty print 적용☑

{
    "rno": 32,
    "replyText": "test",
    "replyer": "Tester",
    "replyDate": "2025-05-13 15:21:40",
    "updateDate": "2025-05-13 15:21:40",
    "delflag": false,
    "bno": 7670
}
```

브라우저 댓글 조회

댓글의 조회는 모달창에서 처리하고 댓글의 수정이나 삭제 역시 모달창에서 처리합니다. 우선 화면에서 댓글을 클릭했을 때 보이는 모달창을 구성하고 댓글에 대한 클릭 이벤트를 처리합니다.

작성하는 모달창은 디자인을 살펴보는 용도이므로 실제 댓글을 표현한다고 생각하고 작성합니다.

```
<div class="modal fade" id="replyModal" tabindex="-1" aria-labelledby="replyModalLabel" aria-hidden="true">
  <div class="modal-dialog">
    <div class="modal-content">

      <div class="modal-header">
        <h5 class="modal-title" id="replyModalLabel">댓글 수정 / 삭제</h5>
        <button type="button" class="btn-close" data-bs-dismiss="modal" aria-label="Close"></button>
      </div>

      <div class="modal-body">

        <form id="replyModForm">
          <input type="hidden" name="rno" value="33">
          <div class="mb-3">
            <label for="replyText" class="form-label">댓글 내용</label>
            <input type="text" name="replyText" id="replyText" class="form-control" value="Reply Text"/>
          </div>
```

```
      </form>

    </div>

    <div class="modal-footer">
      <button type="button" class="btn btn-primary">수정</button>
      <button type="button" class="btn btn-danger">삭제</button>
      <button type="button" class="btn btn-secondary" data-bs-dismiss="modal">닫기</button>
    </div>

   </div>
  </div>
</div>
```

댓글 목록에서 특정한 댓글에 대한 클릭 이벤트 처리를 작성합니다.

```
const replyModal = new bootstrap.Modal(document.querySelector("#replyModal"))

replyList.addEventListener("click", e => {

  replyModal.show()

}, false)
```

브라우저에서 모달창의 동작 여부를 확인합니다.

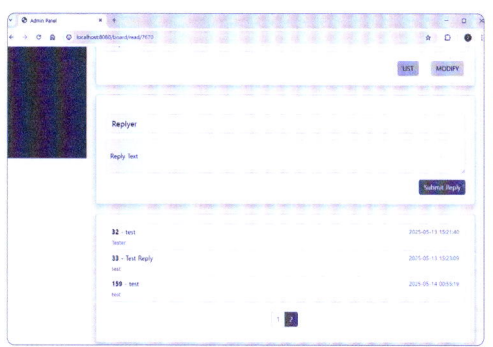 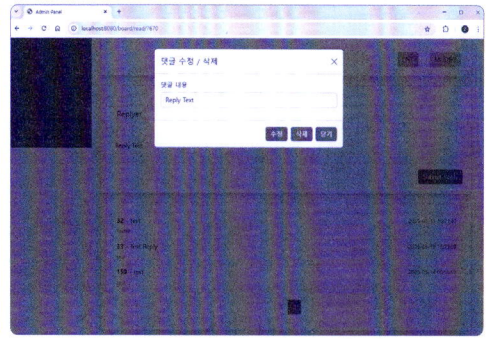

댓글 데이터 모달창 출력

작성된 모달창에는 선택한 댓글에 대한 상세한 출력이 필요합니다. 가장 먼저 해야 할 일은 삭제되지 않은 특정 댓글을 클릭했을 때 댓글의 번호를 이용해서 댓글을 가져오는 일입니다(화면에 있는 댓글을 사용하지 않는 이유는 어떤 이유로 인해서 서버 내부에서 해당 댓글의 내용이 달라질 수 있기 때문에 서버에서 최대한 현재 상태의 댓글을 가져오는 것이 좋습니다.). 댓글을 선택했을 때 〈li〉 태그를 찾아서 data-rno 속성값을 이용하면 댓글의 번호(rno)를 찾을 수 있고 이 번호를 이용해서 Axios로 댓글을 조회합니다.

```javascript
replyList.addEventListener("click", e => {

  //가장 가까운 상위 li 요소를 찾는다.
  const targetLi = e.target.closest("li")

  const rno = targetLi.getAttribute("data-rno")

  if(!rno){
     return
  }

  axios.get(`/replies/\${rno}`).then(res => {

     const targetReply = res.data

     console.log(targetReply)



  })

}, false)
```

브라우저에서 확인해 보면 특정 댓글을 클릭했을 때 해당 댓글 객체가 출력되는 것을 확인할 수 있습니다.

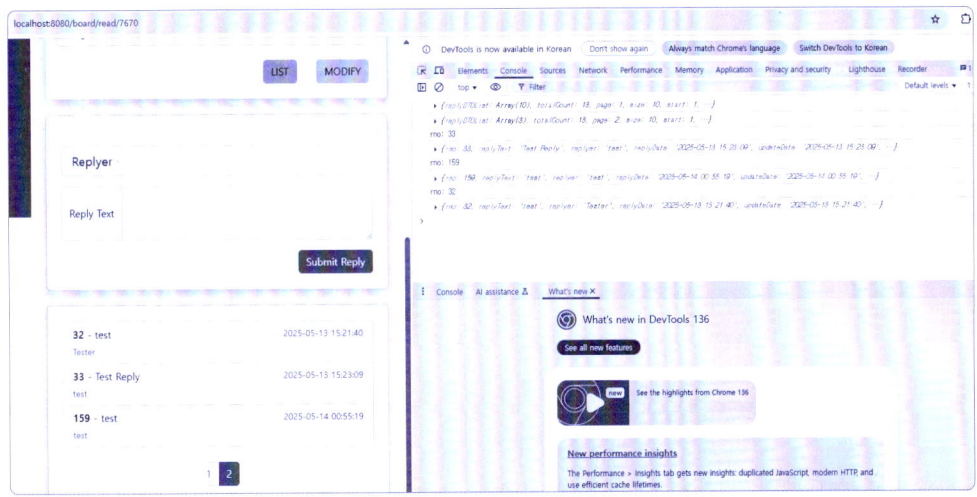

서버에서 조회한 댓글의 delFlag값이 false라면 삭제되지 않은 댓글이므로 이 경우 찾아낸 댓글 객체의 rno, replyText 등을 모달창으로 보이도록 합니다. 이를 처리하기 위해서 모달창에 있는 〈form〉 요소를 replyModForm이라는 별도의 변수로 선언해서 재사용하도록 합니다.

```
const replyModal = new bootstrap.Modal(document.
querySelector("#replyModal"))

const replyModForm = document.querySelector("#replyModForm")

replyList.addEventListener("click", e => {

  //가장 가까운 상위 li 요소를 찾는다.
  const targetLi = e.target.closest("li")

  const rno = targetLi.getAttribute("data-rno")

  if(!rno){
     return
  }

  axios.get(`/replies/\${rno}`).then(res => {

     const targetReply = res.data

     console.log(targetReply)
```

Chapter 08   댓글과 RESTful   323

```
        if(targetReply.delflag === false){

            replyModForm.querySelector("input[name = 'rno']").value = targetReply.rno
            replyModForm.querySelector("input[name = 'replyText']").value = targetReply.replyText

            replyModal.show()

        }else {
            alert("삭제된 댓글은 조회할 수 없습니다. ")
        }

    })

}, false)
```

브라우저에서 특정한 댓글을 선택하면 모달창에 해당 댓글의 내용이 출력되는 것을 확인합니다.

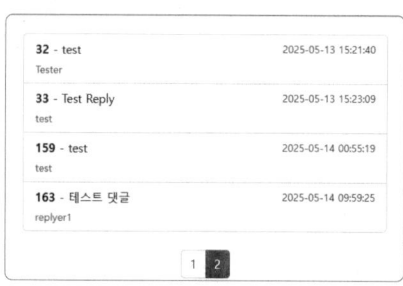
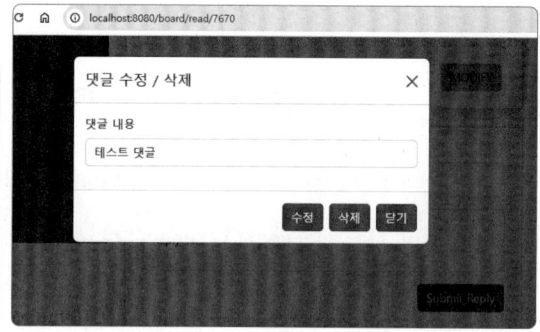

삭제된 댓글은 경고창만 보이게 됩니다.

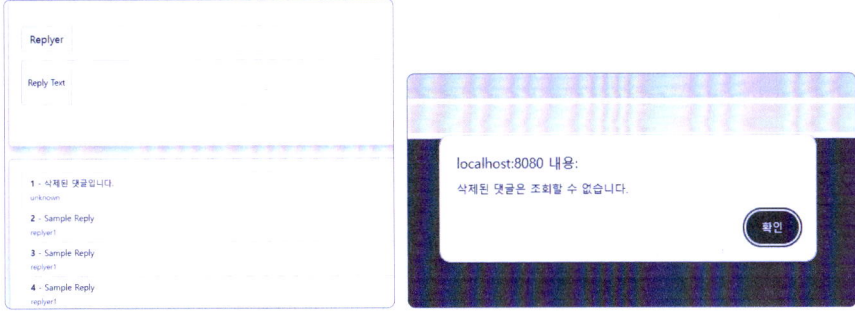

8.5.5 댓글의 수정/삭제

서버에서 댓글의 삭제 작업은 DELETE 방식으로 처리하고, 수정 작업은 PUT 방식으로 댓글의 번호(rno)와 댓글의 내용(replyText)을 전송하도록 구성합니다.

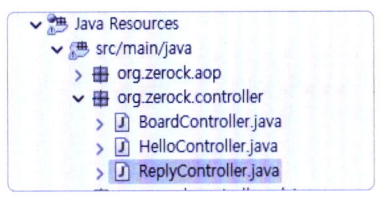

```java
    @DeleteMapping("{rno}")
    public ResponseEntity<Map<String, String>> delete( @PathVariable("rno") Long rno  ) {

        log.info("rno: " + rno);

        replyService.remove(rno);

        return ResponseEntity.ok(Map.of("result", "deleted"));

    }

    @PutMapping("{rno}")
    public ResponseEntity<Map<String, String>> modify( @PathVariable("rno") Long rno, ReplyDTO replyDTO  ) {

        log.info("rno: " + rno);

        replyDTO.setRno(rno);
```

```
        replyService.modify(replyDTO);

        return ResponseEntity.ok(Map.of("result", "modified"));

    }
```

브라우저에서는 모달창의 버튼으로 FormData를 구성하고 Axios 호출을 처리합니다. 먼저 모달창에 버튼을 구분하기 위해서 class 속성을 수정합니다.

```
<div class="modal fade" id="replyModal" tabindex="-1" aria-
labelledby="replyModalLabel" aria-hidden="true">
  <div class="modal-dialog">
    <div class="modal-content">

      ...생략

      <div class="modal-footer">
        <button type="button" class="btn btn-primary btnReplyMod">수정</button>
        <button type="button" class="btn btn-danger btnReplyDel">삭제</button>
        <button type="button" class="btn btn-secondary" data-bs-
dismiss="modal">닫기</button>
      </div>

    </div>
  </div>
</div>
```

삭제 처리

read.jsp에서는 삭제 버튼에 대한 이벤트를 처리합니다.

```
        document.querySelector(".btnReplyDel").addEventListener("click", e =>
        {

          e.preventDefault()
          e.stopPropagation()

          const formData = new FormData(replyModForm)

          const rno = formData.get("rno")
```

```
        console.log("rno: " + rno)

    }, false)
```

브라우저에서는 삭제 버튼을 클릭하면 해당 댓글의 번호가 출력되는 것을 확인합니다.

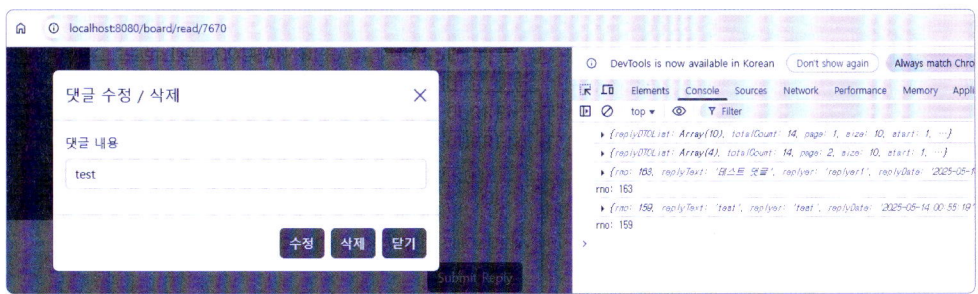

Axios로 서버의 삭제 기능을 호출합니다.

```
        document.querySelector(".btnReplyDel").addEventListener("click", e => 
        {

          ...생략

          console.log("rno: " + rno)

          axios.delete(`/replies/\${rno}`).then(res => {
            const data = res.data

            console.log(data)

          })

        }, false)
```

정상적으로 동작하면 서버에서 '{result:'deleted'}' 데이터가 도착하는 것을 확인할 수 있습니다.

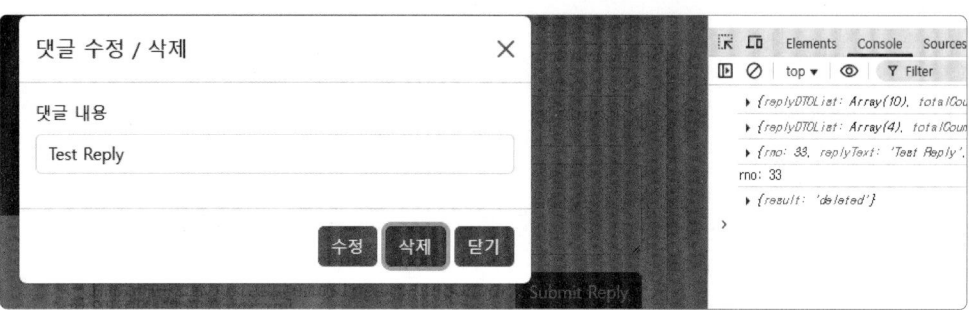

정상적인 결과라면 모달창을 닫고 다시 현재 댓글 페이지를 다시 호출합니다.

```
document.querySelector(".btnReplyDel").addEventListener("click", e => {

  e.preventDefault()
  e.stopPropagation()

  const formData = new FormData(replyModForm)

  const rno = formData.get("rno")

  console.log("rno: " + rno)

  axios.delete(`/replies/\${rno}`).then(res => {
     const data = res.data
     console.log(data)

     replyModal.hide()


     getReplies(currentPage)


  })

}, false)
```

브라우저에서는 댓글이 삭제된 후 다시 해당 페이지를 가져오는 것을 확인할 수 있습니다.

위의 그림은 13페이지에 댓글이 1개만 존재하므로 삭제 후에는 12페이지를 호출하는 결과입니다.

수정 처리

수정 처리는 기본적으로 삭제 처리와 유사합니다. 다만, 삭제 후에 현재 페이지를 그대로 호출할 수 있기 때문에 좀 더 단순하게 작성할 수 있습니다.

```javascript
document.querySelector(".btnReplyMod").addEventListener("click", e => {

  e.preventDefault()
  e.stopPropagation()

  const formData = new FormData(replyModForm)

  const rno = formData.get("rno")

  console.log("rno: " + rno)

  axios.put(`/replies/\${rno}`, formData).then(res => {
     const data = res.data
     console.log(data)

     replyModal.hide()

     getReplies(currentPage)

  })

}, false)
```

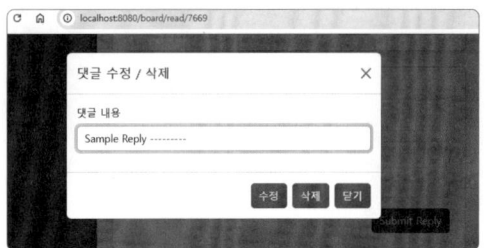

8.6 게시글 목록에 댓글 개수 표시

게시글 조회에서 댓글에 대한 처리는 Ajax로 처리되었지만, 게시글의 목록 화면에서는 해당 게시물에 몇 개의 댓글이 달려 있는지를 출력해 주는 것이 일반적입니다.

게시물에 속하는 댓글의 개수를 처리하는 일은 쿼리를 작성할 때 JOIN으로 처리하거나 게시글 목록이 출력된 후에 별도의 쿼리를 통해서 댓글의 개수를 파악할 수 있습니다. 예제에서는 JOIN 처리와 확장된 BoardDTO를 구성해서 이를 처리하도록 합니다.

8.6.1 게시물과 댓글의 조인

게시글과 댓글의 조인 처리는 특정한 게시글에 댓글이 존재하지 않는 경우가 발생하기 때문에 댓글이 없어도 조인 처리가 가능하도록 OUTER JOIN으로 구성해야만 합니다.

먼저 페이징 처리 없이 LEFT OUTER JOIN을 이용해서 두 테이블의 조인 결과를 만들어 냅니다.

```sql
SELECT *
FROM
 tbl_board board LEFT OUTER JOIN tbl_reply reply ON reply.bno = board.bno
WHERE board.delflag = false
ORDER BY board.bno DESC
;
```

위의 쿼리 실행 결과를 보면 특정 게시물에 여러 개의 댓글이 있으면 아래 화면처럼 동일한 게시물이 여러 개 출력되는 것을 확인할 수 있습니다.

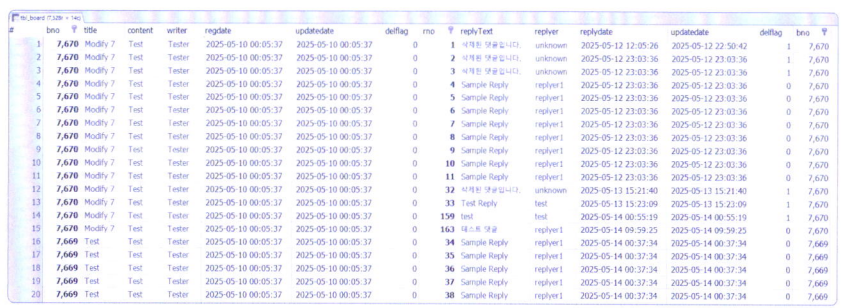

게시물 목록에는 하나의 게시물만 나올 수 있도록 게시물을 기준으로 group by 처리가 필요합니다.

```
SELECT
  board.bno, title, content,writer, regDate, board.updateDate,
COUNT(rno) replyCnt
FROM
 tbl_board board LEFT OUTER JOIN tbl_reply reply ON reply.bno = board.bno
WHERE board.delflag = FALSE
GROUP BY board.bno
ORDER BY board.bno DESC
```

쿼리의 결과를 확인해 보면 게시물 하나 당 댓글의 개수가 그룹으로 처리된 것을 확인할 수 있습니다.

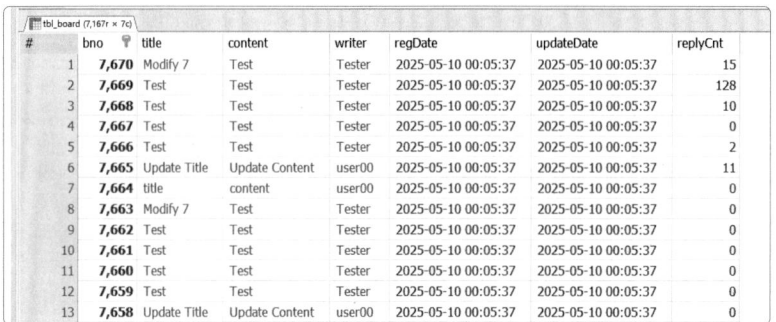

기존의 BoardDTO는 tbl_board 테이블의 칼럼을 기준으로 작성되어 있으므로 위의 쿼리 결과와 같이 추가된 칼럼이 만들어지는 경우에는 사용할 수 없습니다. 따라서 기존의 BoardDTO에 replyCnt라는 속성이 추가되어야 합니다.

기존의 BoardDTO에 replyCnt 속성을 추가합니다.

```
@Data
@Builder
@AllArgsConstructor
@NoArgsConstructor
public class BoardDTO {
```

```java
    private Long bno;
    private String title;
    private String writer;
    private String content;
    private LocalDateTime regDate;
    private LocalDateTime updateDate;
    private boolean delFlag;

    //댓글 개수
    private int replyCnt;

    public String getCreatedDate() {
        return regDate.format(DateTimeFormatter.ISO_DATE);
    }
}
```

기존의 BoardMapper.xml의 listSearch 부분을 아래와 같이 수정합니다.

```xml
    <select id="ListSearch"  resultType="BoardDTO">
    SELECT
        board.bno, title, content,writer, regDate, board.updateDate,
COUNT(rno) replyCnt
    FROM
        tbl_board board LEFT OUTER JOIN tbl_reply reply ON reply.bno =
board.bno

    <include refid="search"></include>

    GROUP BY board.bno
    ORDER BY board.bno desc
    limit #{skip}, #{count}

    </select>
```

마지막으로 /board/list를 호출했을 때 문제가 없는지 확인하고 replyCnt를 화면에 출력합니다.

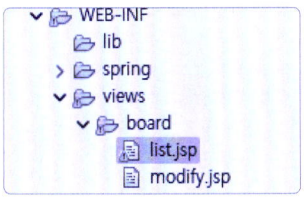

```
            <c:forEach var="board" items="${dto.boardDTOList}">

                <tr data-bno="${board.bno}" >
                    <td>
                     <a href='/board/read/${board.bno}'>
                        <c:out value="${board.bno}"/>
                     </a>
                    </td>

                    <td><c:out value="${board.title}"/>
                        <b style="color:blue">[ <c:out value="${board.replyCnt}"/> ] </b> </td>
                    <td><c:out value="${board.writer}"/></td>
                    <td><c:out value="${board.createdDate}"/></td>
                </tr>

            </c:forEach>

         </tbody>
```

브라우저에서 최종 결과를 확인합니다.

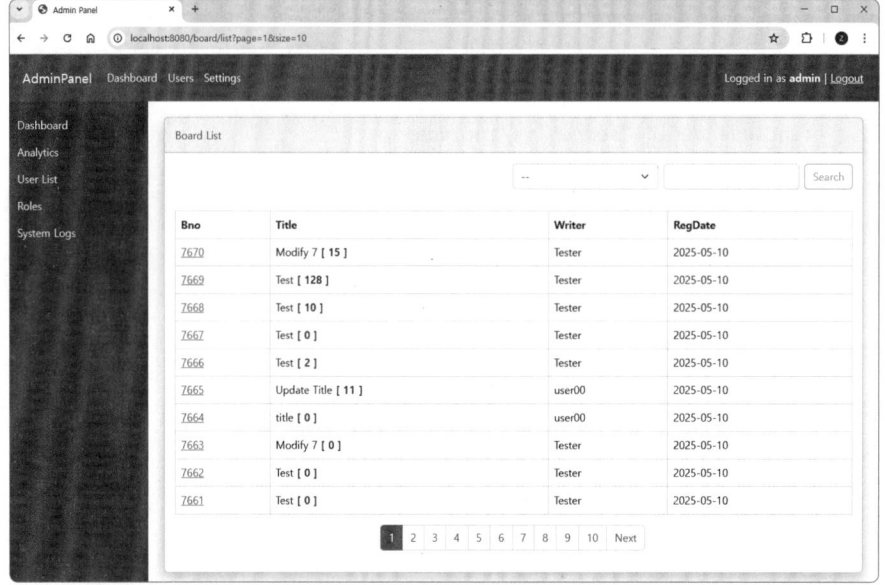

PART 3.
인증 처리와 파일 업로드

PART 3에서는 기본적인 웹 애플리케이션 기능을 보완하기 위한 파일 업로드 기능과 사용자의 인증 처리를 알아봅니다. PART 3의 기능들은 기존 웹 애플리케이션 예제와 흐름은 유사하지만, 내부적으로 다양한 고려 사항이 반영되어야만 합니다.

파일 업로드는 단순히 파일 데이터를 처리하는 기능적인 구현뿐 아니라 데이터베이스의 설계 변경, 조인 처리, 트랜잭션 처리 등의 여러 작업이 함께 구현되어야 하므로 이전 예제들 보다 더 심화된 내용을 학습합니다.

스프링 웹 시큐리티는 웹 애플리케이션에서 사용자의 인증과 인가 처리를 담당합니다. 스프링 시큐리티를 적용하기 위해서는 새로운 개념들과 설정 방법을 적용해야 하므로 기존 예제들이 완성된 상태에서 시큐리티와 관련된 처리를 어떻게 적용해야 하는지 가이드가 될 것입니다.

PART 3에서 학습할 내용입니다.

- 파일 업로드를 위한 설정과 썸네일 처리
- 데이터베이스의 파일 데이터 처리
- 스프링 시큐리티의 설정과 기능들

Chapter 09

상품과 파일 업로드

데이터를 다루다 보면 하나의 데이터를 구성하기 위해서 여러 개의 데이터가 합성(composite)될 때가 많습니다. 상품의 경우를 보면 상품 데이터와 상품의 이미지나 해시 태그 등과 같이 여러 데이터를 함께 처리해야 하는 경우입니다.

이 장에서 학습하는 내용입니다.

- 브라우저에서 파일 업로드 처리
- 서버 내 파일 업로드 처리
- 데이터베이스의 상품과 상품 이미지의 처리

9.1 상품과 상품 이미지 테이블

게시물과 다르게 상품은 이미지가 중심이 됩니다. 일반적으로 하나의 상품에는 여러 개의 이미지가 있습니다. 따라서 일반적이라면 상품과 상품 이미지는 별도의 테이블로 관리됩니다.

상품과 이미지를 하나의 테이블로 관리하는 경우가 가끔 있는데, 이런 경우는 상품당 고정된 개수의 이미지만 올리거나 조인 처리를 피해서 성능을 높이려고 하는 경우입니다. 좀 더 확장성을 고려하면 당연히 상품과 상품 이미지는 별도로 분리해서 처리하는 것이 바람직하므로 이번 예제에서는 순수하게 상품과 해당 상품 이미지를 별도의 테이블로 분리해서 처리합니다.

데이터베이스에서는 tbl_product 테이블을 설계해서 사용합니다. tbl_product 테이블에는 상품의 이름, 가격, 설명, 판매 여부 등을 추가합니다.

```
CREATE TABLE tbl_product (
    pno INT AUTO_INCREMENT PRIMARY KEY,   -- 상품 번호(고유식별자)
    pname VARCHAR(200) NOT NULL,          -- 상품 이름
    pdesc VARCHAR(1000) NOT NULL,         -- 상품 설명
    price INT NOT NULL,                   -- 상품 가격
    sale BOOLEAN DEFAULT FALSE,           -- 판매 여부 (false)
    writer VARCHAR(100) NOT NULL,         -- 상품 등록자
    regdate DATETIME DEFAULT CURRENT_TIMESTAMP,
    moddate DATETIME DEFAULT CURRENT_TIMESTAMP ON UPDATE CURRENT_TIMESTAMP
);
```

상품 테이블을 참조하는 상품 이미지 테이블은 다음과 같이 설계합니다.

```
CREATE TABLE tbl_product_image (
    ino INT AUTO_INCREMENT PRIMARY KEY,   -- 이미지 번호 (고유 식별자)
    pno INT NOT NULL,                     -- 상품 번호 (외래 키)
    filename VARCHAR(300) NOT NULL,       -- 실제 파일명 또는 저장된 경로
    uuid CHAR(36) NOT NULL,               -- 파일명 중복 방지를 위한 UUID
    ord INT DEFAULT 0,                    -- 이미지 정렬 순서
    regdate DATETIME DEFAULT CURRENT_TIMESTAMP, -- 등록일
    FOREIGN KEY (pno) REFERENCES tbl_product(pno) ON DELETE CASCADE
);
```

상품 이미지는 주로 상품 번호로 검색되어 사용되므로 미리 테이블 생성 단계에서 인덱스를 구성합니다.

```
CREATE INDEX idx_product_image_pno ON tbl_product_image(pno, ord);
```

9.2 DTO와 Mapper 작성

작성된 테이블에 데이터를 넣기 위해서 dto 패키지에 ProductDTO와 ProductImageDTO 클래스를 구성합니다.

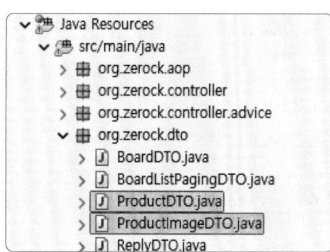

우선 각 DTO는 테이블의 설계를 기준으로 작성합니다. tbl_product를 기준으로는 Product DTO를 작성합니다.

```java
package org.zerock.dto;

import java.time.LocalDateTime;

import lombok.AllArgsConstructor;
import lombok.Builder;
import lombok.Data;
import lombok.NoArgsConstructor;


@Data
@Builder
@AllArgsConstructor
@NoArgsConstructor
public class ProductDTO {

    private Integer pno;

    private String pname;

    private String pdesc;

    private int price;

    private boolean sale;
```

```
    private String writer;

    private LocalDateTime regDate;

    private LocalDateTime modDate;

}
```

상품 이미지인 tbl_product_image 테이블을 기준으로 ProductImageDTO를 작성합니다.

```
package org.zerock.dto;

import java.time.LocalDateTime;

import lombok.AllArgsConstructor;
import lombok.Builder;
import lombok.Data;
import lombok.NoArgsConstructor;


@Data
@Builder
@AllArgsConstructor
@NoArgsConstructor
public class ProductImageDTO {

    private Integer ino;

    private Integer pno;

    private String fileName;

    private String uuid;

    private int ord;

    private LocalDateTime regDate;

}
```

9.2.1 연관 관계 처리

관계형 데이터베이스에서는 '상품'과 '상품 이미지'는 '일대다' 혹은 '다대일'의 관계로 해석되고 오직 PK(주키)와 FK(외래키)의 관계를 통해서만 규정됩니다. 반면에, 객체지향에서는 ProductDTO에서 여러 개의 ProductImageDTO 객체들을 참조하도록 설계할 수도 있고, 반대로 설계할 수도 있기 때문에 처음 설계할 때 주의해서 설계해야 합니다.

'상품'과 '상품 이미지'는 실제 업무에서는 '상품'이 가장 중요한 단위가 됩니다. 엄밀하게 따지면 '상품'을 등록한다는 것은 '상품 이미지'에 대한 처리가 포함됩니다. 데이터베이스상에서 '상품 이미지'와 '상품'의 관계는 '댓글'과 '게시글'과 동일하게 보이지만, 실제로는 중요한 차이가 있습니다.

- 주체: 게시글과 댓글은 데이터를 생성하는 주체가 동일하지 않습니다. 하지만, 상품은 상품을 등록하는 작성자가 상품의 이미지도 함께 작성합니다.
- 시간: 게시글과 댓글은 독립적인 생성 시간, 수정 시간을 가지게 됩니다. 반면에, 상품은 등록/수정/삭제 시에 상품과 함께 상품 이미지 역시 함께 처리됩니다.

이러한 이유로 인해 '상품'과 '상품 이미지'는 ProductDTO에서 ProductImageDTO를 관리하는 구조로 만들어지는 것이 적합합니다.

ProductDTO에 여러 개의 ProductImageDTO를 처리할 수 있도록 속성을 추가하고 상품의 이미지를 파일명만으로 처리할 수 있도록 addImage( )와 같은 메서드를 추가합니다. ProductDTO 객체가 ProductImageDTO를 컨트롤하게 되면 나중에 데이터를 다룰 때 조금 편리합니다.

```
package org.zerock.dto;

import java.time.LocalDateTime;
import java.util.ArrayList;
import java.util.List;
import java.util.UUID;

import lombok.AllArgsConstructor;
import lombok.Builder;
import lombok.Data;
import lombok.NoArgsConstructor;
```

```java
@Data
@Builder
@AllArgsConstructor
@NoArgsConstructor
public class ProductDTO {

    private Integer pno;

    private String pname;

    private String pdesc;

    private int price;

    private boolean sale;

    private String writer;

    private LocalDateTime regDate;

    private LocalDateTime modDate;

    //상품 이미지들
    private List<ProductImageDTO> imageList;


    public void addImage(String uuid, String fileName) {

        if(imageList == null) {
            imageList = new ArrayList<>();
        }

        ProductImageDTO imageDTO = ProductImageDTO.builder()
                .uuid(uuid)
                .fileName(fileName)
                .pno(this.pno)
                .ord(this.imageList.size())
                .build();

        imageList.add(imageDTO);

    }

}
```

9.2.2 ProductMapper와 상품 등록

연관 관계에서 살펴보았듯이 실제 업무는 '상품'을 다루는 것이므로(이런 업무의 단위를 도메인(domain)이라고 합니다.) Mapper를 작성할 때도 ProductMapper와 ProductImageMapper와 같이 별도로 설계할 것인지 하나의 Mapper를 설계할 것인지 결정해야 합니다. 예제는 상품을 처리하는 ProductMapper를 설계해서 내부적으로 ProductImageDTO를 처리하는 방식으로 구성하겠습니다.

Mapper 선언

mapper 패키지에 ProductMapper 인터페이스를 선언하고 상품과 상품 이미지를 추가하는 기능을 선언합니다. 특히 상품 이미지는 한 번에 여러 개를 추가하므로 ProductDTO를 파라미터로 활용하고 MyBatis의 〈foreach〉를 이용해서 imageList를 처리합니다.

- org.zerock.mapper
  - BoardMapper.java
  - ProductMapper.java
  - ReplyMapper.java
  - TestMapper.java

```java
package org.zerock.mapper;

import org.zerock.dto.ProductDTO;

public interface ProductMapper {

    int insert(ProductDTO productDTO);

    int insertImages( ProductDTO productDTO);

}
```

ProductMapper 인터페이스에 실제 SQL을 작성하기 위한 ProductMapper.xml을 추가합니다.

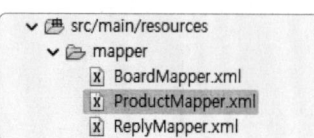

- src/main/resources
  - mapper
    - BoardMapper.xml
    - ProductMapper.xml
    - ReplyMapper.xml

```xml
<!DOCTYPE mapper
        PUBLIC "-//mybatis.org//DTD Mapper 3.0//EN"
        "https://mybatis.org/dtd/mybatis-3-mapper.dtd">
<mapper namespace="org.zerock.mapper.ProductMapper">

    <insert id="insert">

        <selectKey order="AFTER" keyProperty="pno" resultType="int">
          SELECT LAST_INSERT_ID()
        </selectKey>

        insert into tbl_product ( pname, pdesc, price, sale, writer)

        values ( #{pname}, #{pdesc}, #{price}, true, #{writer} )

    </insert>

    <insert id="insertImages">

        insert into tbl_product_image (pno, fileName, uuid, ord)

        values

            <foreach collection="imageList" item="image" separator=",">

            ( #{pno}, #{image.fileName}, #{image.uuid}, #{image.ord} )

            </foreach>

    </insert>

</mapper>
```

ProductDTO를 추가하는 과정에서는 새롭게 만들어진 상품의 번호로 상품 이미지를 추가해야 하기 때문에 LAST_INSERT_ID()를 이용해서 insert된 상품의 번호를 알 수 있도록 구성합니다.

상품 등록 테스트

테스트 코드는 test 폴더에 ProductMapperTests를 추가해서 구성합니다.

상품 등록 작업은 두 개의 테이블에 insert가 여러 번 실행될 수 있으므로 @Transactional과 테스트 후에 insert 결과를 저장하도록 @Commit을 추가합니다.

```java
package org.zerock.mapper;

import java.util.List;

import org.junit.jupiter.api.Test;
import org.junit.jupiter.api.extension.ExtendWith;
import org.springframework.beans.factory.annotation.Autowired;
import org.springframework.test.annotation.Commit;
import org.springframework.test.context.ContextConfiguration;
import org.springframework.test.context.junit.jupiter.SpringExtension;
import org.springframework.transaction.annotation.Transactional;
import org.zerock.dto.ProductDTO;
import org.zerock.dto.ProductImageDTO;

import lombok.extern.log4j.Log4j2;

@ExtendWith(SpringExtension.class)
@ContextConfiguration("file:src/main/webapp/WEB-INF/spring/root-context.xml")
@Log4j2
public class ProductMapperTests {

    @Autowired
    private ProductMapper productMapper;


    @Transactional
    @Commit
    @Test
    public void testInsert() {

        ProductDTO productDTO = ProductDTO.builder()
                .pname("Product")
                .pdesc("Product Desc")
                .writer("user1")
                .price(4000)
```

```
                .build();

        //insert into tbl_product
        productMapper.insert(productDTO);

        productDTO.addImage(UUID.randomUUID().toString(), i+"_test_1.jpg");
        productDTO.addImage(UUID.randomUUID().toString(), i+"_test__2.jpg");


        //insert into tbl_product_image
        productMapper.insertImages(productDTO.getImageList());
    }
}
```

테스트 코드는 tbl_product 테이블에 1번, tbl_product_image 테이블에 2번의 insert가 일어나고 select last_insert_id( )가 일어나므로 총 4번의 SQL이 실행됩니다.

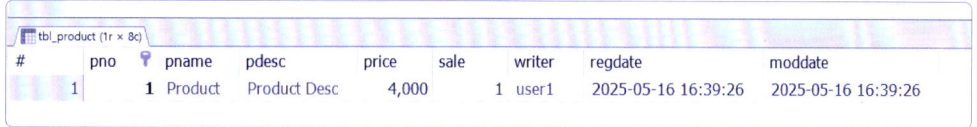

tbl_product 테이블에 결과를 확인합니다.

#	pno	pname	pdesc	price	sale	writer	regdate	moddate
1	1	Product	Product Desc	4,000		1 user1	2025-05-16 16:39:26	2025-05-16 16:39:26

tbl_product_image 테이블에서도 결과를 확인합니다.

#	ino	pno	filename	uuid	ord	regdate
1	1	1	test1.jpg	e427d067-3228-11f0-a6e6-745d2200...	0	2025-05-16 16:39:26
2	2	2	test2.jpg	e427ee5b-3228-11f0-a6e6-745d2200...	1	2025-05-16 16:39:26

9.2.3 상품 조회와 <resultMap>

상품의 데이터가 tbl_product와 tbl_product_image로 나누어져 있으므로 상품 데이터를 조회할 때는 두 테이블을 한 번에 처리할 수 있는지 따로 처리해야 하는지 고민해야 합니다.

- 한 번에 처리하는 방법: tbl_product와 tbl_product_image 테이블을 조인 처리해서 한 번에 모든 이미지까지 같이 SQL로 처리하는 방식입니다. 데이터베이스를 한 번만 호출하기 때문에 성능면에서 유리합니다.
- 나누어 호출하는 방법: 처음에는 tbl_product 테이블만을 쿼리를 통해서 처리하고 나중에 화면에서 Ajax로 tbl_product_image 테이블의 내용을 처리하는 방식입니다. 쿼리는 쉽게 작성할 수 있지만, 전체적인 코드의 양은 많아집니다.

위의 두 가지 방식 중에서 예제에서 사용할 방식은 두 테이블을 조인하고 이를 ProductDTO로 만들어서 반환하는 방식입니다. 이를 구현할 때 MyBatis의 <resultMap>을 이용하면 한 번에 ProductDTO와 객체 내부에 있는 ProductImageDTO를 쉽게 구성할 수 있습니다.

ProductMapper에는 ProductDTO를 반환하는 메서드를 선언합니다.

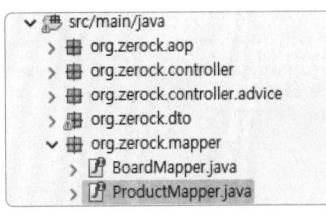

```
package org.zerock.mapper;

import org.apache.ibatis.annotations.Param;
import org.zerock.dto.ProductDTO;

public interface ProductMapper {

    int insert(ProductDTO productDTO);

    int insertImages( ProductDTO productDTO);

    ProductDTO selectOne( @Param("pno") Integer pno);

}
```

ProductMapper를 개발하기 전에 특정 상품과 상품 이미지들을 가져오는 쿼리를 작성합니다.

```sql
SELECT p.pno, pname, pdesc, price, sale, writer, p.regdate, ino, uuid,
filename, ord
FROM
  tbl_product p LEFT OUTER JOIN tbl_product_image pimg ON pimg.pno =
p.pno
WHERE p.pno = 1
```

쿼리의 결과로 상품과 모든 상품 이미지가 출력되어야 합니다.

pno	pname	pdesc	price	sale	writer	regdate	ino	uuid	filename	ord
1	Product	Product Desc	4,000	1	user1	2025-05-16 16:39:26	1	e427d067-3228-11f0-a6e6-745d2200...	test1.jpg	0
1	Product	Product Desc	4,000	1	user1	2025-05-16 16:39:26	2	e427ee5b-3228-11f0-a6e6-745d2200...	test2.jpg	1

MyBatis의 〈select〉는 한 행(row)의 결과를 특정한 타입으로 매핑해 주기 위해서 〈resultMap〉이라는 것을 사용합니다. 또한, 개발자가 직접 쿼리의 결과를 처리하려면 〈resultMap〉으로 처리합니다. 〈resultMap〉 내부에는 〈collection〉을 지정할 수 있는데 이를 이용하면 한 개의 ProductDTO와 여러 개의 ProductImageDTO를 구성할 수 있습니다.

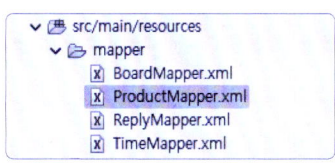

```xml
<resultMap type="ProductDTO" id="selectMap">

    <id property="pno" column="pno"/>
    <result property="pname" column="pname"/>
    <result property="pdesc" column="pdesc"/>
    <result property="price" column="price"/>
    <result property="sale" column="sale"/>
    <result property="writer" column="writer"/>

    <collection property="imageList" ofType="ProductImageDTO">
```

```xml
            <id property="ino" column="ino"/>
            <result property="uuid" column="uuid"/>
            <result property="fileName" column="fileName"/>
            <result property="ord" column="ord"/>
            
        </collection>
    
    </resultMap>
    
    
    
    <select id="selectOne" resultMap="selectMap">
    
    SELECT p.pno, pname, pdesc, price, sale, writer, p.regdate, ino, uuid, filename, ord
      FROM
        tbl_product p LEFT OUTER JOIN tbl_product_image pimg ON pimg.pno = p.pno
      WHERE p.pno = #{pno}
      order by pimg.ord
    </select>
```

작성된 XML을 보면 〈select〉에 resultMap이 지정되어 있고 해당 id값을 가지는 〈resultMap〉에는 ProductDTO를 구성한다는 것을 알 수 있습니다. 〈resultMap〉의 내부에는 〈collection〉을 이용해서 List〈ProductImageDTO〉를 구성합니다. 각 객체를 구성하는 기준은 내부에서 사용하고 있는 〈id〉입니다.

테스트 코드로 쿼리의 동작을 확인합니다.

```java
@Test
public void testSelectOne() {
    
    Integer pno = 1;
    
    ProductDTO productDTO = productMapper.selectOne(pno);
    
    
    log.info(productDTO);
    
    productDTO.getImageList().forEach(log::info);
    
    
}
```

```
MapperTests.java:62)  INFO ProductDTO(pno=1, pname=Product, pdesc=Product Desc, price=4000, sale=true, writer=user1, regDate=null,
    INFO ProductImageDTO(ino=1, pno=null, fileName=test1.jpg, uuid=e427d067-3228-11f0-a6e6-745d2200eca3, ord=0, regDate=null)
    INFO ProductImageDTO(ino=2, pno=null, fileName=test2.jpg, uuid=e427ee5b-3228-11f0-a6e6-745d2200eca3, ord=1, regDate=null)
```

9.2.4 상품 삭제

상품의 삭제는 sale 칼럼의 값을 false로 처리해 주는 것으로 처리합니다.

```
v ⊞ org.zerock.mapper
    > J BoardMapper.java
    > J ProductMapper.java
    > J ReplyMapper.java
```

```java
package org.zerock.mapper;

import org.apache.ibatis.annotations.Param;
import org.zerock.dto.ProductDTO;

public interface ProductMapper {

    int insert(ProductDTO productDTO);

    int insertImages( ProductDTO productDTO);

    ProductDTO selectOne( @Param("pno") Integer pno);

    int deleteOne(@Param("pno") Integer pno);

}
```

ProductMapper.xml의 내용은 다음과 같습니다.

```
v 🗁 src/main/resources
    v 🗁 mapper
        x BoardMapper.xml
        x ProductMapper.xml
```

```xml
<update id="deleteOne">

UPDATE tbl_product SET sale = false WHERE pno = #{pno}

</update>
```

9.2.5 상품 수정

상품의 수정은 크게 상품 자체의 수정과 상품 이미지 수정으로 구분할 수 있습니다. 특히, 상품 이미지 수정은 조금 생각해야 하는 점들이 있기 때문에 이에 대해서 먼저 다뤄보겠습니다.

엄밀하게 상품 이미지 자체는 수정이라는 개념이 존재하지 않고 삭제된 후에 새로운 이미지 파일 정보가 추가되는 방식이면 충분합니다. 따라서 해당 상품의 모든 상품 이미지는 삭제한 후에 한 번에 다시 모든 상품 이미지를 추가하는 방식이 더 간단합니다.

상품 이미지를 한 번에 추가하는 기능은 이미 상품 등록 과정에서 추가되어 있으므로 상품 이미지를 삭제하는 기능을 두면 됩니다.

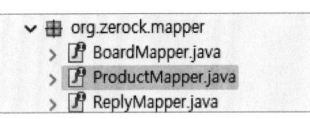

```
package org.zerock.mapper;

import org.apache.ibatis.annotations.Param;
import org.zerock.dto.ProductDTO;

public interface ProductMapper {

    int insertImages( ProductDTO productDTO);

    ...생략

    int deleteImages(@Param("pno") Integer pno);

}
```

ProductMapper.xml에 deleteImages( )를 구현합니다.

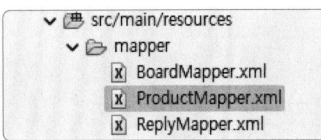

```xml
<delete id="deleteImages">

DELETE FROM tbl_product_image WHERE pno = #{pno}

</delete>
```

상품의 이미지를 한 번에 추가하는 기능은 이미 상품 등록 과정에서 만든 insertImages( )를 이용할 수 있습니다. 상품 자체의 수정은 상품의 이름(pname), 설명(pdesc), 가격(price)을 수정하는 것입니다. 이를 ProductMapper로 선언합니다.

- org.zerock.mapper
  - BoardMapper.java
  - ProductMapper.java
  - ReplyMapper.java

```java
package org.zerock.mapper;

import org.apache.ibatis.annotations.Param;
import org.zerock.dto.ProductDTO;

public interface ProductMapper {

    ...생략

    int updateOne(ProductDTO productDTO);

}
```

- src/main/resources
  - mapper
    - BoardMapper.xml
    - ProductMapper.xml
    - ReplyMapper.xml

```xml
<update id="updateOne">

UPDATE tbl_product

SET pname = #{pname},
```

```
        pdesc = #{pdesc},
        price = #{price}

    WHERE pno = #{pno}

</update>
```

ProductDTO의 수정과 테스트

ProductDTO에는 상품 이미지를 추가하는 기능이 있으므로 상품 이미지를 삭제하는 기능도 추가합니다. 삭제는 imageList를 null로 만들거나 clear( )를 이용해서 내용물을 삭제하도록 구현합니다.

```
∨ ⊞ org.zerock.dto
  > 🗋 BoardDTO.java
  > 🗋 BoardListPagingDTO.java
  > 🗋 ProductDTO.java
```

```java
package org.zerock.dto;

...생략

@Data
@Builder
@AllArgsConstructor
@NoArgsConstructor
public class ProductDTO {

    ...생략

    public void clearImages() {

        imageList.clear();
    }

}
```

만들어진 모든 코드를 이용하는 테스트 코드를 작성해 봅니다.

```
src/test/java
  org.zerock.db
  org.zerock.mapper
    BoardMapperTests.java
    ProductMapperTests.java
    ReplyMapperTests.java
```

상품의 수정은 1) 상품의 기존 이미지를 삭제하고, 2) 상품 정보를 수정, 3) 수정된 상품 이미지 갱신의 순서로 처리할 수 있습니다. 테스트 코드는 아래와 같이 작성할 수 있습니다.

```java
@Transactional
@Commit
@Test
public void testUpdateOne() {

    ProductDTO productDTO = ProductDTO.builder()
            .pno(1)
            .pname("Updated Product")
            .pdesc("update")
            .price(6000)
            .build();

    productDTO.addImage(UUID.randomUUID().toString(),"test3.jpg");
    productDTO.addImage(UUID.randomUUID().toString(), "test4.jpg");
    productDTO.addImage(UUID.randomUUID().toString(), "test5.jpg");


    //기존 이미지 삭제
    productMapper.deleteImages(productDTO.getPno());

    //상품 정보 수정
    productMapper.updateOne(productDTO);

    //상품 이미지 갱신
    productMapper.insertImages(productDTO);


}
```

테스트 코드를 실행해 보면 아래와 같이 'DELETE…, UPDATE…, UPDATE… '와 같이 3번에 걸쳐 실행되는 것을 확인할 수 있습니다.

```
adding stats (total=2/10, idle=2/2, active=0, waiting=0)
==>  Preparing: DELETE FROM tbl_product_image WHERE pno = ?
==> Parameters: 1(Integer)
<==    Updates: 3
  Preparing: UPDATE tbl_product SET pname = ?, pdesc = ?, price = ? WHERE pno = ?
 Parameters: Updated Product(String), update(String), 6000(Integer), 1(Integer)
    Updates: 1
==>  Preparing: insert into tbl_product_image (pno, fileName, uuid, ord) values ( ?, ?, ?, ? ) , ( ?, ?, ?, ? ) , ( ?, ?, ?, ? )
==> Parameters: 1(Integer), test3.jpg(String), 5261804f-9b40-4d1a-ab90-87c44f3597ac(String), 0(Integer), 1(Integer), test4.jpg(String),
<==    Updates: 3
```

9.2.6 상품 목록

상품 목록은 이전의 게시물과 유사하지만, 화면에 상품의 이미지가 하나는 출력될 필요가 있습니다. 이 때문에 tbl_product_image 테이블에 ord라는 칼럼을 부여한 것으로 ord가 0인 상품 이미지를 사용해서 하나의 상품과 하나의 상품 이미지가 출력될 수 있도록 하는 것입니다.

본격적인 목록 개발 전에 테스트 코드로 여러 개의 상품 데이터를 만들어 두도록 합니다.

```
src/test/java
  org.zerock.db
  org.zerock.mapper
    BoardMapperTests.java
    ProductMapperTests.java
```

```java
@Transactional
@Commit
@Test
public void testInsertDummies() {

    for(int i = 0;i < 45; i++) {

        ProductDTO productDTO = ProductDTO.builder()
                .pname("Product " + i)
                .pdesc("Product Desc" + i)
                .writer("user" + (i % 10))
                .price(4000)
                .build();


        //insert into tbl_product
        productMapper.insert(productDTO);

        productDTO.addImage(i+"_test_1.jpg");
        productDTO.addImage(i+"_test__2.jpg");
```

```
        Log.info("----------------------");
        Log.info(productDTO.getImageList());


        //insert into tbl_product_image
        productMapper.insertImages(productDTO);

    }//end for
}
```

testInsertDummies( )는 기존 tbl_product 테이블에는 'Product0'부터 'Product44'까지의 새로운 데이터를 추가하고 각 상품마다 2개의 이미지가 추가됩니다. 아래 화면은 tbl_product_image 테이블에 상품 1개당 2개의 이미지가 추가된 결과입니다.

87	42	40_test__2.jpg	06e76f51-32f2-11f0-a6e6-745d2200e...	1	2025-05-17 16:39:10
88	43	41_test_1.jpg	06e79abc-32f2-11f0-a6e6-745d2200e...	0	2025-05-17 16:39:10
89	43	41_test__2.jpg	06e79b38-32f2-11f0-a6e6-745d2200...	1	2025-05-17 16:39:10
90	44	42_test_1.jpg	06e7cb31-32f2-11f0-a6e6-745d2200e...	0	2025-05-17 16:39:10
91	44	42_test__2.jpg	06e7cbb9-32f2-11f0-a6e6-745d2200e...	1	2025-05-17 16:39:10
92	45	43_test_1.jpg	06e7ff58-32f2-11f0-a6e6-745d2200ec...	0	2025-05-17 16:39:10
93	45	43_test__2.jpg	06e7ffe8-32f2-11f0-a6e6-745d2200ec...	1	2025-05-17 16:39:10
94	46	44_test_1.jpg	06e82843-32f2-11f0-a6e6-745d2200...	0	2025-05-17 16:39:10
95	46	44_test__2.jpg	06e828c6-32f2-11f0-a6e6-745d2200e...	1	2025-05-17 16:39:10

상품 목록에 대한 쿼리는 상품 하나당 하나의 이미지를 사용하기 위해서 ord 칼럼값을 0으로 지정하고 LIMIT, OFFSET을 이용해서 아래와 같이 작성할 수 있습니다.

```
SELECT p.pno, pname, pdesc, price, sale, writer, p.regdate, ino, uuid,
filename, ord
FROM
  tbl_product p LEFT OUTER JOIN tbl_product_image pimg ON pimg.pno =
p.pno
WHERE
  pimg.ord = 0
ORDER BY p.pno desc
LIMIT 10 OFFSET 0
```

pno	pname	pdesc	price	sale	writer	regdate	ino	uuid	filename	ord
46	Product 44	Product Desc44	4,000	1	user4	2025-05-17 16:39:10	94	06e82843-32f2-11f0-a6e6-745d2200...	44_test_1.jpg	0
45	Product 43	Product Desc43	4,000	1	user3	2025-05-17 16:39:10	92	06e7ff58-32f2-11f0-a6e6-745d2200ec...	43_test_1.jpg	0
44	Product 42	Product Desc42	4,000	1	user2	2025-05-17 16:39:10	90	06e7cb31-32f2-11f0-a6e6-745d2200e...	42_test_1.jpg	0
43	Product 41	Product Desc41	4,000	1	user1	2025-05-17 16:39:10	88	06e79abc-32f2-11f0-a6e6-745d2200e...	41_test_1.jpg	0
42	Product 40	Product Desc40	4,000	1	user0	2025-05-17 16:39:10	86	06e76ec8-32f2-11f0-a6e6-745d2200e...	40_test_1.jpg	0
41	Product 39	Product Desc39	4,000	1	user9	2025-05-17 16:39:10	84	06e73ee4-32f2-11f0-a6e6-745d2200e...	39_test_1.jpg	0
40	Product 38	Product Desc38	4,000	1	user8	2025-05-17 16:39:10	82	06e708ee-32f2-11f0-a6e6-745d2200e...	38_test_1.jpg	0
39	Product 37	Product Desc37	4,000	1	user7	2025-05-17 16:39:10	80	06e6d568-32f2-11f0-a6e6-745d2200e...	37_test_1.jpg	0
38	Product 36	Product Desc36	4,000	1	user6	2025-05-17 16:39:10	78	06e6a894-32f2-11f0-a6e6-745d2200...	36_test_1.jpg	0
37	Product 35	Product Desc35	4,000	1	user5	2025-05-17 16:39:10	76	06e67cb7-32f2-11f0-a6e6-745d2200e...	35_test_1.jpg	0

쿼리 결과는 상품 이미지가 하나 추가되어 있어서 기존의 ProductDTO를 그대로 사용하기 보다는 별도의 DTO를 구성합니다. dto 패키지에 ProductListDTO 클래스를 추가합니다.

- org.zerock.dto
  - BoardDTO.java
  - BoardListPagingDTO.java
  - ProductDTO.java
  - ProductImageDTO.java
  - **ProductListDTO.java**
  - ReplyDTO.java

```java
package org.zerock.dto;

import lombok.Data;

@Data
public class ProductListDTO {

    private Integer pno;

    private String pname;

    private String pdesc;

    private int price;

    private boolean sale;

    private String writer;

    private String uuid;

    private String fileName;

}
```

상품 목록을 반환하는 list( ) 기능과 상품 개수를 위한 listCount( )를 ProductMapper에 선언합니다.

```java
public interface ProductMapper {

    int insert(ProductDTO productDTO);

    int insertImages( ProductDTO productDTO);

    ProductDTO selectOne( @Param("pno") Integer pno);

    int deleteOne(@Param("pno") Integer pno);

    int deleteImages(@Param("pno") Integer pno);

    int updateOne(ProductDTO productDTO);

    List<ProductListDTO> list(
            @Param("skip") int skip,
            @Param("count") int count);

    int listCount();

}
```

```
org.zerock.mapper
  BoardMapper.java
  ProductMapper.java
  ReplyMapper.java
```

ProductMapper.xml을 작성합니다.

```xml
<select id="list">

SELECT
    p.pno, pname, pdesc, price, sale, writer, p.regdate, ino, uuid,
filename, ord
FROM
    tbl_product p LEFT OUTER JOIN tbl_product_image pimg ON pimg.pno = p.pno
WHERE
    pimg.ord = 0
ORDER BY
```

```
            p.pno desc
    LIMIT #{count} OFFSET #{skip}

</select>

<select id="listCount">
SELECT
    count(*)
FROM
tbl_product p
</select>
```

작성한 list( )와 listCount( )에 대해서 테스트 코드를 작성해서 마무리합니다.

```
src/test/java
  org.zerock.db
  org.zerock.mapper
    BoardMapperTests.java
    ProductMapperTests.java
    ReplyMapperTests.java
```

```
@Test
public void testList() {

    productMapper.list(0, 10).forEach(log::info);

    log.info(productMapper.listCount());

}
```

```
INFO ProductListDTO(pno=46, pname=Product 44, pdesc=Product Desc44, price=4000, sale=true,
INFO ProductListDTO(pno=45, pname=Product 43, pdesc=Product Desc43, price=4000, sale=true,
INFO ProductListDTO(pno=44, pname=Product 42, pdesc=Product Desc42, price=4000, sale=true,
INFO ProductListDTO(pno=43, pname=Product 41, pdesc=Product Desc41, price=4000, sale=true,
INFO ProductListDTO(pno=42, pname=Product 40, pdesc=Product Desc40, price=4000, sale=true,
INFO ProductListDTO(pno=41, pname=Product 39, pdesc=Product Desc39, price=4000, sale=true,
INFO ProductListDTO(pno=40, pname=Product 38, pdesc=Product Desc38, price=4000, sale=true,
INFO ProductListDTO(pno=39, pname=Product 37, pdesc=Product Desc37, price=4000, sale=true,
INFO ProductListDTO(pno=38, pname=Product 36, pdesc=Product Desc36, price=4000, sale=true,
INFO ProductListDTO(pno=37, pname=Product 35, pdesc=Product Desc35, price=4000, sale=true,
seJdbcLogger.java:135) DEBUG ==>  Preparing: SELECT count(*) FROM tbl_product p
seJdbcLogger.java:135) DEBUG ==> Parameters:
seJdbcLogger.java:135) DEBUG <==      Total: 1
```

9.3 컨트롤러의 파일 업로드

컨트롤러에서 가장 신경 써야 하는 점은 파일 업로드 기능을 구현하는 것입니다. 컨트롤러에서 브라우저가 전송하는 파일 데이터는 스프링에서 제공하는 API 중에 MultipartFile 타입으로 처리가 가능합니다.

상품 처리를 위해 controller 패키지에 ProductController를 선언하고 GET 방식으로 동작하는 등록 화면을 보는 기능과 POST 방식으로 동작하고 ProductDTO와 MultipartFile[]을 이용하는 등록 기능을 작성해 봅니다.

```
v ⊞ org.zerock.controller
  > J BoardController.java
  > J HelloController.java
  > J ProductController.java
  > J ReplyController.java
```

```java
package org.zerock.controller;

import org.springframework.stereotype.Controller;
import org.springframework.web.bind.annotation.GetMapping;
import org.springframework.web.bind.annotation.PostMapping;
import org.springframework.web.bind.annotation.RequestMapping;
import org.springframework.web.bind.annotation.RequestParam;
import org.springframework.web.multipart.MultipartFile;
import org.springframework.web.servlet.mvc.support.RedirectAttributes;
import org.zerock.dto.ProductDTO;

import lombok.extern.log4j.Log4j2;

@Controller
@RequestMapping("/product")
@Log4j2
public class ProductController {

    //나중에 서비스 주입이 필요함

    @GetMapping("register")
    public void registerGET() {
```

```
        Log.info("product register");

    }


    @PostMapping("register")
    public String register(
        ProductDTO productDTO,
        @RequestParam("files") MultipartFile[] files,
        RedirectAttributes reAtr ) {

        Log.info("------------------------");

        Log.info(productDTO);
        Log.info(files);

        return "redirect:/product/list";
    }

}
```

화면 구성을 위해서 views 폴더에 product 폴더를 추가하고 register.jsp 파일을 작성합니다.

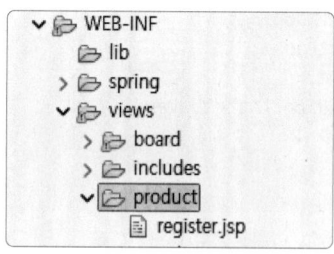

register.jsp에는 pname, pdesc, price, files 등을 〈input〉 태그를 이용해서 작성합니다. 특히 주의해야 하는 점은 〈form〉 태그의 enctype 속성을 지정하고 'multipart/form-data' 값을 지정하는 것입니다.

```
<%@ page language="java" contentType="text/html; charset=UTF-8"
    pageEncoding="UTF-8"%>
```

```jsp
<%@include file="/WEB-INF/views/includes/header.jsp" %>

<div class="row justify-content-center">
  <div class="col-lg-12">
    <div class="card shadow mb-4">
      <div class="card-header py-3">
        <h6 class="m-0 font-weight-bold text-primary">Product Register</h6>
      </div>

      <div class="card-body">

            <form action="/product/register" method="post" class="p-3" enctype="multipart/form-data">
                <div class="mb-3">
                    <label class="form-label">Product Name</label> <input type="text"
                        name="pname" class="form-control">
                </div>

                <div class="mb-3">
                    <label class="form-label">Product Desc</label>
                    <textarea class="form-control" name="pdesc" rows="3"></textarea>
                </div>

                <div class="mb-3">
                    <label class="form-label">Price</label> <input type="number"
                        name="price" class="form-control">
                </div>

                <div class="mb-3">
                    <label class="form-label">Image Files</label> <input type="file"
                        name="files" class="form-control" multiple="multiple">
                </div>


                <div class="mb-3">
                    <label class="form-label">Writer</label> <input type="text"
                        name="writer" class="form-control">
                </div>

                <div class="d-flex justify-content-end">
                    <button type="submit" class="btn btn-primary btn-lg">Submit</button>
                </div>
```

```
            </form>
        </div>
      </div>
    </div>
  </div>

<%@include file="/WEB-INF/views/includes/footer.jsp" %>
```

브라우저에서 테스트에 필요한 항목을 입력하고 전송해서 POST 방식의 동작을 확인합니다.

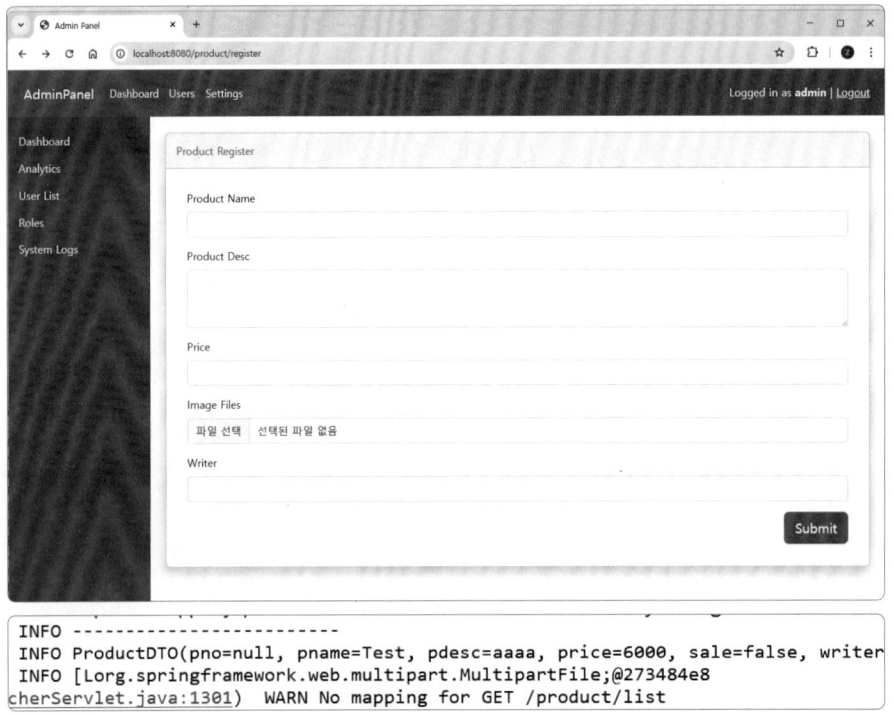

9.3.1 서버 내 파일 업로드 처리

브라우저에 전송한 파일 데이터는 MultipartFile의 배열로 처리됩니다. MultipartFile에서 실제 파일 업로드를 처리하는 작업은 uploadFiles( ) 메서드로 작성해서 처리합니다.

```
v ⊞ org.zerock.controller
  > J BoardController.java
  > J HelloController.java
  > J ProductController.java
  > J ReplyController.java
```

uploadFiles( )는 C 드라이브 내 upload 폴더에 파일을 업로드 합니다. 만일, 업로드 과정에서 문제가 발생하면 알 수 있도록 예외가 발생합니다.

```java
    private List<String> uploadFiles(MultipartFile[] files)throws
RuntimeException {

        List<String> uploadNames = new ArrayList<>();

        if(files == null  || files.length == 0) {
            return uploadNames;
        }

        String uploadPath = "C:\\upload";

        log.info("---------------uploadPath----------------");
        log.info(uploadPath);


        for (MultipartFile file : files) {

            if(file.isEmpty()) { continue; }

            String fileName = file.getOriginalFilename();

            File targetFile = null;
            targetFile = new File(uploadPath, fileName);


            try (
               InputStream fin = file.getInputStream();
               OutputStream fos = new FileOutputStream(targetFile);
            ){

               log.info(targetFile.getAbsolutePath());

               FileCopyUtils.copy(fin, fos);

               uploadNames.add(fileName);
```

```
        }catch(Exception e) {
            log.error(e.getMessage());
            throw new RuntimeException(e.getMessage());
        }
    }//end for


    return uploadNames;
}
```

uploadFiles( )는 C 드라이브 내 upload 폴더로 파일을 업로드 합니다. 업로드가 진행되는 폴더는 미리 폴더를 생성해 둡니다.

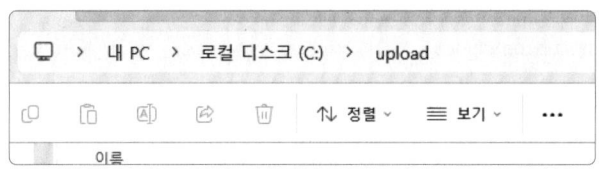

register( )에서는 먼저 파일 업로드를 확인합니다.

```
@PostMapping("register")
public String register(
    ProductDTO productDTO,
    @RequestParam("files") MultipartFile[] files,
    RedirectAttributes reAtr ) {

    log.info("-------------------------");


    log.info(productDTO);
    log.info(files);

    //upload file
    uploadFiles(files);


    return "redirect:/product/list";
}
```

브라우저에서 특정한 파일을 선택하고 전송하면 서버 내에 파일이 업로드된 것을 확인할 수 있어야 합니다.

중복된 파일 이름과 UUID

서버 내 파일 업로드에서 주의해야 하는 점 중의 하나는 동일한 이름의 파일이 업로드되는 경우 기존 파일을 덮어쓰는 문제입니다. 사용자의 입장에서는 다른 사람이 업로드한 파일로 변경될 수 있기 때문에 업로드하는 파일이 중복되지 않도록 임의의 문자열을 발생해서 처리하는데 이때 UUID를 이용합니다.

uploadFiles( ) 내부의 for문에서 파일 업로드 시에 UUID값 36자리와 원본 파일의 이름을 '_'를 이용해서 연결하도록 수정합니다.

```java
for (MultipartFile file : files) {

    if(file.isEmpty()) { continue; }

    String fileName = file.getOriginalFilename();

    String uploadName = UUID.randomUUID().toString() + "_" + fileName;

    File targetFile = new File(uploadPath, uploadName);

    try (
        InputStream fin = file.getInputStream();
        OutputStream fos = new FileOutputStream(targetFile);
    ){

        log.info(targetFile.getAbsolutePath());

        FileCopyUtils.copy(fin, fos);
```

```
            uploadNames.add(uploadName);

      }catch(Exception e) {
         log.error(e.getMessage());
         throw new RuntimeException(e.getMessage());
      }

   }//end for
```

변경된 코드로 다시 파일을 전송하면 이전과 달리 UUID값이 추가된 파일이 만들어지는 것을 확인할 수 있습니다. 동일한 파일을 여러 번 추가해도 다른 UUID값이 생성되므로 새로운 파일이 만들어집니다.

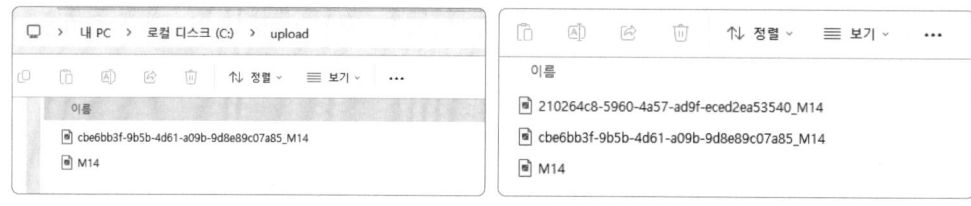

썸네일 이미지의 생성

이미지 파일이 업로드되는 과정에서 또 한 가지 염두에 두어야 하는 사항은 썸네일 이미지의 생성입니다. 일반적으로 원본 파일은 용량이 큰 파일로 만들어지기 때문에 상품 목록처럼 여러 개의 상품에 대한 이미지가 출력되려면 많은 양의 데이터를 받아야만 합니다.

이런 문제를 해결하기 위해서 파일이 업로드되면 작은 용량의 썸네일 파일을 생성해서 목록 화면에서 활용하는 것이 일반적입니다. 썸네일 이미지의 생성에는 다양한 방법이 있지만, 가장 흔히 사용하는 방법은 Thumbnailator 라이브러리를 활용하는 것입니다.

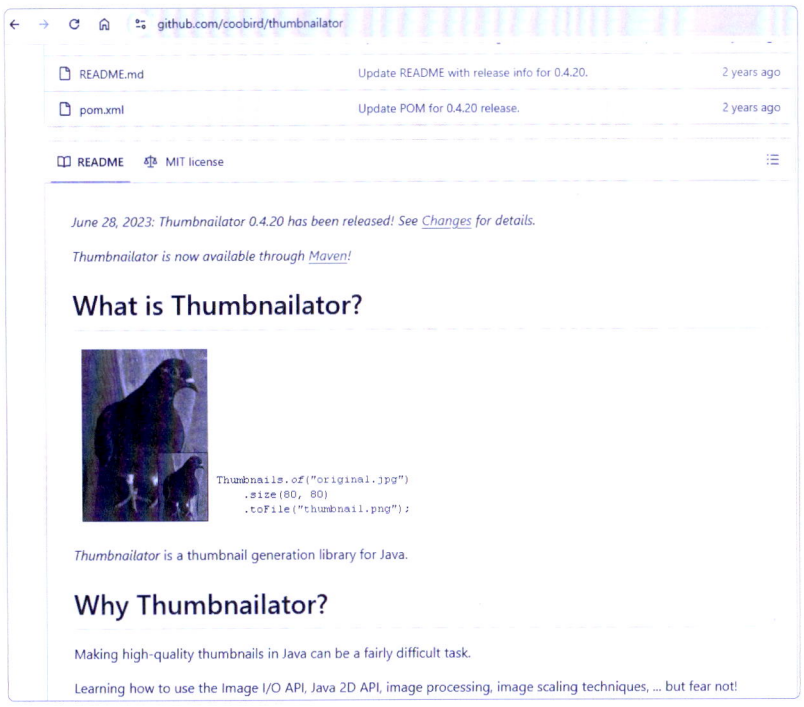

Thumbnailator는 Thumbnails.of( )와 같이 간단한 방법으로 지정된 크기의 이미지 파일을 생성할 수 있습니다. 코드 내에서는 파일 업로드가 정상적으로 이루어진 후에 썸네일을 생성하도록 코드를 작성할 수 있습니다.

pom.xml에 Thumbnailator를 추가합니다.

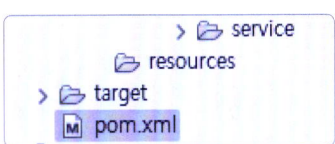

```xml
<dependency>
    <groupId>net.coobird</groupId>
    <artifactId>thumbnailator</artifactId>
    <version>0.4.20</version>
</dependency>
```

uploadFiles( )에서 업로드 중인 파일이 이미지인 경우라면 썸네일을 생성하도록 코드를 수정합니다.

```java
    private List<String> uploadFiles(MultipartFile[] files)throws RuntimeException {

        List<String> uploadNames = new ArrayList<>();

        if(files == null || files.length == 0) {
            return uploadNames;
        }

        String uploadPath = "C:\\upload";

        log.info("---------------uploadPath-----------------");
        log.info(uploadPath);


        for (MultipartFile file : files) {

            if(file.isEmpty()) { continue; }

            String fileName = file.getOriginalFilename();

            String uploadName = UUID.randomUUID().toString() + "_" + fileName;

            File targetFile = new File(uploadPath, uploadName);

            try (
                InputStream fin = file.getInputStream();
                OutputStream fos = new FileOutputStream(targetFile);
            ){

                log.info(targetFile.getAbsolutePath());

                FileCopyUtils.copy(fin, fos);

                uploadNames.add(uploadName);

            }catch(Exception e) {
                log.error(e.getMessage());
                throw new RuntimeException(e.getMessage());
            }

            if(file.getContentType().startsWith("image")) {
```

```
                try {
                    Thumbnails.of(targetFile)
                        .size(200, 200)
                        .toFile(new File(uploadPath, "s_" + uploadName));
                } catch (IOException e) {
                    // TODO Auto-generated catch block
                    e.printStackTrace();
                }
            }
        }//end for

        return uploadNames;

    }
```

브라우저를 이용해서 이미지가 업로드되면 원본 파일과 파일명이 's_'로 시작하는 썸네일 파일이 만들어진 것을 확인할 수 있습니다.

반환된 파일 이름의 처리

ProductController에서는 ProductDTO에 업로드된 파일의 이름을 지정해 주어야 합니다. uploadFiles( )에서 반환되는 파일의 이름은 'UUID로 만들어진 36자리 + _ + 원래 파일 이름'의 형태로 구성되므로 이를 이용해서 ProductDTO의 addFile( )을 호출합니다.

```
    @PostMapping("register")
    public String register(
            ProductDTO productDTO,
            @RequestParam("files") MultipartFile[] files,
            RedirectAttributes reAtr ) {

        log.info("-------------------------");
```

```java
        log.info(productDTO);
        log.info(files);

        //upload file
        List<String> uploadNames = uploadFiles(files);

        uploadNames.forEach(name -> {

            String uuid = name.substring(0,36);
            String fileName = name.substring(37);

            log.info(uuid);
            log.info(fileName);

            productDTO.addImage(uuid, fileName);

        });

        return "redirect:/product/list";
    }
```

위의 코드 실행 결과는 다음과 같이 UUID값과 파일 이름을 구분하게 됩니다.

```
(ProductController.java:65)   INFO 0466b788-2898-432c-b5cc-87280a419c08
(ProductController.java:66)   INFO M28.jpeg
(ProductController.java:65)   INFO 4762c854-ad79-4f69-9591-bc272df0d41a
(ProductController.java:66)   INFO M29.jpeg
```

파일의 조회

사용자가 업로드한 결과를 브라우저에서 조회할 수 있도록 하기 위해서는 직접 스프링으로 해당 경로에 대한 리소스 접근이 가능하도록 설정하거나 메서드로 구현할 수 있습니다. 예제에서는 servlet-context.xml의 설정을 이용합니다.

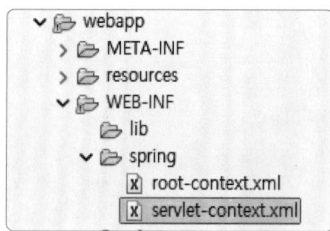

servlet-context.xml에는 호출 경로가 '/images/'로 시작하는 모든 호출은 C 드라이브 upload 폴더의 내용물을 서비스하도록 수정합니다.

```xml
<mvc:resources mapping="/resources/**" location="/resources/" />

<mvc:resources mapping="/images/**"
               location="file:C:/upload/" />
```

브라우저를 통해서 upload 폴더에 있는 파일명으로 '/images/파일명'을 호출하면 아래 화면과 같이 조회가 가능합니다.

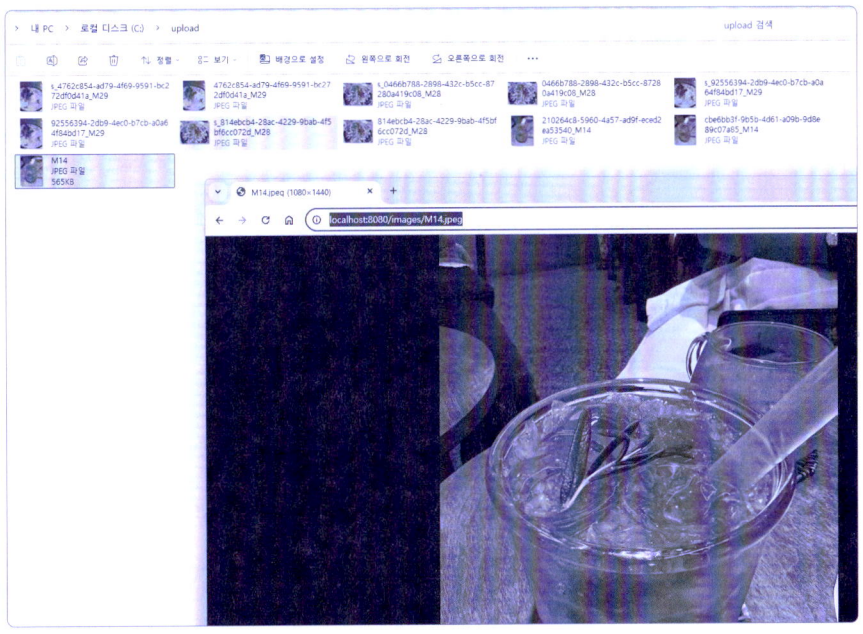

파일의 삭제

첨부파일은 수정이라는 개념 대신에 기존 파일을 삭제하고 새로운 파일이 업로드되는 방식이므로 경우에 따라서는 파일을 삭제하는 기능을 사용할 수도 있습니다. 이를 위해서 아래와 같이 파일 삭제 기능을 추가해 둡니다. 파일 삭제는 예외가 발생하더라도 굳이 예외를 전달할 필요는 없습니다.

```java
    private void deleteFiles(List<String> fileNames) {

        try {

            File uploadPath = new File("C:\\upload");

            for (String fileName : fileNames) {

                File targetFile = new File(uploadPath, fileName);

                targetFile.delete();

                //thumbnailFile
                File targetThumb = new File(uploadPath, "s_" + fileName);

                targetThumb.delete();

            }

        }catch(Exception e) {

        }

    }
```

9.4 ProductService와 화면 구현

ProductMapper와 ProductController의 기본 구성이 완료되었다면 ProductService를 구현합니다.

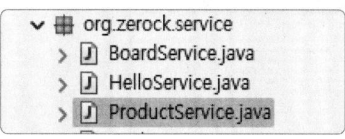

9.4.1 등록 처리

ProductService에서 가장 중요한 부분은 트랜잭션 처리입니다. 먼저 등록 기능을 구현합니다.

```java
package org.zerock.service;

import org.springframework.stereotype.Service;
import org.springframework.transaction.annotation.Transactional;
import org.zerock.dto.ProductDTO;
import org.zerock.mapper.ProductMapper;

import lombok.RequiredArgsConstructor;
import lombok.extern.log4j.Log4j2;

@Service
@RequiredArgsConstructor
@Log4j2
@Transactional
public class ProductService {

    private final ProductMapper productMapper;

    public Integer register(ProductDTO productDTO) {

        productMapper.insert(productDTO);

        Integer pno = productDTO.getPno();

        productMapper.insertImages(productDTO);

        return pno;

    }

}
```

작성된 기능은 ProductController에서 연동해서 호출하도록 수정합니다.

- org.zerock.controller
  - BoardController.java
  - HelloController.java
  - **ProductController.java**
  - ReplyController.java

```java
package org.zerock.controller;

...생략

@Controller
@RequestMapping("/product")
```

```java
@Log4j2
@RequiredArgsConstructor
public class ProductController {

    private final ProductService service;

    @GetMapping("register")
    public void registerGET() {

        log.info("product register");

    }


    @PostMapping("register")
    public String register(
            ProductDTO productDTO,
            @RequestParam("files") MultipartFile[] files,
            RedirectAttributes reAtr ) {

        log.info("-------------------------");

        log.info(productDTO);
        log.info(files);


        //upload file
        List<String> uploadNames = uploadFiles(files);

        uploadNames.forEach(name -> {

            String uuid = name.substring(0,36);
            String fileName = name.substring(37);

            log.info(uuid);
            log.info(fileName);

            productDTO.addImage(uuid, fileName);

        });

        Integer pno = service.register(productDTO);

        reAtr.addFlashAttribute("product", pno);

        return "redirect:/product/list";
    }
    ...생략
}
```

ProductController의 등록 작업은 나중에 목록 화면으로 리다이렉트 처리되므로 실행 결과는 지금 당장 확인할 수는 없지만, 업로드 폴더의 변화나 테이블의 변화를 통해서 실행 결과를 확인할 수 있습니다.

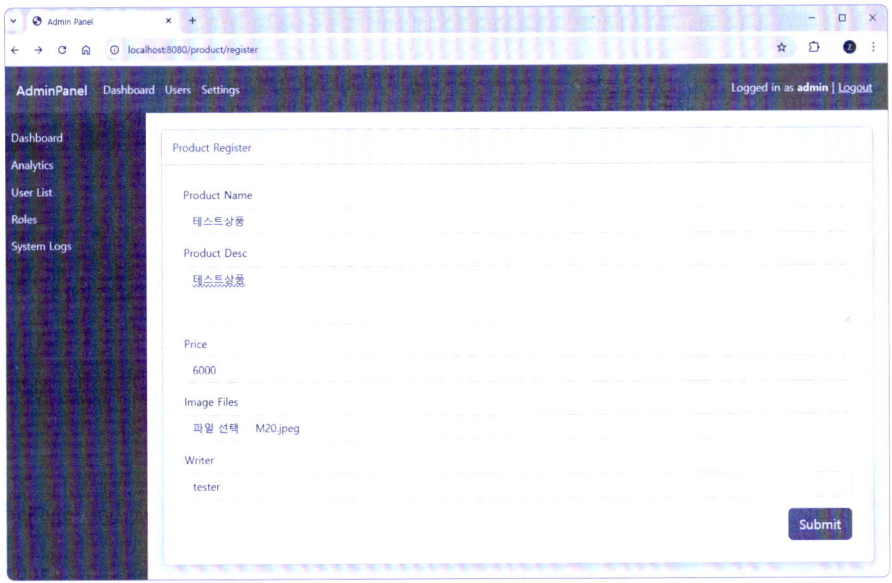

브라우저에서 호출하면 tbl_product 테이블에 insert와 tbl_product_image 테이블에 대한 insert가 실행됩니다.

```
DEBUG ==>  Preparing: insert into tbl_product ( pname, pdesc, price, sale, writer) values ( ?, ?, ?, true, ? )
DEBUG ==> Parameters: 테스트상품(String), 테스트상품(String), 6000(Integer), tester(String)
DEBUG <==    Updates: 1
java:135) DEBUG ==>  Preparing: SELECT LAST_INSERT_ID()
java:135) DEBUG ==> Parameters:
java:135) DEBUG <==      Total: 1
:135) DEBUG ==>  Preparing: insert into tbl_product_image (pno, fileName, uuid, ord) values ( ?, ?, ?, ? )
:135) DEBUG ==> Parameters: 50(Integer), M20.jpeg(String), ac4a959b-ad9d-42ee-bead-7e969257173b(String), 0(Integer)
:135) DEBUG <==    Updates: 1
```

첨부파일 폴더에는 첨부된 이미지 파일이 만들어집니다.

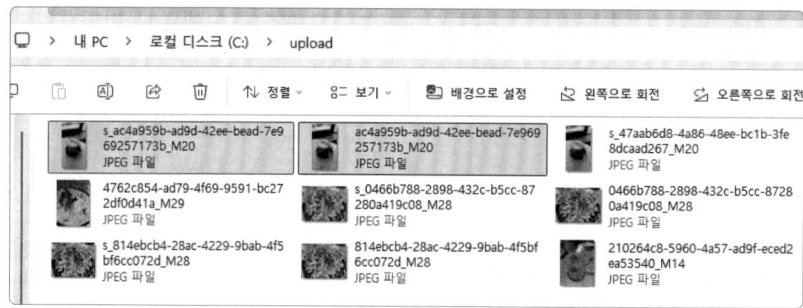

9.4.2 상품 목록 처리

상품의 목록 데이터 처리를 위해서는 ProductListDTO 객체의 리스트와 상품 데이터의 개수를 처리해야 합니다. 이를 위해서 dto 패키지에 ProductListPagingDTO 클래스를 추가합니다.

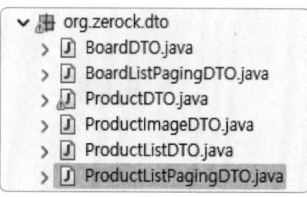

ProductListPagingDTO는 게시물 관리에서 작성했던 BoardListPagingDTO와 거의 동일한 구조이고 데이터의 타입만 ProductListDTO를 다루는 것이 차이점입니다.

```java
package org.zerock.dto;

import java.util.List;
import java.util.stream.IntStream;

import lombok.Data;

@Data
public class ProductListPagingDTO {

    private List<ProductListDTO> productDTOList;

    private int totalCount;
```

```java
    private int page, size;

    private int start, end;

    private boolean prev, next;

    private List<Integer> pageNums;


    public ProductListPagingDTO(List<ProductListDTO> productDTOList, int totalCount, int page, int size ) {

        this.productDTOList = productDTOList;
        this.totalCount = totalCount;
        this.page = page;
        this.size = size;


        //start계산을 위한 end 페이지
        int tempEnd =  (int)(Math.ceil(page/10.0)) * 10;

        this.start = tempEnd - 9;

        this.prev = start != 1; //start값이 1이 아니라면 이전 페이지로 이동 필요

        //임시 end 값 * size가 totalCount 보다 크다면 totalCount로 다시 계산 필요
        if( (tempEnd * size) > totalCount  ) {

            this.end =  (int) ( Math.ceil(totalCount / (double)size)  );

        }else {

            this.end = tempEnd;
        }

        //end 값 * size 보다 totalCount가 크다면 next로 이동 가능
        this.next =  totalCount > (this.end * size);


        //화면에 출력한 번호들 계산
        this.pageNums = IntStream.rangeClosed(start, end).boxed().toList();

    }
}
```

ProductService에서 이를 이용하여 list( ) 기능을 완성합니다.

```
∨ ⊞ org.zerock.service
  > ⓙ BoardService.java
  > ⓙ HelloService.java
  > ⓙ ProductService.java
  > ⓙ ReplyService.java
```

```java
public ProductListPagingDTO getList(int page, int size) {

    //페이지 번호가 0보다 작으면 무조건 1페이지
    page = page <= 0? 1 : page;
    //사이즈가 10보다 작거나 100보다 크면 10
    size = (size <= 10 || page > 100) ? 10: size;

    int skip = (page -1 ) * size;

    List<ProductListDTO> list = productMapper.list(skip, size);

    int total = productMapper.listCount();

    return new ProductListPagingDTO(list, total, page, size);

}
```

ProductController에서는 ProductService의 반환 결과를 Model을 이용해서 list.jsp로 전달합니다.

```
∨ ⊞ org.zerock.controller
  > ⓙ BoardController.java
  > ⓙ HelloController.java
  > ⓙ ProductController.java
  > ⓙ ReplyController.java
```

```java
@GetMapping("list")
public void list(
    @RequestParam( name = "page", defaultValue = "1" ) int page,
    @RequestParam( name = "size", defaultValue = "10" ) int size,
    Model model) {

    ProductListPagingDTO dto = service.getList(page, size);
```

```
        model.addAttribute("dto", dto);


    }
```

목록 화면 구성

WEB-INF/views/product/list.jsp 파일을 추가합니다.

list.jsp와 거의 유사하게 상품의 정보를 출력합니다. 상품은 uuid와 fileName을 이용해서 상품의 이미지를 출력하도록 구성합니다.

```jsp
<%@ page language="java" contentType="text/html; charset=UTF-8"
    pageEncoding="UTF-8"%>

<%@taglib prefix="c" uri="http://java.sun.com/jsp/jstl/core"%>

<%@include file="/WEB-INF/views/includes/header.jsp"%>
<div class="row justify-content-center">
    <div class="col-lg-12">
        <div class="card shadow mb-4">
            <div class="card-header py-3">
                <h6 class="m-0 font-weight-bold text-primary">Product List</h6>
            </div>

            <div class="card-body">

                <table class="table table-bordered" id="dataTable">
                    <thead>
```

```
                <tr>
                    <th>No</th>
                    <th>Product Name</th>
                    <th>Price</th>
                    <th>Writer</th>
                </tr>
            </thead>
            <tbody class="tbody">

            <c:forEach var="product" items="${dto.productDTOList}">

                <tr data-bno="${product.pno}" >
                    <td>
                        <a href='/product/read/${product.pno}'>
                            <c:out value="${product.pno}"/>
                        </a>
                    </td>

                    <td>

                        <img src="/images/s_${product.uuid}_${product.fileName }">
                        <c:out value="${product.pname}"/>
                    </td>
                    <td><c:out value="${product.price}"/></td>
                    <td><c:out value="${product.writer}"/></td>
                </tr>

            </c:forEach>

            </tbody>
        </table>

        <div class="d-flex justify-content-center">

            <ul class="pagination">

                <c:if test="${dto.prev}">
                <li class="page-item">
                    <a class="page-link" href="" tabindex="-1">Previous</a>
                </li>
                </c:if>


                <c:forEach var="num" items="${dto.pageNums}">
                    <li class="page-item ${dto.page == num ? 'active':'' } ">
                        <a class="page-link" href="${num}"> ${num} </a>
                    </li>
                </c:forEach>


                <c:if test="${dto.next}">
```

```html
                    <li class="page-item">
                        <a class="page-link" href="">Next</a>
                    </li>
                    </c:if>
                </ul>

            </div>

        </div>

    </div>
  </div>
</div>

<div class="modal fade" id="myModal" tabindex="-1" aria-labelledby="exampleModalLabel" aria-hidden="true">
  <div class="modal-dialog">
    <div class="modal-content">
      <div class="modal-header">
        <h5 class="modal-title" id="exampleModalLabel">Modal title</h5>
        <button type="button" class="btn-close" data-bs-dismiss="modal" aria-label="Close"></button>
      </div>
      <div class="modal-body">
        New Product Added
      </div>
      <div class="modal-footer">
        <button type="button" class="btn btn-primary">Save changes</button>
        <button type="button" class="btn btn-secondary" data-bs-dismiss="modal">Close</button>
      </div>
    </div>
  </div>
</div>


<script type="text/javascript" defer="defer">

</script>


<%@include file="/WEB-INF/views/includes/footer.jsp" %>
```

기존에 테스트 과정에서 추가된 상품은 상품의 이미지가 정상적이지 않기 때문에 이미지가 제대로 출력되지 않습니다.

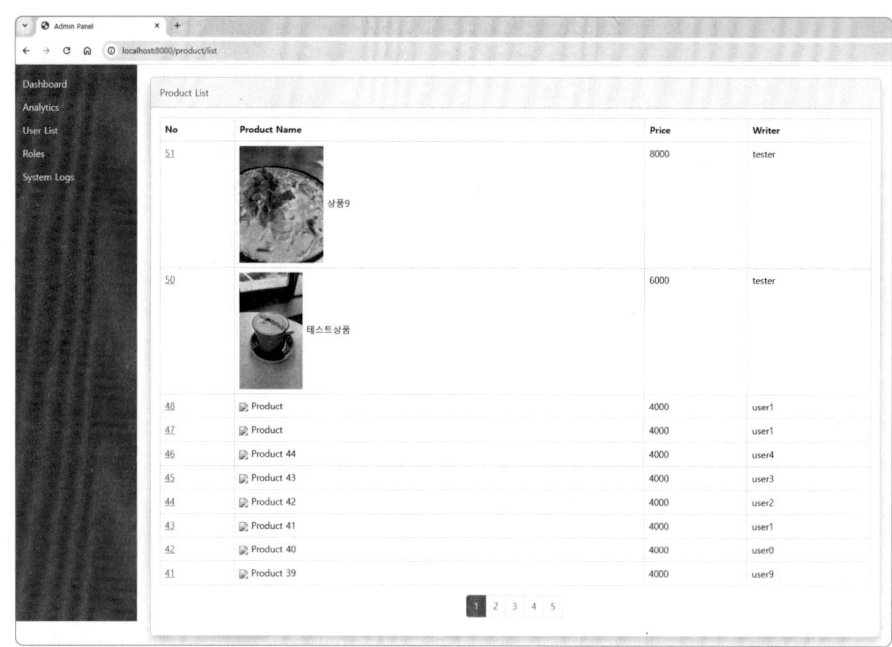

list.jsp의 〈script〉에는 페이징 처리와 등록 결과에 따라 모달창을 보여주는 코드를 작성합니다.

```
<script type="text/javascript" defer="defer">

const pno = '${product}'

const myModal = new bootstrap.Modal(document.getElementById('myModal'))

if(pno){
    myModal.show()
}


const pagingDiv = document.querySelector(".pagination")

pagingDiv.addEventListener("click", (e) => {

    e.preventDefault()
    e.stopPropagation()
```

```
        const target = e.target

        //console.log(target)

        const targetPage = target.getAttribute("href")

        const size = ${dto.size}|| 10 // BoardListPagingDT의 size

        const params = new URLSearchParams({
            page: targetPage,
            size: size
        });

        console.log(params.toString())

        self.location =`/product/list?\${params.toString()}` //JavaScript
백틱, 템플릿

    }, false)

    </script>
```

페이지 이동과 등록 후 모달창을 확인합니다.

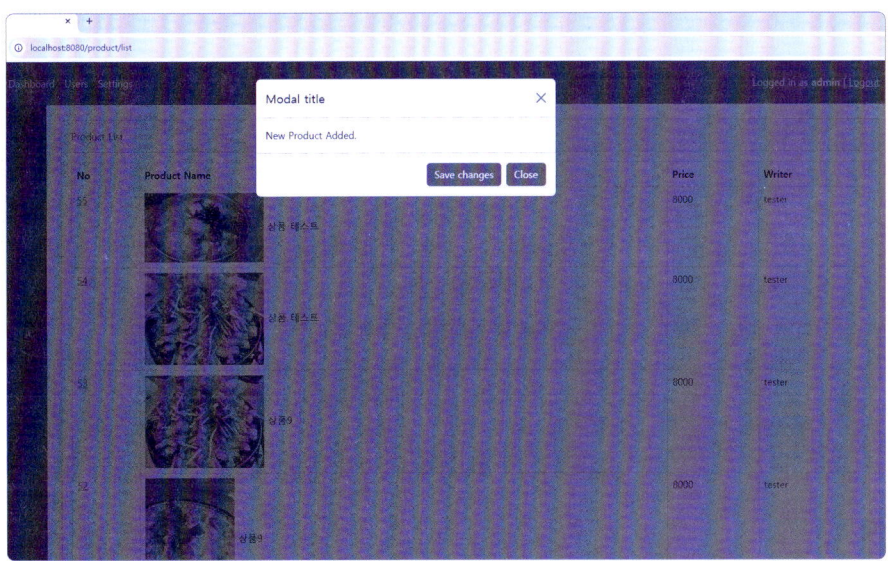

9.4.3 상품 조회

상품 조회는 ProductService에 read( )를 이용해서 ProductDTO를 반환하도록 구성합니다. ProductDTO 내부에는 tbl_product_image와 조인 처리된 결과물로 List<ProductImageDTO>를 가지고 있으므로 이를 이용해서 상품의 이미지까지 한 번에 출력해 줄 수 있습니다.

```
▼ 🗁 org.zerock.service
    > 🗎 BoardService.java
    > 🗎 HelloService.java
    > 🗎 ProductService.java
    > 🗎 ReplyService.java
```

```java
public ProductDTO read(Integer pno) {

    return productMapper.selectOne(pno);

}
```

ProductController에는 GET 방식으로 동작하는 read( ) 기능을 구현합니다.

```
▼ 🗁 org.zerock.controller
    > 🗎 BoardController.java
    > 🗎 HelloController.java
    > 🗎 ProductController.java
    > 🗎 ReplyController.java
```

read( )에서는 'product'라는 이름으로 ProductDTO를 Model에 추가합니다.

```java
@GetMapping("read/{pno}")
public String read(
    @PathVariable("pno")Integer pno, Model model) {

    log.info("pno: "+ pno);

    model.addAttribute("product", service.read(pno));


    return "/product/read";
}
```

화면은 read.jsp를 구성해서 처리합니다. 조회 화면에서는 썸네일이 아닌 원본 파일을 볼 수 있도록 출력합니다.

```jsp
<%@ page language="java" contentType="text/html; charset=UTF-8"
pageEncoding="UTF-8"%>
<%@ taglib prefix="c" uri="http://java.sun.com/jsp/jstl/core" %>
<%@ include file="/WEB-INF/views/includes/header.jsp" %>

<div class="row justify-content-center">
  <div class="col-lg-12">
    <div class="card shadow mb-4">
      <div class="card-header py-3">
        <h6 class="m-0 fw-bold text-primary">Product Read</h6>
      </div>
      <div class="card-body">

        <div class="mb-3 input-group input-group-lg">
          <span class="input-group-text">No</span>
          <input type="text" class="form-control" value="<c:out value='${product.pno}'/>" readonly>
        </div>

        <div class="mb-3 input-group input-group-lg">
          <span class="input-group-text">Product Name</span>
          <input type="text" name="title" class="form-control" value="<c:out value='${product.pname}'/>" readonly>
        </div>

        <div class="mb-3 input-group input-group-lg">
          <span class="input-group-text">Desc</span>
          <textarea class="form-control" name="content" rows="3" readonly><c:out value="${product.pdesc}"/></textarea>
        </div>

        <div class="mb-3 input-group input-group-lg">
          <span class="input-group-text">Writer</span>
```

```html
            <input type="text" name="writer" class="form-control" value="<c:out
value='${product.writer}'/>" readonly>
          </div>

          <div class="mb-3 input-group input-group-lg">
            <span class="input-group-text">Price</span>
            <input type="text" name="price" class="form-control" value="<c:out
value='${product.price}'/>" readonly>
          </div>

          <div class="float-end">

            <a href='/product/list' class="btn">
              <button type="button" class="btn btn-info btnList"> LIST </button>
            </a>

            <a href='/product/modify/${product.pno}' class="btn">
              <button type="button" class="btn btn-warning btnModify">MODIFY</button>
            </a>

          </div>

        </div>
      </div>
    </div>
</div>


<div class="mb-3">
  <label class="form-label fw-bold">Product Images</label>
  <div class="row">
    <c:forEach var="image" items="${product.imageList}">
      <div class="col-md-3 mb-3">
        <div class="card">
          <a href="/images/${image.uuid}_${image.fileName}" target="_blank">
            <img src="/images/${image.uuid}_${image.fileName}" class="card-img-top img-fluid" alt="Product Image">
          </a>
        </div>
      </div>
    </c:forEach>
  </div>
</div>

<script>

</script>

<%@ include file="/WEB-INF/views/includes/footer.jsp" %>
```

read.jsp에서 상품의 이미지는 클릭하면 새로운 창으로 조회가 가능합니다.

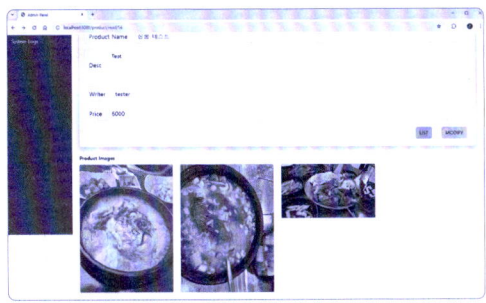 

9.4.4 상품 수정/삭제

상품의 수정/삭제는 ProductService에 기능을 먼저 구현합니다. 특히 상품의 수정은 기존 상품 이미지를 삭제하고 새로운 상품 이미지를 추가하는 방식이므로 주의가 필요합니다.

```java
public void remove(Integer pno) {

    productMapper.deleteOne(pno);

}

public void modify(ProductDTO productDTO) {

    //기존 이미지 삭제
    productMapper.deleteImages(productDTO.getPno());

    //상품 정보 수정
    productMapper.updateOne(productDTO);

    //상품 이미지 갱신
    productMapper.insertImages(productDTO);
}
```

상품의 수정과 삭제는 모두 ProductController에서 '/product/modify/상품번호' 경로를 통해서 구성합니다.

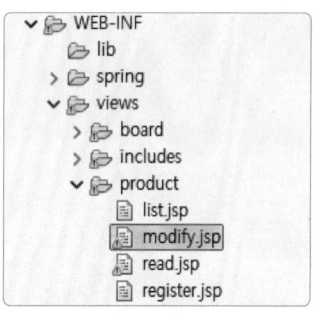

```java
@GetMapping("modify/{pno}")
public String modifyGET(
    @PathVariable("pno")Integer pno, Model model) {

    log.info("pno: "+ pno);

    model.addAttribute("product", service.read(pno));

    return "/product/modify";
}
```

화면은 modify.jsp를 구성해서 처리합니다. modify.jsp는 기본적으로 read.jsp와 거의 동일하지만, 〈form〉 태그를 이용해서 감싸고 pname, pdesc, price는 수정이 가능하도록 처리합니다.

```jsp
<%@ page language="java" contentType="text/html; charset=UTF-8"
    pageEncoding="UTF-8"%>
<%@ taglib prefix="c" uri="http://java.sun.com/jsp/jstl/core" %>
<%@ include file="/WEB-INF/views/includes/header.jsp" %>
```

```html
<div class="row justify-content-center">
  <div class="col-lg-12">
    <div class="card shadow mb-4">
      <div class="card-header py-3">
        <h6 class="m-0 fw-bold text-primary">Product Modify</h6>
      </div>
      <div class="card-body">

        <form id="form1" action="/product/modify/${product.pno}" method="post" enctype="multipart/form-data">
          <div class="mb-3 input-group input-group-lg">
            <span class="input-group-text">No</span>
            <input type="text" name="pno" class="form-control" value="<c:out value='${product.pno}'/>" readonly>
          </div>

          <div class="mb-3 input-group input-group-lg">
            <span class="input-group-text">Product Name</span>
            <input type="text" name="pname" class="form-control" value="<c:out value='${product.pname}'/>" >
          </div>

          <div class="mb-3 input-group input-group-lg">
            <span class="input-group-text">Desc</span>
            <textarea class="form-control" name="pdesc" rows="3"><c:out value="${product.pdesc}"/></textarea>
          </div>

          <div class="mb-3 input-group input-group-lg">
            <span class="input-group-text">Writer</span>
            <input type="text" name="writer" class="form-control" value="<c:out value='${product.writer}'/>" readonly>
          </div>

          <div class="mb-3 input-group input-group-lg">
            <span class="input-group-text">Price</span>
            <input type="number" name="price" class="form-control" value="<c:out value='${product.price}'/>">
          </div>

          <div class="float-end">
            <button type="button" class="btn btn-info btnList">LIST</button>
            <button type="button" class="btn btn-warning btnModify">MODIFY</button>
            <button type="button" class="btn btn-danger btnRemove">REMOVE</button>
          </div>
        </form>

      </div>
```

```
      </div>
    </div>
</div>

<div class="mb-3">
  <label class="form-label fw-bold">Product Images</label>
  <div class="row">
    <c:forEach var="image" items="${product.imageList}">
      <div class="col-md-3 mb-3">
        <div class="card">
          <a href="/images/${image.uuid}_${image.fileName}" target="_blank">
            <img src="/images/${image.uuid}_${image.fileName}" class="card-img-top img-fluid" alt="Product Image">
          </a>
        </div>
      </div>
    </c:forEach>
  </div>
</div>

<script>

</script>

<%@ include file="/WEB-INF/views/includes/footer.jsp" %>
```

브라우저에서 버튼들과 화면을 확인합니다.

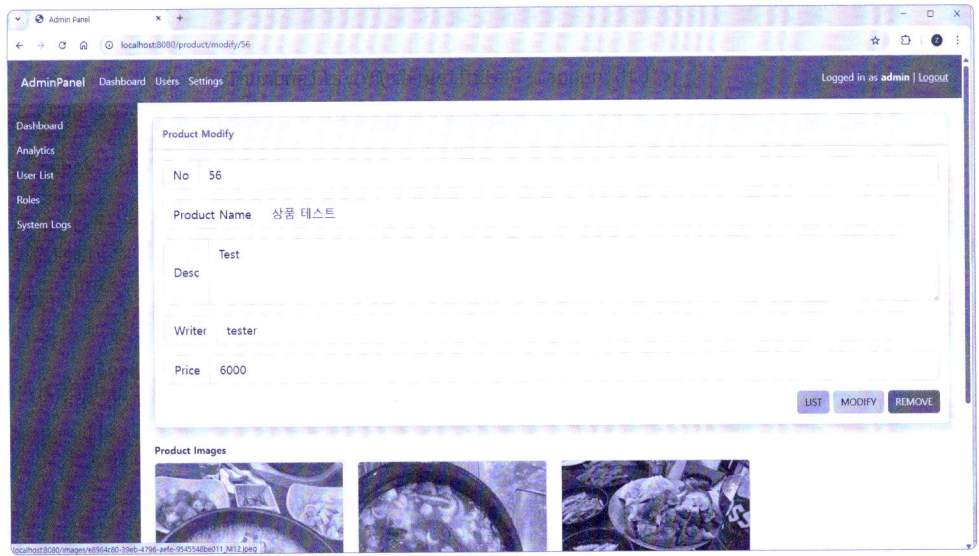

상품의 삭제

상품의 삭제 처리는 상품의 sale값을 false로만 변경합니다. 한 가지 고민은 상품 이미지의 삭제 여부인데 이에 대한 판단 기준은 '나중에 다시 상품 판매가 가능한가? 혹은 나중에 삭제된 상품을 조회할 수 있는가?' 입니다. 예를 들어, 지금 잠시 상품을 판매하지 않기로 했다면 상품 이미지는 그대로 유지하는 것이 안전합니다. 상품은 등록자가 상품 이미지를 가지고 있어 나중에 다시 상태를 변경하는 것이 수월하지 않기 때문입니다.

만일 상품이 삭제된 후에 그냥 새로운 상품을 등록하는 방식으로 결정되었다면, 상품 이미지 역시 그냥 삭제할 수 있습니다. 그럼에도 데이터베이스상에서 상품 데이터는 나중에 통계나 구매 데이터와 연결되기 때문에 삭제하지 않는 것이 좋습니다.

ProductController에서는 POST 방식으로 삭제 부분을 구현합니다. 삭제 후에는 다시 상품 목록 화면으로 이동하도록 구현합니다.

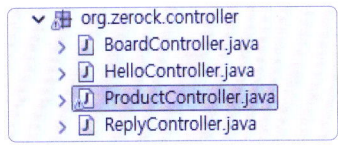

```java
    @PostMapping("remove")
    public String remove( @RequestParam("pno")Integer pno , RedirectAttributes rttr) {

        service.remove(pno);

        rttr.addFlashAttribute("result", "deleted");

        return "redirect:/product/list";

    }
```

modify.jsp에서는 버튼에 대한 처리를 위해 이벤트 처리를 추가합니다.

```html
<script>

const form = document.querySelector("#form1")

document.querySelector(".btnRemove").addEventListener("click", e => {

    e.preventDefault()
    e.stopPropagation()

    form1.action ="/product/remove"
    form1.submit()

},false)

</script>
```

브라우저에서 'REMOVE' 버튼을 클릭해서 서버를 호출하는 것을 확인합니다.

```
DEBUG ==>  Preparing: UPDATE tbl_product SET sale = false WHERE pno = ?
DEBUG ==> Parameters: 55(Integer)
DEBUG <==    Updates: 1
```

목록 화면 처리

실제로 상품 데이터가 삭제된 후에 전달되는 result값을 이용해서 모달창을 띄울 수 있도록 구성합니다.

```
<script type="text/javascript" defer="defer">

const pno = '${product}'

const result = '${result}'

const myModal = new bootstrap.Modal(document.getElementById('myModal'))

if(result) {

  document.querySelector(".modal-body").innerHTML = result

}


if(pno || result){
    myModal.show()
}
....
```

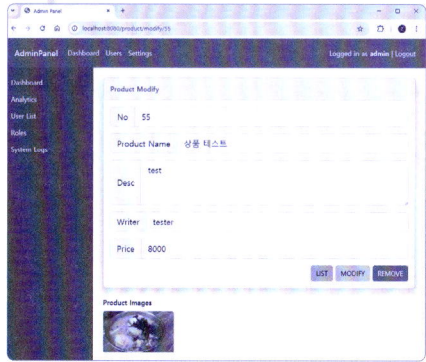
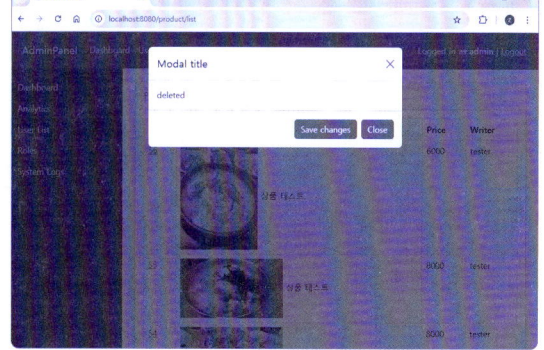

화면상에서 삭제된 상품이 구분될 수 있도록 <style>을 적용합니다.

```
<style>
.deleted-row {
    background-color: #f0f0f0;
    color: #888;
    text-decoration: line-through;
    font-style: italic;
}
```

```
.deleted-row img {
    opacity: 0.4;
}
</style>
```

상품 목록 중에 판매되지 않는 상품에는 class를 적용합니다.

```
            <c:forEach var="product" items="${dto.productDTOList}">
                <tr data-bno="${product.pno}" class="${not product.sale ? 'deleted-row' : ''}" >
                    <td>
                      <a href='/product/read/${product.pno}'>
                         <c:out value="${product.pno}"/>
                      </a>
                    </td>

                    <td>
                      <img src="/images/s_${product.uuid}_${product.fileName }">
                      <c:out value="${product.pname}"/>
                    </td>
                    <td><c:out value="${product.price}"/></td>
                    <td><c:out value="${product.writer}"/></td>
                </tr>

            </c:forEach>
```

브라우저에서는 sale값에 의해서 판매 중인 상품이 구분됩니다.

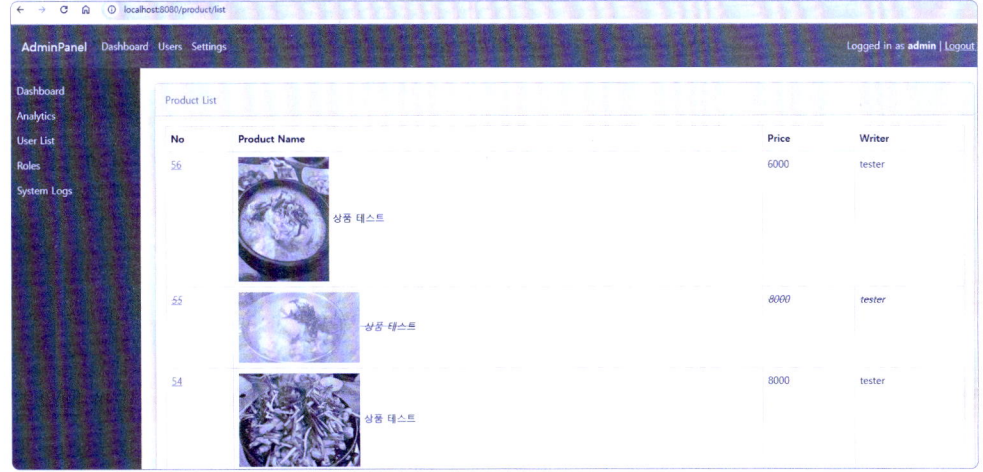

9.4.5 상품의 수정

상품 수정 과정에서 가장 중요한 부분은 상품 이미지가 변경되는 것에 대한 처리입니다. 상품 이미지 처리는 크게 1) 기존 상품 이미지의 삭제와 2) 새로운 상품 이미지의 추가로 구분될 수 있습니다.

기존 상품 이미지의 삭제는 〈form〉 태그의 전송 전에 사용자가 기존 상품 이미지 중에서 삭제하고 남은 이미지만 남겨서 같이 전송되어야 합니다. 〈input type='hidden;〉으로 구성해서 상품 수정에도 원래 파일 중에서 남겨진 파일의 목록을 확인해야 합니다. 새로운 상품 이미지는 〈input type='file'〉을 이용해서 상품 등록과 같이 파일을 업로드 처리해야 합니다.

화면에서의 기존 상품 이미지 처리

등록했던 상품의 이미지 중에 사용자가 원하는 상품 이미지는 삭제가 가능하도록 버튼을 추가해야 합니다. 우선, modify.jsp에서 상품 이미지를 출력할 때 각 상품에 'Delete' 버튼을 추가하고 나중에 이벤트 처리를 위해서 이미지를 포함하고 있는 〈div〉에 'productImages'라는 class 속성값을 부여합니다.

```
<div class="mb-3 productImages">
  <label class="form-label fw-bold">Product Images</label>
```

```html
<div class="row">
    <c:forEach var="image" items="${product.imageList}">
        <div class="col-md-3 mb-3">
            <div class="card">
                <a href="/images/${image.uuid}_${image.fileName}" target="_blank">
                    <img src="/images/${image.uuid}_${image.fileName}" class="card-img-top img-fluid" alt="Product Image">
                </a>
                <button type="button" class="btn btn-danger btn-sm position-absolute top-0 end-0 m-2 delete-image-btn"
                    data-file="${image.uuid}_${image.fileName}">
                    Delete
                </button>
            </div>
        </div>
    </c:forEach>
</div>
```

브라우저에서는 각 상품 이미지에 버튼이 추가된 것을 확인합니다.

각 상품 이미지의 삭제에 대한 이벤트 처리를 추가합니다.

```
document.querySelector(".productImages").addEventListener("click", e => {

  e.preventDefault()
  e.stopPropagation()
```

```
        const target = e.target

        const fileName = target.getAttribute("data-file")

        if(!fileName) {
            return
        }

        //해당 <div>를 찾아가야 함

        const divObj = target.closest(".col-md-3")

        divObj.remove()

    }, false)
```

브라우저에서는 각 상품 이미지의 'Delete' 버튼으로 화면에서 삭제가 가능합니다.

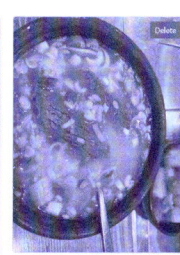

새로운 상품 이미지 추가와 전송

새로운 상품 이미지를 추가하기 위해서 〈form〉 태그 내부에 〈input〉을 추가합니다.

```
        <div class="mb-3">
                <input type="file"
                  name="files" class="form-control" multiple="multiple">
            </div>

        <div class="float-end">
          <button type="button" class="btn btn-info btnList">LIST</button>
```

```
                <button type="button" class="btn btn-warning
btnModify">MODIFY</button>
                <button type="button" class="btn btn-danger
btnRemove">REMOVE</button>
            </div>
            </form>
```

브라우저에서 'MODIFY' 버튼을 처리하는 이벤트를 작성합니다. 이벤트 처리 과정에서 화면 상에 남아 있는 이미지는 'oldImages'라는 이름으로 〈form〉 태그 내 추가합니다.

```
document.querySelector(".btnModify").addEventListener("click", (e) =>
{

  e.preventDefault()
  e.stopPropagation()


  form1.action = '/product/modify';
  form1.method = 'post';


  const imageArr = document.querySelectorAll(".productImages button")

  if(imageArr){

    let str = ""

    for(let image of imageArr){

        const imageFile = image.getAttribute("data-file")

        str += `<input type='hidden' name='oldImages'
value='\${imageFile}'>`

    }//end for
```

```
      form1.querySelector("div:last-child").
insertAdjacentHTML("beforeend", str)
    }

});
```

브라우저에서는 'Modify' 버튼을 클릭하면 〈form〉 태그가 끝나기 전에 〈input type='hidden'..〉 태그들이 생성되는 것을 확인할 수 있습니다.

```
▼<form id="form1" action="/product/modify" method="post" enctype="multipart/form-data">
  ▶<div class="mb-3 input-group input-group-lg">…</div> flex
  ▶<div class="mb-3 input-group input-group-lg">…</div> flex
  ▶<div class="mb-3 input-group input-group-lg">…</div> flex
  ▶<div class="mb-3 input-group input-group-lg">…</div> flex
  ▶<div class="mb-3 input-group input-group-lg">…</div> flex
  ▼<div class="mb-3">
     <input type="file" name="files" class="form-control" multiple="multiple">
   </div>
  ▼<div class="float-end"> == $0
     <button type="button" class="btn btn-info btnList">LIST</button>
     <button type="button" class="btn btn-warning btnModify">MODIFY</button>
     <button type="button" class="btn btn-danger btnRemove">REMOVE</button>
     <input type="hidden" name="oldImages" value="bf4641cf-df70-44bf-b7de-28e29af2077b_M11.jpeg">
     <input type="hidden" name="oldImages" value="e8984c80-39eb-4796-aefe-9545548be011_M12.jpeg">
     <input type="hidden" name="oldImages" value="fc1ba42a-f940-422e-aed9-7d122fd89efd_M13.jpeg">
   </div>
 </form>
```

컨트롤러의 수정 처리

ProductController는 다음과 같은 파라미터가 필요합니다.

- 상품 정보 자체의 수정을 위한 ProductDTO
- 기존 상품 이미지(유지해야 하는 이미지)
- 새로운 파일 데이터(새로운 이미지)

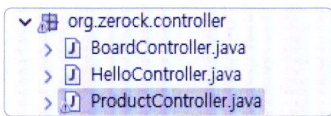

```java
@PostMapping("modify")
public String modifyPost(ProductDTO productDTO,
    @RequestParam("oldImages") String[] oldImages,
    @RequestParam("files") MultipartFile[] files ) {

    List<String> newFileNames = uploadFiles(files);

    //oldImages
    if(oldImages != null && oldImages.length > 0) {

        for (String oldImage : oldImages) {

            String uuid = oldImage.substring(0,36);
            String fileName = oldImage.substring(37);

            productDTO.addImage(uuid, fileName);
        }
    }

    if(newFileNames != null && newFileNames.size() > 0) {

        for (String newImage : newFileNames) {

            String uuid = newImage.substring(0,36);
            String fileName = newImage.substring(37);

            productDTO.addImage(uuid, fileName);
        }
    }

    service.modify(productDTO);


    return "redirect:/product/read/"+ productDTO.getPno();
}
```

마지막으로 modify.jsp에서 서버 전송을 호출합니다.

```
document.querySelector(".btnModify").addEventListener("click", (e) =>
{
    e.preventDefault()
    e.stopPropagation()
```

```
    form1.action = '/product/modify';
    form1.method = 'post';


    const imageArr = document.querySelectorAll(".productImages button")

    if(imageArr){

      let str = ""

      for(let image of imageArr){

          const imageFile = image.getAttribute("data-file")

          str += `<input type='hidden' name='oldImages' value='\${imageFile}'>`

      }//end for

      form1.querySelector("div:last-child").insertAdjacentHTML("beforeend", str)
    }

    form1.submit() //서버로 전송

});
```

브라우저를 통해서 최종 동작을 확인하면 3번의 SQL이 실행되는 것을 확인할 수 있습니다.

```
==>  Preparing: DELETE FROM tbl_product_image WHERE pno = ?
==> Parameters: 56(Integer)
<==    Updates: 3
  Preparing: UPDATE tbl_product SET pname = ?, pdesc = ?, price = ? WHERE pno = ?
 Parameters: 상품 테스트 (String), Test(String), 6000(Integer), 56(Integer)
    Updates: 1
==>  Preparing: insert into tbl_product_image (pno, fileName, uuid, ord) values ( ?, ?, ?, ? ) , ( ?, ?, ?, ? ) , ( ?
==> Parameters: 56(Integer), M11.jpeg(String), bf4641cf-df70-44bf-b7de-28e29af2077b(String), 0(Integer), 56(Integer),
<==    Updates: 4
```

수정 작업이 끝나면 다시 조회 화면으로 이동하게 됩니다.

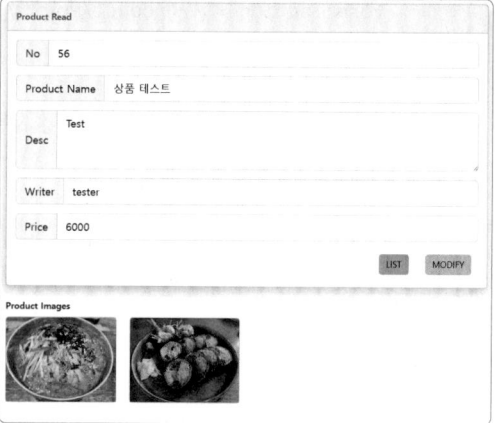

Chapter 10

스프링 시큐리티

스프링 프레임워크를 이용해서 웹 애플리케이션을 개발할 때 빠질 수 없는 것이 사용자의 인증/인가를 처리하는 스프링 시큐리티(Spring Security)와의 접목입니다. 이 장에서는 스프링 시큐리티를 이용해서 로그인/아웃 처리 방식을 개발하고, 자동 로그인, 접근 제한 등의 처리를 어떻게 하는지 알아봅니다.

이 장에서 학습할 내용입니다.

- 스프링 시큐리티 설정
- 인증 처리와 사용자 데이터베이스 처리
- 자동 로그인 처리
- 어노테이션을 이용한 접근 제한 처리

10.1 스프링 시큐리티 역할

여기서는 스프링 시큐리티를 이용한 인증/인가 처리를 진행합니다. 거의 모든 웹 애플리케이션은 흔히 로그인이라고 하는 사용자 인증을 합니다. 과거에 서블릿 기반으로 하는 인증은 흔히 세션이라고 부르는 HttpSession이나 쿠키(Cookie) API를 이용해서 이러한 문제를 해결했습니다.

스프링 시큐리티는 기본적으로 HttpSession을 이용해서 사용자의 인증/인가를 처리합니다. 스프링 시큐리티는 기본적인 흐름이 이미 만들어져 있는 구조에 인증과 관련된 부분만을 개발해서 추가해 주는 것만으로 이러한 처리가 가능합니다. 스프링 시큐리티를 처음 사용해 보는 입장에서는 설정 등이 조금 복잡하게 느껴질 수 있지만, 개발 단계에서는 개발자가 처리하는 부분이 명확히 나누어지기 때문에 사용하면서 얻는 이득이 훨씬 많습니다.

예제에서 사용하는 스프링 시큐리티는 엄밀하게 말하면 스프링 웹 시큐리티입니다. 스프링 시큐리티는 전체 보안 프레임워크로 인증(authentication), 인가(authorization), 암호화, 세션 관리 등을 제공하는 Spring 기반의 보안 라이브러리이고, 스프링 웹 시큐리티는 이 기능의 일부만을 사용하는 것입니다(이 책에서 스프링 시큐리티라는 용어는 엄밀하게는 스프링 웹 시큐리티를 의미합니다.).

스프링 웹 시큐리티는 HTTP 요청에 대해서 여러 개의 필터를 만들어서 동작합니다.

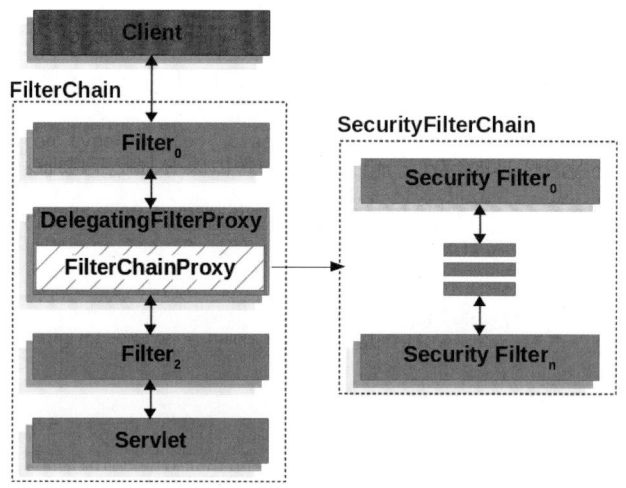

(출처: https://docs.spring.io/spring-security/reference/6.2/servlet/architecture.html)

스프링 웹 시큐리티는 위의 그림과 같이 기본적인 필터가 있지만, 필터를 추가하거나 제거할 수도 있어서 개발자가 원하는 흐름을 구성할 수 있습니다.

10.1.1 스프링 웹 시큐리티와 HttpSession

스프링 시큐리티의 장점 중 하나는 다양한 방식으로 사용자의 인증/인가 처리를 수행할 수 있다는 것입니다. 예제에서는 기본적으로 제공되는 방식으로 사용자의 정보를 처리하게 되는데 이때 사용되는 방식은 서블릿에서 사용하는 HttpSession입니다(물론 나중에 확장을 통해서 다양한 방식의 인증 정보를 처리할 수 있는 방법들이 제공됩니다.).

HttpSession을 이용해서 로그인 정보를 처리하기 때문에 브라우저에서 사용하는 세션 쿠키가 중요합니다.

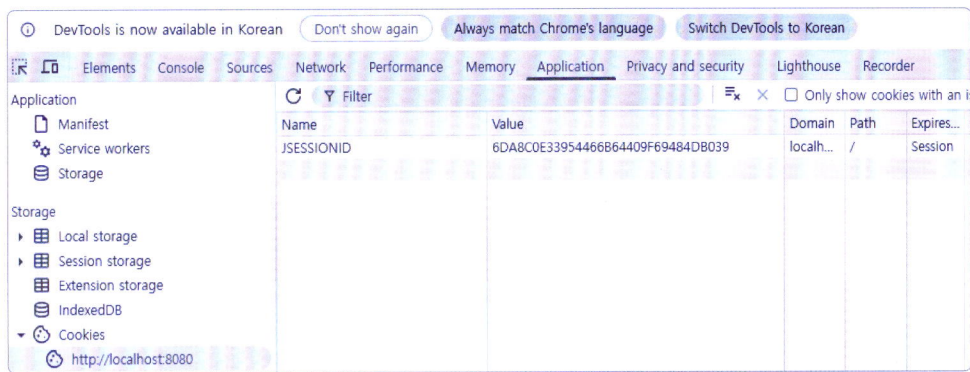

개발 과정에서 로그아웃이 필요한 경우에는 위의 화면에서 'JSESSIONID' 쿠키를 삭제해서 더 이상 HttpSession이 사용되지 않도록 처리하면 됩니다(로그아웃은 조금 뒤쪽에서 다루기 때문에 개발 단계에서 새로 로그인을 해야 하는 경우에는 'JSESSIONID'를 삭제하면 됩니다.).

10.2 스프링 시큐리티 설정

스프링 프레임워크는 의존성 주입을 지원하는 핵심적인 라이브러리에, 필요에 따라 여러 라이브러리를 추가해서 개발할 수 있습니다. 대부분은 동일한 버전으로 맞추는 것이 일반적이지만, 스프링 시큐리티는 버전업이 빠른 편이라 별도의 버전을 쓸 때가 많습니다. 예제에서 사용하는 버전은 6.2.4 버전입니다.

pom.xml에 라이브러리를 추가합니다.

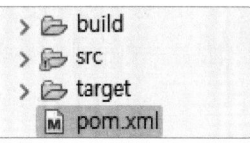

```
<dependency>
    <groupId>org.springframework.security</groupId>
    <artifactId>spring-security-config</artifactId>
    <version>6.2.4</version>
</dependency>

<dependency>
    <groupId>org.springframework.security</groupId>
    <artifactId>spring-security-web</artifactId>
    <version>6.2.4</version>
</dependency>

<dependency>
    <groupId>org.springframework.security</groupId>
    <artifactId>spring-security-taglibs</artifactId>
    <version>6.2.4</version> <!-- 또는 사용하는 Spring Security 버전에 맞게 -->
</dependency>
```

10.2.1 Java 설정을 위한 @Configuration

스프링 프레임워크의 설정 방법은 XML 기반과 Java 기반의 설정으로 나눌 수 있는데, 스프링 시큐리티 6 버전을 사용할 때는 Java 기반으로 설정하는 것을 권장합니다.

web.xml에는 스프링 시큐리티가 동작할 때 사용하는 필터를 위한 설정을 추가합니다.

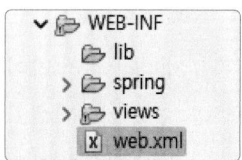

```
    ...생략

    <servlet-mapping>
        <servlet-name>appServlet</servlet-name>
        <url-pattern>/</url-pattern>
    </servlet-mapping>

    <filter>
        <filter-name>springSecurityFilterChain</filter-name>
        <filter-class>org.springframework.web.filter.DelegatingFilterProxy</filter-class>
    </filter>
    <filter-mapping>
        <filter-name>springSecurityFilterChain</filter-name>
        <url-pattern>/*</url-pattern>
    </filter-mapping>

</web-app>
```

시큐리티에 대한 설정은 별도의 security라는 패키지를 이용해서 구성합니다.

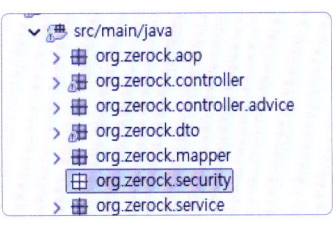

root-context.xml에는 org.zerock.security 패키지를 scan하도록 설정합니다.

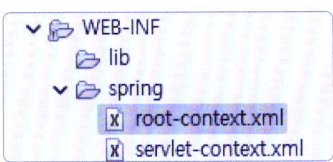

```
    ...생략
    <mybatis-spring:scan base-package="org.zerock.mapper"/>

    <context:component-scan base-package="org.zerock.aop"></context:component-scan>
```

```xml
    <context:component-scan base-package="org.zerock.security"></context:component-scan>

    <aop:aspectj-autoproxy/>

    <tx:annotation-driven/>

</beans>
```

security 패키지 내에는 SecurityConfig 클래스를 작성합니다. SecurityConfig 클래스 내에는 @EnableWebSecurity 어노테이션과 @Configuration 어노테이션을 추가합니다. @Configuration은 XML 설정 대신에 Java 설정을 사용하기 위한 어노테이션이고 @EnableWebSecurity는 프로젝트가 실행될 때 스프링 시큐리티 관련 필터들을 활성화시키는 역할을 합니다.

```
> ⊞ org.zerock.mapper
∨ ⊞ org.zerock.security
    > 🗋 SecuriytConfig.java
> ⊞ org.zerock.service
```

```java
package org.zerock.security;

import org.springframework.context.annotation.Bean;
import org.springframework.context.annotation.Configuration;
import org.springframework.security.config.annotation.web.builders.HttpSecurity;
import org.springframework.security.config.annotation.web.configuration.EnableWebSecurity;
import org.springframework.security.web.SecurityFilterChain;

import lombok.extern.log4j.Log4j2;

@Configuration
@Log4j2
@EnableWebSecurity
public class SecuriytConfig {

    @Bean
    public SecurityFilterChain filterChain(HttpSecurity http) throws Exception {

        log.info("---------------security config----------------");

        return http.build();
    }
}
```

정상적으로 설정이 완료되었다면 서버의 로그에는 log.info( )로 작성된 부분이 동작하는 것을 확인할 수 있습니다.

```
748) DEBUG HikariPool-1 - Added connection org.mariadb.jdbc.Connection@35ae7c72
JG HikariPool-1 - After adding stats (total=2/10, idle=2/2, active=0, waiting=0)
  INFO ----------------security config----------------
tyFilterChain.<init>(DefaultSecurityFilterChain.java:54)    INFO Will secure any request with
tionContext(ContextLoader.java:288)    INFO Root WebApplicationContext initialized in 1661 ms
```

10.3 인증과 인가

스프링 시큐리티에서 가장 중요한 개념은 사용자가 자신을 증명하는 인증(authentication)과 서버 내부에서 인증 과정을 통과한 사용자에게 권한을 부여하는 인가(authorization)입니다.

'인증'은 사용자가 자신을 스스로 증명하는 행위이므로 흔히 로그인에 필요한 사용자의 아이디 와 패스워드 등을 전달하는 것을 의미합니다. 개발 시에 주의해야 하는 점은 스프링 시큐리티 에서는 사용자를 의미할 때는 user 라는 용어를 사용하고 사용자의 아이디는 username, 패스 워드는 password라는 용어를 사용한다는 점입니다. 스프링 시큐리티에서는 사용자는 user 라는 용어를 사용하므로 개발 시에 주의해야 합니다.

10.3.1 인증 매니저와 인증 제공자

스프링 시큐리티 내부에서 인증을 처리하는 과정은 인증 매니저(AuthenticationManager)와 인증 제공자(AuthenticationProvider)를 통해서 이루어집니다.

인증 매니저는 여러 개의 인증 제공자를 관리합니다. 따라서 실제 동작은 인증 제공자를 통해 서 이루어지는데 다음 그림에서 볼 수 있듯이 여러 종류의 인증 제공자를 가질 수 있습니다. 일 반적으로 인증 처리는 인증 제공자를 정해진 방식으로 개발해서 이를 추가하는 방식으로 개발 합니다.

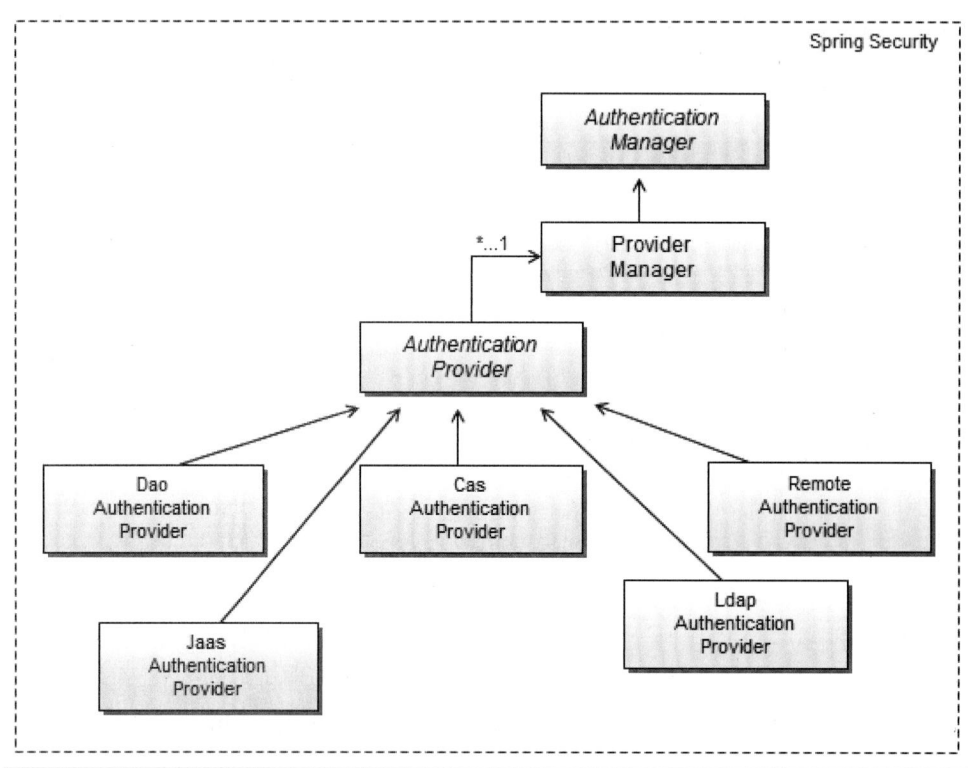

(출처: https://docs.gigaspaces.com/latest/security/introducing-spring-security.html)

10.3.2 UserDetailsService 인터페이스

인증 제공자가 여러 종류의 구현체를 가지는 것은 각 구현체가 동일하게 UserDetailsService라는 인터페이스를 구현하고 있기 때문입니다. UserDetailsService는 loadByUsername( )이라는 단 하나의 메서드를 가지고 있는데 개발자는 이를 이용해서 사용자에 대한 정보를 반환합니다.

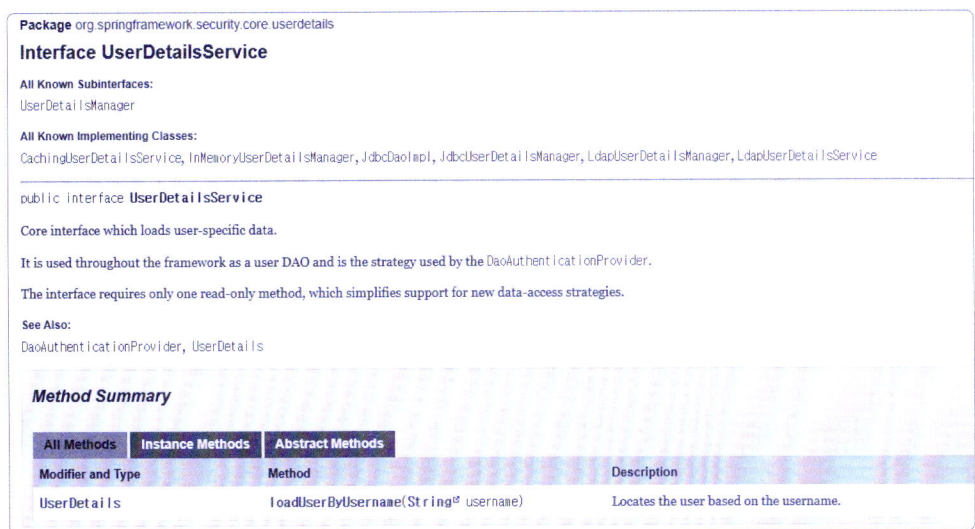

UserDetailsService의 loadByUsername( )의 반환 타입은 UserDetails라는 인증과 인가에 필요한 정보를 알 수 있도록 구성되는 인터페이스입니다. 아래 화면은 UserDetails 인터페이스 내부에 선언된 메서드들로 username, password와 함께 권한(Authority)을 사용하는 것을 볼 수 있습니다.

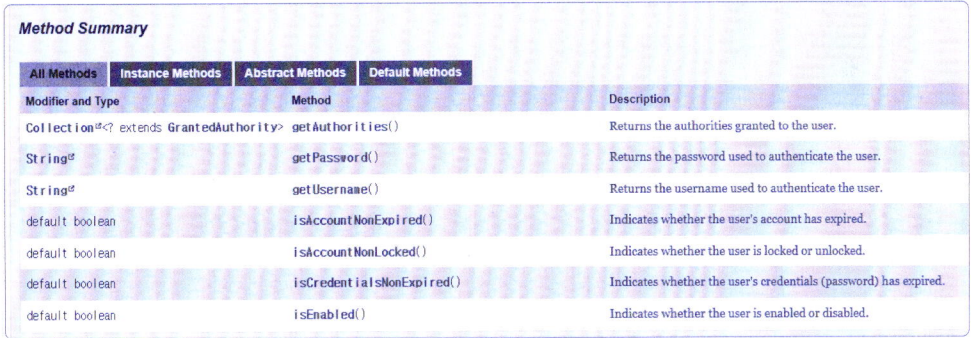

10.3.3 UserDetailsService의 구현과 로그인

작성된 security 패키지에 CustomUserDetailsService라는 클래스를 작성하고 UserDetails Service를 구현하는 코드를 아래와 같이 작성합니다.

```
package org.zerock.security;

import org.springframework.security.core.userdetails.UserDetails;
import org.springframework.security.core.userdetails.UserDetailsService;
import org.springframework.security.core.userdetails.UsernameNotFoundException;
import org.springframework.stereotype.Service;

import lombok.extern.log4j.Log4j2;


@Service
@Log4j2
public class CustomUserDetailsService implements UserDetailsService{

    @Override
    public UserDetails loadUserByUsername(String username) throws UsernameNotFoundException {

        log.info("-------------loadUserByUsername------------" , username);
        // TODO Auto-generated method stub
        return null;
    }

}
```

CustomUserDetailsService는 사용자의 인증 과정에서 동작하게 됩니다. 스프링 시큐리티의 설정을 담당하고 있는 SecurityConfig 클래스에 formLogin( )이라는 기능을 추가합니다(스프링 5 버전과 6 버전의 가장 큰 차이는 바로 설정에서 람다식을 이용하는 설정으로 변경된 점입니다.).

```
package org.zerock.security;

import org.springframework.context.annotation.Bean;
import org.springframework.context.annotation.Configuration;
import org.springframework.security.config.annotation.web.builders.HttpSecurity;
```

```
import org.springframework.security.config.annotation.web.configuration.
EnableWebSecurity;
import org.springframework.security.web.SecurityFilterChain;

import lombok.extern.log4j.Log4j2;

@Configuration
@Log4j2
@EnableWebSecurity
public class SecuriytConfig {

    @Bean
    public SecurityFilterChain filterChain(HttpSecurity http) throws Exception {

        log.info("---------------security config---------------");

        http.formLogin(config -> {

        });

         return http.build();
    }
}
```

formLogin( ) 설정이 추가된 후에 프로젝트를 실행하면 스프링 시큐리티가 기본적으로 제공하는 '/login'이라는 경로가 생성됩니다.

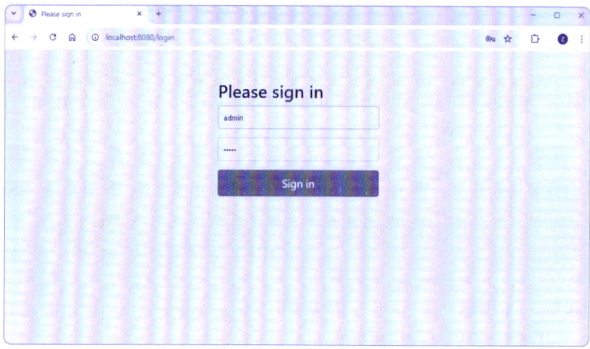

'/login' 화면에서는 아직 정상적으로 로그인이 되지 않지만, 임의의 값을 이용해서 로그인을 시도해 보면 아래와 같은 실패 화면을 보게 됩니다.

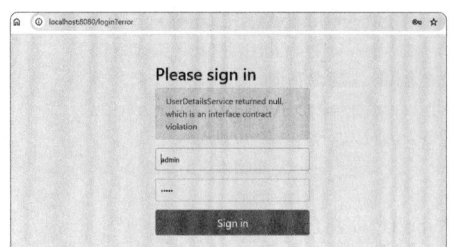

서버의 내부에서는 CustomUserDetailsService 클래스의 로그가 기록된 것을 확인할 수 있습니다.

```
CustomUserDetailsService.loadUserByUsername(CustomUserDetailsService.java:18)   INFO  -------------loadUserByUsername------------
AuthenticationFilter org.springframework.security.web.authentication.AbstractAuthenticationProcessingFilter.doFilter(AbstractAuthen
nServiceException: UserDetailsService returned null, which is an interface contract violation
thenticationProvider.retrieveUser(DaoAuthenticationProvider.java:105) ~[spring-security-core-6.2.4.jar:6.2.4]
```

위의 화면에서 에러 메시지를 자세히 보면 CustomUserDetailsService의 메서드가 null을 반환한 것이 문제라는 것을 알 수 있습니다.

loadUserByUsername( )에서 UserDetails 타입을 반환하는 코드를 추가해 봅니다. UserDetails는 인터페이스이므로 이를 모두 구현할 수도 있지만, org.springframework.security.core.userdetails.User 클래스를 이용해서 구현하는 것이 편리합니다.

```java
    @Override
    public UserDetails loadUserByUsername(String username) throws UsernameNotFoundException {
    
        log.info("-------------loadUserByUsername------------",
    username);
    
        UserDetails user = User.builder()
                .username(username)
                .password("1111")
                .roles("USER") //ROLE_USER
                .build();
                
        return user;
    }
```

사용자의 정보는 크게 username(아이디), password(패스워드)와 함께 권한 데이터를 함께 반환합니다. 스프링 시큐리티에서 사용하는 권한은 기본적으로 'ROLE_'로 시작하는 코드값을 사용하는데 위와 같이 'USER'로 지정하면 'ROLE_USER'라는 권한의 이름이 됩니다.

PasswordEncoder

위의 설정을 이용하기 위해서 서버를 재시작하고 브라우저에서 다시 로그인을 시도하면 아래와 같이 500 에러가 발생하는 것을 볼 수 있습니다. 에러의 원인은 'PasswordEncoder'라는 것을 지정하지 않았기 때문입니다.

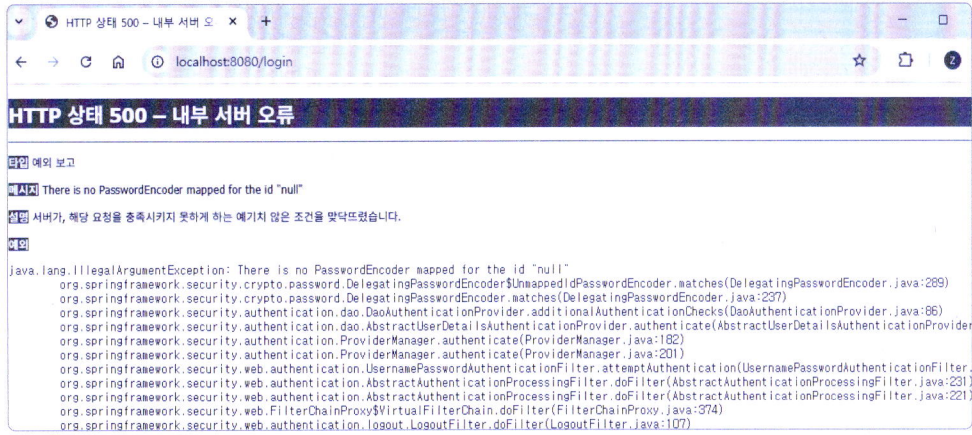

스프링 시큐리티는 기본적으로 password에 대해서는 해시화(암호화)를 할 수 있도록 설정되어야 합니다. 다행히 스프링 시큐리티 라이브러리 내부에는 BCryptPasswordEncoder라는 클래스를 제공합니다.

SecurityConfig 내에 @Bean을 이용해서 PasswordEncoder 타입을 구현한 객체를 반환하도록 설정합니다.

```java
package org.zerock.security;

import org.springframework.context.annotation.Bean;
import org.springframework.context.annotation.Configuration;
import org.springframework.security.config.annotation.web.builders.HttpSecurity;
import org.springframework.security.config.annotation.web.configuration.EnableWebSecurity;
import org.springframework.security.crypto.bcrypt.BCryptPasswordEncoder;
import org.springframework.security.crypto.password.PasswordEncoder;
import org.springframework.security.web.SecurityFilterChain;

import lombok.extern.log4j.Log4j2;

@Configuration
@Log4j2
@EnableWebSecurity
public class SecuriytConfig {

    @Bean
    public SecurityFilterChain filterChain(HttpSecurity http) throws Exception {

        log.info("----------------security config----------------");

        http.formLogin(config -> {

        });

         return http.build();
    }

    @Bean
    public PasswordEncoder passwordEncoder() {

        return new BCryptPasswordEncoder();
    }
}
```

BCryptPasswordEncoder는 비밀번호 암호화를 위해서 개발된 알고리즘을 구현한 것으로 '단방향' 암호화로 처리됩니다. '단방향'이라는 의미는 쉽게 말해서 암호화된 문자열을 다시 원본으로 되돌릴 수 없는 방식입니다. 복호화 대신 특정한 문자열로 암호화된 문자열이 나올 수 있는지에 대한 확인만 가능하기 때문에 암호화된 값이 노출되어도 원래의 단어를 알 수 없습니다.

BCryptPasswordEncoder에 대해서는 반드시 테스트 코드를 통해서 동작 여부를 확인하고 이를 현재 구현 중인 CustomUserDetailsService에 사용해야만 합니다.

test 폴더에 나중에 만들 AccountMapperTests 클래스를 추가합니다.

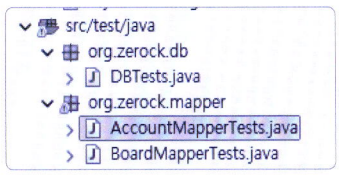

```java
package org.zerock.mapper;

import org.junit.jupiter.api.Test;
import org.junit.jupiter.api.extension.ExtendWith;
import org.springframework.beans.factory.annotation.Autowired;
import org.springframework.security.crypto.password.PasswordEncoder;
import org.springframework.test.context.ContextConfiguration;
import org.springframework.test.context.junit.jupiter.SpringExtension;

import lombok.extern.log4j.Log4j2;

@ExtendWith(SpringExtension.class)
@ContextConfiguration("file:src/main/webapp/WEB-INF/spring/root-context.xml")
@Log4j2
public class AccountMapperTests {

    @Autowired
    private PasswordEncoder encoder;

    @Test
    public void testEncoding() {

        String pw = "1111";

        String enPw = encoder.encode(pw);

        log.info(enPw);

        log.info("--------");

        boolean match = encoder.matches(pw, enPw);

        log.info(match);
    }
}
```

작성된 테스트 코드의 내용을 보면 '111'이라는 문자열을 PasswordEncoder를 이용해서 암호화하고 암호화된 결과가 '1111'이라는 글자로 만들어질 수 있는지 확인하는 것입니다. 테스트 코드를 여러 번 실행해 보면 매번 다른 값으로 암호화되는 것을 확인할 수 있습니다. 아래의 결과는 3번 테스트 코드를 실행했을 때 매번 다르게 문자열이 만들어지는 것을 확인할 수 있습니다.

```
INFO $2a$10$enwJ3wifBzdztQ7EucGAUODBP7k9eYBtPeIC5oaD63sVKS0buCnLW
INFO --------
INFO true
```

```
INFO $2a$10$EPGguk22b3lbMlYxtnjTauUU8LvqlDyOVl1uhps7B65WBfLXza/i2
INFO --------
INFO true
```

```
INFO $2a$10$0NQtffGchYMOQKt2VBEVPOBNezYuk.BfDwOaO.zJPQjzvpalSbh7q
INFO --------
INFO true
```

테스트 코드에서 '1111'에 대한 암호화된 값을 이용해서 현재 작성 중인 CustomUserDetailsService에 반영합니다.

```
> ⊞ org.zerock.mapper
∨ ⊞ org.zerock.security
    > J CustomUserDetailsService.java
    > J SecuriytConfig.java
```

```java
    @Override
    public UserDetails loadUserByUsername(String username) throws UsernameNotFoundException {

        log.info("-------------loadUserByUsername------------" , username);


        UserDetails user = User.builder()
                .username(username)
                .password("$2a$10$0NQtffGchYMOQKt2VBEVPOBNezYuk.BfDwOaO.zJPQjzvpalSbh7q")
                .roles("USER") //ROLE_USER
                .build();

        return user;
    }
```

이제 화면에서 패스워드가 '1111'로 로그인을 시도하면 이전과 다르게 '/' 경로로 이동하는 것을 볼 수 있습니다.

만일 '1111'이 아닌 다른 값으로 로그인을 시도하면 '자격 증명에 실패하였습니다'라는 에러 메시지를 볼 수 있게 됩니다.

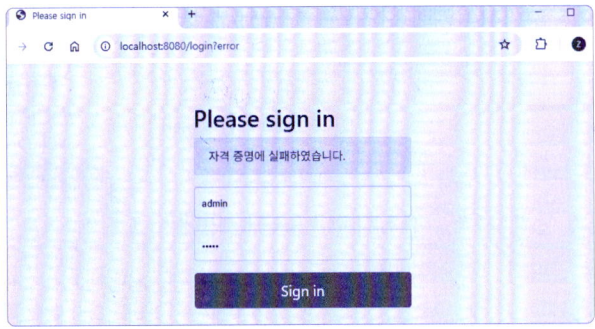

10.3.4 CSRF 설정

사용자의 로그인이 처리된 후에 이전에 개발한 상품이나 게시물에 대한 GET 방식의 호출에는 아무런 문제가 없는 것을 확인할 수 있습니다.

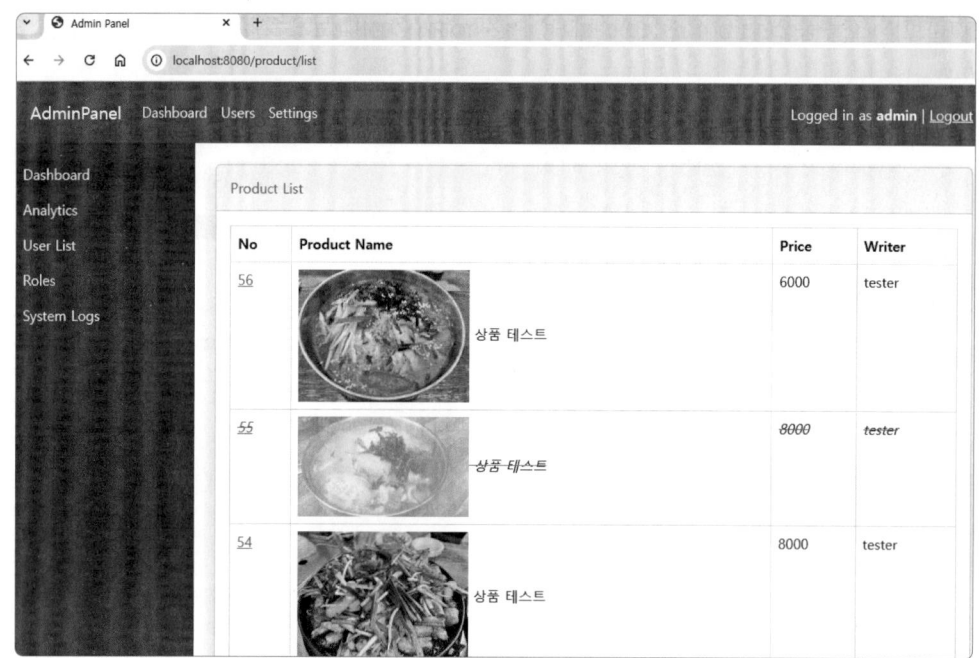

하지만, GET 방식 이외에 POST 방식 등의 호출은 정상적으로 되지 않는 문제가 발생하는데 이것이 CSRF 토큰의 설정 문제입니다. CSRF 토큰을 이해하기 위해서는 먼저 'CSRF'라는 용어에 대해서 알아야 합니다. 'CSRF'는 'Cross-Site Request Forgery'의 약어로 '사이트 간 요청 위조'라는 뜻을 가진 다소 생소한 용어입니다.

CSRF 공격은 현재 로그인한 사용자가 할 수 있는 요청을 '자신도 모르게 요청'하도록 하는 공격 방식입니다. 예를 들어, 단순히 화면에서 '이벤트 당첨'과 같은 버튼을 클릭했을 뿐인데 자신도 모르게 자신이 로그인한 다른 사이트에 뭔가를 요청하도록 하는 공격 방식입니다.

CSRF 공격을 막기 위해서 스프링 웹 시큐리티는 기본적으로 POST, PUT, DELETE, PATCH 방식의 호출에 대해서 현재의 사용자만이 사용할 수 있는 별도의 문자열을 생성해서 이 값이 일치할 때만 요청을 처리하는데 이를 CSRF 토큰이라고 합니다.

예를 들어, '/login'을 호출했을 때 만들어지는 화면에서도 〈input type='hidden'〉으로 만들어진 CSRF 토큰값이 만들어진 것을 확인할 수 있습니다.

만일 현재의 코드에서 CSRF 토큰을 전송하도록 수정한다면 JSP에서 아래와 같이 ${_csrf.parameterName} 등을 이용해서 추가할 수 있습니다(실제 서비스에서는 CSRF 토큰을 이용하는 것이 안전합니다.).

```
<form action="/submit" method="post">
    <input type="hidden" name="${_csrf.parameterName}" value="${_csrf.token}" />
    ...
</form>
```

CSRF 토큰을 사용하고 싶지 않을 때는 SecurityConfig의 설정으로 조정할 수 있습니다.

```
@Bean
public SecurityFilterChain filterChain(HttpSecurity http) throws Exception {

    log.info("---------------security config---------------");

    http.formLogin(config -> {

    });

    http.csrf(config -> {

        config.disable();

    });

     return http.build();
}
```

위의 설정이 적용된 후에 다시 '/login'을 확인해 보면 CSRF 토큰을 위해서 만들어지는 ⟨input type='hidden'..⟩ 부분이 생성되지 않는 것을 확인할 수 있습니다.

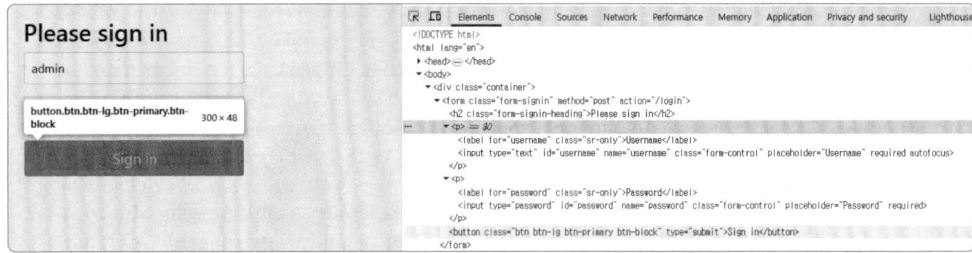

10.4 사용자 권한 체크

현재까지 작성된 코드에서 로그인한 사용자는 'USER'라는 권한을 가지는 사용자입니다. 이것을 이용해서 특정한 권한이 있는 사용자만이 특정한 기능을 수행할 수 있도록 제어할 수 있습니다.

스프링 시큐리티에서는 사용자의 권한을 체크하는 부분을 표현식(expression)을 이용해서 작성할 수 있고 이 설정은 XML로 작성하거나 권한 체크에 사용하는 @PreAuthorize와 같은 어노테이션을 이용하는 방식이 있습니다.

게시물 관리에서 권한 체크가 필요하다면 아래와 같이 정리할 수 있습니다.

경로	권한	표현식
/board/list	모든 사용자 접근 가능	permitAll( )
/board/read/11	로그인한 사용자만 접근 가능	hasRole('USER') 혹은 isAuthenticated( )

10.4.1 @PreAuthorize를 위한 설정

컨트롤러에서 어노테이션으로 권한을 체크하고 사용하기 위해서는 설정을 담당하는 servlet-context.xml 설정의 조정이 필요합니다.

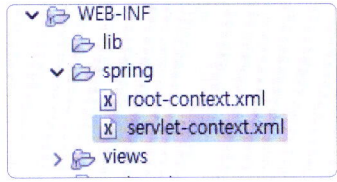

servlet-context.xml의 설정에는 security와 관련된 네임스페이스를 추가합니다.

```xml
<?xml version="1.0" encoding="UTF-8"?>
<beans xmlns="http://www.springframework.org/schema/beans"
    xmlns:mvc="http://www.springframework.org/schema/mvc"
    xmlns:xsi="http://www.w3.org/2001/XMLSchema-instance"
    xmlns:context="http://www.springframework.org/schema/context"

    xmlns:security="http://www.springframework.org/schema/security"

    xsi:schemaLocation="
        http://www.springframework.org/schema/beans
        https://www.springframework.org/schema/beans/spring-beans.xsd
        http://www.springframework.org/schema/mvc
        https://www.springframework.org/schema/mvc/spring-mvc.xsd
        http://www.springframework.org/schema/context
        https://www.springframework.org/schema/context/spring-context.xsd

        http://www.springframework.org/schema/security
        https://www.springframework.org/schema/security/spring-security.xsd

        ">
...
```

servlet-context.xml의 마지막 부분에 `<security:..>` 를 아래와 같이 추가합니다.

```xml
    <mvc:resources mapping="/images/**"
                   location="file:C:/upload/" />

  <bean id="multipartResolver"
        class="org.springframework.web.multipart.support.StandardServletMultipartResolver"/>

  <security:global-method-security pre-post-annotations="enabled"/>

</beans>
```

설정된 pre-post-annotaitons의 역할은 메서드의 실행 전에 권한을 체크하는 @PreAuthorize 와 실행 후 체크하는 @PostAuthorize 어노테이션을 사용할 수 있도록 허용할 것인지를 결정합니다.

표현식 적용

추가적인 설정 없이 BoardController의 게시물 조회를 처리하는 read( )에 @PreAuthorize를 적용해 봅니다. read( )는 사용자가 로그인한 사용자만이 접근할 수 있도록 isAuthenticated( )를 적용합니다.

```
▼ 📦 org.zerock.controller
  > 🗒 BoardController.java
  > 🗒 HelloController.java
```

```java
@PreAuthorize("isAuthenticated()")
@GetMapping("read/{bno}")
public String read( @PathVariable("bno")Long bno, Model model ) {

    log.info("----------------------------------------");
    log.info("board read");

    BoardDTO dto = boardService.read(bno);

    model.addAttribute("board", dto);

    return "/board/read";
}
```

적용 후 프로젝트를 재시작하고 로그인이 안 된 상태에서 '/board/list' 경로에서 게시물 목록을 먼저 확인합니다.

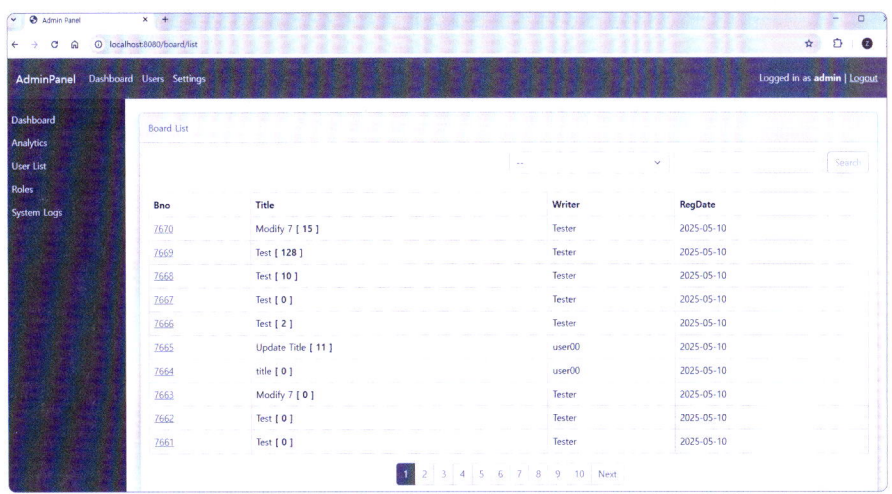

로그인이 안 된 상태에서는 특정 게시물을 조회할 수 없어야 정상입니다. 특정 게시물을 선택한 순간 로그인 화면으로 이동하게 됩니다.

로그인이 정상적으로 실행되면 원래 사용자가 원했던 경로로 자동으로 이동하게 됩니다. 스프링 웹 시큐리티는 로그인이 필요한 화면으로 이동할 때 해당 경로를 저장하고 로그인 후에는 이를 다시 호출하는 기능이 있습니다.

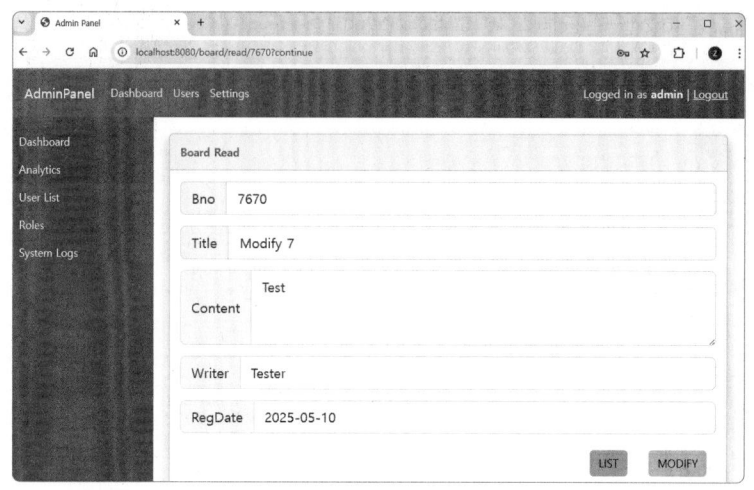

자주 사용하는 표현식은 다음과 같습니다.

- permitAll( ) - 모두 허용
- denyAll( ) - 모두 차단
- isAuthenticated( ) - 인증된 사용자만
- isAnonymous( ) - 인증되지 않은 사용자만
- hasRole( ), hasAnyRole( ) - 특정 권한 혹은 여러 권한 중 하나라도 해당 권한이 있는 사용자만
- hasAuthority( ), hasAnyAuthority( ) - 특정 권한 혹은 여러 권한 중 하나 (Role과 달리 'ROLE_'를 사용하지 않는 권한)

파라미터값의 일부와 권한 체크

@PreAuthorize 내부에 작성하는 표현식은 SpEL(Spring Expression Language) 규격에 맞는 문자열인데 이를 이용하면 산술적인 계산식부터 조건식과 같이 다양한 연산이 가능합니다. 이 중에서 가장 유용한 표현식은 메서드에 전달되는 파라미터와 현재 사용자에 대한 정보를 표현식으로 연산 처리하는 것입니다.

예를 들어, 게시물을 현재 사용자와 게시물의 작성자(writer)가 일치하는 경우에만 동작이 가능하도록 설정한다면 다음과 같이 지정할 수 있습니다.

```
    @PostMapping("modify")
    @PreAuthorize("authentication.name == #boardDTO.writer")
    public String modifyPOST( BoardDTO boardDTO ) {

        log.info("----------------------------------------");
        log.info("board modify post");

        boardService.modify(boardDTO);

        return "redirect:/board/read/" + boardDTO.getBno();

    }
```

표현식의 내부에서 사용하는 authentication은 시큐리티에서는 현재 사용자의 인증 정보를 의미하는 객체이고 name은 인증 과정에서 사용되는 username값을 의미합니다. '#'을 이용하면 전달되는 파라미터의 설정을 이용할 수 있는데 이를 사용하려면 메서드의 파라미터 이름을 표현식에서 인식할 수 있도록 설정을 조정해야 합니다.

pom.xml의 마지막에 있는 〈plugin〉 설정의 〈compilerArgs〉를 추가합니다.

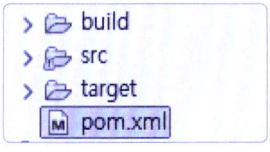

```xml
<build>
    <plugins>
      <plugin>
        <artifactId>maven-compiler-plugin</artifactId>
        <version>3.13.0</version>
        <configuration>
          <release>17</release>

          <compilerArgs>
              <arg>-parameters</arg>
          </compilerArgs>

        </configuration>
      </plugin>
      ...생략
    </plugins>
  </build>
```

동작 확인을 위해서 WEB-INF/views/board/modify.jsp에서 writer 값을 전달하도록 조정합니다.

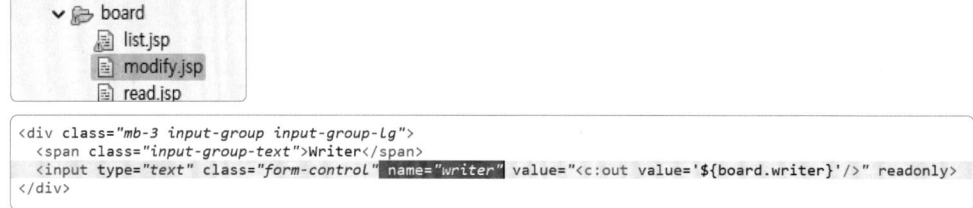

프로젝트를 실행해서 게시물의 목록에서 테스트하려는 게시물의 작성자를 확인합니다.

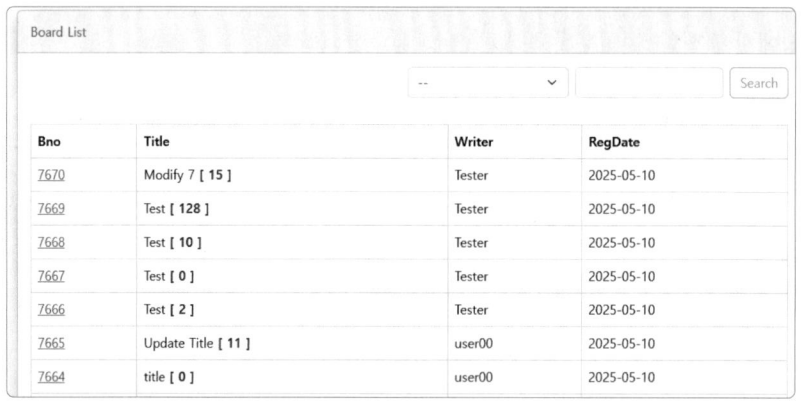

위의 화면에서 7665번은 user00이라는 사용자가 작성한 게시물이므로 '/login'을 이용해서 'user00'으로 로그인합니다.

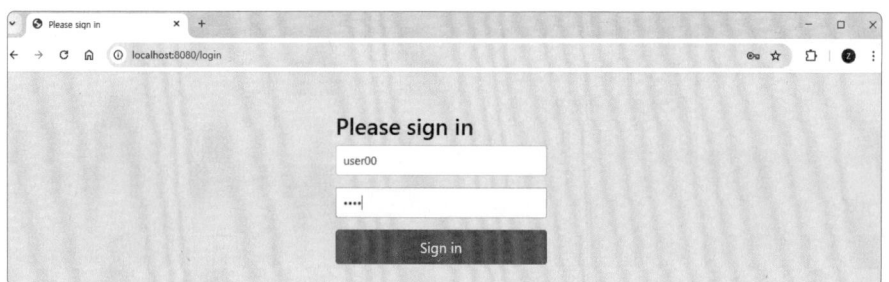

로그인 후에 '/board/modify/7665'를 이용해서 수정/삭제 화면으로 이동해서 수정을 시도하면 정상적으로 수정된 후에 조회 화면으로 이동하게 됩니다.

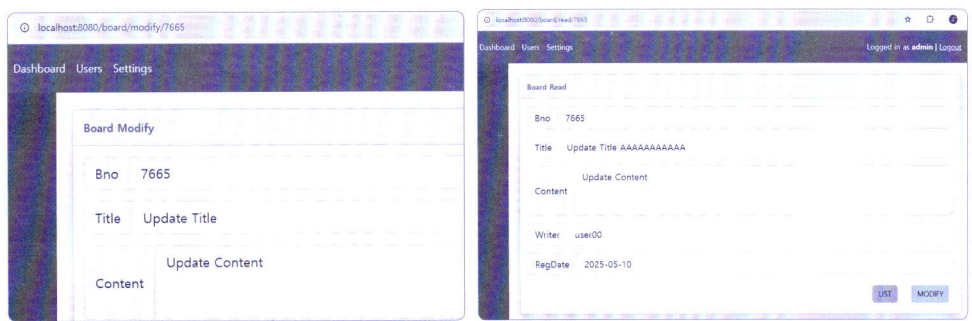

만일 다른 사용자가 작성한 게시글을 수정하게 되면 403(Forbidden) 에러가 발생하게 됩니다.

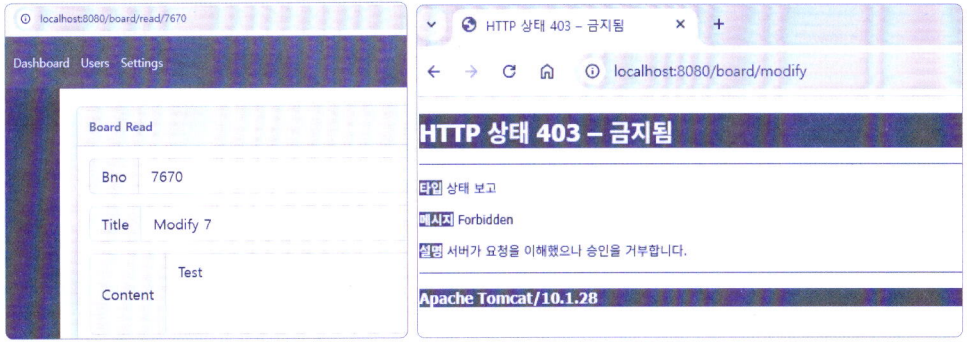

10.4.2 403(Forbidden) 처리

403 에러는 흔히 '접근 제한'이라고 부르기도 하는데, 말 그대로 현재 사용자가 해당 작업을 수행할 수 있는 권한이 없을 때 발생합니다. '접근 제한'과 '인증되지 않은' 사용자의 개념은 차이가 있으므로 주의해야 합니다. 접근 제한은 '인증된 사용자이지만, 해당 작업을 할 수 있는 권한이 부족한 경우'를 의미합니다. 반면에, '인증이 되지 않은 사용자'는 권한을 따지기 전에 로그인 자체가 안된 사용자이므로 '403' 에러가 아니어서 '로그인 화면'으로 이동하게 됩니다.

일반적으로 위의 화면과 같이 403 에러 화면이 그냥 보이는 것이 바람직하지 않기 때문에 403 에러가 발생하면 다른 방식으로 처리합니다. AccessDeniedHandler라는 인터페이스가 있으므로 이를 이용해서 403 에러를 조정할 수 있습니다.

security 패키지에 Custom403Handler 클래스를 추가합니다.

```
> ⊞ org.zerock.mapper
∨ ⊞ org.zerock.security
    > J Custom403Handler.java
    > J CustomUserDetailsService.java
    > J SecuriytConfig.java
```

```java
package org.zerock.security;

import java.io.IOException;

import org.springframework.security.access.AccessDeniedException;
import org.springframework.security.web.access.AccessDeniedHandler;

import jakarta.servlet.ServletException;
import jakarta.servlet.http.HttpServletRequest;
import jakarta.servlet.http.HttpServletResponse;
import lombok.extern.log4j.Log4j2;

@Log4j2
public class Custom403Handler implements AccessDeniedHandler{

    @Override
    public void handle(HttpServletRequest request, HttpServletResponse response,
            AccessDeniedException accessDeniedException) throws IOException,
ServletException {

        log.info("-----AccessDeniedHandler-----------");

    }
}
```

AccessDeniedHandler 인터페이스는 handle( )이라는 하나의 추상 메서드를 가지고 있는데 여기에 HttpServletRequest와 HtttpServletResponse를 이용해서 직접 화면을 구성할 수 있습니다.

작성된 Custom403Handler는 SecurityConfig를 이용해서 설정합니다.

```
∨ ⊞ org.zerock.security
  > J Custom403Handler.java
  > J CustomUserDetailsService.java
  > J SecuriytConfig.java
```

```java
@Bean
public SecurityFilterChain filterChain(HttpSecurity http) throws Exception {

    log.info("---------------security config---------------");

    http.formLogin(config -> {

    });

    http.csrf(config -> {

        config.disable();

    });

    http.exceptionHandling(handler -> {

        handler.accessDeniedHandler(new Custom403Handler());
    });

    return http.build();
}
```

위의 설정이 반영된 후에 다시 프로젝트를 재시작하고 로그인과 게시물의 수정을 시도하면 Custom403Handler가 동작하는 것을 확인할 수 있고 이전과 달리 빈 화면을 보게 됩니다.

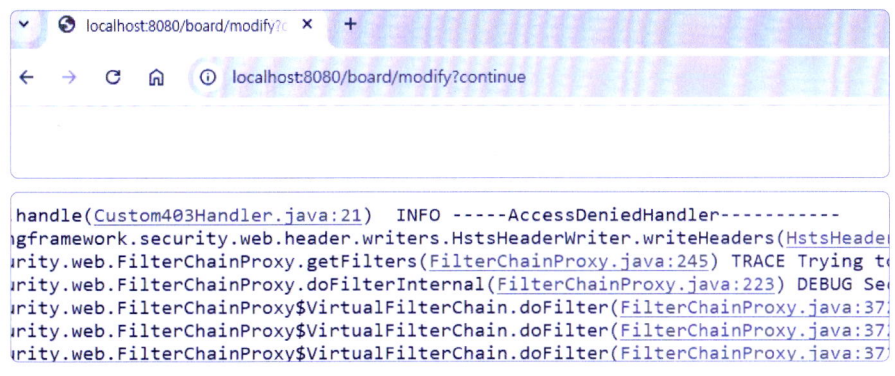

```
> ⊞ org.zerock.mapper
∨ ⊞ org.zerock.security
    > J Custom403Handler.java
    > J CustomUserDetailsService.java
```

예제에서는 403 에러가 발생할 경우 '/sample/access-denied' 경로를 호출하도록 수정합니다.

```java
package org.zerock.security;

import java.io.IOException;

import org.springframework.security.access.AccessDeniedException;
import org.springframework.security.web.access.AccessDeniedHandler;

import jakarta.servlet.ServletException;
import jakarta.servlet.http.HttpServletRequest;
import jakarta.servlet.http.HttpServletResponse;
import lombok.extern.log4j.Log4j2;


@Log4j2
public class Custom403Handler implements AccessDeniedHandler{

    @Override
    public void handle(HttpServletRequest request, HttpServletResponse response,
            AccessDeniedException accessDeniedException) throws IOException, ServletException {

        log.info("-----AccessDeniedHandler-----------");

        response.sendRedirect(request.getContextPath() + "/sample/access-denied");


    }

}
```

controller 패키지에는 '/sample/access-denied'를 처리하도록 HelloController에 아래의 코드를 작성합니다.

```
org.zerock.controller
  BoardController.java
  HelloController.java
```

```java
@Controller
@RequiredArgsConstructor
@ToString
@Log4j2
@RequestMapping("/sample")
public class HelloController {

    private final HelloService helloService;


    @GetMapping("access-denied")
    public String accessDenied() {

        return "/sample/accessDenied";
    }
...생략
```

accessDenied.jsp 파일을 작성합니다.

```
includes
product
sample
    accessDenied.jsp
    ex1.jsp
    ex6.jsp
```

```jsp
<%@ page language="java" contentType="text/html; charset=UTF-8"
    pageEncoding="UTF-8"%>

<!DOCTYPE html>
<html>
<head>
    <title>403 Forbidden</title>
    <!-- Bootstrap 5 CDN -->
    <link href="https://cdn.jsdelivr.net/npm/bootstrap@5.3.0/dist/css/bootstrap.min.css" rel="stylesheet">
</head>
<body class="bg-light">
```

```html
<div class="container vh-100 d-flex justify-content-center align-items-center">
    <div class="text-center">
        <h1 class="display-1 text-danger fw-bold">403</h1>
        <h2 class="mb-3">접근이 거부되었습니다</h2>
        <p class="lead mb-4">이 페이지에 접근할 권한이 없습니다.<br>필요한 권한이 있는지 확인하거나 관리자에게 문의하세요.</p>
    </div>
</div>

<!-- 선택: Bootstrap 아이콘 사용 시 -->
<link href="https://cdn.jsdelivr.net/npm/bootstrap-icons@1.10.5/font/bootstrap-icons.css" rel="stylesheet">

</body>
</html>
```

정상적으로 적용되었다면 403 화면은 다음과 같이 출력됩니다.

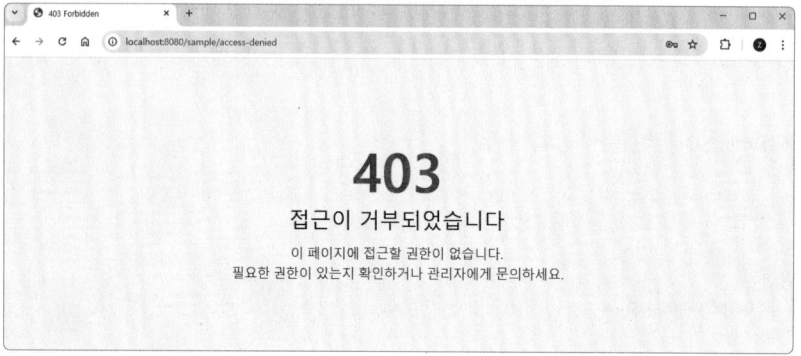

10.5 사용자 계정 처리

기본적인 시큐리티의 설정과 동작 여부를 확인했다면 실제 데이터베이스를 이용해서 사용자의 정보를 가져올 수 있도록 구성할 필요가 있으므로 클래스와 데이터베이스, MyBatis를 구성하도록 합니다. 다른 예제와 달리 이번 예제는 데이터베이스가 아닌 클래스 설계를 먼저 처리합니다.

10.5.1 클래스 설계와 적용

예제에서 사용자는 Account를 사용하고 이를 위한 account 패키지를 추가합니다.

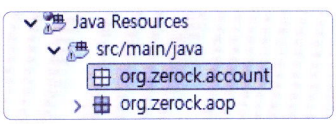

예제에서 사용하는 dto는 CustomUserDetailsService에서 반환되어야 하기 때문에 AccountDTO 클래스는 UserDetails 인터페이스를 구현하도록 클래스를 추가합니다.

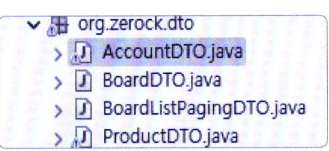

UserDetails에는 여러 개의 추상 메서드가 있기 때문에 아래와 같은 코드가 작성됩니다.

```java
package org.zerock.dto;

import java.util.Collection;

import org.springframework.security.core.GrantedAuthority;
import org.springframework.security.core.userdetails.UserDetails;

import lombok.Data;

@Data
public class AccountDTO implements UserDetails{

    @Override
    public Collection<? extends GrantedAuthority> getAuthorities() {
        // TODO Auto-generated method stub
        return null;
    }

    @Override
    public String getPassword() {
```

```java
        // TODO Auto-generated method stub
        return null;
    }

    @Override
    public String getUsername() {
        // TODO Auto-generated method stub
        return null;
    }

    @Override
    public boolean isAccountNonExpired() {
        // TODO Auto-generated method stub
        return false;
    }

    @Override
    public boolean isAccountNonLocked() {
        // TODO Auto-generated method stub
        return false;
    }

    @Override
    public boolean isCredentialsNonExpired() {
        // TODO Auto-generated method stub
        return false;
    }

    @Override
    public boolean isEnabled() {
        // TODO Auto-generated method stub
        return false;
    }

}
```

인터페이스의 추상 메서드의 구현은 조금 뒤에 구현하도록 하고, 계정이 가져야 하는 권한의 부분은 enum을 이용해서 AcccountRole이라는 이름으로 작성합니다. AccountRole은 단순히 일반 사용자와 관리자 등을 구분하기 위한 문자열로 예제에서는 USER, MANAGER, ADMIN으로 구분합니다.

```
org.zerock.dto
  AccountDTO.java
  AccountRole.java
  BoardDTO.java
```

```java
package org.zerock.dto;

public enum AccountRole {

    USER, MANAGER, ADMIN;

}
```

AccountDTO에는 데이터베이스에서 관리된 정보를 추가하고 UserDetails 인터페이스의 추상 메서드도 구현합니다. 특히, 주의해야 하는 부분은 AccountRole을 스프링 시큐리티에서 인식할 수 있도록 GrantedAuthority라는 타입으로 바꿔주는 것입니다. 이 작업은 문자열로 권한을 만들 수 있는 org.springframework.security.core.authority.impleGrantedAuthority 라는 것을 활용합니다.

```java
package org.zerock.dto;

import java.util.ArrayList;
import java.util.Collection;
import java.util.List;
import java.util.stream.Collectors;

import org.springframework.security.core.GrantedAuthority;
import org.springframework.security.core.authority.
SimpleGrantedAuthority;
import org.springframework.security.core.userdetails.UserDetails;

import lombok.Data;

@Data
public class AccountDTO implements UserDetails{

    private String uid;

    private String upw;

    private String uname;
```

```java
    private String email;

    private List<AccountRole> roleNames;

    public void addRole(AccountRole  role) {

       if(roleNames == null) {

          roleNames = new ArrayList<>();
       }
       roleNames.add(role);
    }

    public void clearRoles() {

       roleNames.clear();
    }


    @Override
    public Collection<? extends GrantedAuthority> getAuthorities() {

       if(roleNames == null || roleNames.size() == 0) {
          return List.of();
       }

       return roleNames.stream()
              .map(accountRole -> new SimpleGrantedAuthority("ROLE_" + accountRole.name()))
              .collect(Collectors.toList());

    }

    @Override
    public String getPassword() {
       return upw;
    }

    @Override
    public String getUsername() {
       return uname;
    }

    @Override
    public boolean isAccountNonExpired() {
       //만료되지 않았음
       return true;
    }

    @Override
    public boolean isAccountNonLocked() {
       //잠긴 계정 아님
```

```
            return true;
        }

        @Override
        public boolean isCredentialsNonExpired() {
            //인증정보 활용 가능함
            return true;
        }

        @Override
        public boolean isEnabled() {
            // 사용 가능
            return true;
        }
    }
```

작성 중인 AccountDTO가 적절한지 확인하기 위해서 CustomUserDetailsService를 이용해서 확인해 봅니다. 로그인을 수행하면 해당 사용자는 USER와 MANAGER 권한을 가지도록 고정된 코드를 작성합니다.

```
∨ ⊞ org.zerock.security
  > 🗋 Custom403Handler.java
  > 🗋 CustomUserDetailsService.java
  > 🗋 SecuriytConfig.java
```

```java
package org.zerock.security;

import org.springframework.security.core.userdetails.UserDetails;
import org.springframework.security.core.userdetails.UserDetailsService;
import org.springframework.security.core.userdetails.UsernameNotFoundException;
import org.springframework.stereotype.Service;
import org.zerock.dto.AccountDTO;
import org.zerock.dto.AccountRole;

import lombok.extern.log4j.Log4j2;

@Service
@Log4j2
public class CustomUserDetailsService implements UserDetailsService{

    @Override
    public UserDetails loadUserByUsername(String username) throws UsernameNotFoundException {
```

```
        log.info("-------------loadUserByUsername------------" , username);

        AccountDTO accountDTO = new AccountDTO();

        accountDTO.setUid(username);
        //패스워드는 1111 을 BCrypt로 만든 문자열 사용
        accountDTO.setUpw("$2a$10$0NQtffGchYMOQKt2VBEVPOBNezYuk.BfDwOaO.
zJPQjzvpalSbh7q");
        accountDTO.addRole(AccountRole.USER);
        accountDTO.addRole(AccountRole.MANAGER);

        return accountDTO;
    }
}
```

로그인 후에 AcountDTO는 'ROLE_USER, ROLE_MANAGER' 권한이 있기 때문에 로그인 후에 게시물의 조회가 가능합니다.

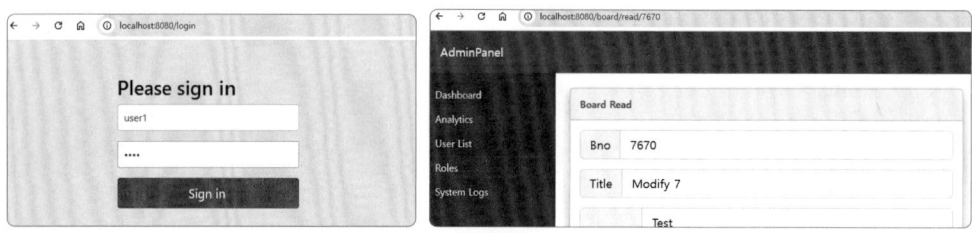

권한 체크가 정상적으로 동작하는지 확인하기 위해서 HelloController의 ex1( )에는 'ROLE_ADMIN' 권한이 필요하도록 수정하고 로그인했을 때 403(접근 제한)이 발생하는지 확인합니다.

```
@PreAuthorize("hasRole('ADMIN')")
@GetMapping("/ex1")
public void ex1() {
```

```
    Log.info("/sample/ex1");
    helloService.hello1();
}
```

현재 사용자는 'ROLE_ADMIN' 권한이 없기 때문에 403 에러가 발생하는 것이 정상입니다.

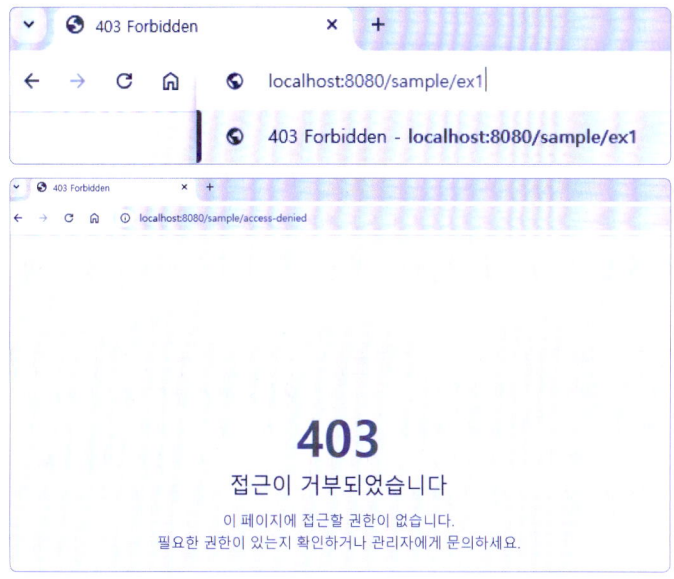

10.5.2 영속 계층 처리

코드를 통해서 적절한 AccountDTO를 반환하면 정상적으로 동작한다는 것을 확인했다면, 이제 데이터베이스 내 테이블을 생성하고 이를 처리하는 Mapper를 작성합니다.

테이블은 tbl_account 테이블과 tbl_account_roles로 구분해서 작성합니다. tbl_account_roles 테이블은 단독으로 조회하는 경우는 없고 uid를 이용해서만 조회되기 때문에 별도의 PK를 설정하지 않을 수 있습니다.

```sql
CREATE TABLE tbl_account (
    uid VARCHAR(50) PRIMARY KEY,
    upw VARCHAR(100) NOT NULL,
    uname VARCHAR(100) NOT NULL,
    email VARCHAR(100) UNIQUE,
    enabled BOOLEAN DEFAULT TRUE,
    createdDate TIMESTAMP DEFAULT CURRENT_TIMESTAMP,
    updatedDate TIMESTAMP DEFAULT CURRENT_TIMESTAMP ON UPDATE CURRENT_TIMESTAMP
);

CREATE TABLE tbl_account_roles (
    uid VARCHAR(50) NOT NULL,
    rolename VARCHAR(50) NOT NULL,
    FOREIGN KEY (uid) REFERENCES tbl_account(uid) -- 동일 계정에 동일한 역할 중복 방지
);
```

mapper 패키지에는 AccountMapper 인터페이스를 추가하고, XML 매퍼 파일도 준비합니다.

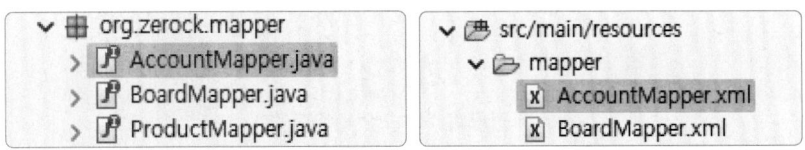

계정 등록

새로운 계정의 등록은 tbl_account 테이블의 insert와 한 번에 여러 개를 insert해야 하는 tbl_account_roles를 처리하기 위해서 두 개의 메서드로 분리합니다.

```java
package org.zerock.mapper;

import org.zerock.dto.AccountDTO;

public interface AccountMapper {

    int insert(AccountDTO accountDTO);

    int insertRoles(AccountDTO accountDTO);
}
```

AccountMapper.xml에서의 구현은 〈foreach〉를 이용해서 반복 처리가 가능하도록 작성합니다.

```xml
<!DOCTYPE mapper
        PUBLIC "-//mybatis.org//DTD Mapper 3.0//EN"
        "https://mybatis.org/dtd/mybatis-3-mapper.dtd">
<mapper namespace="org.zerock.mapper.AccountMapper">

<insert id="insert">

INSERT INTO tbl_account (uid,upw,uname, email) VALUES ( #{uid}, #{upw},
#{uname}, #{email} )

</insert>

<insert id="insertRoles">

INSERT INTO tbl_account_roles (uid, rolename)
VALUES

<foreach collection="roleNames" item="role" separator="," >
(#{uid}, #{role})
</foreach>

</insert>

</mapper>
```

작성된 insert( )와 insertRoles( )는 앞에서 만들어둔 AccountMapperTests 내에 테스트 코드를 이용해서 실제 데이터베이스에 추가합니다. 이 과정에서 패스워드는 반드시 PasswordEncoder를 이용해서 encode( )한 결과를 넣어주어야 합니다.

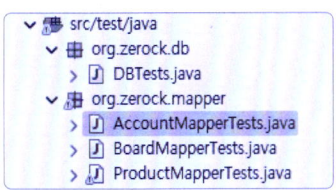

```java
package org.zerock.mapper;

import org.junit.jupiter.api.Test;
import org.junit.jupiter.api.extension.ExtendWith;
import org.springframework.beans.factory.annotation.Autowired;
import org.springframework.security.crypto.password.PasswordEncoder;
import org.springframework.test.annotation.Commit;
import org.springframework.test.context.ContextConfiguration;
import org.springframework.test.context.junit.jupiter.SpringExtension;
import org.springframework.transaction.annotation.Transactional;
import org.zerock.dto.AccountDTO;
import org.zerock.dto.AccountRole;

import lombok.extern.log4j.Log4j2;

@ExtendWith(SpringExtension.class)
@ContextConfiguration("file:src/main/webapp/WEB-INF/spring/root-context.xml")
@Log4j2
public class AccountMapperTests {

    @Autowired
    private PasswordEncoder encoder;

    @Autowired
    private AccountMapper accountMapper;

    @Test
    @Transactional
    @Commit
    public void testInsert() {

        for(int i = 1; i <= 100; i++) {
            AccountDTO accountDTO = new AccountDTO();

            accountDTO.setUid("user" + i);
            accountDTO.setUpw(encoder.encode("1111"));
            accountDTO.setUname("User" + i);

            accountDTO.setEmail("user"+i+"@aaa.com");

            accountDTO.addRole(AccountRole.USER);

            if(i >= 80) {
                accountDTO.addRole(AccountRole.MANAGER);
            }

            if(i >= 90) {
                accountDTO.addRole(AccountRole.ADMIN);
            }

            accountMapper.insert(accountDTO);
```

```
            accountMapper.insertRoles(accountDTO);

        }//end for
    }
    @Test
    public void testEncoding() {
        ...
    }
}
```

테스트 코드는 'user1'부터 'user100'까지 총 100개의 계정을 생성합니다. 100개의 계정 중에 'user79'까지는 일반 사용자이고 'user90'부터 'user100'까지는 모든 권한을 가지도록 생성됩니다. 예를 들어, 'user99'의 경우 tbl_account_roles 테이블에 3개의 데이터가 추가됩니다.

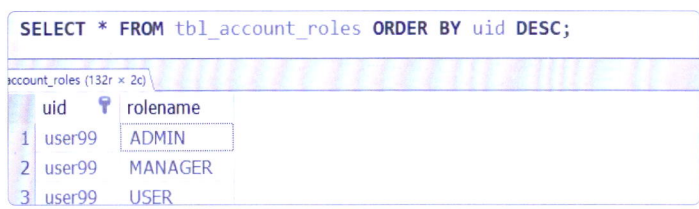

계정 조회

계정 조회는 tbl_account 테이블과 tbl_account_roles 테이블을 조인 처리해서 한 번에 권한 데이터까지 처리하도록 구성합니다. 데이터베이스에서 특정 계정의 정보와 권한을 조회하는 쿼리를 작성하면 다음과 같습니다.

```sql
SELECT
  ac.uid, ac.upw, ac.uname, ac.email, ar.rolename
FROM
  tbl_account ac INNER JOIN tbl_account_roles ar ON ar.uid = ac.uid
WHERE ac.uid = 'user100'
;
```

uid	upw	uname	email	rolename
1 user100	$2a$10$FeT.xMPUH6hOYbOvBFnZbO...	User100	user100@aaa.com	USER
2 user100	$2a$10$FeT.xMPUH6hOYbOvBFnZbO...	User100	user100@aaa.com	MANAGER
3 user100	$2a$10$FeT.xMPUH6hOYbOvBFnZbO...	User100	user100@aaa.com	ADMIN

상품과 상품 이미지와 유사하게 <resultMap>으로 처리합니다. 먼저 AccountMapper 인터페이스에 selectOne( )을 선언합니다.

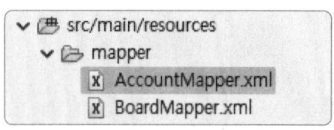

```java
package org.zerock.mapper;

import org.zerock.dto.AccountDTO;

public interface AccountMapper {

    ...생략

    AccountDTO selectOne( @Param("uid") String uid);

}
```

AccountMapper.xml에서는 쿼리 결과로 발생하는 rolename이라는 칼럼을 enum 타입인 AccountRole 타입으로 변환하는 부분을 org.apache.ibatis.type.EnumTypeHandler를 이용해서 처리합니다.

```
src/main/resources
  mapper
    AccountMapper.xml
    BoardMapper.xml
```

```xml
<resultMap type="AccountDTO" id="selectMap">

    <id property="uid" column="uid"/>
    <result property="upw" column="upw"/>
    <result property="uname" column="uname"/>
    <result property="email" column="email"/>

    <collection property="roleNames" ofType="AccountRole">

        <result column="rolename" typeHandler="org.apache.ibatis.type.EnumTypeHandler" javaType="AccountRole"/>

    </collection>

</resultMap>
```

```xml
<select id="selectOne" resultMap="selectMap">

SELECT
 ac.uid, ac.upw, ac.uname, ac.email, ar.rolename
FROM
 tbl_account ac INNER JOIN tbl_account_roles ar ON ar.uid = ac.uid
WHERE ac.uid = #{uid}

</select>
```

작성한 selectOne( )에 대하여 테스트 코드를 작성해서 확인합니다.

```
src/test/java
  org.zerock.db
  org.zerock.mapper
    AccountMapperTests.java
    BoardMapperTests.java
```

```java
@Test
public void testSelectOne() {

    String uid = "user100";

    AccountDTO accountDTO = accountMapper.selectOne(uid);

    log.info(accountDTO);

    log.info(accountDTO.getRoleNames());

}
```

테스트 코드의 실행 결과를 보면 AccountDTO 내의 roleNames의 처리가 정상적으로 된 것을 확인할 수 있습니다.

```
DEBUG ==>  Preparing: SELECT ac.uid, ac.upw, ac.uname, ac.email, ar.rolename FROM tbl_account ac INNER JO
DEBUG ==> Parameters: user100(String)
DEBUG <==      Total: 3
NFO AccountDTO(uid=user100, upw=$2a$10$FeT.xMPUH6hOYbOvBFnZbO1sO74V7InMlKocNFEkem3/dI9mlYqoC, uname=User10
NFO [USER, MANAGER, ADMIN]
```

CustomUserDetailsService 수정

기존의 CustomUserDetailsService는 작성된 코드를 이용해서 로그인되었기 때문에 AccountMapper의 selectOne( ) 기능을 CustomUserDetailsService에서 활용하도록 수정해야 합니다.

```
org.zerock.security
    Custom403Handler.java
    CustomUserDetailsService.java
    SecuriytConfig.java
```

기존 코드에 의존성 주입을 이용해서 AccountMapper를 추가하고 @RequiredArgsConstructor를 추가합니다.

```java
package org.zerock.security;

import org.springframework.security.core.userdetails.UserDetails;
import org.springframework.security.core.userdetails.UserDetailsService;
import org.springframework.security.core.userdetails.UsernameNotFoundException;
import org.springframework.stereotype.Service;
import org.zerock.dto.AccountDTO;
import org.zerock.dto.AccountRole;
import org.zerock.mapper.AccountMapper;

import lombok.RequiredArgsConstructor;
import lombok.extern.log4j.Log4j2;

@Service
@Log4j2
@RequiredArgsConstructor
public class CustomUserDetailsService implements UserDetailsService{

    private final AccountMapper accountMapper;

    @Override
    public UserDetails loadUserByUsername(String username) throws UsernameNotFoundException {

        log.info("-------------loadUserByUsername------------" , username);

        AccountDTO accountDTO = accountMapper.selectOne(username);

        if(accountDTO == null) {
            throw new UsernameNotFoundException("Account Not Found");
        }
```

```
        return accountDTO;
    }
}
```

변경된 코드를 이용해서 프로젝트를 재시작하고 데이터베이스에 있는 계정으로 로그인을 시도합니다.

존재하는 계정은 로그인 후에 '/' 경로로 이동하는 것을 확인할 수 있지만, 계정이 없거나 패스워드가 틀린 경우에는 로그인 화면에서 에러가 발생합니다.

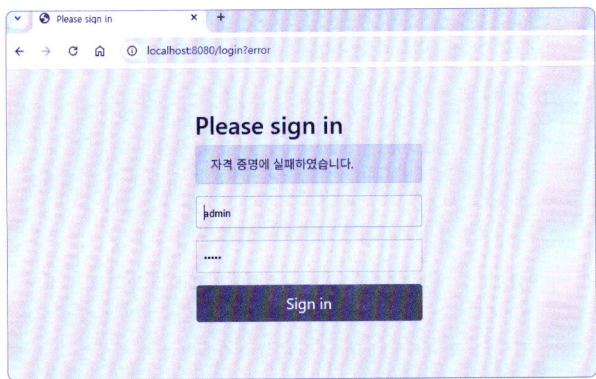

10.6 커스텀 로그인/로그아웃

로그인 기능이 데이터베이스와 연동된 것을 확인했다면 스프링 시큐리티가 생성하는 로그인 화면이 아닌, 개발자가 직접 만든 화면을 이용하도록 수정합니다. 로그인 관련 설정은 SecurityConfig에서 작성하는 메서드 내에서 formLogin( )에 대한 설정으로 추가할 수 있습니다.

```
∨ ⊞ org.zerock.security
  > ⓙ Custom403Handler.java
  > ⓙ CustomUserDetailsService.java
  > ⓙ SecuriytConfig.java
```

```java
@Bean
    public SecurityFilterChain filterChain(HttpSecurity http) throws Exception {

        log.info("---------------security config----------------");

        http.formLogin(config -> {

        });
    ...생략

        return http.build();
    }
```

formLogin( ) 설정은 전달되는 파라미터 이름 등의 설정 외에도 로그인 페이지의 경로를 지정할 수 있습니다. 예제에서는 로그인 화면의 경로를 '/account/login'으로 지정합니다.

```java
        http.formLogin(config -> {

           config.loginPage("/account/login");

        });
```

이 설정을 반영하면 더 이상 기존에 사용했던 '/login'은 사용할 수 없게 됩니다.

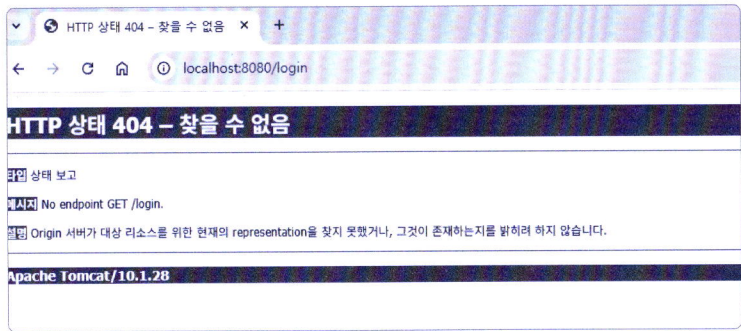

controller 패키지에 AccountController를 추가하고 '/account/login'을 GET 방식으로 처리합니다.

```
> ⊞ org.zerock.aop
∨ ⊞ org.zerock.controller
  > J AccountController.java
  > J BoardController.java
```

```java
package org.zerock.controller;

import org.springframework.stereotype.Controller;
import org.springframework.web.bind.annotation.GetMapping;
import org.springframework.web.bind.annotation.RequestMapping;

import lombok.extern.log4j.Log4j2;

@Controller
@Log4j2
@RequestMapping("/account")
public class AccountController {


    @GetMapping("login")
    public void loginGET() {

    }

}
```

WEB-INF/views에는 account 폴더와 login.jsp를 작성합니다.

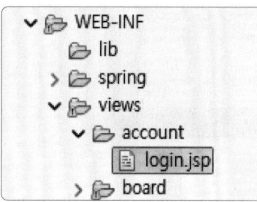

login.jsp에서 스프링 시큐리티가 사용하는 username, password를 name 속성값으로 이용하는 화면을 구성합니다.

```jsp
<%@ page language="java" contentType="text/html; charset=UTF-8"
    pageEncoding="UTF-8"%>
<!DOCTYPE html>
<html>
<head>
    <meta charset="UTF-8">
    <title>로그인</title>
    <style>
        body {
            font-family: sans-serif;
            display: flex;
            justify-content: center;
            align-items: center;
            min-height: 100vh;
            background-color: #f4f4f4;
        }

        .login-container {
            background-color: #fff;
            padding: 30px;
            border-radius: 8px;
            box-shadow: 0 0 10px rgba(0, 0, 0, 0.1);
            width: 300px;
            text-align: center;
        }

        h2 {
            margin-bottom: 20px;
            color: #333;
        }

        .form-group {
            margin-bottom: 15px;
            text-align: left;
```

```css
            }
            label {
                display: block;
                margin-bottom: 5px;
                color: #555;
                font-size: 0.9em;
            }
            input[type="text"],
            input[type="password"] {
                width: calc(100% - 12px);
                padding: 10px;
                border: 1px solid #ddd;
                border-radius: 4px;
                box-sizing: border-box;
                font-size: 1em;
            }
            button[type="submit"] {
                background-color: #007bff;
                color: white;
                padding: 10px 15px;
                border: none;
                border-radius: 4px;
                cursor: pointer;
                font-size: 1em;
                width: 100%;
            }
            button[type="submit"]:hover {
                background-color: #0056b3;
            }
        </style>
    </head>
    <body>
        <div class="login-container">
            <h2>로그인</h2>
            <form method="post">
                <div class="form-group">
                    <label for="username">사용자 이름:</label>
                    <input type="text" id="username" name="username" required>
                </div>
                <div class="form-group">
                    <label for="password">비밀번호:</label>
                    <input type="password" id="password" name="password" required>
                </div>
                <button type="submit">로그인</button>
            </form>
```

```
        </div>
    </body>
</html>
```

login.jsp 코드에서 특이한 점은 〈form〉 태그의 action을 지정하지 않은 점입니다. 〈form〉 태그에서 action 속성값을 지정하지 않으면 현재 브라우저의 경로가 action값이 되므로 엄밀하게 말하면 action 속성값은 '/account/login'이 됩니다.

브라우저에서 확인해 보면 POST 방식으로 처리하지 않아도 정상적으로 로그인이 가능한 것을 확인할 수 있습니다.

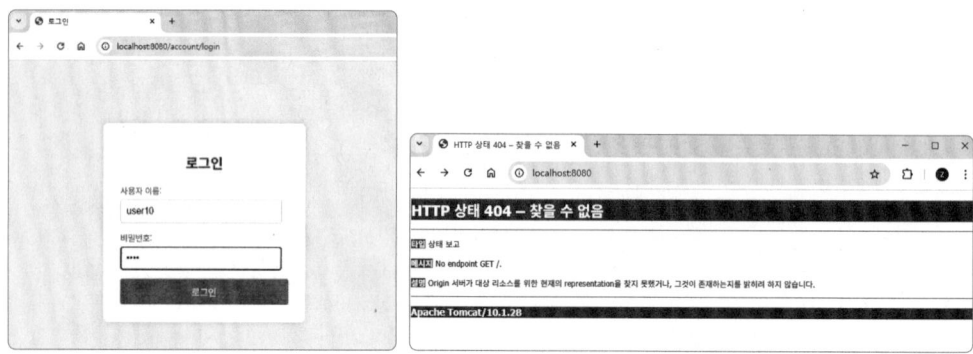

10.6.1 로그인 성공 후 처리

스프링 시큐리티를 이용할 때 로그인 페이지를 보게 되는 경우는 크게 다음과 같이 두 가지가 있습니다.

- 직접 로그인 경로를 호출하는 경우
- 특정한 경로를 호출했는데 권한이 필요해서 로그인 화면으로 리다이렉트 되는 경우

직접 로그인 경로를 호출하는 경우에는 로그인이 성공한 후에 '/' 경로로 이동하게 되고(위의 화면), 특정 경로를 호출했을 때는 로그인 성공 후에는 원래 접근하려고 했던 경로로 이동하게 됩니다(예를 들어, '/board/read/33'과 같은 경로에서 로그인 페이지로 이동했다면 로그인 후에 '/board/read/33'으로 이동하게 됩니다.).

스프링 시큐리티에서는 AuthenticationSuccessHandler라는 인터페이스를 구현해서 로그인 성공 후에 이를 제어할 수 있습니다. 예제에서는 로그인에 성공하면 '/board/list'로 가도록 구현합니다.

security 패키지에 CustomLoginSuccessHandler 클래스를 추가합니다.

```
▼ 🗁 org.zerock.security
  > 🗋 Custom403Handler.java
  > 🗋 CustomLoginSuccessHandler.java
  > 🗋 CustomUserDetailsService.java
  > 🗋 SecuriytConfig.java
```

```java
package org.zerock.security;

import java.io.IOException;

import org.springframework.security.core.Authentication;
import org.springframework.security.web.authentication.AuthenticationSuccessHandler;
import org.springframework.security.web.savedrequest.HttpSessionRequestCache;
import org.springframework.security.web.savedrequest.SavedRequest;

import jakarta.servlet.ServletException;
import jakarta.servlet.http.HttpServletRequest;
import jakarta.servlet.http.HttpServletResponse;
import lombok.extern.log4j.Log4j2;


@Log4j2
public class CustomLoginSuccessHandler implements AuthenticationSuccessHandler {

    @Override
    public void onAuthenticationSuccess(HttpServletRequest request, HttpServletResponse response,
            Authentication authentication) throws IOException, ServletException {

        log.info("authentication: " + authentication);

        // 세션에서 SavedRequest 확인
        SavedRequest savedRequest = new HttpSessionRequestCache().getRequest(request, response);

        log.info(savedRequest);

        response.sendRedirect("/board/list");
```

```
        }
    }
```

코드에서는 로그인 후에 정상적으로 '/board/list'로 이동하도록 작성되어 있습니다. /account/login을 통해서 로그인을 수행하면 아래와 같은 로그를 확인할 수 있습니다.

```
(CustomLoginSuccessHandler.java:25)   INFO authentication: UsernamePasswordAuthenticationToken
(CustomLoginSuccessHandler.java:30)   INFO null
```

원래 경로로 리다이렉트

코드 내에 SavedRequest는 로그인이 필요해서 로그인 화면으로 이동한 경우 null이 아닌 상태가 됩니다. 예를 들어, '/board/read/7665' 경로는 로그인한 사용자만이 볼 수 있는 화면이고 로그인이 되지 않은 상태에서는 로그인 화면으로 리다이렉트 처리되는데 이 상태에서 로그인을 수행하면 위의 화면과 다른 로그를 보게 됩니다.

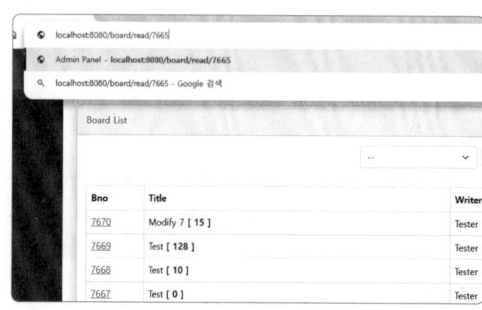 

```
(CustomLoginSuccessHandler.java:25)   INFO authentication: UsernamePasswordAuthenticationToken [Principal=AccountDTC
(CustomLoginSuccessHandler.java:30)   INFO DefaultSavedRequest [http://localhost:8080/board/read/7665?continue]
```

SavedRequest는 이처럼 기존 경로를 보관하고 있기 때문에 이를 이용해서 로그인 성공 후 다시 이동할 수 있습니다. 이를 위해서 코드를 아래와 같이 수정합니다.

```java
    @Override
    public void onAuthenticationSuccess(HttpServletRequest request, HttpServletResponse response,
            Authentication authentication) throws IOException, ServletException {

        log.info("authentication: " + authentication);

        // 세션에서 SavedRequest 확인
        SavedRequest savedRequest = new HttpSessionRequestCache().getRequest(request, response);

        log.info(savedRequest);

        if(savedRequest != null) {

            response.sendRedirect(savedRequest.getRedirectUrl());

        }else {

            response.sendRedirect("/board/list");

        }
    }
```

위의 코드가 적용된 후에는 로그인 후에 기존에 로그인이 필요했던 경로로 이동하는 것을 확인할 수 있습니다(이 경우 continue라는 쿼리스트링이 추가됩니다.).

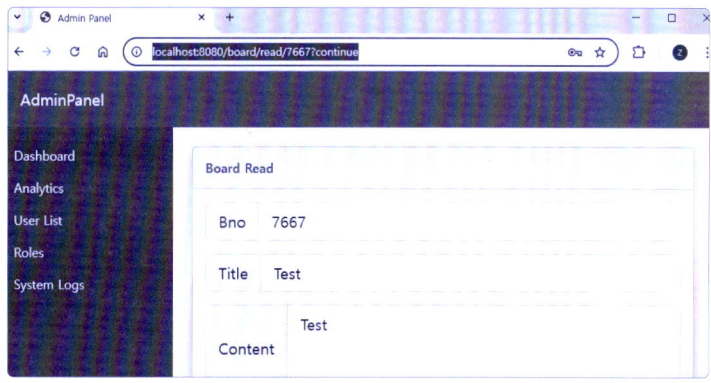

10.6.2 로그아웃 처리

스프링 시큐리티의 로그아웃은 '/logout'이라는 경로를 호출하면 됩니다. 다만, 주의해야 할 점은 로그아웃은 기본적으로 POST 방식으로 동작한다는 것입니다. 스프링 시큐리티에서 로그아웃은 CSRF 토큰을 사용하는데 만일 예제와 같이 CSRF 토큰을 사용하지 않는 경우라면 '/logout' 역시 GET 방식으로 동작할 수 있습니다.

예제에서는 CSRF 토큰을 사용하지 않기 때문에 GET 방식으로 호출이 가능하지만, 사용자 경험을 고려해서 '/account/logout'이라는 경로로 로그아웃 확인 화면을 작성합니다.

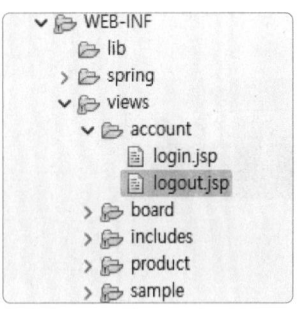

```java
@GetMapping("logout")
public void logoutGET() {

}
```

JSP 페이지에서는 로그아웃 버튼을 작성해서 사용자가 '/logout'을 호출할 수 있도록 조정합니다.

```
▼ WEB-INF
    lib
  ▶ spring
  ▼ views
    ▼ account
        login.jsp
        logout.jsp
    ▶ board
    ▶ includes
    ▶ product
    ▶ sample
```

```jsp
<%@ page language="java" contentType="text/html; charset=UTF-8"
    pageEncoding="UTF-8"%>
<!DOCTYPE html>
<html>
<head>
    <meta charset="UTF-8">
    <title>로그아웃</title>
    <style>
        body {
            font-family: sans-serif;
```

```css
    display: flex;
    justify-content: center;
    align-items: center;
    min-height: 100vh;
    background-color: #f4f4f4;
}

.logout-container {
    background-color: #fff;
    padding: 30px;
    border-radius: 8px;
    box-shadow: 0 0 10px rgba(0, 0, 0, 0.1);
    width: 300px;
    text-align: center;
}

h2 {
    margin-bottom: 20px;
    color: #d9534f; /* 경고 색상 계열 */
}

p {
    color: #555;
    margin-bottom: 20px;
}

.button-group {
    display: flex;
    gap: 10px;
}

.logout-button,
.cancel-button {
    flex: 1;
    padding: 10px 15px;
    border: none;
    border-radius: 4px;
    cursor: pointer;
    font-size: 1em;
}

.logout-button {
    background-color: #d9534f; /* 경고 색상 */
    color: white;
}

.logout-button:hover {
    background-color: #c9302c;
}
```

```
        .cancel-button {
            background-color: #f0f0f0;
            color: #333;
            border: 1px solid #ccc;
        }

        .cancel-button:hover {
            background-color: #e0e0e0;
        }
    </style>
</head>
<body>
    <div class="logout-container">
        <h2>로그아웃 확인</h2>
        <p>정말로 로그아웃 하시겠습니까?</p>

            <form action="/logout" method="post">
                <button class="logout-button">로그아웃</button>
            </form>
        </div>
</body>
</html>
```

브라우저를 통해서 '/account/logout'을 확인해 봅니다. 로그아웃이 실행된 후에는 '/account/login?logout'으로 이동하는 것을 확인할 수 있습니다.

로그인 에러와 로그아웃 메시지

로그인 과정에서 발생하는 에러와 로그아웃 메시지는 로그인 경로에 '?error'와 같이 쿼리스트링으로 전달됩니다.

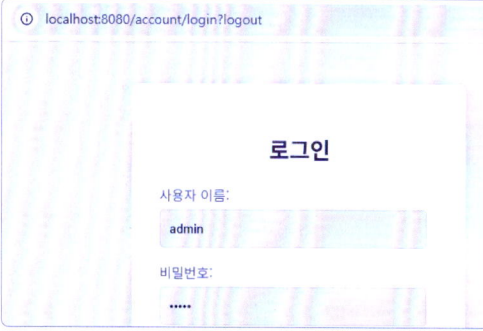

이를 컨트롤러 혹은 JSP에서 처리합니다. login.jsp를 아래와 같이 수정합니다.

```jsp
<%@ page language="java" contentType="text/html; charset=UTF-8"
    pageEncoding="UTF-8"%>

<%@taglib prefix="c" uri="http://java.sun.com/jsp/jstl/core"%>

<!DOCTYPE html>
<html>
<head>
    <meta charset="UTF-8">
    <title>로그인</title>
    <style>
        body {
            font-family: sans-serif;
            display: flex;
            justify-content: center;
            align-items: center;
            min-height: 100vh;
            background-color: #f4f4f4;
        }

        .login-container {
            background-color: #fff;
            padding: 30px;
            border-radius: 8px;
            box-shadow: 0 0 10px rgba(0, 0, 0, 0.1);
            width: 300px;
            text-align: center;
        }

        h2 {
            margin-bottom: 20px;
            color: #333;
```

```css
}
.form-group {
    margin-bottom: 15px;
    text-align: left;
}
label {
    display: block;
    margin-bottom: 5px;
    color: #555;
    font-size: 0.9em;
}
input[type="text"],
input[type="password"] {
    width: calc(100% - 12px);
    padding: 10px;
    border: 1px solid #ddd;
    border-radius: 4px;
    box-sizing: border-box;
    font-size: 1em;
}
button[type="submit"] {
    background-color: #007bff;
    color: white;
    padding: 10px 15px;
    border: none;
    border-radius: 4px;
    cursor: pointer;
    font-size: 1em;
    width: 100%;
}
button[type="submit"]:hover {
    background-color: #0056b3;
}
.message {
    margin-bottom: 15px;
    padding: 10px;
    border-radius: 4px;
    font-size: 0.9em;
}
.error {
    background-color: #fdecea;
    color: #d9534f;
    border: 1px solid #e74c3c;
```

```html
            }
            .logout-success {
                background-color: #d4edda;
                color: #155724;
                border: 1px solid #c3e6cb;
            }
        </style>
    </head>
    <body>
        <div class="login-container">
            <h2>로그인</h2>

            <c:if test="${param.error != null}">
                <div class="message error">
                    로그인 실패: 사용자 이름 또는 비밀번호를 확인하세요.
                </div>
            </c:if>

            <c:if test="${param.logout != null}">
                <div class="message logout-success">
                    성공적으로 로그아웃되었습니다.
                </div>
            </c:if>

            <form method="post">
                <div class="form-group">
                    <label for="username">사용자 이름:</label>
                    <input type="text" id="username" name="username" required>
                </div>
                <div class="form-group">
                    <label for="password">비밀번호:</label>
                    <input type="password" id="password" name="password" required>
                </div>
                <button type="submit">로그인</button>
            </form>
        </div>
    </body>
</html>
```

수정된 login.jsp는 로그아웃 시에는 아래와 같은 모습으로 출력됩니다.

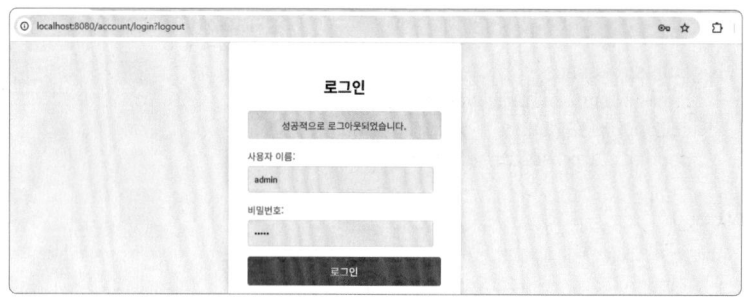

로그인 실패 시에는 다른 메시지가 출력됩니다.

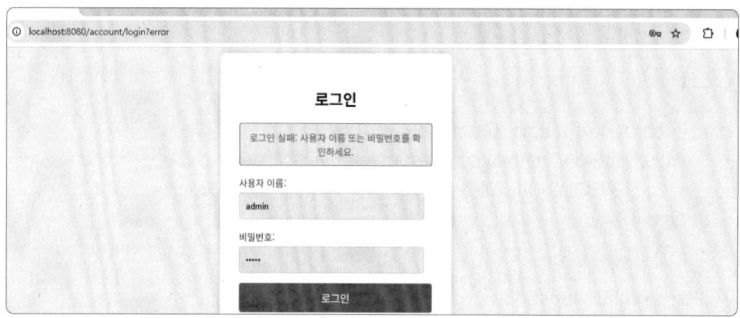

10.7 Remember-me 자동 로그인

스프링 웹 시큐리티가 제공하는 또 다른 편리한 기능 중에 하나는 'Remember-me'라고 불리는 자동 로그인 기능입니다. 추가적인 설정이 없다면 스프링 시큐리티의 자동 로그인은 쿠키를 사용합니다. 쿠키에 만료 시간을 지정하면 지정된 기한까지의 서버 호출 시에는 해당 쿠키가 함께 전송됩니다. 이 점을 이용해서 해당 사용자가 이전에도 방문한 적이 있다는 사실을 기억하거나 사용자가 계속 유지해야 하는 정보를 쿠키를 통해서 유지하는 방식입니다.

쿠키는 동작 원리로 인해 매번 브라우저와 서버 통신 과정에서 노출될 수 있어서 과거에는 안전상의 문제 등으로 꺼리는 경우가 많았습니다. 하지만, 모바일 기기의 특징상 매번 로그인하는 입력 과정이 너무 불편하기 때문에 쿠키를 이용한 자동 로그인을 더 많이 사용하게 되었습니다.

10.7.1 자동 로그인 설정

스프링 시큐리티의 자동 로그인은 화면에서 자동 로그인 여부를 파라미터로 전달하는 것과 이에 대한 간단한 설정으로 구현이 가능합니다. 우선 SecuriytConfig에 자동 로그인 관련 설정을 추가합니다. 자동 로그인의 설정은 rememberme( )로 설정하는데 이때 로그인 화면의 변화를 살펴보기 위해서 잠시 로그인 부분은 주석 처리합니다.

```
▼ 📦 org.zerock.security
  > 🗎 Custom403Handler.java
  > 🗎 CustomLoginSuccessHandler.java
  > 🗎 CustomUserDetailsService.java
  > 🗎 SecuriytConfig.java
```

```java
@Bean
    public SecurityFilterChain filterChain(HttpSecurity http) throws Exception {

        log.info("---------------security config---------------");

        http.formLogin(config -> {
//          config.loginPage("/account/login");
//          config.successHandler(new CustomLoginSuccessHandler());
        });

        http.rememberMe(config -> {

        });

        http.csrf(config -> {

            config.disable();

        });

        http.exceptionHandling(handler -> {

            handler.accessDeniedHandler(new Custom403Handler());
        });

         return http.build();
    }
```

변경된 설정을 적용하고 프로젝트를 재시작한 후에 기존의 '/login' 경로를 호출하면 화면 아래쪽에 체크박스가 하나 생성되는 것을 확인할 수 있습니다.

체크박스를 체크한 후에 정상적으로 로그인을 시도하면 브라우저 내에 'remember-me' 이름의 쿠키가 생성되는 것을 확인할 수 있습니다.

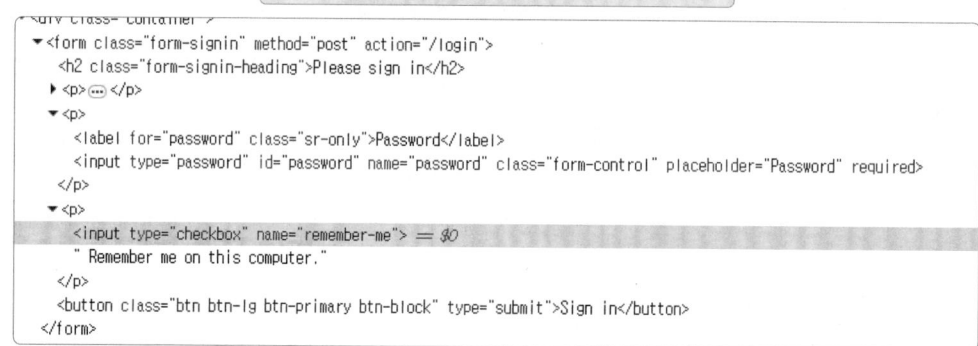

화면에서는 name 속성값이 'remember-me'라는 이름으로 <input> 태그 하나가 추가되는 것을 확인할 수 있습니다. 자동 로그인을 선택한 후에 전송되면 POST 방식으로 전송되는 값에 'remember-me'와 'on' 값이 전송되는 것을 확인할 수 있습니다.

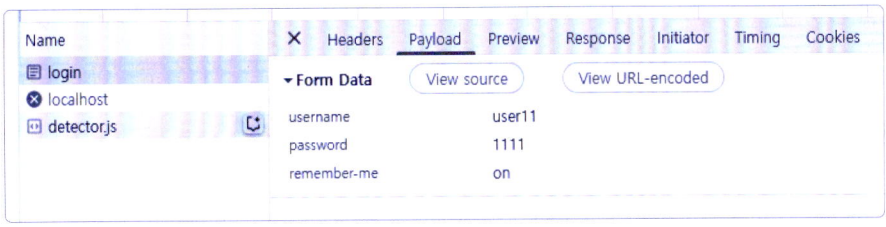

로그인이 성공했다면 브라우저로 'Set-Cookie' 헤더가 전송되면서 'remember-me'라는 이름의 쿠키가 2주 동안 유지되도록 전송되는 것을 확인할 수 있습니다. 쿠키의 값은 암호화된 문자열입니다.

쿠키가 생성된 것을 확인한 후에 해당 브라우저를 종료하고 다시 실행한 후에 '/board/read/7665'와 같이 로그인이 필요한 경로를 호출하거나 'JSESSIONID'를 삭제한 후에 호출했을 때도 로그인 처리가 된 것과 동일한 결과가 생성되는지 확인합니다.

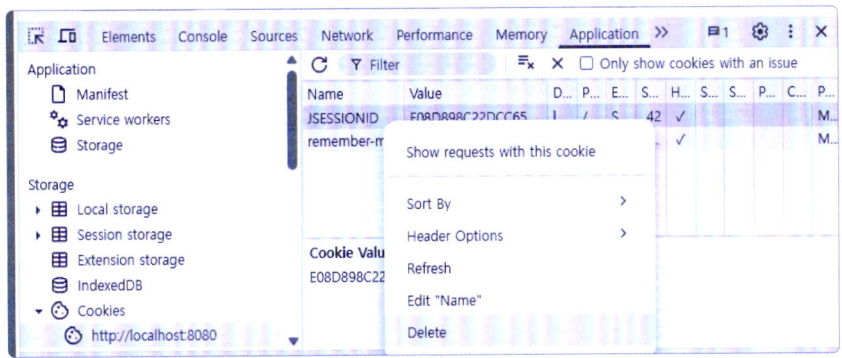

로그인 화면 조정

스프링 시큐리티가 기본으로 제공하는 로그인 화면이 아닌 커스터마이징된 로그인 화면을 이용한다면 <input name='remember-me'>인 태그를 추가해야만 합니다. 먼저 SecuriytConfig의 formLogin( )을 커스터마이징된 상태로 복원합니다.

```
org.zerock.security
  Custom403Handler.java
  CustomLoginSuccessHandler.java
  CustomUserDetailsService.java
  SecuriytConfig.java
```

```java
http.formLogin(config -> {

    config.loginPage("/account/login");

    config.successHandler(new CustomLoginSuccessHandler());

});
```

WEB-INF/views/account/login.jsp를 수정합니다.
```html
<form method="post">
    <div class="form-group">
        <label for="username">사용자 이름:</label>
        <input type="text" id="username" name="username" required>
    </div>
    <div class="form-group">
        <label for="password">비밀번호:</label>
        <input type="password" id="password" name="password" required>
    </div>
    <div class="form-group">
            <label>
             <input type="checkbox" name="remember-me">
             로그인 상태 유지
            </label>
    </div>
    <button type="submit">로그인</button>
</form>
```

로그인 화면에 '로그인 상태 유지' 체크박스가 보이는지 확인하고 로그인을 시도해 봅니다.

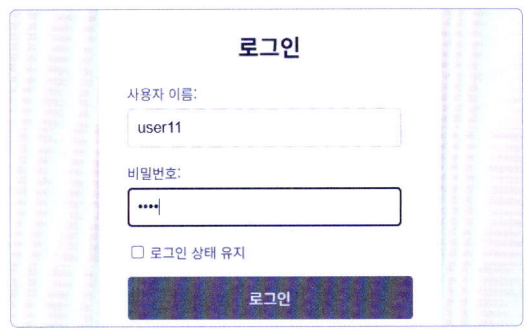

자동 로그인 쿠키값 조정

자동 로그인을 통해서 만들어지는 쿠키는 2주일 동안 유지됩니다. 개발자는 쿠키의 만료 기한과 암호화할 때의 키(key)값 등을 조정할 수 있습니다(별도의 설정이 없다면 키(key) 값은 'Spring Secured'라는 값을 사용합니다.).

만일 30일 동안 유지되어야 하는 쿠키로 만들고 싶다면 아래와 같이 tokenValiditySeconds( )를 통해서 설정을 조정할 수 있고 암호화의 키(key)값 역시 조정이 가능합니다.

```
http.rememberMe(config -> {

    //config.key("my key");
    config.tokenValiditySeconds(60*60*24*30);

});
```

데이터베이스를 이용하는 쿠키 보관

자동 로그인 쿠키는 문자열이기 때문에 해당 쿠키가 탈취당할 경우를 대비해야 합니다. 스프링 시큐리티는 데이터베이스를 이용해서 만들어진 자동 로그인 쿠키값을 저장할 수 있는데 이를 통해서 사용자가 언제 로그인을 했는지, 마지막에 언제 사용되었는지 등에 대한 정보를 기록할 수 있습니다.

예를 들어, 사용자의 자동 로그인 쿠키가 공격자에 의해서 탈취된 상황에서 사용자가 다시 로그인을 수행하면 새로 만들어진 쿠키의 값은 데이터베이스로 보관됩니다. 이 과정에서 새로운 쿠키가 만들어지고 데이터베이스는 새로 만들어진 값을 보관하게 됩니다. 공격자가 가지고 있는 쿠키는 이전의 쿠키이므로 데이터베이스를 이용해서 체크하면 공격자가 가진 쿠키값으로는 자동 로그인이 되지 않는 방식입니다.

데이터베이스에 자동 로그인 쿠키를 사용하기 위해서는 별도의 테이블을 작성해야 합니다. 물론 이 테이블의 이름과 SQL 등을 개발자가 커스터마이징 할 수 있지만, 가장 간단하게 구현하고자 한다면 1) 지정된 이름의 테이블을 생성하고 2) 스프링 시큐리티의 설정을 조정하는 것만으로도 충분합니다.

데이터베이스 내에 persistent_logins라는 이름의 테이블을 생성합니다(자동으로 테이블을 생성할 수 있는 방법도 있지만, 만일 테이블이 존재하는 상태에서 실행하면 프로젝트 실행에 문제가 발생하므로 추천하지는 않습니다.).

```sql
CREATE TABLE persistent_logins (
    username VARCHAR(64) NOT NULL,
    series VARCHAR(64) PRIMARY KEY,
    token VARCHAR(64) NOT NULL,
    last_used TIMESTAMP NOT NULL
);
```

SecurityConfig는 데이터베이스를 사용하기 위해 DataSource를 주입받고, rememberMe( ) 설정에 tokenRepository라는 존재를 지정합니다. tokenRepository의 값이 되는 것은 JdbcTokenRepositoryImpl로 스프링 시큐리티에서 기본적으로 제공하는 토큰 저장을 위한 클래스입니다. JdbcTokenRepositoryImpl은 기본 설정이 persistent_logins 테이블을 이용하도록 구현되어 있습니다.

```
▼ 📦 org.zerock.security
    ▸ 🗒 Custom403Handler.java
    ▸ 🗒 CustomLoginSuccessHandler.java
    ▸ 🗒 CustomUserDetailsService.java
    ▸ 🗒 SecuriytConfig.java
```

```java
package org.zerock.security;

import javax.sql.DataSource;

import org.springframework.beans.factory.annotation.Autowired;
import org.springframework.context.annotation.Bean;
import org.springframework.context.annotation.Configuration;
import org.springframework.security.config.annotation.method.configuration.EnableMethodSecurity;
import org.springframework.security.config.annotation.web.builders.HttpSecurity;
import org.springframework.security.config.annotation.web.configuration.EnableWebSecurity;
import org.springframework.security.crypto.bcrypt.BCryptPasswordEncoder;
import org.springframework.security.crypto.password.PasswordEncoder;
import org.springframework.security.web.SecurityFilterChain;
import org.springframework.security.web.authentication.rememberme.JdbcTokenRepositoryImpl;
import org.springframework.security.web.authentication.rememberme.PersistentTokenRepository;

import lombok.extern.log4j.Log4j2;

@Configuration
@Log4j2
@EnableWebSecurity
@EnableMethodSecurity(prePostEnabled = true)
public class SecuriytConfig {

    @Autowired
    private DataSource dataSource;

    @Bean
    public SecurityFilterChain filterChain(HttpSecurity http) throws Exception {

        log.info("---------------security config----------------");

    ...생략

        http.rememberMe(config -> {

            config.key("my key");

            config.tokenRepository(persistentTokenRepository());
            config.tokenValiditySeconds(60*60*24*30);

        });

    ...생략
```

```
        return http.build();
    }

    ...생략

    @Bean
    public PersistentTokenRepository persistentTokenRepository() {
        JdbcTokenRepositoryImpl tokenRepository = new JdbcTokenRepositoryImpl();
        tokenRepository.setDataSource(dataSource);
        // tokenRepository.setCreateTableOnStartup(true); // 테이블 자동 생성하기 - 추천하지 않음
        return tokenRepository;
    }
}
```

브라우저에서 자동 로그인을 이용하도록 '로그인 상태 유지'를 체크한 후에 로그인을 실행합니다.

데이터베이스를 확인하면 persistent_logins 테이블에 새로운 레코드가 추가된 것을 확인할 수 있습니다.

마지막의 last_used 칼럼은 remember-me 쿠키를 이용한 시간이 기록됩니다. 예를 들어, 브라우저를 종료한 후에 다시 로그인이 필요한 경로를 호출하면 칼럼의 값이 변경된 것을 확인할 수 있습니다.

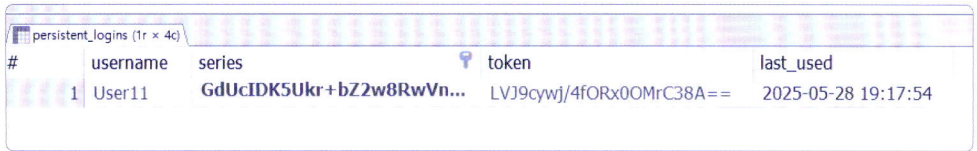

로그아웃과 자동 로그인

스프링 시큐리티의 자동 로그인은 약간의 설정만으로 로그인 정보를 유지할 수 있을 뿐만 아니라 로그아웃 시에 신경 써야 하는 쿠키 삭제 역시 자동으로 처리합니다(설정에서 특정한 이름의 쿠키들을 삭제하도록 설정할 수도 있습니다.).

로그인한 상태에서 JSESSIONID와 remember-me 쿠키가 있는지 확인하고 '/account/logout'을 이용해서 로그아웃을 시도해 봅니다.

정상적으로 로그아웃이 되면 remember-me 쿠키가 삭제된 것을 확인할 수 있습니다.

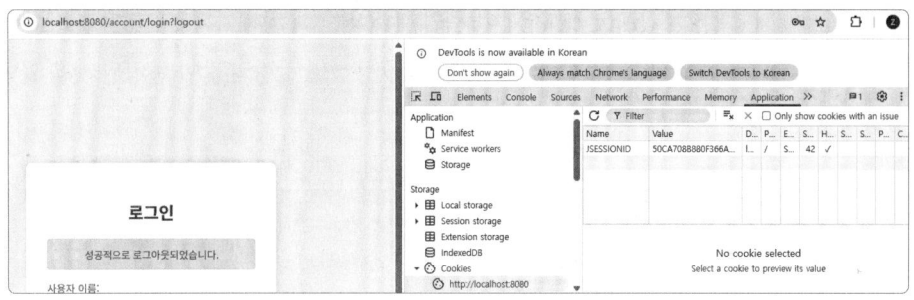

persistent_logins 테이블에서도 삭제된 것을 확인할 수 있습니다.

만일 추가로 다른 쿠키도 삭제하고 싶다면 아래와 같은 설정을 추가할 수 있습니다.

```
http.logout(config -> {
    config.deleteCookies("JSESSIONID", "remember-me");
});
```

10.8 인증 정보의 활용

개발 과정에서는 JSP나 컨트롤러에서 현재 사용자의 정보를 처리해야 하는 경우가 종종 발생합니다. 예를 들어, 화면에서 자신이 작성한 게시물에 대해서만 특정한 버튼을 보여주거나 보이는 메뉴가 달라지는 경우가 발생할 수 있습니다.

10.8.1 JSP에서 인증 정보 활용

JSP 화면에서 인증 정보를 활용하기 위해서 앞에서 설정한 spring-security-taglibs 라이브러리가 반드시 필요합니다. 게시물의 CRUD 등의 작업을 어떻게 처리하는지 살펴보면 도움이 될 것입니다.

게시물의 등록

게시물 작성하는 'WEB-INF/board/register.jsp'에서 작성자 부분에 인증 정보를 처리하면 다음과 같습니다.

```
<%@ page language="java" contentType="text/html; charset=UTF-8"
    pageEncoding="UTF-8"%>

<%@include file="/WEB-INF/views/includes/header.jsp" %>
```

JSP 내에 아래와 같은 태그 선언을 추가합니다.

```
<%@ taglib prefix="sec" uri="http://www.springframework.org/security/tags" %>
```

사용자의 인증 정보는 〈sec:..〉로 시작해서 인증 정보를 확인할 수 있습니다.

```
<div class="row justify-content-center">
  <div class="col-lg-12">
    <div class="card shadow mb-4">
      <div class="card-header py-3">
        <h6 class="m-0 font-weight-bold text-primary">Board Register</h6>
      </div>

      <sec:authentication property="principal"/>
      ...생략
```

위의 코드를 적용하면 화면에서는 현재 인증된 사용자의 정보를 확인할 수 있습니다.

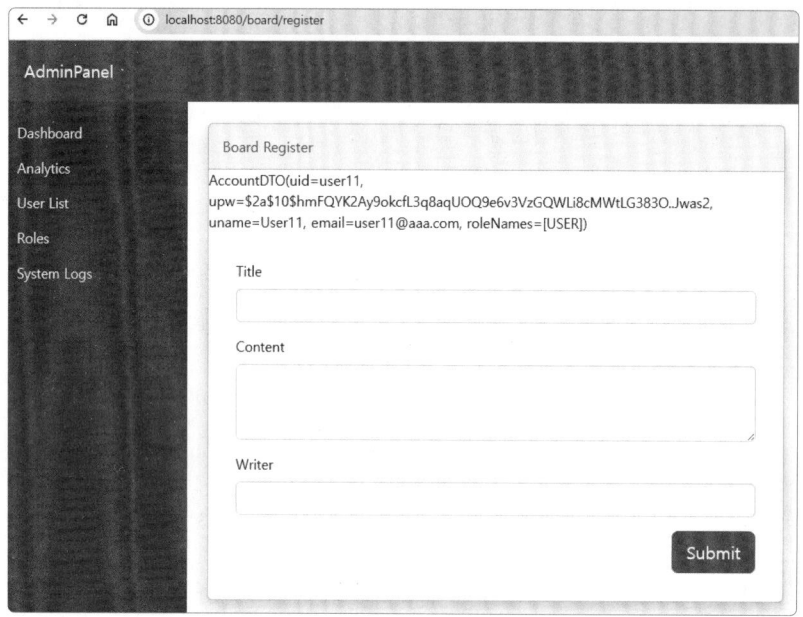

게시글 작성 화면에서는 '작성자(Writer)' 부분은 사용자가 편집할 수 없고 현재 로그인한 사용자만 읽기전용으로 출력합니다.

```
<div class="mb-3">
    <label class="form-label">Writer</label>
    <input type="text"
        name="writer"
        class="form-control"
        value="<sec:authentication property="principal.uid"/>" readonly>
</div>
```

화면에서는 현재 로그인한 사용자의 uid값이 출력되는 것을 확인할 수 있습니다.

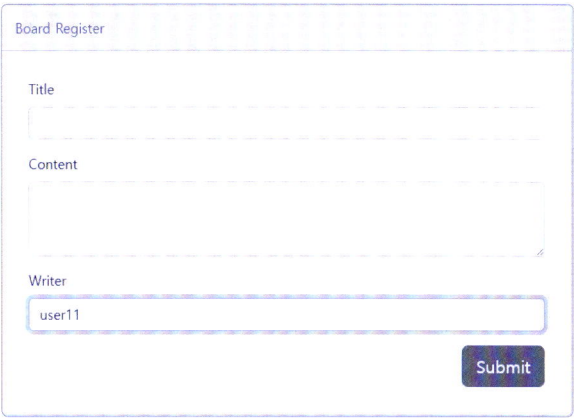

게시물의 조회

게시물의 조회는 우선 로그인한 사용자만이 접근할 수 있도록 처리된 상태인데 여기에 현재 게시글의 작성자와 'ROLE_ADMIN' 권한을 가진 사용자는 '수정/삭제' 화면으로 이동할 수 있도록 화면을 조정할 필요가 있습니다.

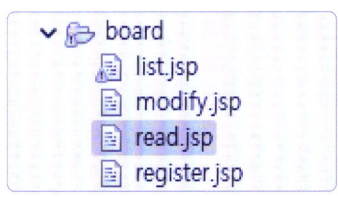

```
<%@ include file="/WEB-INF/views/includes/header.jsp" %>

<%@ taglib prefix="fn" uri="http://java.sun.com/jsp/jstl/functions" %>
<%@ taglib prefix="sec" uri="http://www.springframework.org/security/tags" %>

<div class="row justify-content-center">

...생략
<div class="float-end">

        <a href='/board/list' class="btn">
          <button type="button" class="btn btn-info btnList"> LIST </button>
        </a>
```

```
            <sec:authentication property="principal" var="secInfo" />
            <sec:authentication property="authorities" var="roles" />

                <c:if test="${!board.delFlag && (secInfo.uid == board.writer
|| fn:contains(roles, 'ROLE_ADMIN'))}">
            <a href='/board/modify/${board.bno}' class="btn">
                <button type="button" class="btn btn-warning btnModify">MODIFY</button>
            </a>
        </c:if>
```

위의 코드를 적용한 후에 다른 사용자가 작성한 게시글을 조회하면 'MODIFY' 버튼은 보이지 않고 본인이 작성한 게시글에 대해서만 버튼이 생성됩니다.

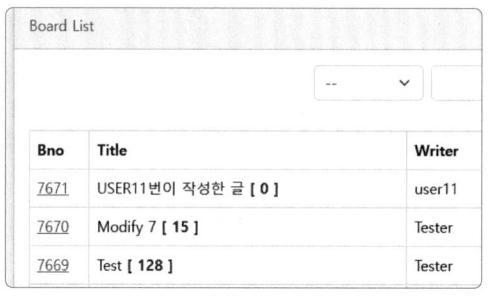

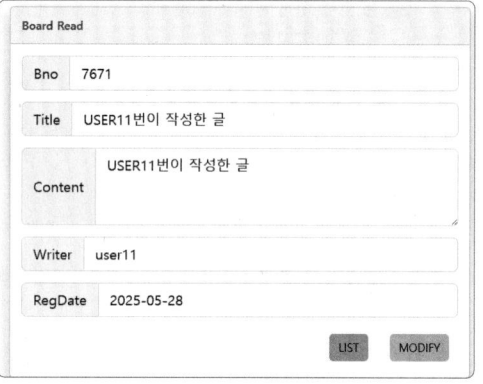

만일 로그인한 사용자가 'ADMIN' 권한을 가졌다면 수정이 가능합니다(화면을 위해 사용자 정보를 출력하였습니다.).

게시물의 수정/삭제

수정과 삭제 역시 현재 게시글의 작성자와 ADMIN 권한을 가진 사용자만이 가능하다고 가정하면 modify.jsp는 다음과 같이 변경됩니다.

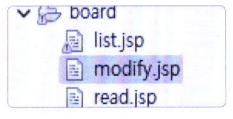

```jsp
<%@ page language="java" contentType="text/html; charset=UTF-8"
pageEncoding="UTF-8"%>
<%@ taglib prefix="c" uri="http://java.sun.com/jsp/jstl/core" %>
<%@ include file="/WEB-INF/views/includes/header.jsp" %>

<%@ taglib prefix="sec" uri="http://www.springframework.org/security/tags" %>
<%@ taglib prefix="fn" uri="http://java.sun.com/jsp/jstl/functions" %>

...생략

<div class="float-end">
        <button type="button" class="btn btn-info btnList">LIST</button>

        <sec:authentication property="principal" var="secInfo" />
            <sec:authentication property="authorities" var="roles" />


            <c:if test="${!board.delFlag && (secInfo.uid == board.writer
|| fn:contains(roles, 'ROLE_ADMIN'))}">
```

```html
            <button type="button" _class="btn btn-warning btnModify">MODIFY</button>
            <button type="button" class="btn btn-danger btnRemove">REMOVE</button>
        </c:if>
    </div>
```

10.8.2 컨트롤러에서 인증 정보 활용

컨트롤러에서는 @PreAuthorize에서 사용하는 표현식을 이용해서 현재 사용자의 인증 정보를 체크할 수 있지만, 간혹 컨트롤러 내부에서 사용자의 인증 정보를 변수로 사용해야 하는 상황이 발생할 수도 있습니다. 이러한 상황에서는 org.springframework.security.core.Authentication을 이용해서 직접 인증 정보를 컨트롤러의 파라미터로 처리할 수 있습니다.

예를 들어, 게시물을 조회할 때 현재 사용자의 인증 정보를 사용해 보도록 BoardController의 read()를 수정해서 Authentication과 내부의 Principal을 로그로 기록합니다.

```
∨ 📦 org.zerock.controller
  > 🗒 AccountController.java
  > 🗒 BoardController.java
  > 🗒 HelloController.java
```

```java
    @PreAuthorize("isAuthenticated()")
    @GetMapping("read/{bno}")
    public String read(Authentication authentication, @PathVariable("bno")Long bno, Model model ) {

        log.info("-------------------------------------");
        log.info(authentication);
        log.info(authentication.getPrincipal());
        log.info("board read");

        BoardDTO dto = boardService.read(bno);

        model.addAttribute("board", dto);

        return "/board/read";
    }
```

프로젝트 실행 후에 read( )를 실행한 후 로그를 확인하면 다음과 같은 로그가 기록되는 것을 확인할 수 있습니다.

```
INFO ----------------------------------------
INFO UsernamePasswordAuthenticationToken [Principal=AccountDTO(uid=user11, upw=$2a$10$hmFQYK2Ay9okcfL3q8aqUOQ9e6v3VzGQWLi8cMWtLG3
INFO AccountDTO(uid=user11, upw=$2a$10$hmFQYK2Ay9okcfL3q8aqUOQ9e6v3VzGQWLi8cMWtLG38O..Jwas2, uname=User11, email=user11@aaa.com,
INFO board read
```

로그를 보면 예제에서 사용하는 AccountDTO는 authentication.getPrincipal()을 통해서 사용할 수 있다는 것을 알 수 있습니다.

만일 AccountDTO 타입으로 사용하고 싶다면 다음과 같이 캐스팅(casting)을 통해서 할 수 있습니다.

```java
    @PreAuthorize("isAuthenticated()")
    @GetMapping("read/{bno}")
    public String read(Authentication authentication, @PathVariable("bno")Long bno, Model model ) {

        log.info("---------------------------------------");
        log.info(authentication);
        log.info("board read");

        AccountDTO accountDTO = (AccountDTO)authentication.getPrincipal();

        log.info("--------AccountDTO------------");
        log.info(accountDTO);
        log.info("--------AccountDTO------------");

        BoardDTO dto = boardService.read(bno);

        model.addAttribute("board", dto);

        return "/board/read";
    }
```

@AuthenticationPrincipal을 이용한 자동 타입 변환

Authentication을 이용해서 사용자의 정보를 알아낼 수도 있고 AccountDTO로 타입을 바꿔서 사용할 수도 있긴 하지만, 약간의 코드가 필요합니다. org.springframework.security.

core.annotation.AuthenticationPrincipal은 이러한 상황에서 인증 정보를 주어진 타입으로 강제로 변환하게 하는 어노테이션입니다. 이를 활용하면 조금 더 간결한 코드를 작성할 수 있습니다.

@AuthenticationPrincipal을 사용하기 위해서는 프로젝트 내 servlet-context.xml의 설정을 변경해 주어야만 합니다.

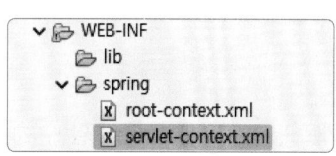

```
<mvc:annotation-driven>
    <mvc:argument-resolvers>
        <bean class="org.springframework.security.web.method.annotation.AuthenticationPrincipalArgumentResolver"/>
    </mvc:argument-resolvers>
</mvc:annotation-driven>
```

앞에서 작성된 read( )의 파라미터와 코드의 일부분을 아래와 같이 수정하고 프로젝트를 재실행 합니다.

```
@PreAuthorize("isAuthenticated()")
@GetMapping("read/{bno}")
public String read( @AuthenticationPrincipal AccountDTO accountDTO, @PathVariable("bno")Long bno, Model model ) {

    log.info("---------------------------------------");
    log.info("board read");


    log.info("--------AccountDTO------------");
    log.info(accountDTO);
    log.info("--------AccountDTO------------");


    BoardDTO dto = boardService.read(bno);
```

```
        model.addAttribute("board", dto);

        return "/board/read";
    }
```

변경된 설정이 적용되었고 사용자가 게시물을 조회하면 다음과 같은 결과를 확인할 수 있습니다.

```
INFO --------------------------------------
INFO board read
INFO == From SecurityContextHolder ==
INFO Principal class: org.zerock.dto.AccountDTO
INFO Principal toString: AccountDTO(uid=user11, upw=$2a$10$hmFQYK2Ay9okcfL3q8aqUOQ9e6v3VzGQWLi8cMWtLG383O..Jwas2, uname=User11, e
INFO --------AccountDTO------------
INFO AccountDTO(uid=user11, upw=$2a$10$hmFQYK2Ay9okcfL3q8aqUOQ9e6v3VzGQWLi8cMWtLG383O..Jwas2, uname=User11, email=user11@aaa.com,
INFO --------AccountDTO------------
```

찾아보기

기호 & 번호

<resultMap>	346
<sql>과 <include>	258
@Around	129
@Autowired	75
@Configuration	405
@Controller	84
@RequestMapping	85
@RestController	84, 271, 294
@RestControllerAdvice	295
@Transactional 속성	142
403(Forbidden) 처리	428

ㄱ

검색	251
게시물 관리 구현	172
게시물의 CRUD 처리	178
공통 관심사(cross-concern)	118

ㄷ

댓글과 RESTful	267
댓글의 조인	331
데이터베이스 설계	154
동기 vs 비동기	268
동적 쿼리	251

ㄹ

리스너(listener) 설정	34

ㅁ

매퍼(Mapper) 파일	104
모델 1	81
모델 2	81

ㅂ

빈(Bean)	61

ㅅ

사용자 계정 처리	433
사용자 권한 체크	421
상품 이미지 테이블	336
생성자 자동 주입	69
스프링 6 레거시	12
스프링 시큐리티	402
스프링 프레임워크	11
실행환경(JRE)	17

ㅇ

연관 관계 처리	340
영속 계층 처리	440

요구사항 분석	147
웹 애플리케이션 개발	145
의존성 주입	60
인가(authorization)	403
인증 매니저(AuthenticationManager)	408
인증 제공자(AuthenticationProvider)	408
인증 처리	335
인증(authentication)	403

ㅈ

자동 로그인	463
자동 프록시(Auto Proxy) 방식	119
정적 리소스 설정	157

ㅋ

커스텀 로그인/로그아웃	449
컨텍스트(Context)	61
컨트롤러	190

ㅌ

트랜잭션 설정	131

ㅍ

파일 업로드	335
페이지 번호 처리	238

페이징 처리	230
프론트 컨트롤러(Front Controller)	82
필드 주입	70

ㅎ

화면 디자인	156
화면 작성	190
환경설정	12
횡단 관심사	118

A

Ajax	267
AOP 용어	120
ApplicationContext	61
Aspect와 Advice	121

B

BoardDTO 클래스 설정	173

C

component-scan	65
CSR(Client-side-rendering)	80
CSRF 설정	418

D

Dynamic Web Project	21

E

Eclipse IDE 설정	15

F

Fetch API	297
FK(외래키(Foreign Key))	274

H

HeidiSQL	44
HelloService 클래스	64
HttpSession	404

I

includes 설정	164
Intellij	47

J

Jakarta EE 프로젝트	47
JDK 17	13
JoinPoint 파라미터	127

J

JSON	271
JSTL 설정	207

L

Log4j2 설정	38
Lombok	24

M

Mapper 선언	342
MariaDB 설치와 설정	43
Maven	27
Model 객체	97
MVC(Model-View-Controller)	82
MyBatis	101

P

PasswordEncoder	414
PK(Primary Key)	274
POST 방식 처리	194
PRG(Post-Redirect-GET) 패턴	152
ProductService	372

R

redirect: 접두어	92
RedirectAttributes	98

Remember-me	463
ReplyService 개발	288
ResponseEntity	89
ResponseEntity< >	271
REST 방식	270

S

Setter 주입	70
Spring 6 Legacy Project	26
Spring AOP	117
Spring MVC 설정	36
Spring WebFlux	79
Spring Web MVC	79
SSR(Server-side-rendering)	80
String	89

T

Tomcat 10 설치	17
TypeAlias 설정	176

U

UserDetailsService	409
UUID	365

V

VO와 DTO	172
void	89

W

WAS(Web Application Server)	12
web.xml 설정	34